| 교육사회학의 이해 |

| 이현청 저 |

UNDERSTANDING SOCIOLOGY OF EDUCATION

학지사

머리말

교육은 사회를 그 터전으로 하여 사회현상 속에서 이루어지는 전 생애의 지속적인 과업이라 볼 수 있다. 그러므로 교육과 사회는 뗄 수 없는 밀접한 연관성을 지니고 있다. 이러한 점에서 학문으로서의 교육사회학도 교육의 사회적 과정과 의미를 검증하려는 학문이라 볼 수 있다. 이 책은 교육학도는 물론 교육에 관련된 모든 분께 교육과 사회의 관계를 이해하게 하고 이론적 기초를 제공하기 위해 쓰인 책이다.

교육사회학은 1970년대 이후 지난 50여 년간 사회적 변화와 이데올로기의 변천과정에서도 교육과 사회의 역학 관계를 이해하려는 노력을 지속적으로 기울여 왔다. 특히 우리나라의 경우 1970년대 초 소개된 신교육사회학의 출현과 함께 당시 우리 사회가 안고 있던 민주화와 이데올로기 갈등 속에서 교육사회학 영역은 한동안 신교육사회학과 갈등이론 등에 치중했다. 그러나 1980년대에 접어들면서 신교육사회학의 이론들도 학문적 한계를 드러내게 되었고, 그 후 큰 진전을 보이지 않고 있다. 1990년대에 들어서는 일부 신교육사회학의 학문적 한계를 비판하고 극복하려는 포스트 마르크스주의적 경향 등의 노력이 있었으나 그 또한 큰 변화를 가져다주지 못했다. 특히 2000년 이후 교육환경의 급격한 변화라 볼 수 있는 지식정보화 사회의 확산에 따라 기존의 교육에 관한 체제와 틀이 크게 변화되고 있으며, 교육방법의 혁명적 변화는 교육의 개념과 가치 그리고 학교교육에 대한 필요성 등에 대한 논쟁을 일으키고 있다. 더구나 2016년 이후 세계적 화두로 등장한 4차 산업혁명은 학교교육론의 위기를 초래하고 있고, 기존의 교수자 중심의 패러다임은 학습자 중심의 패러다임으로 대전환을 하고 있다. 또한 인공지능의 확산과 교육 로봇의 등장 그리고 교육 테크놀로지(EduTech)의 급격한 발달은 기존의 캠퍼스 중심의 오프라인 교육체제를 완전한 가상현실 속의 학습체계로 전환시켜 오고 있다. 단순한 지식 습득의 교육에서 지혜 창출의 교육으로, 경쟁 위주의 교육에서 협력 위주의 교육으로, 그리고 콘텐츠 중심의 교육에서 행위 중심의 교육으로의 대전환이 이루어지고 있는 실정이다.

이러한 변화와 함께 저출산 · 고령화와 양극화, 세대와 지역 간 정보격차, 대체 교육 프로그램의 확산 그리고 융합교육과 융합연구의 확산 등 교육 전반에 걸친 패러다임 전환은 교육과 사회의 관계에 대한 재해석을 필요로 하고 있다. 이는 사회 환경이 교육에 영향을 주느냐 아니면 교육이 사회 환경을 변화시키느냐에 대한 기초적 논쟁에서부터 교육사회학에 대한 학문적 고민에 이르기까지 많은 쟁점을 안겨 주고 있다. 필자는 1990년 초반 신기능주의(New Functionalism)의 대두 가능성을 제기하면서 교육위생학(Educational Hygiene)과 교육복지(Educational Welfare)의 개념 등 사회적 치유를 위한 교육사회학의 새로운 학문적 동향을 설명해 왔다. 교육과 사회의 관계는 교육의 사회현상을 보다 심도 있게 분석하고 교실현장에 내재되어 있는 사회적 가치와 문화들을 이해할 수 있다는 점에서 후기 기능주의(Neofunctionalism)나 교육위생학이 교육문제를 해결하는 데 유익하다 판단했기 때문이다.

이 책은 총 4부, 16장으로 구성되어 있다. 제1부에서는 사회적 특성과 우리나라 교육의 구조적 이해 그리고 학교현장의 학교폭력과 체벌문제 등을 다루었으며, 제2부에서는 교육사회학의 본질과 패러다임을 다루면서 기존의 기능주의와 갈등이론은 물론 신교육사회학 이론과 재생산 이론 그리고 교육사회학의 새로운 동향을 다루었다. 제3부에서는 교육과 사회의 관계에서 중요한 교육의 기능과 사회적 과정을 논의하고 있는데, 교육의 사회적 기능, 사회화, 사회변동, 사회계층, 문화와 교육, 산업구조 변화와 교육의 현실에 관한 내용을 담고 있다. 특히 저출산 · 고령화와 환경오염, 양극화 등의 사회변화와 우리가 안고 있는 사회적 과제를 다루면서 '저발전이론'을 이 책에서 유일하게 소개하고 있다. 마지막 제4부에서는 사회체제로서의 학교교육론, 교육 기회균등과 개인차, 교사와 교수 등에 관한 교육적 과제들을 다루었다. 특히 교육 기회균등과 개인차를 논의하는 제15장에서는 능력주의와 불평등 관점에서 개인차를 논의하면서 지금도 논쟁이 되고 있는 교육에서의 평등주의와 능력주의의 관점에 대한 이해를 돕고자 하였다.

이 책은 지난 50년 동안 교육사회학의 학문적 과제들과 발달과정에서 논의되어 왔던 이론과 패러다임 그리고 현대사회가 안고 있는 특성과 교육관의 관계를 통합적으로 다루었다. 이를 통해 교육과 사회의 관계를 이해하는 데 도움을 주고자 하였다. 또한 이 책은 기존에 출간된 『교육사회학의 통합적 이해』를 개정・보완하였으며 최신 자료들을 보강하여 재집필하였다.

그동안 이 책이 출판되도록 협조해 주신 학지사 김진환 사장님과 편집진 여러분께 깊은 감사를 드린다. 무엇보다 하나님이 주신 크신 사랑과 지혜에 감사를 드린다. 그리고 언제나 사랑과 격려를 아끼지 않는 아내 김명희 교수와 사랑하는 딸 승윤과 아들 상훈에게도 깊은 사랑과 고마움을 보낸다.

2019년 3월

한양대학교 연구실에서

저자 이현청

차례

제1부

한국 사회와 교육

제1장

현대사회의 특성과 교육

현대사회는 4차 산업혁명의 사회라고 일컬어진다. 4차 산업혁명은 인간의 존엄성과 인간의 정체성에 대한 의문을 제기할 정도로 융합기술 발전과 인공지능의 확산이 보편화되고 있는 시대이다. 현대사회는 한마디로 '증강현실(AR)'과 '가상현실(VR)'이 접목되어 인간의 환경과 인간 자신에 대한 변화된 인식을 체감하게 하는 '물리적 현실(PR)' 시대로 바뀌고 있다. 이 점에서 교육은 커다란 위기이자 기회를 갖고 있는 시기이기도 하다. 흔히 '인간은 교육을 만들어 가고 교육은 인간을 만든다.'라는 의미가 시사하듯 인간의 삶 자체가 교육이고 인간이 사는 환경이 곧 교육환경인데 이러한 환경변화는 우리 교육의 핵심적 과제의 변화도 불가피하게 만들고 있다. 그럼에도 교육의 핵심적 과제는 인간 삶의 질과 관련된 문제를 다루는 데 있다. 또한 인간의 생애단계에서 경험하게 되는 교육과업(educational task)과 연관되어 있다. 더구나 교육이 이루어지는 장(場)인 사회는 인간의 삶의 질과 깊은 유관성을 지닐 뿐 아니라 사회 내에 존재하는 사회의 제반 문제 또한 교육에 직간접으로 영향을 미친다 할 수 있다. 이 점에서 사회를 이해함이 없이 교육을 이해할 수 없고 교육을 이해함이 없이 사회의 문제를 이해할 수 없다. 더구나 교육은 한 사회의 체제 안에서 이루어지며 교육의 내용 또한 사회적으로 조직되기 때문에 사회에 대한 이해가 교육을 이해하기 위한 전제가 되어야 한다.

현대사회는 '변화와 잠재'의 특성을 가지고 있으며 집합성과 개별성, 특수성과 보편성 그리고 물질주의와 인간주의 등의 대립적 특성을 첨예화시키고 있다. 더구나 4차 산업 사회는 인공지능(AI)의 등장에 따라 인간의 정체성마저 의문케 하여 인간이 자칫 반인간화되어 가는 인공지능 로봇과의 대립적 관계나 협력적 관계 여부에 따라 교육의 특성과 과정도 바뀔 수밖에 없는 형편이다. 특히 교육과 연관 지어 생각해 볼 때 종래의 개념과는 달리 사회에 순응하는 '사회체제 속의 인간(man within society)'만을 다루려는 데 관심을 두고 있는 게 아니라 사회와 대립된 개념으로서의 인간(man versus society)에 대해서도 관심을 가지고 있기 때문에 이러한 급격한 변화가 이루어지고 있는 사회에 대한 이해가 더욱 절실하다고 볼 수 있다.

이 장에서는 현대사회의 특성을 살펴보고 이에 관련된 교육의 과제와 쟁점들을 다루어 보고자 한다.

1. 현대사회와 교육

2017년 노벨 문학상을 수상한 일본계 영국 작가 가즈오 이시쿠로(石黒一雄)라는 사람은 복제인간과 관련된 소설인 『나를 보내지 마(Never let me go)』라는 책을 통해 4차 산업 사회가 안고 있는 인간의 존엄성과 가치에 대해서 다루고 있다. 인간성을 기르는 것이 최대 목표인 교육에서도 변화에 적응하느냐, 변화를 주도하느냐에 따라 기능과 역할도 바뀌고 삶에 대한 관점도 바뀌기 마련이다. 이 점에서 현대는 '교육의 위기(education in crisis)'와 '학교의 위기(school at risk)' 시대라 일컬어진다. 이러한 교육의 위기를 가져온 직간접적인 원인이 많겠으나 대개의 경우 현대사회가 안고 있는 특성과 변화에서 기인한다고 볼 수 있다.

현대사회는 기술과 경제적 번영이 급격한 발전을 이룩하였으나 정신적인 측면에서는 많은 문제점을 안고 있다. 현대사회는 어느 정도 물질적 풍요를 가져다주었지만, 반면에 정신적 황폐현상도 가져다주었다고 볼 수 있다. 특히 인간성의 몰락을 가져왔을 뿐만 아니라 근본적으로 인간의 행복한 가치 그리고 '삶의 질'과 관련된 여러 문제점을 야기했다고 볼 수 있다.

그중에서도 가장 큰 변화 중의 하나는 인간성에 관한 것이다. 인류가 오랫동안 비교적 '인간됨'을 근본으로 하여 추구해 왔던 사회질서 또한 기능 중심의 사회질서로 전환되어 왔다. 이러한 변화는 인간이 주체가 아닌 객체로 전환되었음을 시사해 주며 교육 또한 인성을 정립하는 '인간교육'보다는 '도구적 교육'에 치중하게 되었다는 점을 의미한다. 따라서 이러한 현대사회의 특성은 사회체제와 사회적 관계에 커다란 변혁을 가져다주었을 뿐 아니라 교육에도 커다란 변혁을 가져다주었다. 물론 이러한 현대사회의 특성은 어떤 면에서는 긍정적으로, 또 어떤 면에서는 부정적으로 교육에 커다란 영향을 미쳐 왔음도 분명한 사실이다. 왜냐하면 교육작용은 인간을 주체(subject)로 하며 동시에 사회적 요소로서의 인간을 객체(object)로 수용하기 때문이다. 더구나 교육과정은 정체된 '어떤 것(being)'이 아니라 지속적으로 변화하는 '되어 가는(becoming)' 과정인 것이기 때문이다. 이러한 점에서 교육은 인간이 존재하고 관계하는 사회와의 상호작용 없이는 이루어질 수 없고, 급격한 사회변동을 그 특성으로 하는 현대사회의 본질을 이해하지 않고는 교육의 기능을 제대로 이해할 수 없다고 볼 수 있다.

더구나 교육은 사회의 여러 가지 제반 특성을 포함하고 있다. 따라서 우리는 교육이 지니고 있는 사회적 요인들인 '교육의 사회성'과 사회에 내재되어 있는 교육적인 측면인 '사회의 교육성'의 중요성을 인식할 필요가 있다. 교육은 다분히 '사회에 처한' '사회를 위한' '사회에 의한' 인간적 작용이므로 교육의 사회적 조건(social condition for education)과 교육의 인간적 조건(human condition for education)을 이해하는 일은 교육의 성패를 좌우하는 중요한 전제라 할 수 있다.

이 점에서 '교육이 처한' 사회의 특성을 알아보고 여기에 비추어 '교육의 사회성'과 '사회의 교육성'을 이해하는 일은 현대사회의 교육을 올바로 이해하는 데 우선적 과제이며, 사회를 올바르게 파악하는 일은 교육을 이해하는 데 커다란 도움이 된다고 하겠다.

2. 지식정보화 사회와 교육

■ 현대사회와 교육의 역할

교육은 사회현상을 반영하는 측면을 갖고 있다. 또한 교육은 사회적 요구와 개인적 요구를 조화시키는 인간 형성의 기능을 수행한다. 그리고 교육의 사회적 기능을 생각해 볼 때에도 사회현상은 교육의 내용과 과정에 절대적 영향을 주게 된다. 따라서 교육이 이루어지는 사회의 특성을 이해하는 일은 올바른 교육을 위한 전제가 된다 하겠다.

현대사회는 4차 산업혁명의 사회라 일컬어진다. 인공지능, 빅데이터, 3D 프린팅, 인공지능 로봇, IoT(사물인터넷), 무인자동차, 핀테크 기술 등 급격한 변화의 시대적 특성을 지니고 있다. 오늘날 현대사회를 일컬어 4차 산업혁명의 사회, 후기 정보화 사회(post information society), 첨단 기술사회, 대중사회, 문화민주이탈의 사회(naked society), 탈관료화 사회, 무제도화된 사회, 탈이데올로기 사회 또는 청년층이 사회의 변화를 주도하는 청색혁명(green society)의 사회라 지칭한다. 이러한 표방들은 오늘날 현대사회가 갖는 특성들을 서술한 것으로서 종래의 전통적 사회와는 달리 새로운 사회적 특성을 지니고 있음을 지적하고 있는 말들이다.

더구나 현대사회가 안고 있는 이러한 특성들은 교육작용이 이루어지는 학교문화와 밀접한 연관성을 지니게 된다.

스위스의 다보스 포럼의 회장인 슈밥은 2016년에 현대사회를 4차 산업혁명의 사회라고 일컬으면서 기술융합의 시대이자 초융합, 초연결, 초스피드 사회라고 특징짓고 있다. 한편, 미래학자인 토플러(Toffler, 1980, 1990, 2000)는 다음과 같이 설명하고 있다. 즉, 토플러는 현대사회를 다수의 공리주의적 관점에서 파악하고 그러한 사회 속에 존재하는 국가, 교육제도, 가정, 생산 구조 등을 비판하면서 앞으로의 시대는 공리주의적 개인주의 경향을 그 특징으로 하는 시대임을 시사하고 있다.

그의 주장에 의하면 농경사회의 특성인 제1의 물결, 산업혁명을 통해 전파된 제2의 물결을 거쳐 현재의 제3의 물결(third wave)이 도래했다는 것이다. 이 제3의 물결은 규격화, 분업화, 동시화, 집중화, 극대화 및 중앙 집권화의 성격을 특성으로 하는 제2의 물결인 산업사회에 대변혁을 가져오게 하고 있다고 말한다. 제3의 물결은 소위 전자혁명, 기술혁명으로 일컬어지는 변화로부터 기인되었는데 산업의 성장에 따라 정치, 경제, 사회, 권력 등에 변화가 일고 있다는 것이다. 특히 컴퓨터와 전자공학, 우주해양 개발, 유전자 산업, 소량 다종의 생산화 경향, 융통성 있는 시간제, 탈획일화적 특성을 지닌 미디어 등의 변화에 따라 현재 상태보다는 더 편리하고 희망적인 '프랙토피아(practopia)'가 전개될 것이라는 점을 시사하고 있다. 그러므로 교육의 주요한 과제도 공동체 의식을 배양하는 교육이 요청된다고 주장한다.

이현청(2000), 그리고 스티브 잡스(2011), 빌 게이츠(2002)는 21세기는 '손가락의 세기(Fingertips century)'라 지칭한다. 현대사회의 혁명적 변화 중의 하나는 IT 기술 변화로서 2010년부터는 지능형 IT기술과 감성형 IT기술의 급격한 발달로 가상현실이 현실을 능가하는 시대로 접어들고 있다. 특히 스마트폰과 I-pad 등의 진화는 공간을 초월한 시대를 예고하고 있다. 즉, 스마트폰에서 사진을 감상하다가 큰 TV화면에서 보고 싶으면 손가락으로 옮길 수 있다든지 마음만 가지고 그림을 그리고 물체를 옮긴다든지 물리적인 손가락 터치로 기기와 기기 사이에 정보를 교환하는 등 혁명적 기술의 변화는 교육에 큰 영향을 줄 수 있다.

『엔트로피(Entropy)』『수소경제(Hydrogen Economy)』 등의 리프킨(Rifkin,

1980, 2003)도 열역학 제2의 법칙인 엔트로피 법칙으로 현대사회가 직면한 문제점과 서구 사상의 변천과정을 설명하고 있다. 리프킨은 특히 과학기술의 발달이 가져다준 현대사회의 문제들을 지적하고 있다. 한편, 자원의 고갈, 생태계의 파괴, 인구와 식량 위기, 핵문제와 기상이변, 도시화에 따른 부수적 문제, 종교관의 변천 및 교육상의 변화 등을 지적하고 있는데, 이러한 병폐적인 현대사회의 특성은 고(高) 엔트로피 사회로의 전환 때문이라고 보고 있다. 또한 열에너지의 절약이 하나의 해결책이라고 설명하면서도 에너지와 환경문제 등의 차원에서 현대사회의 특성을 부정적이고 비관적으로 제시하고 있다.

또한 헌트와 헌트(Hunt, 1976)도 현대사회의 특성을 그 사회를 구성하는 사회 구성원의 익명성(anonymity)과 무조직성에서 찾고 있다. 현대사회를 대중사회라고 설명하면서 그 주체가 '일반 대중'이 되며 대중(mass)은 엘리트(elite)와 대립된 개념으로서 원자화, 익명성, 무조직성을 그 특성으로 하고 있다고 밝힌다. 이러한 대중들은 그들 특유의 행동 양식이나 가치관을 지니게 되며 그들 나름의 대중문화(mass culture)를 형성하게 된다고 지적한다.

특히 교육의 사회학에서는 현대사회의 이러한 특성에 관심을 갖고 있으며 '인간소외'의 문제나 문화습득 과정의 문제를 주요 연구 주제로 받아들이고 있다.

또한 다니엘 벨(Bell, 1982)도 현대사회의 특성을 '정보화 사회'라 지칭하여 설명하고 있는데 인류의 문명사회는 농업화 사회, 산업화 사회를 거쳐 지식정보화 사회로 발전하였으며 근래 들어서는 융합사회적 특성을 지니고 있는 4차 산업이 진행되고 있는 상황이다. 한마디로 문명사회를 거쳐 문명 후 사회(post-civilization)의 특성을 띠게 된다는 것이다(이현청, 1993). 이와 같은 문명 후 사회는 정보혁명의 전개를 통한 정보의 대량생산과 함께 보다 복잡하고 확대된 사회조직의 특성을 지닌다는 것이다. 뿐만 아니라 고도지식 사회로 이전하게 됨으로써 자유와 계획에 따라 창조된 조화와 여기에 기초를 둔 최적 사회조직 형태로의 모색이 우선적 과제로 등장하게 되어 관리시대로의 이행이 그 사회적 특징이 된다는 것이다.

이러한 견해들을 볼 때 현대사회에서 교육의 역할은 다양한 사회적 욕구에 부응해야 하는 것임을 알 수 있다. 특히 사회변동의 측면에서 볼 때 교육체계에 커다란 변화를 예고해 주고 있으며 실제 이러한 변화를 경험하고 있다는 점도 인식할 필요가 있다.

이로써 현대사회의 특성과 교육적 과제는 다음 몇 가지로 요약·정리될 수 있다.

첫째, 4차 산업 사회의 확산이다. 급속한 인공지능과 빅데이터 그리고 이와 관련된 알고리즘에 의한 융합예측과 기술발전은 하루가 다르게 교육방법, 교육내용의 변화를 가져다주고 있으며 교육시스템 전반에 변혁을 초래하고 있다. 전통적 방법의 교육이 변화되고 온라인(on-line)교육과 지역, 대상, 내용을 초월한 사이버공간 자체가 교육의 장이 되고 있는 실정이다. 특히 교육콘텐츠의 급격한 혁신은 멀티미디어와 모바일 혁명에 힘입은 바 크다.

둘째, 직업구조의 변화와 고용 없는 성장시대의 도래이다. 앞서 언급된 바대로 후기 산업사회의 특성이라 볼 수 있는 서비스업의 괄목할 만한 증가뿐만 아니라 '지식정보화 사회'에 따른 정보에 대한 의존성이 모든 행동의 근거가 된다(Nasibitt, 1985, 1996). 이러한 기술과 아이디어의 변모는 직업구조에 커다란 변혁을 가져오게 되어 소위 미래의 영역이라 할 수 있는 생명공학, 전자정보 공학, 레이저 공학 또는 인간서비스 공학, 우주공학 및 사회생태학 등이 주요한 직업에 속하게 될 것이다. 이러한 직업분화와 지식정보화 사회에 따른 고용 없는 성장은 청년실업 문제를 야기해 사회적 문제뿐만 아니라 교육적 과제로 등장하게 된다.

셋째, 인구구조의 변화이다. 인구구조의 변동과 관련하여서는 저출산 고령화 사회가 도래하여 대체로 출산율의 감소와 사망률의 감소가 그 특징이 되고 있다. 따라서 이러한 인구구조의 변화가 교육체제에 지대한 영향을 준다. 출산율의 감소에 따른 유아교육과 초등교육 체제의 직접적인 영향 이외에도 고령인구의 증대에 따른 노년교육의 강화문제가 주요한 교육쟁점이 된다. 특히 저출산이 심화되면 학령인구의 급격한 감소에 따른 학교교육의 붕괴현상을 초래한다. 근래의 교육학 개념은 종래의 교육학(pedagogy) 개념과는 달리 성인교육학(andragogy)과 노년교육학(gerogogy or eldergogy)으로 구분되고 있는 실정도 이러한 사회적 변화에 기인한 것이다.[1)]

넷째, 기본적 불평등의 문제로서 교육의 사회학자 간에도 많은 논란의 소지를 안고 있다. 장을 달리하여 교육사회학의 이론, 사회변동 및 사회계층과 교육에서 자세히 다루게 되겠으나 가진 자와 못 가진 자 간의 쟁점이라든지 기능주의적 입장과 갈등론적 입장에서 보는 불평등이라든지 하는 문제는 직간접적으로 교육의 기회나 교육의 과정을 포함한 현대사회의 구조적 특성과 깊이 연관되어 있다. 또한 사회병리학적인 관점에서는 절대적 박탈감뿐만 아니라 상대적 박탈감의 문제가 교육의 중요한 관심사가 될 것이다. 한 사회에서 자원의 분배로부터 배제되어 인간다운 생활 이하의 결핍 상태에서 살아가는 사람들의 비율이 높을수록 그 사회는 불안정한 사회가 되기 때문이다. 특히 자본주의의 근간이 되는 중산층의 붕괴와 상위계층과 하위계층 간의 양극화 문제는 심각한 문제로 대두되고 있다. 양극화 현상은 세계적인 추세로서 자본주의의 재개편 문제까지 야기하고 있다(UNDP, 2010).

다섯째, 사회체제의 변모이다. 많은 경우 학교교육이 안고 있는 문제는 사회체제의 변모와 이에 따른 사회적 쟁점들을 반영한다. 근래에 들어 심각한 문제가 되고 있는 청소년 문제라든지, 도덕적 이완의 문제 등은 사회체제, 특히 가족구조의 변동과 여성의 사회적 역할 변모에서도 원인을 찾을 수 있다. 또한 문화의 다변화에 따른 사회적 태도와 가치의 변모 또한 학교교육과 관련성을 가진다. 문화인류학자들이나 교육생태학자들의 경우, 이러한 다문화적 사회 특성을 사회화의 주요 변인으로 받아들이고 있다. 특히 이후 다른 장에서 언급되겠지만 문화식민지 이론이나 1.5세대론,[2)] 서구화와 근대화의

1) 이러한 개념은 성인교육학자들에 의해 주창되어 왔으며 근자에 들어서는 종합교육학(Synthegogy)에 대한 관심이 증대되고 있는 경향이다.

2) '1.5세대'란 개념은 다문화 사회에서 복합문화를 수용하는 현대인을 가리키는 용어로서 외래문

개념 등은 이러한 사회 특성에 대한 이해를 통해서만 완전히 이해될 수 있다. 우리나라의 경우, 새터민과 이주 여성 그리고 국제결혼 등에 의한 다문화가족 등의 증가에 따라 전통적 개념이 바뀌고 단일민족의 개념이 퇴색되고 있다. 이렇듯 국가 간 인종 간, 문화 간 인구이동이 활발해짐으로써 교육내용과 교육대상도 바뀌고 있는데 세계적 관점에서 볼 때 사회체제의 변화와 관련되어 있다.

여섯째, 산업화 과정의 산물이라고 볼 수 있는 도시화와 도회지적 특성을 지적할 수 있다. 급격한 산업화에 따른 도시화 현상은 교육체제와 성취 면에 커다란 영향을 주기 마련이다. 점진적 도시화와는 달리 급격한 도시화에 따른 교육문제는 대개 도시학교 체제에 커다란 변화를 야기한다. 특히 도·농 간뿐만 아니라 도시 내에서도 발생하는 학교 격차의 문제, 지역적 교육의 격차와 관련된 문제, 사회계층에 따른 학업성취 문제, 좋은 학교와 효과적인 학교의 논쟁[3] 등이 도시화에 따른 교육문제의 좋은 예들이라 볼 수 있다.

특히 급격한 도시화에서 비롯된 현대사회의 특성 중의 하나는 '도시 속의 농민' '풍요 속의 빈곤'을 그 특성으로 하는 도시빈민의 문제이다. 이러한 도시빈민의 문제는 현대사회의 교육에 커다란 쟁점이 되고 있다. 또한 도시화에 따른 거대 조직화의 특성을 나타냄으로써 도시중심 문화와 도시중심 사회체제 등의 중앙집권화 문제와 관련된 교육문제가 대두된다.

더구나 국민 모두에게 미디어를 통한 도회지적 특성을 확산시킴으로써 미디어의 교육에 대한 영향도 증대하게 된다. 도회지적 특성은 사회의 해체현상이나 집단 간의 괴리현상, 소외의식 그리고 상대적 박탈감 등을 야기시킴으로써 교육의 주요 과제가 된다.

화를 지나치게 수용하여 주체성이 결여된 청소년층을 지칭하는 뜻이다. 때로는 이민 2세를 가리키는 말이기도 하다.

3) '효과적인 학교'와 '좋은 학교'의 논쟁은 대개 학교시설의 우수 여부라든지 교사의 질 그리고 학군이나 지역에 따른 학생의 자질 등을 포함한 종합적인 평가에 의해 개념지어진다. '효과적인 학교'의 개념은 성취동기와 더 깊은 관련이 있는 정의이지만 '좋은 학교'는 전통적인 개념으로서 시설과 자료 등 하드웨어적 측면이 우수한 학교를 의미한다.

현대사회의 이러한 특성들은 전통적인 교육에 대한 신념이나 교육적 기능에 대한 변화를 요구하게 된다. 오늘날 교육, 특히 학교교육에 대한 비판이 일고 있는 점은 이러한 현대사회의 특성에 그 원인이 있다고 볼 수 있다. 왜냐하면 보수적인 교육과정이나 학교교육의 기능만으로는 급격한 사회변동과 시대적 욕구를 충족할 수 없기 때문이다. 이러한 현대사회의 특성이 교육사회학의 관심 영역을 변화시켜 왔음도 분명한 사실이다.

3. 사회문제와 평생학습

교육은 생명이 유지되는 한, 지속되어야 하는 삶의 한 과업이다. 이 점에서 교육은 인간의 호흡과 같다고 할 수 있다. 교육이 멈추는 순간 인간의 자기계발은 멈추게 되기 때문이다. 더구나 오늘날 우리가 살고 있는 사회는 '변화'와 '혁신'의 세기로서 매일매일 엄청난 양의 지식 정보량이 쌓이고 있는데 반해 지식 생명주기의 변화는 매우 짧아져 가는 시기이기도 하다. 따라서 지식의 양과 지식 생명주기의 변화는 직업구조의 변화, 가치관의 변화 그리고 삶 자체의 변화를 초래하고 있다. 더구나 현대사회에서의 이러한 변화는 정규 학교교육이나 특정 전공만으로는 적응할 수 없게 만들고 있다.

1) 교육의 개념과 학습

일반적으로 교육은 학교교육을 의미해 왔다. 그러나 교육수요의 증가와 급격한 사회변동 그리고 직업구조의 변화 등에 따라 학교교육만으로는 사회에서 필요로 하는 기술과 소양을 제대로 습득할 수 없는 사회가 되었다. 이러한 교육적 필요는 종래의 학교중심 교육개념에서 평생교육의 개념으로 변화가 이루어지고 있다. 평생교육과 학교교육은 대비의 개념이나 단절적 개념이 아니라 보완적 · 연계적 개념으로 이해되어야 한다. 교육개념의 변화는 결국 가르치는 교수(teaching)의 입장에서 학습(learning)의 개념으로의 변화를 의미한다. 이 점에서 교육의 개념도 생애과정에서 필요한 내용과 방법으로 스스로 학습하게 되는 개념으로 전환되고 있는 실정이다. 교육의 개념은 학교교육을 중심으로 하는 페다고지(pedagogy)의 개념으로 통용되었지만 학교교육 대상뿐만 아니라 성인 학습자와 노년 학습자까지 포괄하는 교육개념은 페다고지와 달리 구분되어야 한다는 견해가 많다. 학교교육 중심의 교육은 '페다고지'지만 성인교육의 개념은 일반적으로 '앤드라고지(andragogy)'로 쓰인다. 또한 평균수명의 신장에 따른 노년층 인구가 증대함에 따라 이들을 위한 학습체계와 방법론이 필요한 실정임을 감안해 노년교육학이라 할 수 있는 '엘더고지(eldergogy)' 혹은 '제로고지(gerogogy)'의 용어도 쓰이고 있다(이현청, 1994, 1996).

교육의 개념은 교육대상, 생애 발달과정, 교육욕구 그리고 사회적 측면에서의 교육수요 등을 다양하게 만들고 있고 피교육자를 대상으로 하는 전통적 의미의 교육개념에서 학습의 개념으로 변화되고 있다.

2) 평생교육의 개념

평생교육은 학교교육과 학교 이외의 교육을 통합하는 학습의 개념으로서 일생 동안 지속적으로 개인의 잠재 능력을 계발하는 교육적 삶(educative life)의 총체적 의미이다. 평생교육(lifelong education)이라는 용어는 1965년 12월 파리에서 개최된 유네스코 국제회의에서 랑그랑(Lengrand, 1975)이 최초로 사용하였다.

평생교육에 관해서는 많은 학자들이 다양한 정의를 내리고 있지만 일반적으로 전 생애과정을 통해 이루어지는 형식적 · 비형식적 교육을 다 포함하는 의미로 받아들여지고 있다. 평생교육에 대한 몇몇 학자들의 개념을 소개해 보면 다음과 같다.

데이브(Dave, 1976)는 "개인적 · 사회적 삶의 질을 지속적으로 향상시키기 위해 평생 동안 이루어지는 모든 형태의 형식적 · 무형식적 학습활동"을 평생교육이라 정의하고 있다.

또한 랑그랑(1970)의 평생교육은 평생을 통해 각기 자신이 가진 다양한 소질을 지속적으로 발전시키고 사회의 발전에 충분히 참여할 수 있게 하는 교육을 의미한다고 하면서 "개인이 태어나면서부터 죽을 때까지 전 생애에 걸친 교육의 통합"으로 정의하고 있다.

랑그랑(1975)에 의하면 평생교육의 개념을 출생에서부터 죽음에 이르기까지의 전 생애에 걸친 모든 차원에서의 모든 교육형태의 연계를 의미하며 생애 발달과정에서의 시간적(수직적) 차원과 공간적 차원을 의미하는 개인 및 사회생활 전 부분을 통합하는 수평적 차원의 통합을 의미한다. 따라서 전 생애과정을 통해 개인이 처한 사회생활 전 부분을 교육적으로 통합하는 학습과정을 의미한다.

헬렌 비(Helen Bee, 1987)는 평생교육을 "전 생애과정에서 생체적 · 심리적 · 사회적 규칙 속에서 이루어지는 발달과업과 관련된 학습"으로 개념화하고 있다.

또한 이현청(1988, 1994)은 평생교육이란 개인 삶의 질적 향상뿐만 아니라 조직과 사회의 질을 향상시키는 데 도움을 주기 위해 마련된 다양한 형태의 지속적이고 변화주도적인 생애 전 과정학습이라 정의하고 있다.

이상의 학자들이 소개한 평생교육의 개념을 정리하면 다음과 같다.

- 전 생애과정에 걸친 학습
- 삶의 수직적 차원(생애주기)과 수평적 차원(공간적)의 통합
- 모든 교육형태의 연계 조직화(무형식, 무제도)
- 형식교육과 비형식교육의 학습활동
- 삶의 질적 향상을 위한 생애과업(변화주도 학습)
- 학교교육과 학교교육 이외의 종합적 학습 노력
- 교육과 학습활동의 총체적 개념

따라서 평생교육은 교육의 장소, 방법, 시간 등의 관점에서 다양한 유형과 형태가 가능한 유연성을 지니고 있으며 학교교육과의 대립적 개념이 아니라 상호 연계하여 보완적 특징을 지니고 있고 직업 수행이나 자기계발 차원에서 변화주도적 학습동기에 이루어지는 자기주도적 학습 형태라 볼 수 있다. 그리고 의무적으로 수행하는 학교교육과는 달리 자발적 학습의 특징을 지니고 있으며 삶의 질과 역량을 개발하기 위한 자아실현 목적의 총체적 학습 노력이라 볼 수 있다.

3) 평생교육 사회의 확대

21세기는 지식경영이 매우 중요시되는 지식기반 사회이다. 교육의 시스템과 기능 역시 지식정보화 사회에 적합한 체제와 체계를 필요로 하게 된다. 따라서 21세기 교육발전 전략으로 가장 중요시되는 과제는 지식기반 사회 구축과 지식의 창출 그리고 응용에 있다고 볼 수 있다. 교육의 기능과 역할 또한 '신 3R'로 대변되는 적시성(right time), 적절한 내용(right contents), 올바른 배출(right placement)을 수행하는 데 역점을 두게 된다.

이러한 시대적 변화는 정해진 학교교육만으로는 사회에 적응하기 힘들고 한 전공으로 일생 동안 직업을 수행했던 종래의 직업관에도 많은 변화가 불가피하게 되었다. 이 점에서 볼 때 21세기는 교육의 대전환기라 볼 수 있으며 학교교육은 물론 학교 이외의 교육에도 대전환이 불가피한 시대라 볼 수 있다. 교육에서 몇 가지 큰 패러다임의 변화가 이루어질 것이다(이현청, 2006).

첫째, 폐쇄체제에서 개방체제로의 변화로서 입학에서부터 졸업까지의 전 과정이 유연성을 지니게 될 것이다. 가정-학교-직장이 한 교육과정의 선상에 서는 학습체인 체계(learning chain system)로 바뀌고 정규교육과 비정규교육 그리고 지역과 국가를 초월함은 물론 제도와 비제도가 혼합되는 특징을 띠게 된다.

둘째, 교육 중심으로부터 학습 중심으로의 변화가 지배적일 것이며 교수자의 역할, 교과서의 내용, 교수방법의 활용 등에 있어서 커다란 변화가 불가피할 것이다. 결국 무제도, 무형식, 무규제 교육이 보편화되고 학습자 중심 체제로의 변화가 주된 경향이 될 것이다.

셋째, 교육소비자 중심 체제로 전환됨에 따라 학생 중심의 과정과 교육내용이 강조될 것이며 학습과정 자체가 소비자 중심 체제로 전환될 것이다.

넷째, 통신과 교통 그리고 교수방법과 매체의 발달에 따른 변화가 이루어져 세계가 하나의 교육의 장이 되고 교육자원화되는 세계 학습사회(global learning society)가 도래할 것이다.

다섯째, 국가 간, 지역 간 학습 인구의 이동과 자원의 공동 활용 그리고 자격 중심 운영체제적 특성을 지님에 따라 정규교육과 비정규교육의 경계가 약화될 것이다.

여섯째, 출산율의 급격한 감소와 평균수명 증가에 따른 저출산 고령화 사회의 도래에 따라 학생의 특성도 변화되어 고연령 시간제 성인학습자가 증가할 것이고 평생 4~5회의 교육을 받게 되는 평생교육 체제로의 변화가 예견된다.

이러한 패러다임의 변화는 교육에서 학습으로의 변화와 함께 학령기 중심으로 이루어지며 학교 중심 교육관에서 생애 전 과정을 통해 이루어지는 계속교육 형태로 전환될 것이다. 결국 학교 이전 교육→학교교육→학교 후 교육으로 연결되는 평생교육 패러다임으로 대변화가 이루어지고 있다는 의미로서 학습사회(learning society)의 확장이 이루어지게 된다(〈표 1-1〉 참조).

〈표 1-1〉 학습하는 사회 패러다임

학습하는 사회											
학교 이전 교육			학교교육					학교 후 교육			
태교	영아교육	유아교육	유치원	초중등	중등이후	대학교육	대학원	직장현지교육	전문계속교육	성인교육	노년교육
학령전기 교육			학령기 교육					성인 계속교육			

4) 사회변동과 평생교육

평생교육은 사회변동과 밀접한 연관이 있다. 교육내용이나 교육대상 그리고 교육방법 등에서도 그렇고, 교육수요나 사회적 요구 측면에서도 그러하다. 특히 우리나라는 다른 나라들과 달리 독특한 교육문화를 가지고 있어서 공교육의 신뢰가 낮은 편이고 사교육의 의존도가 높은 편이며, 평생교육도 삶의 질과 관련된 분야나 전문 계속교육 분야 이외에도 입시위주 학교교육과 관련된 분야가 상당 부분을 차지하고 있는 실정이다. 따라서 평생교육은 사회변동에 가장 민감한 교육 영역이므로 평생교육에 대한 교육내용 계획을 수립하기 위해서는 사회변동에 대한 이해가 매우 중요한 일이다.

어느 사회든 변동과정에서는 교육이 해결해야 할 과제를 수반한다. 특히 사회변동이 급격한 경우 그리고 광범위하게 이루어질 경우, 이러한 문제들은 더욱 심각하게 나타난다. 이때 제기되는 문제는 교육이 어떻게 사회변동에서 야기된 사회문제들을 해결하면서 동시에 사회진보에 기여할 수 있는가 하는 것이다. 특히 변동과정에서 교육이 할 수 있는 기능은 사회 구성원들로 하여금 변화에 적응할 수 있도록 교육시키는 일과 변동과정에서 야기된 사회문제들을 바람직한 형태로 극복하도록 하는 일이라 할 수 있다. 일반적으로 사회변동과 관련된 평생교육의 과제는 몇 가지로 요약 정리될 수 있다. 사회변동 관련 평생교육 대상들을 중심으로 평생교육의 과제를 보면 사회 구성원들의 사회변동 적응수준과 관련이 되어 있으며 개혁 지향적 집단이 많을수록 그리고 초기 적응집단과 앞서가는 집단이 많을수록 평생교육의 필요성이나 교육내용 그리고 동기가 달라진다는 것이다. 특히 평생교육은 학교교육의 보완적 의미로서의 교육일 뿐만 아니라 학교교육을 포괄하는 사회교육이라는 점에서 사회변동이나 사회문제와 긴밀한 연관이 있다.

특히 교육이 사회변동을 주도하느냐 혹은 사회변동에 의해 교육이 영향을 받느냐의 정도는 네 가지 요소에 의해 결정된다. 즉, 개혁집단이 많을 경우 사회변동의 속도나 범위가 달라진다는 것이다. 물론 평생교육의 과제도 달라지기 마련이다(Rogers, 1983, pp. 233-247).

개혁집단이나 초기 적응집단이 많을 경우 사회변동의 속도도 빨라지고 사회변동의 범위도 확대되어서 평생교육의 필요성이 증대된다. 물론 평생교육의 내용도 창의성과 사회변동 주도적 내용이나 혁신, 효율성, 리더십 등이 더 요구될 수 있다. 그러나 로저스(Rogers)가 주장하는 것과는 달리 아주 지체된 집단이 더 많아질 경우에는 성인 기초교육이나 재교육 혹은 지역사회 중심 교육이 더 필요할 수 있다. 특히 정규교육이 양극화 해소에 한계가 있다는 점을 감안할 때 그리고 개혁집단이나 초기 적응집단 또는 앞서가는 집단의 경우와 지체된 집단과 아주 지체된 집단을 양분해서 생각해 볼 때, 사회구성원들의 사회변동 적응수준 여부는 평생교육과 무관하다 볼 수 없다.

(1) 양극화 현상 해소

현대사회는 계층 갈등의 사회라 할 수 있다. 특히 경제적 차원에서뿐만 아니라 교육적 차원이나 문화적 차원에서도 계층 간의 차이가 심화됨으로써 이들 계층 간의 갈등을 교육을 통해 해소하는 과제가 부각되고 있다. 산업화 이전에는 절대적 빈곤감이 중요한 문제였지만 후기 산업사회 이후 '상대적 박탈감(relative deprivation)'을 해소하는 과제가 중요한 교육적 과제로 등장하고 있다. 더구나 지식정보화 사회에 접어들면서 지역 간, 세대 간 '정보 격차'와 교육 양극화 현상마저 확대되고 있어서 커다란 사회문제가 되고 있다.

한 여론조사에 의하면 교수들이 향후 10년 한국 사회 키워드로 가장 많이 꼽은 것은 복지(47.9%)였으며 양극화(36.8%)도 중요한 사회이슈로 꼽고 있다(교수신문, 2012. 4. 25.). 한국 사회 3대 키워드로 꼽는 '사회통합-복지-양극화'는 자본주의 사회에서 불평등을 어떻게 완화시킬 것인가의 문제이며 향후 중요한 평생교육의 과제라 볼 수 있다. 소위 일류대학 지배적인 사회구조 속에서 사회계층 이동의 중요한 수단인 학교교육이 사회계층 이동의 역할을 제대로 수행하지 못하고 있다는 점에서 학교교육의 보완적 기제로서의 평생교육의 역할은 매우 중요하다.

(2) 저출산 고령화

현재 우리나라가 안고 있는 가장 심각한 문제 중의 하나는 저출산 고령화이다. 2011년 2월에 발표한 통계청의 인구통계 조사 결과에 의하면 2010년 출생자 수는 469,900명으로 1980년 862,835명에 비교하여 45.5%나 감소한 것으로 나타나 있다. 이러한 출산율의 감소는 1980년부터 지속되어 왔으며 저출산 현상은 매우 심각한 수준이다. 2009년 이후 OECD 국가를 포함하여 세계에서 가장 출산율이 낮은 국가에 해당한다([그림 1-1] 참조).

더구나 2005년 이후 20대 후반보다 높은 출산율을 보여 결혼 연령이 상승하고 있다는 것을 보여 주고 있고 이러한 현상은 한 자녀 출산에 그치게 해서 저출산의 중요한 원인이 되고 있다(이동석, 2011).

심각한 저출산 현상은 결혼과 자녀관의 변화와 관련되어 있어 결혼이 필수가 아닌 선택이라는 가치관에 따른 것으로 결혼을 기피하거나 미루는 경향 때문이다. 특히 여성의 교육수준 향상, 여성임금 증가, 사회활동 증가 등에 따라 여성의 자아성취 의욕이 향상되고 출산 의도가 저하된 데도 원인이 있다.

저출산 문제는 사회 전반의 가치관과 연관되어 있어 결국 평생교육의 중요한 과제가 되고 있다. 물론 청년실업 등 고용불안도 추가교육 소요 연한을 연장시킴으로써 교육기간을 증가시키고 저출산과 직접 연관되어 있다 하겠다.

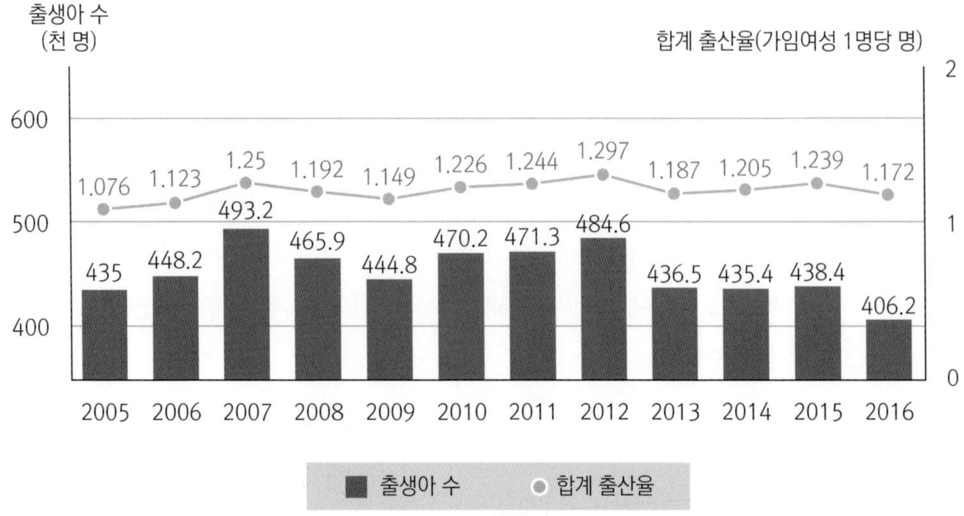

[그림 1-1] 출생아 수 및 합계 출산율

출처: e-나라지표(2017. 09. 04 갱신).

이와 함께 저출산의 심화는 결국 학령인구 감소를 초래해 정규교육에 절대적인 영향을 미치게 되고 연쇄적으로 평생교육 대상자도 감소하게 되는 현상을 초래하게 된다.

한편, 인구의 고령화도 심각한 사회문제 중의 하나이다. 고령화의 개념은 전체 인구 중 65세 인구가 7% 이상일 때 고령화 사회로 정의한다. 그리고 14% 이상 고령사회, 20% 이상은 초고령사회로 구분되는데 우리나라는 2000년에 고령화 사회로 진입한 이래 2012년 현재 11%로 넘어 고령화 속도가 세계에서 가장 빠르게 진행되고 있다([그림 1-2] 참조).

고령화 사회로의 변화는 노년층 인구가 생애 발달과업에서 필요한 건강, 복지, 은퇴 후 적응, 취미활동, 생활재정 설계, 제2의 진로 선택 등 다양한 평생교육 과제를 필요로 한다.

[그림 1-2] 주요 국가별 고령화 속도 국제 비교

출처: 보건사회연구원, 보건복지포럼(2016).

(3) 청년실업

우리 사회는 인구, 교육, 노동 등 다양한 분야에서 청소년에 대한 관심이 높아지고 있다. 특히 청년실업 문제는 우리 사회가 안고 있는 가장 심각한 사회문제 중 하나이다. 2011년 통계청 자료에 의하면 우리나라 총 인구 중 청소년의 비중은 20.7%로 1990년대 말 이후 지속적으로 감소해 오고 있다. 2011년 우리나라 인구가 48,989,000명으로 전년 대비 0.2% 증가했지만 청소년 인구는 1.4%나 감소한 것으로 나타나 있다. 물론 학령인구도 대폭 감소할 것으로 예견되고 있는데 2011년 970여만 명에서 2030년에는 616만 명으로 줄어들 것으로 예견되고 있다(통계청, 2011).

청소년 인구의 감소에도 불구하고 낮은 청년 실업률은 사회문제가 되고 있다. 2013년과 2014년의 고등교육기관 졸업자 취업률만 보더라도 50~60% 대에 머물고 있어 고등교육기관 졸업자 절반에 가까운 청년들이 실업의 고통을 안고 있다는 것을 알 수 있다(〈표 1-2〉 참조).

〈표 1-2〉 고등교육기관 졸업자 건보 및 국세DB연계 취업률 개황

(단위: 명, %, %p)

구분	졸업자	취업 대상자	취업자							2014 취업률 (A)	2013 취업률 (B)	취업률 증감 (A-B)
			계	직장 건보 가입 취업자	해외 취업자	농림 어업 종사자	1인 창(사) 업자	프리 랜서	개인 창작 활동 종사자			
고등 교육 기관	557,234	488,199	327,186	302,280	1,051	663	3,739	17,045	2,408	67.0	67.4	△0.4
전문 대학	183,388	166,345	112,765	104,630	357	485	1,352	4,756	1,185	67.8	67.9	△0.1
대학	301,606	261,068	168,510	154,507	601	135	1,815	10,323	1,129	64.5	64.8	△0.3
교육 대학	4,690	4,553	3,596	3,570	–	–	1	25	–	79.0	76.4	2.6
산업 대학	15,698	14,755	10,354	9,600	12	35	152	497	58	70.2	73.2	△3.0
각종 학교	532	376	196	89	–	–	4	85	18	52.1	53.9	△1.8
기능 대학	6,669	6,097	4,635	4,547	2	–	16	70	–	76.0	77.4	△1.4
일반 대학원	44,651	35,005	27,130	25,337	79	8	399	1,289	18	77.5	78.5	△1.0

※ 조사대상 학교 수는 총 567개교(분교 15개교 포함)임.

출처: 한국교육개발원(2015).

청년실업의 문제는 평생교육 분야에서 관심을 두어 해결해야 할 중요한 사회적 과제 중 하나임에 틀림이 없다.

(4) 사회통합

우리나라가 내실 있는 선진국이 되기 위해서는 선진 자본주의 사회가 안고 있는 사회적 불평등을 어떻게 완화시킬 것인가가 매우 중요하다. 소득 양

극화로 인한 갈등 해소를 위해서 대두되는 해법이 복지 확대라는 주장이 있지만 복지만으로는 사회통합을 이루는 데 한계가 있을 수밖에 없다. 특히 우리나라는 계층 갈등, 문화적 소외에 따른 갈등, 지역 갈등, 종교 갈등, 세대 갈등 그리고 남북 간의 갈등 등 다른 국가와는 다른 사회통합의 과제들이 많은 형편이다. 이러한 사회적 갈등을 슬기롭게 해결하는 방안은 공교육뿐만 아니라 평생교육에서도 다루어져야 할 중요한 교육적 과제 중 하나이다. 특히 2018년의 경우 우리나라 노년층은 이념 갈등이 주요 통합과제인 데 반해 장년층은 빈부갈등, 청년층은 성(gender) 갈등이 주요한 사회통합 요인이 되고 있음을 주목할 필요가 있다.

사회통합을 위해서는 국가의 정체성을 확립하는 교육과 더불어 사는 교육 그리고 나눔과 봉사 등이 매우 중요하다. 이러한 이유 때문에 이들이 평생교육의 중요한 과제가 된다. 물론 불평등을 해소하는 복지정책의 확대도 필요하지만 비물질적 의식개혁과 지역사회 중심의 교육적 노력은 사회통합을 위해 다루어져야 할 우선순위 중 하나라 볼 수 있다.

특히 OECD 통계(2011)를 보면 소득이 어느 정도 균등하게 분배되는가를 나타내는 기니계수, 빈곤율, 아동 빈곤율 그리고 생계곤란 비중 등 사회 형평성 지표의 국제 비교에서 기니계수 14위, 빈곤율 7위, 아동 빈곤율 20위, 생계곤란 비중 15위로 나타나 사회 형평성이 높지 않은 것으로 나타나 있다. 이러한 과제들은 학교교육으로만 해결될 수 없는 사회 전반의 지속적인 과제들로서 사회교육과 학교교육을 아우르는 평생교육의 중요한 과제라 볼 수 있다.

5) 현대사회와 교육의 과제

앞서 현대사회의 특성을 대략 살펴보았다. 현대사회는 급격한 변동을 그 특성으로 하고 있으며 특히 가치와 문화적 변동도 종전에 비해 급격한 변화를 경험하고 있다. 이러한 사회적 특성에 비추어 볼 때 현대사회의 교육의 과제는 현대사회가 안고 있는 쟁점들을 해결하려는 데 두어야 한다. 교육의 과제는 다음 몇 가지로 제시될 수 있겠다.

첫째는 청소년의 노동력 문제와 관련된 과제이다. 전통적으로 교육의 주요한 기능 중의 하나는 사회에서 필요로 하는 인력을 적절히 배분하고 훈련하는 일이었다. 그러나 근자에 들어서는 교육의 보편화에 따른 교육 인플레이션 현상이 심화되어 학교교육과 직업 간의 순조로운 전환이 어렵게 되었다. 이러한 교육의 역작용을 어떻게 해소시킬 것인가 하는 문제가 현대사회 교육의 주요한 과제라 볼 수 있다. 따라서 청소년의 노동력과 관련된 교육 인플레이션 현상은 주요한 교육의 과제가 되었다. 특히 젊은이의 고용위기는 학교교육 후 불고용 기간이 연장됨으로써 주요한 교육적 과제로 등장하고 있다(Levine & Havighurst, 1984).

특히 2000년대에 들어 청년실업이 증가함으로써 고용불안과 함께 사회적 불안으로 작용하고 있다. 2018년의 경우, 청년실업률이 10%대에 이르고 있어 주요한 교육적 과제가 되고 있다. 인공지능이 인간의 직업을 대체하는 시대가 확산됨으로써 이 고용문제는 커다란 사회적 이슈가 될 것이고 특히 청년실업의 문제는 심각한 국가적 과제가 되리라고 여겨진다.

둘째는 양극화에 따른 수입 불평등의 문제와 관련된 과제이다. 재능중심의 사회(meritocratic society)로 지칭되는 현대사회에서 교육의 가장 심각한 과제는 수입 불평등의 문제와 관련되어 있다. 교육이 직업 분화 및 수입 분화와 관련되어 직간접적인 역할을 수행할 뿐만 아니라 지위구조에 의존하는 현대사회에서의 기회평등과도 깊이 연관된다는 인식 때문이다. 특히 교육이 사회 불평등을 재생산하느냐 그렇지 않으면 사회 불평등을 해소하는 기능을 수행하느냐의 문제는 교육사회학의 중요한 과제로 등장하였다. 수입 불평등의 문제와 관련된 과제에 대한 설명은 교육과 평등의 문제를 다루는 중요한 요인이 된다.

셋째는 사회구조의 변동과 관련된 과제이다. 사회구조의 변동이란 사회계급, 가족구조 그리고 문화적 구조 등의 영역을 의미한다. 현대사회의 구조적 변동은 긍정적인 변동도 있으나 부정적인 변동일 경우가 많다. 이때 교육의 과제는 자연스럽게 이러한 사회병리 현상을 해결해야 하는 임무를 요청받게 된다. 근자에 대두되고 있는 '교육위생(educational hygiene)'의 개념은 이와 관련되어 있는 한 경향이라 볼 수 있다. 미국의 경우도 1980년 초부터 효율적 학교운동(effective schooling movement)을 통해 사회구조 변동에 따른 학교교육의 기능을 강화하려는 경향이 대두되고 있으며 1980년대 중반 이후 청소년 일탈과 학교폭력 그리고 마약 등을 근절하기 위해 사회비행 거부운동('Just Say No' campaign)을 전개해 나가고 있는 실정이다. 우리나라도 학교폭력과 청소년 자살, 교사의 권위 추락 등 교실붕괴 현상의 확산에 따라 학생인권조례 제정이나 체벌 대체 프로그램 등 논의가 많은데 이러한 경향 모두 사회구조 변동과 관련이 있다(이현청, 2011). 특히 우리나라의 경우도 가족구조의 변모에 따른 여성 역할의 변화와 청소년의 문제 그리고 반문화의 확대 경향, 계급 간의 갈등 등이 심화되고 있는데 이러한 문제는 교육의 주요 과제가 된다. 교육이 종래의 선발과 분배의 기능에 치우쳐 왔던 것과는 달리 인간화 교육에 관심을 두어야 할 것이라는 점은 후기 산업사회와 정보화 사회가 안고 있는 다양한 문제들을 해결하려는 노력의 일환이라 볼 수 있다. 이와 관련하여서는 제3부와 제4부에서 논의하게 될 것이다.

넷째는 교육개념의 변동과 관련된 과제이다. 교육개념은 종래의 교수중심에서 학습중심으로 전환되고 있다. 이러한 변혁은 학교교육만으로는 급변하는 사회적 욕구, 특히 기술변화와 가치의 변화에 적응할 수 없다는 데서 비롯되었다. 그러므로 학교교육의 효율성을 증대시키기 위한 개혁과 아울러 전 생애과정을 학습주기로 인식하는 학습중심 체제로의 전환이 교육의 주요 과제가 되고 있다.

교육이 주로 학습자의 경험중심이나 결과의 평등에 관심을 두어 왔던 종래의 입장뿐만 아니라 교육이 이루어지는 과정의 평등에 이르는 포괄적인 개념을 중요시하게 된다. 이러한 관점에서 볼 때 교육은 현대사회가 안고 있는 구조적 변화과정과 변동의 폭을 감안해야 하는 이중적 어려움을 겪게 된다. 특히 1970~1980년대에 교육을 기존 계급이나 지배이데올로기의 재생산 수단으로 인식해 온 재생산론자들의 학교교육에 대한 비판이 주로 교육 개념이나 교육의 과정 그리고 교육과정의 변화가 필요하다는 입장이었듯이 2000년대 이후 현대사회의 교육적 과제는 교육 자체의 변화와 더불어 사회 문제를 해결해야 한다는 이중적인 부담을 안게 된다. 이와 함께 4차 산업 사회에 접어들어서는 인공지능과 관련된 직업구조에 적응하는 일과 인공지능 로봇과 인간의 협력적 관계를 어떻게 유지하느냐가 관련된 교육의 과제 또한 간과할 수 없는 중요한 부분이라 생각된다(이현청, 2019).

다섯째 과제는 앞서 언급된 과제 이외의 사회의 제반 문제들과 연관되어 있다. 일반적으로 '삶의 질'과 관련된 과제들이라 볼 수 있는데 삶의 질은 삶의 의미라든지 인구문제라든지 범죄와 사회정의의 문제 그리고 심리적 일탈 등 인간이 생존하는 내외적인 여러 현상과 복합적으로 관련되어 있다.

특히 미래의 주요 교육적 과제는 '창의성'과 '적응성'을 중요시하게 될 것이라는 점에 비추어 볼 때 적응과 관련된 문제들이 교육의 주요 과제가 될 것이다. 무엇을 위해 살 것인가의 문제뿐만 아니라 어떻게 살 것인가 하는 'how'의 문제가 주요 과제가 될 것이다. 즉, 성윤리, 약물중독 문제, 가족에서 기인한 사회적 문제 등의 윤리적 딜레마가 교육의 주요 과제가 된다. 또한 교육을 위한 '사회적 여건'과 관련된 환경과 가치의 문제는 더욱 의미 있는 교육적 과제가 된다고 볼 수 있다. 인간의 사회적 환경은 인간 행위의 소산이며 아울러 사회적 여건의 소산이 인간 행위라는 것이다. 이 점에서 볼 때 현대사회가 안고 있는 병폐적 특성이라 볼 수 있는 조직 내에서의 인간의 부적응 문제라든지, 사회 구성원으로서 행동하는 인간의 사회적 일탈행위라든지 하는 병리적 인간의 모습을 사회와 조직 속에서 적응하고 창조하는 인간 행위로 바꿀 수 있는 '교육의 역할'이 강조될 것이다.

물론 앞서 제시된 현대사회의 특성에 따른 과제들은 여러 가지 복합적인 요소의 결정체라 볼 수 있지만 앞으로의 교육적 과제들은 전통적인 보수주의 교육 이데올로기보다는 주로 자유주의 교육 이데올로기에 영향을 받을 것이라는 점을 쉽게 알 수 있다. 그중에서도 현대사회에서 인간의 소외문제는 주요한 교육적 과제가 될 것이다.

제2장

한국 교육의 구조적 이해

우리나라 교육은 구조적 특성에 있어서 대학 진학과 취업 등 조기진로 선택을 할 수 있는 유럽 국가들의 복선제라기보다는 미국 체제에 가까운 단선제(single system)이며 중앙집권화적인 면이 강하다. 그리고 과정적 측면에 있어서는 유연성이 부족한 획일적 과정이 두드러진 특성이라 할 수 있다.

그뿐만 아니라 문화적인 측면에서는 '5과현상(5過現像)'으로 지칭될 수 있는 과잉교육, 과잉제도 교육, 과열교육, 과잉경쟁 교육 그리고 과잉보호 교육 등의 특성을 지님으로써 구조적 취약성을 내포하고 있다.

1. 한국 교육문화와 '한풀이 교육'

우리나라 교육의 구조적 특성을 사회문제 현상으로 유도하고 있는 대표적인 요인은 한국 교육문화의 제 특성이다.

한국의 교육은 부모가 자식을 통해 대리보상을 받으려는 성향이 높고 그러한 결과로 인하여 교육현상이 두드러지게 병리적 속성을 탈피하지 못하고 있다. 이러한 특성은 '한풀이 교육'으로 지칭될 수 있다.

1) 한풀이 교육의 구조

우리나라 교육에서 먼저 논의되어야 할 사항이 누구를 위한 교육인가라는 문제이다. 과연 우리나라 교육에서 교육이 이토록 과열되어 있는 원인이 어디에 있으며, 이렇게 과열된 교육현상이 바람직한 것인가 하는 부차적 질문에 대한 논의도 우리나라 교육의 구조와 현상을 이해하는 데 중요한 관건이다.

지금과 같이 자녀를 위해서 교육에 헌신적으로 기여하는 부모들의 교육소원(educational wish)은 무엇이며 이 교육소원을 통해 자녀를 어떠한 방향으로 양육하고자 하는가 하는 논의가 곧 우리나라 교육문화를 이해하는 첩경이 될 수 있다.

이러한 비정상적인 과열교육 현상은 긍정적인 측면이 없는 것도 아니지만 교육의 본질적인 관점에서 볼 때 비정상적인 현상임에는 틀림이 없다. 우리나라 교육현실을 감안해 볼 때 '부모 자신들을 위한 교육인가?' 그렇지 않으면 진정 '자식을 위한 교육인가?'를 냉철히 생각해 볼 필요가 있다.

특히 우리나라의 경우에는 입시가 인간자격 내지는 성패의 관문이 되어 있고 학교는 '입시인간(入試人間)'이라는 상품의 생산 장소이며 '입시'와 '공부'는 고등학교 청소년들의 삶을 가장 심각하게 지배한다(이종각, 1989). 따라서 대학입학까지의 삶은 한 가지 목적과 한 형태의 '강압적 정형화'의 유형을 탈피하게 못하게 된다. 이 점에서 학생들의 경우는 성적에 대한 한(恨)이 지배되는 성적문화권에서 탈피할 수 없고 부모들 역시 자기 스스로의 교육적 소원 때문에 자식들을 통해 교육적 소망을 성취하려는 한풀이 형태가 될 수밖에 없다. 특히 부모의 교육소원 → 자녀의 교육소원 → 부모의 제2의 교육소원 → 2세 자녀의 제2의 교육소원 형태로 순환되기 마련이다.

이 점에서 우리나라의 교육구조는 교육의 본질을 벗어난 '입시문화 교육사슬'의 구조적 속성을 가지고 있다. 이 입시문화 교육사슬이 함축된 교육구조는 '한풀이' 교육구조이다.

한풀이 교육구조 속에서 이루어진 입시문화 교육사슬의 구조를 도시해 보면 [그림 2-1]과 같다.

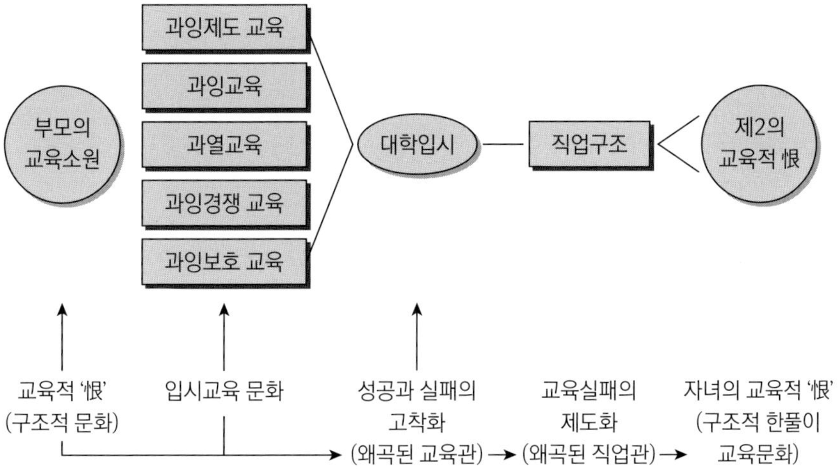

[그림 2-1] 한풀이 교육문화의 구조

[그림 2-1]에서 도시된 바와 같이 부모의 교육소원이 스스로의 교육적 '한'에 바탕을 두고 있기 때문에 자녀를 통해 교육적 대리보상을 받고자 하는 경향이 짙다. 이러한 부모의 교육적 '한'은 소위 5과현상이라 할 수 있는 과잉교육, 과열교육, 과잉경쟁 교육, 과잉제도 교육 그리고 과잉보호 교육으로 나타나게 되고 이러한 과도한 형태의 교육열이 구조적으로 고착화(固着化)됨으로써 온통 대학입시에 모든 교육활동이 집중되는 왜곡된 교육문화 현상으로 나타나게 된다. 물론 대학입시의 성공과 실패는 인생의 실패와 성공의 도식으로 지나치게 비약되고, 많은 경우 직업 선택이 적성과 흥미를 본위로 한 자기성취의 의미로서가 아니라 교육실패의 결과로 인식되기도 하는 왜곡

된 직업관과 연관되게 된다. 물론 이러한 과정을 거침으로써 자녀 스스로 제2의 교육적 '한'을 지니게 되고 구조적 교육문화로 정착된다.

우리나라의 '한풀이' 교육의 구조가 지니는 과도한 현상은 사회 전체적으로 볼 때 입시지옥, 입시가족, 입시문화, 입시학원 등의 기현상을 유발시키면서 온 사회가 '교육에 취한 사회(educoholic society)'를 면치 못하게 된다. 학생들도 '시험에 취한 학생(testholic student)'이 됨은 물론 인격 양성과는 거리가 먼 맹목적인 입시위주의 교육문화에 몰입하기에 이른다. 부모들 또한 '과외나 사교육에 취한 부모(tutorholic parent)'의 왜곡된 모습을 가질 수밖에 없는 교육구조에 내몰리게 된다.

2) 한풀이 교육의 기능

'한풀이 교육'은 사회구조나 일류 지향적 가치관 그리고 취업 등에서 이유를 찾을 수도 있지만 부모의 왜곡된 교육소원으로부터 기인되고 이러한 교육소원은 '교육세속화'의 형태로 귀착된다. 지나친 시험문화가 지배적인 사회에서는 자연 발생적으로 역작용이 일어나기 마련이고 이러한 역작용은 경쟁적 사회현상을 심화시키게 된다.

더구나 교육산업이 번창하게 되어 소위 시험문제나 시험 대비를 위한 기업이 등장하기도 하고 매사가 '시험적 사고(test oriented mind)'로 변질된다.

'시험적 사고'를 비롯한 '한풀이' 교육현상의 역작용의 특성을 요약해 보면 다음과 같다.

- 시험과 경쟁위주의 결과주의 사회로의 이행
- 단편적 지식과 시험기법 중심의 교육화
- 교육산업의 등장에 의한 사교육 치중 폐해현상
- 부모의 맹목적 교육소원의 심화현상과 세대 간의 인간적 단절현상
- 점수에 의존하는 교사와 학생 간의 인간관계

- 학교장의 입시위주 경영에 의한 학교의 비인격화 현상
- 흑백논리적 인생관의 확산
- 성공그룹과 실패그룹 간의 심리적 해체현상

'한풀이' 교육의 결과는 부모의 교육적 한과 자녀들의 교육적 한의 복합적 현상으로 확대되기도 하여 사회 전반적으로 많은 문제점을 내포시켜 준다.

특히 교육적 소원이 이질화되기도 하여 자기 과시적 간판주의로 변질될 가능성도 배제하기 힘들다. 더구나 한풀이 교육의 해소책은 부모나 사회 구성원들의 교육관이 변모되지 않는 한 어려운 일이기 때문에 혁명적 교육개혁 없이는 해결방안이 힘든 실정이다.

이러한 구조적 심화는 결국 사회불안 요소로 등장하여 성적비관 자살이나 성적관련 비리 또는 성적위주의 자녀관으로 정착되어 성적이 모든 삶의 기준이 되기도 한다. 특히 1990년 이래 심각한 사회문제로 등장하고 있는 학교폭력과 왕따 그리고 일부 비행적 학교문화도 이러한 교육구조와 무관치 않다(이현청, 2012).

'한풀이 교육'이 주는 역작용은 무엇보다 도구적이고 수단적인 관점에서의 교육관이 지배되는 사회로 전환된다는 점이고, 이보다 더 중요한 사실은 대학입시 제도를 개편하고 대학문호를 개편하는 등의 인위적 · 제도적 노력을 기울인다 해도 근본적 의식개혁 없이는 치유가 불가능하다는 것이다. 특히 일류 지상주의의 획일적 관점, 그리고 우수한 성적=우수한 대학=우수한 직장=우수한 삶의 등식과 고착화된 사고체제의 수정 없이는 이러한 교육적 병리현상의 해소가 어렵다는 것이다.

2. 한국 교육문화의 특성

우리나라의 교육문화는 구조적 측면과 의식적 특성 그리고 과정적 관점에서 설명될 수 있다. 한국의 교육문화는 한마디로 제도적 교육문화라 할 수 있고 다양화보다는 획일적이고 표준화된 특성을 지니고 있다. 또한 그 구조적 특성에 있어서는 제도적 교육문화이면서 의식적 특성 면에서는 사교육문화(社敎育文化)가 지배하는 이중성을 지니고 있다.

우리나라 교육문화의 이러한 이중성은 교육의 세속화와 공교육 제도의 위축을 가져왔으며 '내 자녀 우선주의(me-first-ism)'의 근원이 되고 있다(Lee, 1994).

우리나라 교육문화의 이중적 구조는 학교교육에 맹목적으로 의존하려 하고 학교교육이 교육의 전부라고 생각하는 학위주의(degreeism)와 자격증주의(credentialism) 성향과 함께 학교에서의 성적을 향상시키기 위해서 과외 등의 비정상적인 교육활동도 불사하려는 자기 자녀 우선주의에 입각한 과잉·과열교육 현상이라 할 수 있다. 이러한 이중적 구조는 결국 입시과열 현상으로 나타나 사교육비의 과잉지출도 감내하며 자녀들에게 학교 이외의 교육기회를 가능한 한 많이 제공하려는 사교육 의존경향을 심화시켜 가고 있다. 특히 사교육기관에 의존하는 각종 교육 프로그램에 지나치게 관심을 갖고 과도하게 참여시킴으로써 과잉교육(overeducated) 현상을 초래하고 있는 실정이다. 우리나라 교육문화의 특성을 열거하면 다음과 같다.

- 학교교육 우선주의 현상
- 제도적 교육문화 현상
- 사교육 의존성
- 학력주의와 학위주의 성향
- 일류 지상주의 현상

- 성적 지상주의 현상
- 교육 결과주의와 편법주의 성향
- 부모 교육소원 우선주의 경향
- 도구주의 교육현상
- 중앙집권적 획일주의 경향

이러한 우리나라 교육문화의 특성은 구조적으로 병리현상을 초래하고 있는데 교육 병리현상은 제도교육과 비제도교육의 갈등을 초래하고 소위 선호하는 일류 대학진학에 실패하는 전 학생의 70% 이상에게 교육좌절의 경험을 겪게 만들기도 한다.

교육적 소원이 좌절됨으로써 사회적으로는 많은 재수생과 교육실패자를 양산하는 결과를 가져다주며, 과정적 측면에서도 입시 지향적 커리큘럼 운영, 입시 지향적 교수방법, 입시 지향적 학교운영 등의 기현상을 초래하게 된다. 이러한 교육문화적 이중성과 교육실패의 원인은 근본적으로 역사 · 사회학적 관점에서 논의될 수 있겠으나 대개의 경우는 문민숭상(文民崇尙)적 유교문화의 영향과 근대 한국사에서 논의될 수 있는 학교주의적 정치 · 사회 · 경제 구조에서 찾아볼 수 있다. 이보다 더 중요한 사실은 학부모들의 대학 학위 취득과 고학력에 대한 교육소원 그리고 왜곡된 교육신화의 맹목적인 추종에 있다고 볼 수 있다.

1) 한국 교육문화의 패러다임

우리나라 교육체제의 모형은 [그림 2-2]에서 이해될 수 있다.

[그림 2-2]에서 도시된 패러다임처럼 우리나라의 교육체제는 투입의 부분에서는 지나치리만큼 과도경쟁이 불가피한 실정이며 이러한 과밀 입시구조는 많은 입시 실패자를 양산하는 결과를 가져다준다. 유환 부분에서도 제도교육과 비제도교육 간의 환류가 불가능할 정도로 폐쇄성과 경직성을 탈피하

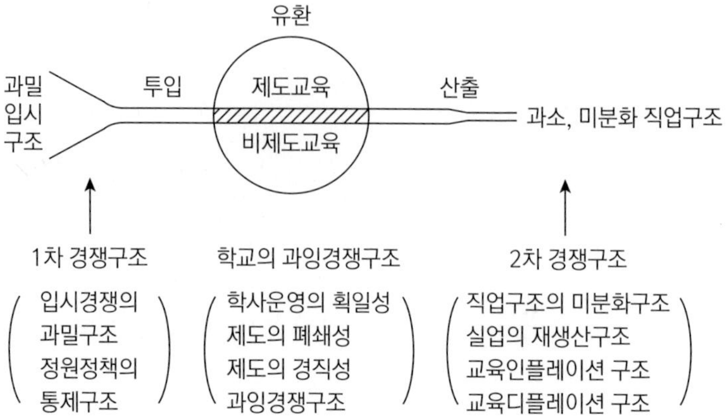

[그림 2-2] 한국 교육체제의 모형

지 못하고 있다. 특히 학사운영의 획일성과 제도의 폐쇄성 및 경직성은 [그림 2-2]에 나타난 사선 부분의 표시처럼 제도와 비제도 간의 학점 교류나 프로그램 교류 등이 불가능하다. 이러한 폐쇄성과 경직성 때문에 과밀 입시구조가 갖는 병리현상을 극복할 수 없이 정원정책에 묶이게 되며 산출과정에서도 과소직업구조의 영향 때문에 지나치리만큼 심각한 2차 경쟁구조를 갖게 된다. 특히 제도교육과 비제도교육 간의 이중적 구조와 비연계적 특성에도 불구하고 지나치게 과잉경쟁구조에 민감한 나머지 어떤 형태나 수단이든 자녀의 경쟁능력을 향상시키려는 학교 외 과외 프로그램에 의존하려는 경향이 짙게 된다. 따라서 우리나라 교육체제는 분배와 선발의 기능 모두 제기능을 수행하지 못하고 있는 실정이며 선발의 관점에서는 과밀한 입시구조 때문에 제기능을 수행하지 못하고 있다. 분배의 기능 측면에서는 경쟁 직업구조와 직업구조의 미분화 구조 때문에 실업의 재생산현상을 초래하면서 적체현상을 나타내고 있다.

2) 한국 교육문화와 교육단계별 이해

우리나라의 교육은 단선제이며 다양성보다는 획일적인 수직구조의 특성을 지니고 있어 대학입시 위주의 교육체제 속에서는 유치원 교육에서부터 대학원 교육에 이르기까지 교육단계별로 교육의 쟁점을 지니고 있을 수밖에 없다.

(1) 유치원 교육

우리나라의 유치원 교육은 근래 특히 1980년대에 들어 보편화되어 가는 추세이다. 특히 2010년 이후 유치원 무상교육론이 등장하면서 실제적으로 유치원 교육은 보편화가 확산되는 단계에 접어들었다. 그러나 우리나라 유치원에서의 교육은 일부 층에 의한 지나친 과잉교육 현상이 문제시되고 있으며 특히 조기교육에 의한 잠재 능력 개발의 근본 목적과는 달리 지나치게 도구적 교육에 치우친 나머지 과도한 요구를 함으로써 아동의 잠재 능력을 오히려 저해하는 경우도 있다. 이러한 지나친 조기교육 현상은 초등학교 1~2학년 과정에 영향을 미치게 된다. 즉, 유치원에서 선행학습 또는 선수학습(先修學習)을 통해 이미 초등학교 1학년과 2학년 과정을 이수해 버림으로써 정작 초등학교 저학년 과정에서는 학습에 흥미를 잃게 만드는 결과를 초래하기도 한다. 이러한 아동들의 '학습매너리즘' 현상과 부모의 양육태도에는 문제가 있다. 맞벌이 부부가 증가하고 핵가족화 함으로써 유치원 교육이 확대되어 제도적 양육이 증가된다. 이러한 결과는 어머니들이 자녀교육을 담당하지 못하고 어머니 역할을 하지 못한다는 양육 죄의식 때문에 과잉보호하는 잘못을 저지르게 되고 결국 나약하고 지나치게 부모 의존적인 성격을 형성하게 된다.

조기교육에 대한 논의는 대개 두 가지 측면에서 논쟁이 일고 있다. 그 하나는 언제 교육을 시키는 것이 바람직한가와 관련된 논의이며 또 다른 논쟁의 하나는 사회화와 관련된 문제이다.

언제 교육을 시킬 것인가의 문제는 결코 단순한 논의가 아니지만 대개의 논쟁점은 조기에 교육을 시킬수록 바람직하다는 주장과 적어도 가정에서 부모, 특히 어머니로부터 적절한 기간 동안 교육을 받는 것이 바람직하다는 주장 간의 논쟁이다(Swick, 1991).

우리나라의 경우, 유치원 교육의 확대는 바람직한 일이지만 지나친 조기 제도화된 사회화는 결코 바람직하다고만 할 수 없다. 특히 조기 제도화된 사회화(institutionalized socialization)는 대부모관계에서도 다양한 형태로 습득받을 수 있는 사회화 내용들이 제도 속의 보모나 유치원 교사로부터 받게 됨으로써 획일화된 성격과 몰개성화된 특성을 나타낼 수도 있다(이현청, 1993).

또 다른 측면은 저소득층이나 소외계층의 자녀일 경우, 가정에서 경험할 수 있는 문화결핍과 문화적 소외현상을 극복하면서 질 좋은 환경에서 조기 사회화를 할 수 있는 기회도 얻게 된다.

이러한 쟁점은 우리나라의 유치원 교육의 경우 더 많은 논의가 가능한 요소들이 많다. 우리나라 유치원 교육은 과도 사회화를 시킴으로써 유아기에 아동이 경험해야 할 영역을 능가하여 지나치게 어른스러운 면모까지 보이는 경우가 있고 단편적 지식 위주의 왜곡된 사회화의 우려마저도 있다. 더구나 우리나라의 경우에는 '유아기 없는 아동(child without childhood)'들을 성숙한 아동으로 이해하는 경우도 있는 실정이다(Lee, 1994).

또 다른 측면은 조기 사회화 과정에서 필요한 공민성의 함양에 문제를 야기할 수 있다. 다른 교육단계에서와는 달리 유아기나 아동전기는 국가와 민족이 공유하고 있는 시민성과 규범을 내면화시키는 시기이다. 그러나 우리나라 유아교육의 경우, 교육과정과 교수방법 및 그 절차 등에 있어서 지나치게 서구 의존적 경향이 있다. 특히 미국 편향적인 교육내용이 많은 실정이기 때문에 서구화된 시민성의 함양 가능성도 배제할 수 없다. 이러한 외래 지향적 공민성은 자칫 국적 없고 규범이 불분명한 아이들을 배출할 가능성이 있다.

(2) 초등교육

우리나라의 초등학교 교육인구는 2000년 401만 9,991명이던 것이 2010년 329만 9,094명으로 많이 감소했다. 그리고 2017년에는 출산율의 감소가 더 진행되어 267만 4,227명이 초등학교에 진학하고 있다(〈표 2-1〉 참조).

〈표 2-1〉 학교 급별 재학생 수

(단위: 명)

구분	2000년	2005년	2010년	2015년	2016년	2017년
유치원	545,263	541,603	538,587	682,553	704,138	694,631
초등학교	4,019,991	4,022,801	3,299,094	2,714,610	2,672,843	2,674,227
중학교	1,860,539	2,010,704	1,974,798	1,585,951	1,457,490	1,381,334
고등학교	2,071,468	1,762,896	1,962,356	1,788,266	1,752,457	1,669,699
계	3,363,549	3,548,728	3,644,158	3,608,071	3,516,607	3,437,309
일반대학	1,665,398	1,859,639	2,028,841	2,113,293	2,084,807	2,050,619
교육대학	20,907	25,141	21,618	15,967	15,903	15,839
산업대학	170,622	188,753	133,736	44,679	33,245	25,343
방송통신대학	360,051	282,023	272,452	214,347	184,074	171,692
전문대학	913,273	853,089	767,087	720,466	697,214	677,721

출처: 교육부, 한국교육개발원(2017).

이러한 초등학교 인구의 감소현상은 중학교 진학률이 1993년의 경우 거의 100%에 가까운 99.9%였지만 2015년 이후부터는 상급학교로 갈수록 교육 감소 도미노현상이 우려된다. 인구 감소에도 불구하고 2017년 현재도 100%에 가까운 학생이 상급학교로 진학하고 있는 현상은 변함이 없다.

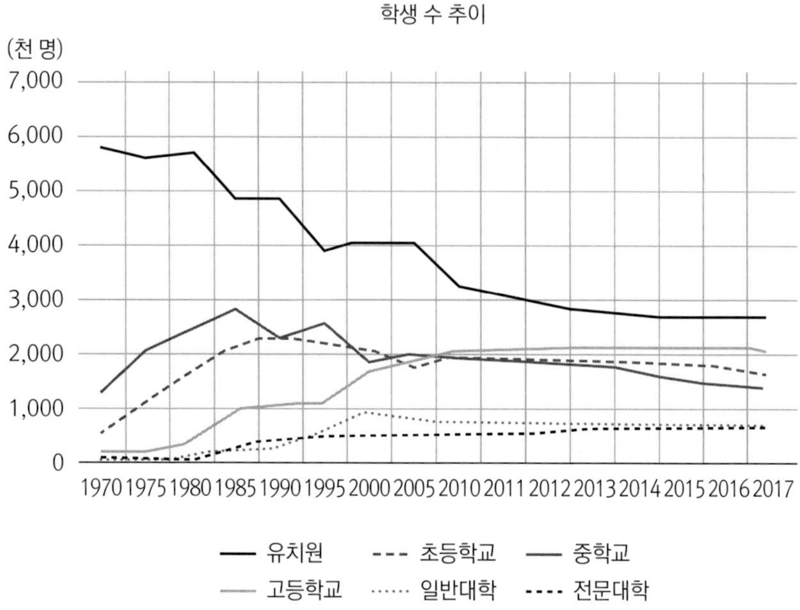

[그림 2-3] 학교 급별 학생 수 추이

출처: 교육부, 한국교육개발원(2017).

우리나라의 초등학교 교육은 의무교육이기 때문에 표준화된 교과서와 획일화된 교과운영 등의 경직성을 탈피하지 못한 실정이었다. 그러나 근간에 들어 초등학교 저학년의 경우 무시험을 확대하고 평가방법도 기술에 의한 절대평가로 전환하는 등의 개선 노력과 함께 특별활동 프로그램을 다양화하고 확대시키는 등의 바람직한 개혁이 이루어져 왔다. 특히 초등학교 과정을 '국민기초학력(國民基礎學力)'의 시기로 삼는 등의 기본 철학과 함께 다양화된 프로그램 개선 노력이 엿보인다. 초등학교를 5년제로 단축하는 방안도 필요하다 생각하며 초등학교부터 부모들이 투자하는 사교육비를 공교육비로 환원할 수 있도록 방과 후 프로그램(after-school program)을 활성화하여 전일제 수업체제로 전환함이 바람직하다 하겠다. 그 외에도 대도시와 산간벽지 학교 간의 교육경험 차이는 아직도 극복해야 할 과제로 등장하고 있다.

특히 초등학교 교육은 다음 단계 교육을 위한 기초학력 신장의 시기라는 점에서 매우 중요한 의의를 갖는다. 그중에서도 가장 중요한 과제 중의 하나는 '국적 있는 교육'을 심화시키는 과제라 볼 수 있다. 이러한 과제는 교육개방이 활성화되고 있는 교육환경의 변화와 세계적으로 보편화되고 있는 국제화의 관점에서 보면 더더구나 중요한 과제이다.

(3) 중등교육

우리나라의 중등교육은 어떤 단계의 교육보다 더 많은 문제를 내포하고 있다. 가장 큰 이유는 중·고등학교 교육이 전적으로 대학입시 준비를 위한 입시 준비 교육에 치중되어 있기 때문이다. 중·고등학교 교육의 경우 영·수·국 과목과 기타 과목으로 구분할 정도로 전인교육과는 거리가 있으며 교육과정과 학교운영 체제 자체가 모두 대학입시 준비위주로 치중되어 있다. 심지어 '고3 가족'이라는 용어가 대두될 정도로 입시에 관심이 집중되어 있는 우리 교육문화 속에서는 가장 병리적인 단계의 교육이 중·고등학교 교육이다.

특히 중·고등학교 교육에서 문제시되는 관점은 다음 몇 가지로 정리될 수 있다.

- 지나친 학교교육 의존성향
- 성적위주의 문화
- 제도에 의존하는 사회화의 심화
- 지나친 경쟁의식의 심화
- 패배의식과 소외의식 현상의 심화
- 전인교육의 결여
- 확산된 입시문화와 입시산업
- 암기위주 기계적 교육관의 확산
- 수험생 우선에 따른 탈가정화 현상

• 사교육과 공교육 간의 인식에 차이 따른 교실붕괴 현상

특히 중 · 고등학교 시절에는 성적순에 따라 모든 혜택이 부여되고 스스로의 정체감을 확대해 나간다는 점에서 '성적문화(grade culture)'가 중 · 고등학교의 기본적인 특성이라고 볼 수 있다. 중학교와 고등학교의 인구는 1965년 이후 지속적으로 증가되어 왔으며, 1993년의 경우 중학교 93만여 명, 고등학교의 경우 112만 명 정도로 증가되었다. 이러한 추세는 2000년대에 들어서도 큰 변화가 없으며 [그림 2-4]에서 보듯이 진학률의 경우도 중학교에서 고등학교는 98.2%나 됨으로써 높은 진학률을 보여 주고 있다. 이러한 추세는 2011년 현재까지 지속되어 거의 100%에 가까운 99.6%가 중학교에서 고등학교를 진학하고 있는 실정이다(〈표 2-2〉 참조).

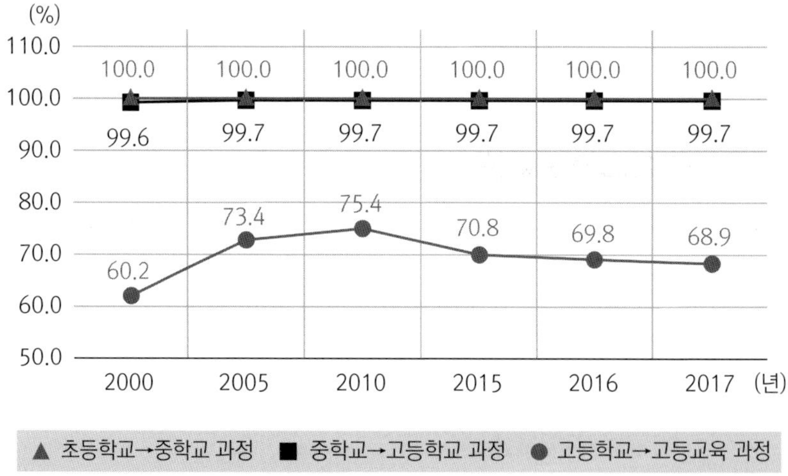

구분		2000년	2005년	2010년	2015년	2016년	2017년
초등학교 → 중학교 과정		100.0	100.0	100.0	100.0	100.0	100.0
중학교 → 고등학교 과정		99.6	99.7	99.7	99.7	99.7	99.7
고등학교 ↓ 고등교육기관	전체	62.0* (68.0)	73.4* (82.1)	75.4* (78.9)	70.8	69.8	68.9
	일반고	-	-	-	78.9	78.0	77.3
	특수목적고	-	-	-	58.4	55.9	56.9
	특성화고	-	-	-	36.1	35.0	32.8
	자율고	-	-	-	75.8	74.9	73.5
	일반계고	(83.9)	(88.3)	(81.5)	-	-	-
	전문계고	(42.0)	(67.6)	(71.7)	-	-	-

1. 진학률=(해당연도 졸업자 중 진학자/해당연도 졸업자)×100
2. 진학률 산출 시 소수점 둘째자리에서 반올림(단, 초등학교 → 중학교 과정 진학률 100.0%는 근삿값)
3. 중학교 과정: 중학교 및 중학교 과정의 기타 학교
4. 고등학교 과정: 고등학교 및 고등학교 과정의 기타 학교
5. 고등학교 졸업자: 2014년부터 개정 고등학교 유형 졸업자임(2011년 고등학교 유형 개정)
6. 고등교육기관은 전문대학, 일반대학, 산업대학, 교육대학, 방송통신대학, 기술대학, 각종 학교를 포함(2005년 이후 국외진학자 포함)
7. 고등학교 → 고등교육기관 진학자: 해당연도 고등교육기관 4월 1일 기준 진학자(출처: 유초중등교육통계, 2011년 이후)

- * : 고등교육기관 3월 입학자 중 당해연도 고등학교 졸업자(출처: 고등교육통계)
-( ): 해당연도 고등교육기관 2월 기준 진학자(출처: 유초중등교육통계, 2010년 이전)

출처: 교육부, 한국교육개발원(2017).

[그림 2-4] 학교별 진학률 추계

중 · 고등학교 교육에서 두드러진 현상의 하나는 선발과 분배의 교육에 지나치게 치중되어 있다는 점이다. 대개의 경우는 성적우수자와 성적 불량집단으로 이분화되는 경향마저 있고 2000년 중반부터는 영어 조기 교육과 특

기적성 교육 등으로 초등학교 사교육비가 급격히 증가하고는 있으나 우리나라 교육단계별로 볼 때 가장 많은 사교육비를 투자하는 기간이기도 하다. 더구나 문제시되는 현상은 고등학교에 진학한 이후 대학진학이 어렵다고 판단되는 학생들의 학업포기 현상이다. 이들의 학업포기 현상에 대해 대책을 마련하거나 성취수준에 관심을 갖기보다는 학교나 교사 그리고 학생 스스로가 자포자기를 해 버리는 '구조적 교육포기 현상'마저 나타난다는 사실이다. 대학준비 교육의 장이 되어 있는 중 · 고등학교의 교육문화는 대개 성적이 우수한 집단의 '시험문화'와 성적이 저하된 집단의 '좌절문화'의 양극단 현상마저 야기되고 있는 실정이다. 2000년대부터 사회문제로 대두되고 있는 학교 내에서의 폭력이나 왕따 그리고 체벌문제 등도 이러한 교육문화와 무관하다고 볼 수 없다.

한마디로 우리나라의 중등교육은 대입준비 교육기관의 병폐에서 탈피하지 못한 채 30% 정도에 해당하는 학생들의 대학입시 준비의 장이 되어 있다. 이뿐만 아니라 학교에서의 입시준비에도 부족하여 사교육 프로그램이나 가정교사, 학원 강좌 등에 의존하는 기현상이 내재되어 있는 '제도화된 사교육화 현상'도 있다. 이러한 중등교육의 바람직하지 않은 현상은 결국 학부모와 가정에서의 삶의 형태에까지 변화를 가져다주고 있는 실정이다. 즉, '가정의 심리적 공동화 현상(psychological empty nest syndrome)'마저 있는 실정이다.

(4) 고등교육

고등교육은 지난 30여 년 동안 가장 괄목할 만한 양적 성장을 한 영역이다. 1965년의 경우 141만 명 정도이던 대학인구가 1993년의 경우 209만 9,735명으로 급성장하였으며 2011년 373만 5,706명의 학생과 사이버대학을 포함해 383개의 고등교육기관으로 확대돼 한국의 고등교육은 구조적인 측면에서나 양적인 측면에서 많은 변화를 경험해 왔다.

고등교육 인구의 변화 추세는 [그림 2-5]에 나타난 바 있듯이 1965년 이후 지속적인 증가 추세를 보여 왔으며, 2012년 18개 사이버대학을 포함 226개의 4년제 대학이 설치되어 있다.

에치오니(Etizioni, 1989)는 고등교육이 실패한 국가는 '새로운 저개발국가(new underdeveloping country)'로 전락할 것이라고 주장하면서 고등교육의 중요성을 새삼 강조하고 있다.

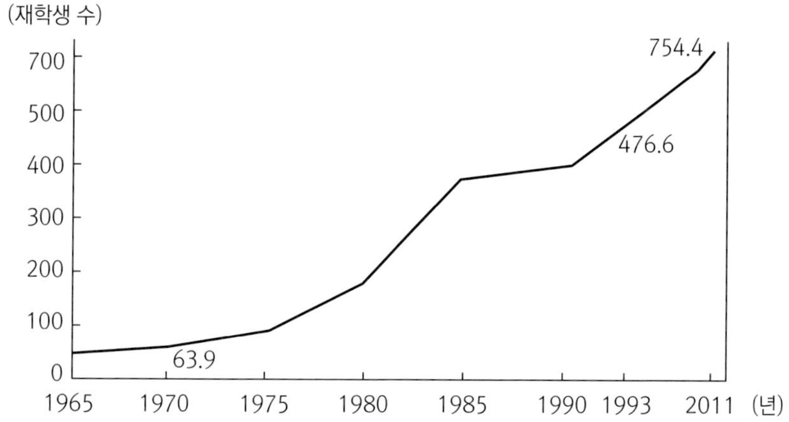

연도 \ 구분	인구(A)〈1,000명〉	고등학교 재학생 수(B)	B/A×1,000×10,000
1965	28,704	141,636	49.5
1970	31,466	201,436	63.9
1975	34,707	318,683	91.9
1980	37,436	647,505	173.1
1985	40,448	1,455,759	360.0
1990	42,793	1,691,429	395.4
1993	44,056	2,099,735	476.6
2011	49,780	3,735,706	754.4

* 고등교육기관은 방송통신대학, 개방대학 및 사이버대학 포함
* 출처: 통계청(1993), 한국교육개발원(2011)

[그림 2-5] 인구 10,000명당 고등교육기관 재학생 수

고등교육기관의 증가와 고등교육 인구의 증대에도 불구하고 특정 대학과 특정 학과 입학이 어려운 실정이며, 수도권 대학 입학이 상대적으로 어려운 반면, 비수도권 대학은 수월한 편이다. 특히 2000년 전후로 지방대학의 충원율이 낮아져 어려움을 겪고 있는 대학들이 증가하고 있는 추세이며 이러한 이유는 국공립과 사립 간 그리고 대규모 대학과 소규모 대학 간 고등교육기관의 규모나 설립 목적별 특성화나 기능별 분화가 미비한 실정에서도 기인한다. 특히 고등교육기관의 양적 통제와 질적 관리의 측면에서 볼 때 우리나라 고등교육은 양적 성장에 비해 질적 측면에서 미흡하다고 볼 수 있다(이현청, 1989). 다행히 근래 들어서는 일부 선두 대학이 세계 100위권 대학 내에 진입하는 등 괄목할 만한 질적 성장을 이루고 있지만 대학환경이 급격히 변화되고 있는 현시점에서는 더 많은 질적 제고가 필요한 실정이다.

특히 미국 캘리포니아 버클리대학교 고등교육 사회학자인 트로우(M. Trow)가 지적했듯이 고등교육이 대중 고등교육(mass higher education) 단계를 넘어 학령인구의 50% 이상이 대학에 진학하는 일반 고등교육(universal higher education) 시대로 전환된 우리나라의 경우 시설과 기득권을 가진 '좋은 대학(good university)'과 열악한 환경에서도 교육적 부가가치를 크게 창출해 내는 '효율적인 대학(effective university)'의 개념으로 구분되고 있는 실정이다(이현청, 1987, 1994). 이러한 점에서 볼 때 양적 성장의 측면에서 이미 보편적 일반 고등교육 단계를 맞이하고 있는 우리나라는 질적 측면에서 '효율적인 대학'을 위한 관리체제가 정비되어야 할 시기에 있다. 따라서 우리나라의 고등교육도 전환기에 처해 있다 하겠다. 일반적으로 효율적인 대학으로 지적되고 있는 특성은 다음과 같다.

- 지식 확대를 위한 효율적인 기능을 수행하는 대학
- 지역사회에 효율적으로 봉사하는 대학
- 구조와 역할이 분명한 대학
- 사회를 변모시키고 변화를 주도하는 대학

한편, 클라크(Clark, 1989)가 대학조직문화론에서 논의하듯이 고등교육의 탁월성을 유지하기 위해서는 학문연구 조직체로서 문화적으로 건전해야 한다. 그러한 측면에서 볼 때, 우리나라의 고등교육은 기능과 역할의 분화가 미흡하고 조직문화적인 측면에서도 1980년 이후 20여 년 동안은 반문화(counter culture)와 저항문화의 특성을 탈피하지 못해 왔다. 이렇게 된 이유는 정치체제의 문제와 정권창출의 정당성 문제와도 무관하지 않다. 특히 지난 1960년 이후의 군사정보의 정당성 문제와 민주화 · 반독재화를 위한 대학생들의 저항활동은 대학문화의 주류를 형성해 왔다.

우리나라 고등교육의 문제는 대학 문호가 좁은 까닭에 입시경쟁이 치열하다는 그 사실에 있지 않고 오히려 지나치다 할 학벌위주의 사고에 있다.

우리나라 고등교육의 가장 큰 병폐 중의 하나는 사회문화에서 기인한 학부모들의 지나치게 맹목적인 대학지향 성향이라 볼 수 있고 적성과 흥미를 감안하지 않은 맹목적 일류대학 선호 사상이라 할 수 있다. 우리나라의 대학생들은 스스로 대학을 선택한다기보다는 사회적 이목과 사회적 인식을 우선하여 선택하는 경향이 있기 때문에 소위 반수를 위한 '잠재적 중퇴'나 '강압적 전공 선택'의 측면이 없지 않다.

우리나라 고등교육에서의 주요 쟁점들을 보면 자율성(autonomy)의 확보 문제와 책무성(accountability)의 제고, 그리고 교육의 질을 향상시켜야 하는 탁월성(excellence)의 문제가 중요시된다. 특히 일부 사학이 처해 있는 재정난과 획일적인 중앙통제적 관행에서 탈피하지 못하고 있는 점은 고등교육에서의 중대한 문제의 하나이다. 이뿐만 아니라 대학이 설립과 동시 종합대학을 목표로 하고 특정 우수대학을 모방하려는 성향도 대학교육에서의 중요한 문제의 하나라 하겠다.

일부 학자들의 경우는 고등교육의 문호를 개방함으로써 입시문제를 해결하자는 제안을 하고 있으나 이 또한 근본적인 해결책이 될 수 없다. 고등교육의 문호를 개방했을 때 일시적으로 대학입시 실패자들을 구제할 수 있을지 모르지만 결국 대학교육의 하향평준화 현상을 초래하게 되고 대학이 보편화된 까닭에 대학원 입시를 위해 또 다른 입시경쟁을 유발하게 된다. 더구나 2,000년 이후에는 대학 정원보다 지원자가 감소하고 있고 2014년부터는 학생 수가 급격히 감소될 것으로 예견되고 있다. UR 협상에 따른 교육개방이 이루어져 더욱 문제가 될 수밖에 없다.

우리나라의 고등교육은 트로우(M. Trow)가 지적하듯 보편화된 고등교육(universal higher education) 시대를 맞고 있지만 질과 역할 분화 그리고 투입과 산출의 조절에 실패하고 있음을 부인할 길이 없다.

3. 한국 교육의 과제

우리나라의 교육은 양적인 측면에서 세계 선진수준에 도달해 있다. 그러나 그 과정과 결과에 있어서는 미흡한 점이 많다. 대개 우리나라의 교육과제로 제시되는 것은 입시위주 교육을 어떻게 해소할 것인가와 관련되어 있고 교사의 질과 교사의 소명의식에 관해서도 논의가 많다.

우리나라의 교육은 지난 1960년대 중반 이후 양적인 성장을 거듭해 왔는데 그중에서도 고등교육 인구증가는 괄목할 만하였다. 그리고 1980년대 이후 출산율의 감소와 함께 초등학교 취학인구의 감소가 지적되어 왔기 때문에 중·고등학교의 감소현상과 대학인구의 감소현상도 자명한 사실이다. 한국 교육의 과제는 철학적인 측면에서부터 과정적 측면, 그리고 결과에 이르기까지 다음 몇 가지로 정리될 수 있다.

1) 자녀에 대한 부모의 양육태도

자녀에 대한 부모의 양육태도는 자녀의 성공 여부에 지대한 영향을 미치게 되기 때문에 부모의 올바른 양육태도는 매우 중요하다. 부모의 교육관은 과거의 삶과 교육적 경험에 의해 형성되기 때문에 미래를 준비하는 자녀에

과거	현재		미래
• 역사 • 전통사상 → • 민족성	• 조부모의 사상 → • 조부모의 교육관 →	• 부모의 사상 • 부모의 교육관	→ • 자녀의 교육

[그림 2-6] 교육관의 형성요인

게도 중요한 의미를 부여한다([그림 2-6] 참조).

물론 부모의 양육태도에 영향을 주는 교육관의 형성요인을 시간과 공간 측면에서 찾아볼 수 있다. 그동안 사회적 변화가 있었지만 김재은(1967)에 의하면 한국인의 교육적 인간관을 결정하는 요인을 설명하면서 유교적 영향이 크다고 지적하고 있다.

한편, 박준희(1975)도 연대별, 연령별 교육관을 비교하면서 문화의 혼란과 가치관의 혼란 그리고 교육관의 혼란이 있음을 지적하고 있다.

이 연구들은 한국 부모들의 교육관이 국가 사회에 봉사하는 공익생활의 의식보다는 개인의 발전을 추구하는 개인주의적인 경향이 짙으며 내용 면에서 보면 지식교육을 숭상하는 경향이 있다고 설명한다. 그리고 교육방법에 있어서도 전통적 방법에서 크게 벗어나지 못하고 있다고 지적한다. 따라서 학교는 부모교육의 장이 되어야 하고 학교와 가정을 연계하는 교육연계 체제의 확립이 요구된다.

2) 도구주의 교육관의 극복

한국의 교육은 지나치게 도구주의 교육관에 지배되어 왔다. 그러나 교육이 지나치게 도구주의로 흐를 경우 전인교육에 문제를 야기하게 되고 바람직한 교육도 어려워지게 된다. 따라서 교육에서의 인력양성이나 사회적 유용성의 측면과 함께 인간화 과정의 교육도 중시되어야 한다.

우리나라의 경우처럼 지나치게 학벌주의나 일류대학 지상주의 그리고 교육이 수단이 되는 현상이 극복되어야 한다.

3) 교육문화의 올바른 정립

우리나라의 교육문화는 한마디로 '세속적인 교육문화'라 볼 수 있고 교육문화가 사회의 어두운 면과 직간접으로 연관을 갖고 있다는 사실을 종종 발견하게 된다. 특히 부모들의 수단과 방법을 가리지 않는 결과주의 현상과 맹목적 제도교육에 대한 신봉, 그리고 일류 지상주의와 일류=삶의 성공=삶의 행복의 등식에 의존하려는 과열현상 등은 바람직한 교육문화라 할 수 없다. 따라서 교육문화의 올바른 재정립은 시급한 과제라 할 수 있다. 교육문화의 올바른 정립을 위해 우선적으로 이루어져야 할 일이 학부모와 교사 그리고 교육 관련자들의 의식개혁이라 볼 수 있고, 이러한 의식개혁은 부모들의 올바른 자녀교육관에 달려 있다 하겠다.

4) 지나친 제도교육 신봉의 탈피

우리나라의 교육관념은 학교교육만이 유일한 교육이 될 수 있고 제도교육을 많이 받을수록 사회적 성공도 더욱 가능해질 수 있다는 제도교육에 관한 신념이다. 이러한 신념은 21세기의 개방화와 국제화 그리고 다양한 교육고객의 관점에서 볼 때 결코 바람직한 일이라 볼 수 없다. 따라서 사회적 · 경제적 · 문화적 변모에 따른 비정규교육이나 비제도적 형태의 교육에 대한 인식도 제고해야 한다. 예를 들어, 21세기의 학교는 컴퓨터와 커뮤니케이션의 발전으로 수업시간, 수업장소 그리고 그 내용 등에 있어서 유연성을 발휘할 수 있는 체제로 전환될 것이며 학교도 '캠퍼스 없는 학교(campusless school)' '교사 없는 학급(teacherless class-room)' '책이 없는 도서관(bookless library)' '전자매체에 의한 수업(electronic instruction)' 등이 확대될 것이다. 그러므로

지나친 제도교육 신봉에서 탈피해야 한다(이현청, 1984, 1993).[1]

5) 중앙집권화 현상의 탈피

우리나라 교육은 그 특성에 있어서 획일적이고 중앙집권화된 현상을 벗어나지 못해 왔다. 이러한 중앙집권화 현상은 자율적이고 다양한 형태의 학습과 교수를 불가능하게 만들었고 학교체제 또한 지나치게 획일화된 감이 없지 않다. 따라서 교육 지방 분권화와 책무성을 전제로 한 자율성을 부여함으로써 다양하고 특성 있는 교육이 이루어질 수 있도록 분권화(decentralization)시킬 필요성이 있다.

6) 국제화와 세계 경쟁력의 과제

우리나라 대학들은 지나치게 우리나라 내에서의 경쟁에 치중한 나머지 상대적으로 국제화와 세계적 경쟁력에 대한 관심은 적은 편이었다 해도 과언이 아니다. 그러나 지식정보화 사회 이후 세계의 물리적 거리와 심리적 거리는 훨씬 좁아졌고 온라인상의 네트워킹 체제는 국제협력과 국제화의 필요성을 점점 더 증가시키고 있다. 이러한 경향은 우리나라 내에서의 경쟁력의 틀이 아니라 세계적 경쟁력의 틀로 패러다임이 바뀐다는 소리이고 이러한 점에서 교육과정과 연구 능력 그리고 전체적인 대학교육의 질을 세계 경쟁력의 높은 수준으로 도약시키는 것이 중요한 과제 중 하나라 볼 수 있다. 싱가포르와 홍콩 그리고 중국 등의 사례를 통해 국제 경쟁력에 대한 전략을 귀감으로 삼을 필요가 있다.

1) 이 개념들은 1984년 이래 필자가 써 온 용어이다.

우리나라의 교육적 과제는 이외에도 국제화와 개방화 시대에 대한 전략, 입시체제의 변화, 대학 학제의 3, 4, 5, 6년제로의 다양화 그리고 세계 경쟁력을 신장하기 위해 국제화에 대비한 개방체제로의 전환, 고교와 대학의 교육과정을 연계하는 교양연계 프로그램 등이 필요하고 창의성 개발을 위한 다양한 교육체제와 교육과정 개발 등이 필요하다. 특히 국내외 한국인을 대상으로 한 전 국민의 인적자원화(HRD) 전략이 시급한 실정이며 무엇보다 중요한 과제는 '교육 의식개혁'과 올바른 '교육소원'의 정립이라 할 수 있다.

제3장

학교폭력과 체벌

우리나라는 교육열이 세계적으로 으뜸가는 나라에 속한다. 교육관련 인구도 전 국민의 1/4이 넘을 정도로 많아 교육에 대한 관심도 매우 높은 편이다. 학교교육에 대한 관심은 물론 자녀교육에 대한 관심은 상상을 초월할 정도이다. 근래 우리나라 교육과 관련해 볼 때 초·중등학교 교육대상인 우리나라 청소년과 관련된 문제가 많지만 그중에서도 청소년들의 자살, 학교폭력과 왕따, 성적 일탈행동 그리고 성적관련 고민 등이 심각한 수준이다. 특히 2000년 전후 대두된 학생인권에 대한 관심의 증가는 두발과 복장문제, 인터넷 사용문제, 그리고 학생의 의사표시에 이르기까지 다양한 형태로 확산되면서 급기야는 2010년부터 일부 교육청 중심으로 학생인권조례가 제정되고 체벌이 전면 금지됨으로써 일선 학교들의 중요한 쟁점이 되고 있다. 교육의 가장 중요한 목표가 인성을 배양하고 더불어 사는 관계형성이라는 점을 감안해 볼 때 학교에서의 자아정체성 확립과 타인배려 정신 그리고 공동체 속에서의 구성원의 자세와 역할을 가르치는 일이 교육에 우선순위가 되어야 한다.

그런 점에도 불구하고 학교폭력의 증가와 급우 간의 왕따 그리고 일부 ‘일진회'라는 서클과 연계된 조직형태의 학교비행은 건전한 학교문화 형성에 커다란 장애요소가 되고 있고 교사들마저 학생 지도에 한계를 느끼고 있는 실정이다.

1. 학교폭력과 교육문화

1) 학교폭력의 개념

학교폭력은 학교 내외에서 일어나는 동료 학생에 대한 신체적 · 정서적 · 성적 폭력을 포괄하는 의미로서 학교 내외에서 발생하는 다양한 괴롭힘 현상을 말한다.

2012년 1월에 개정된 「학교폭력 예방 및 대책에 관한 법률」에서 명시하고 있는 학교폭력의 개념은 다음과 같다.[1)]

> "학교폭력이란 학교 내외에서 학생 간에 발생한 상해, 폭행, 감금, 협박, 약취 · 유인, 명예훼손, 모욕, 공갈, 강요, 강제적인 심부름 및 성폭력, 따돌림, 정보통신망을 이용한 음란 · 폭력 정보 등에 의하여 신체 · 정신 또는 재산상의 피해를 수반하는 행위를 말한다. 따돌림이란 학교 내외에서 2명 이상의 학생들이 특정인이나 특정 집단의 학생들을 대상으로 지속적이거나 반복적으로 신체적 또는 심리적 공격을 가하며 상대방이 고통을 느끼도록 하는 일체의 행위를 말한다."

이와 함께 형사처벌 받는 폭력은 형법의 경우 상해, 폭행, 감금, 협박, 약취 · 유인, 명예훼손, 강요 등이며 「성폭력범죄의 처벌 등에 관한 특례법」에

1) 「학교폭력 예방 및 대책에 관한 법률」 제2조 제1항

의해 처벌받는 성폭력 그리고 「정보통신망의 이용촉진 및 정보보호 등에 관한 법률」에 의해 처벌받는 정보통신망을 이용한 음란·폭력 정보 등이 학교폭력에 해당된다.

학교폭력은 크게 신체폭력, 게임을 빙자한 폭력, 금품 갈취 등 물리적 폭력, 집단 따돌림, 강제 심부름, 언어적 폭력 등을 의미하는 정서적 폭력, 인터넷이나 휴대전화 등 통신매체를 활용한 사이버 폭력 그리고 성추행, 성희롱, 성폭력 등 성관련 성폭력 등으로 구분할 수 있다.

2) 학교폭력의 특징

학교폭력은 2010년의 경우, 외견상 나타난 공식 피해 발생 건수가 7,823건으로 외견상으로는 2000년을 기점으로 감소추세를 보이고 있지만 유형만 달라졌을 뿐 잠재적 피해 학생들은 증가하고 있는 추세이다. 최근 학교폭력의 특징을 보면 다음 몇 가지로 정리될 수 있다.[2)]

첫째, 피해학생 중 53.6%가 초등학교 때 최초로 학교폭력 피해 경험을 가지고 있으며 초등학교 1~3학년이 17.6%, 초등학교 4~6학년이 36.0%로 나타나 있고 가해학생도 58.0%가 초등학교 학생인 것으로 나타나 학교폭력 최초 발생 연령이 낮아지고 있는 추세이다.

둘째, 중학생의 학교폭력 발생 비율이 상승하고 있으며 학교폭력 관련 심의 건수도 69% 수준으로 나타나 있다. 이러한 중학생의 학교폭력 증가율은 초등학생의 7배나 되며 고등학교와 비교해 보아도 2배 수준으로 중학생의 학교폭력 발생 비율이 급상승하고 있는 추세임을 알 수 있다.

셋째, 학교폭력의 특징 중 대표적인 특징의 하나는 가해학생과 피해학생의 구분이 불분명해져 가고 있다는 점이다. 폭력의 피해를 당한 학생의 경우, 다시 피해를 당하지 않기 위해 다른 학생에게 폭력을 행사하는 피해와

2) 이 부분은 2012.2.6. 관계부처합동으로 발표된 「학교폭력근절종합대책」 자료 참조

가해의 악순환 현상이 주된 특징 중 하나이다.

넷째, 학교폭력의 형태가 집단화 경향을 띠고 있다는 점이 주된 특징 중 하나이다. 최소 2명 이상의 집단화 경향을 보이고 있는 점은 주목할 부분으로서 2012년의 경우 학교폭력 피해학생의 66.2%가 2명 이상으로부터 폭력을 당했으며 6명 이상이 되는 경우도 16.3%에 이르고 있다.

다섯째, 또한 학생들이 피해를 당하지 않기 위해 '일진' 등의 조직에 가입하고 학교 간에 존재하는 '일진' 조직 사이에 정보를 공유해 가면서 지속적인 피해를 주고 있는 것이 특징 중 하나로 나타나 있다. 따라서 학교폭력과 관련된 '일진' 조직은 학교 내외에 영향을 주면서 증가하고 있음을 알 수 있다.

여섯째, 학교폭력의 특징 중 하나는 신체적 폭력보다 언어적·정신적 폭력이 증가하고 있으며 사이버상의 지속적인 폭력과 강제적 심부름 그리고 휴대폰 문자 등 SNS형 반복적인 정서적 폭력이 증가하고 있다는 점이다.

일곱째, 학생들 간에는 학교폭력을 사소한 장난으로 인식하거나 장난으로 위장하는 경우가 있어 학교폭력에 대한 온정주의적 시각이 학교 내에 확산되어 있다는 점이다.

따라서 학교폭력의 주된 특징은 저연령층화되어 가고 있으며 '일진' 등 일종의 폭력서클에 영향을 받고 있어 학교 내에서 단속이나 지도가 어렵다는 점을 알 수 있다. 이와 함께 신체적 폭력보다는 언어적·정신적 폭력이 지속적으로 사이버공간을 활용해 이루어지고 있는 특징을 나타내고 있다. 이러한 학교폭력에 대한 잠재적 학교풍토는 결국 반교육문화를 형성해 가면서 학생과 교사 간의 교육연대를 어렵게 만드는 주요 요인이 되고 있다. 학교폭력의 인과관계를 도식해 보면 [그림 3-1]과 같다.

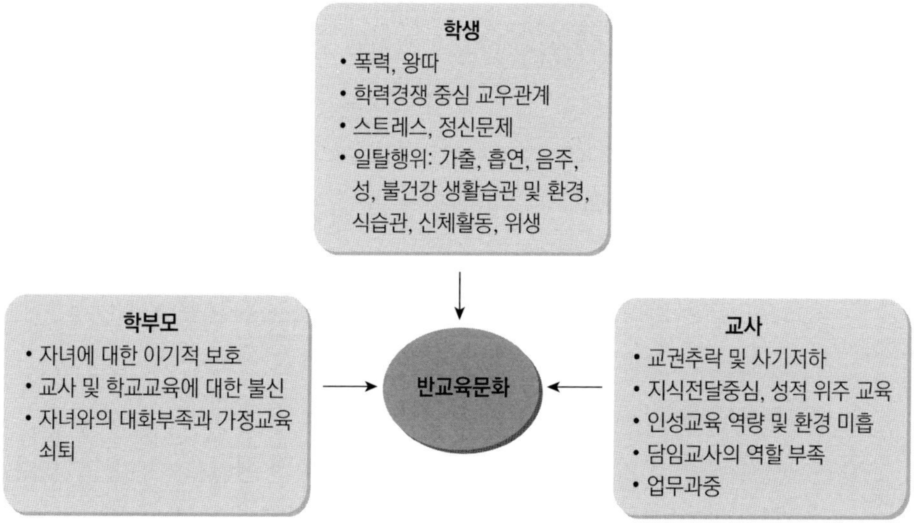

[그림 3-1] 학교폭력의 인과관계

출처: 국가인권위원회 내부 토론자료(2012. 4.)

2. 학교폭력의 원인

학교폭력은 여러 학생 간에 개별 또는 집단 성향을 띠고 있기 때문에 단순한 요인에서 이루어진다고 볼 수 없다. 학교폭력의 원인은 학생 개개인이 지니고 있는 요인과 학교풍토 등 학교 내 교육환경에서 찾아볼 수 있는 요인 그리고 학교 외에서 학교문화에 영향을 줄 수 있는 요인 등이 복합적으로 작용한 결과라 볼 수 있다.

따라서 학교폭력의 원인은 학생 개개인이 지니고 있는 개인의 귀속적 요인, 학교 내 교육환경에서 찾아볼 수 있는 학교문화적 요인, 그리고 학교 이외의 사회적 · 경제적 · 문화적 차원에서 찾아볼 수 있는 사회적 요인으로 대별될 수 있다. 그리고 이들 요인 간에 상호작용을 하여 학교폭력이나 왕따 형태의 교육병리 현상으로 나타나게 된다.

학교폭력의 원인을 요약해 보면 다음과 같다.

첫째, 학교교육에서 학생의 인성과 사회성 함양을 위한 교육적 실천이 미흡한 데서 요인을 찾을 수 있다. 학업 스트레스를 해소할 수 있는 예체능 교육의 활성화와 감정을 조절할 수 있는 감성교육과 예절교육 등 학생들의 인성과 사회성 함양의 부족이 주요 요인 중 하나로 볼 수 있다.

둘째, 학부모의 자녀교육에 대한 부적절한 관심을 지적할 수 있다. 우리나라 학부모들의 자녀들에 대한 주된 관심은 성적으로서 자녀들의 인성교육과 가정교육 등에 대한 무관심이 주요 요인 중 하나로 지적될 수 있다. 특히 성적에는 지나치게 높은 관심을 가지고 있으면서도 성적 이외에는 상대적인 낮은 관심을 가지고 있는 부모의 양육태도에서 중요한 원인을 찾아볼 수 있다.

셋째, 가족의 기능이 약화된 데서 원인을 찾아볼 수 있다. 맞벌이 부부가 증가하고 한국 사회의 특이한 현상의 하나인 야근 문화가 확산되어 가정의 기능을 약화시키는 주된 요인이 되고 있다. 이러한 사회적 요인들은 가족 기능을 약화시켜 1차 사회화 기관인 가정의 교육적 기능을 약화시킴으로써 직간접적으로 학교폭력의 요인이 되고 있다. 특히 자녀와의 대화 부족과 학교교육에 대한 참여기회 부족에 따른 무관심은 자녀들의 학교폭력 가해나 피해에 대해 조기에 인지할 수 있는 능력을 저하시키고 있다.[3)]

넷째, 인터넷, 게임, 영상매체의 부정적 영향력 증가를 들 수 있다. 급속히 확산되고 있는 인터넷, 게임과 규제가 미흡한 영상매체들에서 습득할 수 있는 유해환경은 청소년 폭력에 대한 온정적 인식을 심어 줄 가능성이 높다. 특히 게임과 인터넷이 상업적 관점에서 확산됨으로써 교육적으로 유해한 매체의 역할을 담당하게 될 우려가 크다. 실제적으로 학교폭력 영향력을 조사한 결과, 응답자의 53.7%가 영향을 받았다고 응답하고 있다(국가인권위원회: 학교폭력근절종합대책, 2012).

다섯째, 학교폭력의 또 다른 원인으로서는 상대적으로 온정적인 가정 내

3) 국가인권위원회(2012. 2. 6.). 학교폭력 근절종합대책(관계부처합동) 자료집 참조.

숨어 있는 폭력문화라고 볼 수 있다. 가정의 삶이 사생활 차원이라는 점에서 단정 지을 수는 없으나 일부 음성적으로 행해지는 가정 내의 체벌적 훈육문화도 청소년들로 하여금 학교폭력을 심각하게 받아들이지 않게 하는 잠재적 원인 중 하나라 볼 수 있다.

여섯째, 교사들의 학교폭력에 대한 효과적인 지도 수단과 생활지도의 한계성을 들 수 있다. 특히 일부 교육청에서 제정 중인 학생인권조례 등의 영향과 학교폭력에 대한 적절한 지도 수단의 부족은 학교폭력 증가의 한 원인으로 지적된다.

일곱째, 개개 학생이 가지고 있는 신체적·성격적 차이는 직간접적으로 학교폭력의 피해대상이 될 수 있는 귀속적 요인이라 볼 수 있다. 부적절한 감정처리나 공감능력 부족, 왜소한 신체적 조건, 그리고 유전적이나 생득적으로 가지고 있는 취약성 등은 학교폭력의 원인이 될 수 있다.

앞에서 기술된 요인이 하나 또는 복합적으로 작용하여 학교폭력의 원인이 될 수 있음을 알 수 있다. 이와 관련하여 학교폭력의 유인요인과 방지요인을 도시해 보면 다음 〈표 3-1〉과 같다.

〈표 3-1〉 학교폭력의 유인요인과 방지요인

	유인요인	방지요인
개인 요인	신체 왜소, 유전적 취약성, 낮은 자존감, 충동성 및 공격성, 부적절한 감정처리, 공감능력 부족, 우울 및 불안, 반사회적 인지경향, 음주 및 흡연 경험	신체적 건강, 유순한 기질, 긍정적 자기정체감, 사회적 유능감, 기능적 대처, 분명한 장래 희망, 공격성 조절능력, 적극적 태도 및 긍정적 태도, 내적 통제능력
가족 요인	가족 간 대화부족, 가정불화, 학대적/비일관적 양육, 가족문제 부인, 불안정애착, 부모의 무관심 및 갈등, 경제적 어려움, 혼란된 의사소통방식, 문제행동에 대한 허용적 태도, 가정의 구조적 결손	가족유연성 및 문제인정, 자상, 높은 부부만족, 명료한 의사소통/많은 대화, 적절한 기대, 부모의 안정된 대인관계 양식, 정서적 지지, 학습에 관여, 긍정적 형제 및 부모 관계

또래/학교 요인	신뢰 부족, 방과 후 시간낭비, 일탈적 또래와 어울림/친구가 없음, 학교 및 학업 흥미 부족, 낮은 성적, 교칙 위반, 교사의 무관심 및 부적절한 대우, 전학, 교육에 대한 부정적 태도, 대규모 학교, 학교의 관료적 경직성, 비우호적 교사-학생 관계, 학교와 교육당국의 무사안일주의 및 관료주의 문화	학습에 대한 긍정적 가치와 책임, 친한 친구 존재, 건전한 과외활동, 교사의 관심과 지지, 학교생활에 대한 흥미, 높은 성적, 학업욕구, 교직에 대한 긍정적 태도, 학교에서의 지지
사회·문화 요인	체벌에 관대한 학교문화, 군사문화 및 조직폭력이 미화되는 사회 분위기, 남녀차별 · 계층차별 · 인종차별 등 사회의 억압적 기제, 영상과 게임의 폭력성, 교사, 유해환경, 담배구입 용이, 관심 주는 어른의 부재, 높은 범죄율, 고용기회 부족, 미디어 폭력	평등문화, 지역주민의 관심, 지역사회 프로그램 정책, 높은 사회경제적 지위 환경, 이웃 간의 자녀에 대한 정보 개연성

출처: 국가인권위원회(2012) 참조 재구성

결국 학교폭력의 발생 원인은 가족환경, 또래집단 환경, 학교환경, 개인적 요인 그리고 학교 이외의 사회환경에서 찾아볼 수 있음을 알 수 있고, 가정의 1차 사회화 기능의 약화, 청소년 시기가 지니고 있는 높은 또래집단 관계 의존성, 입시위주 교육제도가 지니고 있는 인성교육의 한계 그리고 인터넷 등 유해매체 환경과 교사의 지도력 약화 등이 복합적인 학교폭력 원인이라 볼 수 있다.

3. 학교폭력 예방

학교폭력의 심각성에도 불구하고 학교폭력 예방대책은 크게 실효를 거두지 못하고 있는 게 현실이다. 지난 1995년부터 정부 차원의 학교폭력에 대한 종합대책이 수립되어 시행되고 보완되어 왔으나 학교폭력은 오히려 증가추세에 있어 안타까운 일이다. 이는 단속위주의 대책이거나 가해자 처벌위주의 단견적 대책에 치중되어 왔기 때문이다. 학교폭력을 예방하고 감소시키기 위해서는 근본적이고 장기적이면서 가장 교육적인 방안이 모색되어야 한다. 그러나 이러한 대책은 말처럼 쉽지 않기 때문에 학부모, 교사, 학생 그리고 교육당국 등 전 사회가 함께 지혜를 모아 해결해야 할 최우선 과제이다. 학교폭력 예방을 위해 선진국 등에서 시행하고 있는 정책들을 염두에 두고 우리 실정에 맞는 대안이 지속적으로 보완되어 가야 할 것이다.

학교폭력 예방대책은 사전예방 하는 것이 가장 바람직하지만 발생한 경우 효과적인 초기 대응이 필요하고 중장기적인 모델 또한 필요하다 하겠다.

1) 다자협력 학교폭력 예방

앞서도 살펴본 바대로 학교폭력의 원인은 매우 복잡하고 복합적이므로 예방책 또한 관련된 모든 사람들이 지혜를 모아 해결하는 것이 바람직하다.

한마디로 학교문화를 바꿀 수 있는 자원인사 내지 당사자 협력 모델이라 할 수 있다. 다자협력 학교폭력 예방은 피해학생, 가해학생, 피해학부모, 가해학부모, 피해와 가해와 무관한 학급 학생들 그리고 교사와 자원인사 등이 지혜를 모아 학교폭력을 예방하는 방식이다. 이를 위해서는 다양한 기법이 활용되는데, KAP모델, 역할극, 공감형성기법, 학교폭력개입프로그램, 단편영화, 역할게임 등 다양한 방법을 활용해 폭력이 유해하다는 인식교육을 하는 방안이 있다. 핀란드의 경우 연간 20시간 수업으로 시행하고 있는 키바(Kiva) 프로그램을 예로 들 수 있다.

2) 릴레이 동료 상담 기법

학급 동료 간 릴레이 상담 프로그램을 통해 청소년기에 안고 있는 고민을 상호 이해하고 공감대를 형성케 함으로써 폭력을 사전에 예방하고 급우 간에 친화적인 학교풍토를 조성할 수 있는 프로그램이다. 일본에서 시행되고 있는 '배움 공동체' 운동과 독일의 폭력 예방교육 그리고 노르웨이를 비롯한 북유럽 국가들의 동료 간 이해 프로그램도 동료 학생을 서로 이해하는 인권 친화적 학교풍토 조성 프로그램이라 볼 수 있다.

3) 학교평화 모델

학교평화 모델(Peace-school model; 조정실, 차명호, 2010)은 학교폭력 피해자 가족 중심으로 학교폭력에 대한 대처 능력을 향상시키기 위한 프로그램이다. 학교폭력이 발생했을 때부터 학교폭력과 관련된 모든 관련자들이 개입해 대처 능력을 스스로 향상시키기 위한 프로그램인데, 학교폭력이 발생했을 경우 초기 개입이 중요하며 폭력 사건을 오히려 성장의 기회로 전환시키는 방법을 제시하고 있는 게 특징이다.

학교평화 모델은 학교폭력 인식단계, 초기 개입단계, 중재단계, 학습단계, 실행단계, 잠복단계로 구분하여 단계별로 개입과 대응전략을 제시하고 있다.

〈표 3-2〉 학교평화 모델 단계

구분	효과적 반응(성장)	비효과적 반응(약화)
인식단계	공감적 인식	판단적 인식
초기 개입단계	해결 의지	회피반응
중재단계	공론화	무마반응
학습단계	대안행동 학습	폭력수용
실행단계	진정성	과장반응
잠복단계 (종결)	신가치 창출	후유증

출처: 조정실, 차명호(2010), p. 114.

4. 체벌

체벌은 가정에서나 교육현장에서 학생에 대한 하나의 훈육방법으로 사용되어 왔다. 특히 행동주의 심리학에 근거하여 신체적 체벌을 통해 부적 강화를 시킴으로써 바람직하지 못한 행동을 소거시키려는 행동수정 방법으로 활용되어 왔다. 또한 학교에서 교사들이 학생에게 체벌을 가하는 것은 벌의 하위개념으로 인식되어 왔으며 교육적으로는 바람직하지 않은 행동을 수정하고 소거시킴으로써 학생의 부적응 행동을 교정하기 위한 의도적 훈계의 한 방법으로 인식되어 왔다(김명희, 1995, 2002, 2005; 강진령, 2008; 이현청, 2011).

그러나 근자에 들어 학생인권조례가 추진되면서 학생의 인권 침해와 인간의 존엄성 훼손, 기본권의 침해 등의 논란이 일면서 학교현장의 쟁점으로 부각되어 왔다.

이러한 변화는 사회 전반의 인식변화와 무관하지 않고 부모의 의식변화와 학습자의 위상 변화와도 관련되어 있다. 특히 인권 의식의 향상에 크게 영향을 받은 결과이기도 하다. 따라서 학교에서의 체벌은 더 이상 훈육수단이 될 수 없다는 인식이 높아짐에 따라 보다 인권친화적인 교사의 학생지도 수단이 강구될 필요성을 느끼게 되었다.

특히 종래의 교사와 학생 간의 수직적 관계가 수평적 관계로 변화되고 있으며 체벌이나 강압적 훈육 대신 효율적 의사소통 방법과 학생을 학습파트너로 보는 관점으로 변화가 모색되고 있다.

다만, 교사들의 인식은 교권이 약화되고 있다고 느끼고 있어 학교현장에서 해결해야 할 중요한 과제로 부각되고 있다. 그러나 근래 체벌 대체 프로그램이 소개됨으로써 시간이 소요되고 많은 보완이 필요하겠지만 제한적이나마 교사들의 학생지도 수단으로 인식되고 있다. 체벌 대체 프로그램으로는 체벌 없는 학교 만들기, 학생생활 평점제인 그린마일리지(GM), 학생생활 평점제 디지털 시스템(GMDS), 그리고 학생 자치 법정 등이 있다.

그러나 현장에서는 이러한 체벌 대체 프로그램들의 실효성에 대한 교사들의 우려가 있어 향후 지속적인 노력이 필요하다 하겠다. 학교폭력과 마찬가지로 체벌문제 역시 건강한 학교문화를 정립시키는 것이 근본적인 해결책이 될 것이며 기존의 법제도적 틀 속에서 새로운 교육문화를 정립하기 위한 지속적인 노력이 필요하다 하겠다. 결국 교사다운 교사의 역할과 학생다운 학생의 자세가 중요한 관건일 것이다.

제 2부

교육사회학의 이론

제4장

교육사회학의 본질과 패러다임

모든 학문은 그 근원이 있기 마련이다. 교육사회학 또한 예외가 될 수 없다. 학문적 성격이나 영역과 관련지어 볼 때 사회학의 하위영역에 속한다고 볼 수 있으나 교육학의 영역이기도 하다.

교육사회학의 본질은 사회학이 지니는 해석학적이고 학문적인 성격뿐만 아니라 실천과 문제해결에 관심을 갖는 교육학의 성격을 동시에 지닌다고 볼 수 있다. 그러므로 학자들의 견해에 따라서는 교육학의 영역으로 혹은 사회학의 영역으로 인식되기도 한다.

교육사회학은 사회학을 교육에 적용시키는 학문이다. 교육과정(educational process)이 사회기관에서 사회를 장(場)으로 하여 이루어지는 일련의 경험과정이라 본다면 교육사회학은 교육이 이루어지는 사회적 구조와 그 구조 내에서 이루어지는 인간 행위와 관련된 학문이라 할 수 있다.

근대 교육사회학은 사회학적 이론, 철학, 경제학, 정치적 이론, 사회인류학, 정신분석학 그리고 심리학의 이론이나 개념들을 포함하고 있다. 그러므로 교육사회학의 본질을 이해하기 위해서는 인접 학문과 사회과학의 본질을 이해할 필요가 있다. 종종 교육사회학을 논할 때 전통적 개념의 틀과 새로운 개념의 틀을 구분하려는 경향이 있지만 어떤 패러다임이든 사회적 구조와 교육과정 간의 연관성, 기회의 평등과 역할 구도, 사회체제와 교육과정, 분화과정과 성취의 문제 및 학교교육의 사회화 등을 그 주요 과제로 다루고 있다.

교육사회학은 사회의 본질에 대한 가정에 따라 질서와 갈등의 두 접근으로 대별될 수 있다. 영역 또한 조정과 급진적 변동 영역으로 대별되고 있는데 교육사회학에서 사회를 분석하는 시각도 이러한 사회학의 흐름에 커다란 영향을 받아 왔다. 그러므로 갈등과 질서에 대한 논의 또한 철학적 동향이나 사회과학의 방법론과 관련된 쟁점에 많은 영향을 받아 온 것이 사실이다.

이 장에서는 '교육사회학'의 학문적 성격을 이해하기 위해서 교육사회학에 대한 본질을 살펴보고 역사적 기초와 함께 이론적 발전과정을 검토해 보고자 한다. 또한 학문으로서 교육사회학의 본질과 보다 포괄적인 관점에서 사회환경과의 관련성을 이해하는 데 도움이 될 수 있는 현재의 주된 경향도 아울러 소개하고자 한다.

1. 교육사회학의 학문적 성격

1) 교육사회학의 본질

교육학자들과 사회학자들 간에 교육사회학을 정의하려는 노력이 시도되어 왔다. 그러나 많은 정의에도 불구하고 아직껏 합의된 개념을 정립하지 못하고 있다. 그 이유는 다음 몇 가지로 정리될 수 있다(Prichard & Buxton, 1973).

첫째, 교육사회학이 교육학과 사회학의 두 학문 영역을 포함하고 있는 데 그 이유가 있다.

둘째, 교사훈련 등에 있어 교육심리학이나 교육철학의 영역과 비교해 볼 때 교육사회학이 제시할 것이 상대적으로 적다는 일부의 인식 때문이다.

셋째, 초기의 교육사회학자들이 과학적인 연구를 등한시하기 때문이다.

일반적으로 교육사회학은 사회학적 연구에서 얻어진 지식, 기법 및 방법 등을 교육체제와 과정 내에서 이루어지는 집단관계를 파악하기 위해 적용하는 학문이다. 그러나 현대에 이르러 교육사회학은 사회학적 이론, 철학, 경제학, 정치이론, 사회인류학, 심리분석 그리고 심리학의 이론이나 개념들을 빌어 활용하고 있다(Damaine, 1983).

심리학이 개인의 차원에서 인간의 행동에 관심을 갖는 것과는 달리 사회학은 사회 내의 집단의 구조와 기능을 분석하려는 노력이기 때문에 인간 행동에 내재되어 있는 상호작용에 관심을 갖는다. 따라서 교육사회학도 집단의 구조와 기능에 연관된 환경적, 생태적, 그리고 심리적 요인들을 검증하려는 노력을 기울이게 된다.

교육사회학은 가족, 학교체제, 경제 그리고 정치 형태에 관심을 갖게 되며 이들 간의 구조적 연관성에 대해서도 검증하려 한다. 그러므로 정치 형태, 경제구조와 관련되어 있는 사회기관과 사회화 과정에도 관심을 갖게 되며 특히 사회의 역할구조 내에서 이루어지는 개인의 선발과 분배에 관심을 갖는다. 예로서 영국에서 교육사회학은 교육적 기회와 사회화의 조건에 따라 어떻게 사회계급 분화가 이루어지는지에 관심을 가지며 사회계급 분화와 학업성취 간의 관련성도 분석하려 한다. 따라서 사회화 과정을 의식화 과정으로 받아들이고 있으며 이들 사회화 과정에 관련된 가족, 교육체제를 주된 사회기관으로 인식하고 있다.

일반적으로 교육사회학이 갖는 주된 관심사는 언어, 문화, 가족, 교육체제, 경제 그리고 이들 영역 간의 상호 관련성에 관한 것이다.

교육사회학은 사회를 연구하려는 모든 접근 방법들이 그러하듯 하나 또는 그 이상의 준거의 틀 또는 패러다임을 활용하고 있다. 사회와 교육의 관계를 설명하는 데에는 사회의 본질을 보는 시각에 따라 해석의 차이를 나타내고 있다. 지난 30여 년 동안 사회학자들 간에 이러한 관점의 차이를 해소하려는 노력이 전개되어 왔으나 커다란 성과를 얻지 못하고 있는 실정이다.

교육사회학의 패러다임을 이해하기 위해서는, 사회학에서 사회의 본질에 대한 가정과 이를 분석하기 위한 영역을 이해할 필요가 있다.

사회학에서 사회의 본질을 보는 시각은 질서와 갈등 그리고 조정과 급진적 변동의 대립적 가정들에 기반을 두고 있다. 일반적으로 이러한 가정에 따라 사회의 구조를 질서와 평형으로 설명할 수도 있고 반대로 변동, 갈등 그리고 강압의 측면에서 분석할 수도 있다.

예를 들어, 사회통합이론(social integration theory)은 안정성과 통합 그리고 기능적 협조에 관심을 가지고 있으며 합치(consensus)를 그 주요 관심사로 수용하고 있다. 그러나 '갈등'을 주요 관심으로 수용하고 있는 갈등 또는 강압이론의 경우는 변동, 갈등 그리고 비통합 및 강압을 강조하고 있다.

이렇게 사회의 본질에 관한 가정에 입각하여 접근 방법이 판이하게 다르게 되고 일반적으로는 사회의 양면성을 두고 관심의 영역을 긍정 또는 부정적으로 수용하고 있다. 그러므로 교육사회학도 그 본질에 있어서 이러한 사회학의 구조나 가정에 터하고 있다. 교육사회학에서 논의되고 있는 갈등이론이나 기능이론 또한 사회학에서 사회를 어떻게 보고 있는지에 따라서 '교육의 사회적 기능이 어떠해야 하는가'를 분석, 설명하고 있다고 볼 수 있다. 교육사회학 이론에 관해서는 다음 절에서 자세히 논의하기로 한다.

2) 교육사회학의 주요 영역

일반적으로 교육사회학이 갖는 관심과 영역은 비교적 광범위하고 다양하다 하겠다. 교육사회학의 영역은 시대나 사회적 특성 그리고 교육의 사회적 기능 등에 따라서 약간의 변화는 있어 왔으나 비교적 일관성 있게 교육의 사회적 기초와 관련된 문제를 다루어 왔다.

〈표 4-1〉에서 나타난 바와 같이 교육사회학은 사회의 본질에 대한 시각에 따라 영역과 관심이 구분되고 있다.

〈표 4-1〉 사회학적 접근 모형과 분석의 틀

조정사회학	급진적 변동사회학	제3사회학 위생사회학
• 지위 • 사회질서 • 합의 • 사회통합과 강압 • 연대 • 욕구만족(개인과 체제 욕구만족 및 기존 체제 내의 인간 욕구만족) • 실제성	• 급진적 변동 • 구조적 갈등 • 지배의 형태 • 대립 • 해방 • 결핍 • 가능성	• 통합과 혁신 • 변동과 갈등 • 사회문제 • 사회위생 • 복지 • 조정 • 가능성

출처: 이현청(2012); Burrell & Morgan(1980), pp. 18-19.

특히 교육사회학의 대상이 교육현상에 대한 이해이기 때문에 사회학적인 접근 모형과 분석의 틀에 의존하고 있는 특성을 지닌다. 일반적으로 사회과학의 한 영역으로 분류되고 있기 때문에 교육사회학의 본질은 사회적 인간의 문제와 연관이 있다. 그러므로 인간 행위의 사회적 의미와 관련성에 관심이 있기 마련이며 자연히 인간이 실재하는 사회적 기구나 체제에 대한 분석에 관심이 깊다 하겠다.

이 점에서 교육사회학은 사회과학이 다루고 있는 사회와 관련된 인간 행위, 특히 교육 장면에서의 행위 그 자체는 물론이려니와 교육구조와 인간 행동 간의 구조적 관련성에 관한 영역을 주요 관심사로 삼고 있다고 볼 수 있다. '사회학'이라는 용어가 1843년 콩트(Comte)에 의해 최초로 사용된 이래, 하나의 훈련 영역으로서 발전되기까지는 서구 유럽과 미국의 사상적 영향을 지대하게 받아 왔다. 초기의 사회학에 공헌한 사람들은 사회학자들로서 훈련받기보다는 법률가, 철학자 그리고 경제학자 등으로 훈련받아 왔기 때문에 비교적 사회의 기관과 구조를 대변하는 여러 영역에 관심을 가져왔다고 볼 수 있다.

이러한 관심 영역에 비추어 볼 때 사회학 내에 수많은 관점이 있듯이 교육사회학에도 많은 접근이 가능하다 하겠다. 우선, 개념의 문제만 하더라도 개인이나 사회라는 개념이 획일적이지 않고 이 두 개념을 연결 짓는 상호작용을 연구할 경우에도 상호작용이라는 개념을 어떻게 보느냐에 따라 더 많은 조합이 가능할 것이다. 더구나 사회학과는 달리 '교육'이라는 개념이 내포된 교육사회학의 경우는 그 본질 면에서 볼 때 이러한 개인과 개인이 존재하는 사회의 문제뿐만 아니라 이 두 요소 간의 교육적 상호작용을 연구하는 학문이라 볼 수 있다. 교육사회학은 그 본질 면에서 볼 때 개인이 갖는 유기체적인 특성 이외에도 개인의 심리적인 요소 그리고 역사, 경제, 정치 및 전통과 관련된 사회적 관점을 다 수용하기 때문에 '사회 내(內)'와 '사회 간(間)'의 속성을 반영한다. 또한 이러한 속성은 개인과 사회와의 상호작용을 통해 이루어지는 변증법적 관련성이기 때문에 교육사회학에 있어 본질은 사회와 개인의 관련성에 기초하고 있다고 볼 수 있다.

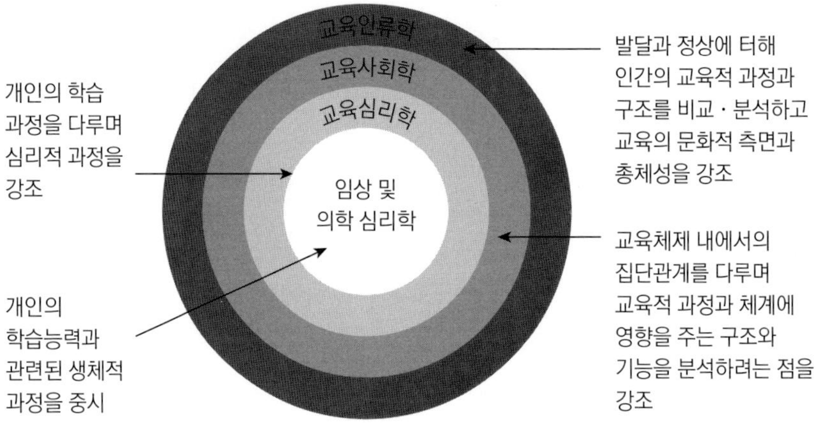

[그림 4-1] 교육사회학의 타 학문과의 관련성

또한 조지 호먼스(George Homans)가 지적하고 있듯이 사회과학의 주요 핵심문제라 할 수 있는 설명과 명제에 따라 교육사회학의 영역은 많은 시각을 내포할 수 있다고 볼 수 있다(이현청 역, 1988).

이뿐만 아니라 교육사회학의 본질은 교육에 있어서의 타 행동 과학 영역과의 관련성에서 볼 때 앞의 그림에서 제시되고 있는 바와 같이 복합적인 관련성을 가지고 있다고 볼 수 있다(Prichard & Buxton, 1973).

따라서 교육의 사회학의 연구와 관심 영역은 교육과 사회의 여러 관계를 연구하는 학문답게 사회, 문화, 지역사회, 계급, 환경, 이데올로기 등을 포함하고 있다. 일반적으로 교육사회학의 연구과 관심 영역은 다음과 같다.

- 사회계급
- 문화와 교육
- 사회체제로서의 역할과 기능
- 교육과 사회변동
- 교사의 역할과 기능
- 사회통제와 교육
- 교육사회학 연구방법
- 지역사회와 학교
- 사회화와 교육(Prichard & Buxton, 1974)

근자에 들어서는 미시적 관점에서의 커리큘럼 사회학과 학교 지식의 사회학 그리고 교수의 사회학 등의 영역에 관심을 나타내고 있다.

또한 교육사회학의 영역 중에서도 신마르크스주의적 관점이나 신베버주의적 관점에서 주요 관심사로 여기는 내용은 계층화 관점과 교육내용의 재생산과정 그리고 의식의 통제과정 등에 관한 내용들이라 볼 수 있다. 한 예로서 이미 역사의 장에서 사라진 마르크스 이론과 관련해서 레비타스(Levitas)의 사회계급과 교육에 대한 내용을 들 수 있다. 즉, 『교육사회학에 있어서의 마르크스적 관점(Marxist Perspectives in the Sociology of Education)』(Levitas, 1974)이라는 책에서 다루고 있는 내용을 보면 ① 사회구조, ② 산업사회와 교육, ③ 마르크스주의와 문화, ④ 사회계급과 교육, ⑤ 사회적 이동과 사회적 혁명 논쟁, ⑥ 가정, 계급 그리고 교육, ⑦ 언어와 실조, ⑧ 사회학과 학교, ⑨ 마르크스적 보편주의 등이다.

2. 교육사회학과 교육의 사회학

1) 교육사회학의 관점과 영역

교육의 사회학(sociology of educational)은 일반적으로 교육사회학(educational sociology)과 구분이 되고 있다. 물론 두 개념은 때로는 혼용되기도 하지만 대개 교육의 사회학은 보다 사회학적인 관점에서 이해되고 있으며 교육사회학은 보다 교육학적인 관점에서 이해되고 있다.

교육을 이해하는 관점에 있어 사회와 교육의 관계에 대한 연구라는 데에 목적이 있다는 점에서는 두 개념이 다 공통적일 수 있다. 그러나 이를 연구하는 접근 방법에 있어서 차이가 있다고 볼 수 있다. '교육사회학'은 교육 내적(within education) 문제들, 예컨대 교육의 이론, 실제 및 과정 등을 다루는 반면, '교육의 사회학'은 교육에 관한(on education) 문제, 예컨대 교육자, 학교 및 교육기관을 사회문화적 시각에서 다루는 데 그 특성이 있다 하겠다. 그러므로 교육의 사회학은 관계성보다는 교육에 관한 문제들을 해석하고 분석하려는 실제적 적용의 문제에 더 관심이 있다 하겠다(Hansen & Gerstl, 1967).

그러나 다루고 있는 주제나 활용하고 있는 방법론 및 시각의 차원에서는 두 개념 간에 확연한 구분이 어렵다고 볼 수 있다. 물론 규범을 다루는 이론이든 경험적인 접근이든 개인이나 전체 사회에 관해 관심을 가질 수 있으며, 이런 측면에서 본다면 두 개념 모두 커다란 구분이 어렵다 볼 수 있다. 구태여 지적한다면 대체로 교육의 사회학은 일반 경험적 이론을 개발하기 위한 주된 요소가 관심사일 수 있고 교육사회학은 행위에 대한 기술이나 규범적

이론 발전을 위한 연구 영역이라 볼 수 있다.

역사적인 맥락에서 볼 때 사회학자들의 관심은 집단생활, 즉 사회적 삶(social life)에 대한 연구였으며 대개 몇 가지 영역으로 구분될 수 있다. 사회 내의 기관(institution), 사회적 과정(processes), 집단과 관련된 상황(group related situation)이 그것이다. 이러한 영역들은 물론 사회체제 및 구조와 밀접한 연관성을 갖고 있기 때문에 상호복합성을 띠고 있다 하겠으나 사회 내의 기관은 대개 5개의 주요 기관으로 대별되고 있다. 사회학자들이 주요 대상 영역으로 삼는 5개의 사회기관이란 가족, 종교, 교육, 정치 및 경제이다. 따라서 교육의 사회학에서 다루는 사회화 과정에 관한 연구나 사회계층화와 관련된 주제들은 이러한 사회기관 내에서 인간의 상호작용과 역할 습득 및 체제 적응에 관련된 것이라 할 수 있다. 그러므로 교육의 사회학 연구는 앞서 제시한 주요 5개 영역과 관련한 교육의 사회적 기능 문제, 지식의 구조 및 전수문제, 평등과 기회의 구조문제, 사회체제로서의 학교조직 문제, 재생산과 상대적 자율성(relative autonomy) 문제 및 교육의 사회적 조건 등에 관한 연구에 주된 노력을 기울이고 있다.

그러나 이러한 관심 영역과 주된 연구 노력에도 〈표 4-2〉에 예시된 바대로 교육사회학에서 주로 다루어지고 있는 영역은 시대적 변천에도 불구하고 교육일반과 관련된 문제들로서 비교적 일관성을 나타내고 있다(Gallup, 1989).

〈표 4-2〉에 나타난 바대로 교육사회학은 대개 교육에 대한 성인세대의 태도라든지 그들 자녀들의 훈육(discipline)이나 기초교육에 대한 문제라든지 가치와 관련된 쟁점들에 대해 자연스럽게 관심을 갖게 된다. 따라서 근대 교육의 사회학에서 다루고 있는 문제들은 교육 실제와 관련된 주제들이라 할 수 있다.

〈표 4-2〉 갤럽의 교육에 관한 여론조사

1975	1978	1981	1985	1989	2005	2009
• 훈육과 관련된 주제 • 통합/분리 문제 • 재정지원의 문제 • 교사직과 관련한 문제 • 학교의 규모/학급 규모 문제	• 훈육과 관련된 주제 • 통합/분리 문제 • 재정지원의 문제 • 교사의 질과 관련한 문제	• 훈육과 관련된 주제 • 약물복용 문제 • 교육과정/교육성취 문제 • 재정지원의 문제 • 통합/통학 문제	• 훈육과 관련된 문제 • 약물복용 문제 • 교육과정 및 표준화 문제 • 교육 재정지원의 문제 • 통합/통학 문제	• 훈육과 관련된 문제 • 약물복용/성 문제 • 교육과정 문제 • 교사의 질/재정지원 문제 • 다문화/이중문화교육	• 훈육과 관련된 문제 • 약물복용/성 문제 • 교육성취 문제 • 교사의 질/공교육과 사교육 문제 • 다문화교육/기초학력문제	• 훈육과 관련된 문제 • 약물복용/성 문제 • 창의성/참을성 문제 • 교사의 질/공교육 효율성 • 기초학력 문제

2005년과 2009년의 경우에도 1970~1980년대와 같이 훈육문제가 가장 중요한 문제로 대두되고 있고 약물과 성 문제, 그리고 공립학교 교육에서의 기초학력 문제를 중요한 교육과제로 보고 있다. 특히 2011년 갤럽조사에서 34%가 미국 공교육을 신뢰할 수 없다는 반응을 나타내 주목된다.[1)]

그러나 이들의 관심 영역이 어디에 있든 교육의 사회학은 교육체제에 영향을 주는 사회적 변인을 독특한 사회학적 관점에서 분석하고 이들 사회기관 간의 상호 관련성을 밝혀 주는 데 목적이 있다 하겠다. 이 점에서 '교육의 사회학'에서의 연구 관점은 교육 내의 문제를 주 관심 영역으로 수용하고 있는 교육사회학자들과는 다른 관점이라 볼 수 있다. 교육의 사회학자들의 학문적 노력과 관심 영역에 대한 다양한 접근은 교육사회학이든 교육의 사회학이든 간에 이들에게 사회기관 내에 또는 사회기관 간에 일어나고 있는 역동적 상호작용을 보다 새로운 시각에서 이해하도록 하는 계기가 되고 있다.

1) 갤럽리포트(2011). 공교육 신뢰수준과 관련된 리포트(Gallup.com)

교육의 사회학은 학교 자체에 관한 문제로부터 학교교육의 결정인자와 진행과정에까지 비교적 포괄적인 주제를 다룬다. 물론 사회 내의 개인과 집단 그리고 기관 간의 관계에 대한 쟁점도 다루고 있다. 이러한 점에서 본다면 학교에 관한 연구를 할 경우, 이데올로기적 측면을 포함한 다각적 분석이 필요하게 될 것이고 교육의 사회학은 교육과 관련된 모든 쟁점을 다루게 된다. 예로서, 사회에서의 학교의 역할을 쟁점으로 다룰 경우, 교육의 사회적 기능, 교육과정의 사회적 의미, 학습자의 사회적 속성, 교수와 학습의 사회적 상호작용 및 학교의 사회적 체제로서의 풍토 등에 이르기까지 거의 모든 영역이 연구의 대상으로 수용된다. 교육의 사회학은 사회학적 관점에서 교육현상을 분석한다는 점에서 사회학의 이론에서 받아들이고 있는 여러 영역과 관련하여 교육, 특히 학교교육의 분석을 위한 근거로 삼는다. 그러나 인간과 사회의 관계를 교육이라는 작용 속에서 분석하는 일은 쉬운 일이 아니다. 파슨즈(Parsons)나 마르크스(Marx)의 예만 들더라도 그들이 제창한 복합적 모델을 가지고 사회현상, 즉 인간과 사회의 관계에 대한 완전한 해답을 얻지 못하였다. 물론 이들 학자들이 사회에 대한 지각의 폭을 확대시켜 주는 데에는 학문적으로 기여하였지만 개인의 사회적 의미와 사회적 조건에 만족할 만한 이해를 가져다주었다고는 말할 수 없다.

2) 교육사회학과 교육의 사회학의 통합

일반적으로 '교육의 사회학'과 '교육사회학'을 구분 지으려는 경향이 있었다. 그러나 앞서 논의한 바대로 '교육의 사회학'과 '교육사회학'을 구분 지으려는 입장도 종래 다루어 왔던 관점에서 그 수정이 필요하리라 생각된다. '교육의 사회학'과 '교육사회학'의 구분은 단지 개인과 사회의 관계를 교육현상에 비추어 살펴보려는 시각과 방법론상의 차이일 뿐, 결국 교육과 사회의 관련성을 고찰한다는 점이나 연구의 문제에 있어서는 동일하기 때문이다.

대개 '교육의 사회학'과 '교육사회학'을 실천지향적 교육사회학과 사회학

지향적 교육사회학으로 구분하는 경우도 있다(김신일, 1985). 그리고 근자에 들어 교육사회학의 연구 동향이 보다 사회학의 이론에 그 터전을 두고 있는 듯한 인상이지만 두 접근 방법을 절충하고 있는 게 현 실정이다. 특히 2000년대에 들어 지식정보화 시대로 접어들면서 사회현상과 체제가 크게 변한 상황에서는 교육사회학이 보다 실천적 학문의 성향을 띠게 되었다. 이러한 관점에서 본다면 '교육의 사회학'과 '교육사회학'을 구분 짓는다는 것은 의미 없는 일인 듯하다. 마치 환경요소와 대응하는 개념으로서의 개인에 관해 논의하는 경우와 같기 때문이다. 개인은 사회의 구성원이자 독립된 개체인 것이며, 이러한 점에서 환경과 개인의 양면성을 확연히 구분할 수 없기 때문이다. 그러므로 사회 내에서 이루어지는 개인의 교육작용을 연구 영역으로 수용하고 있는 '교육사회학'은 확연한 학문적 구분이 가능하다기보다는 접근 방법과 연구방법론 그리고 연구의 목적에 있어 차이가 있을 뿐이라고 볼 수 있다. 대개 교육사회학의 영역은 교육학자들이 주류를 이루는 반면, 교육의 사회학의 영역은 주로 사회학자들에 의해 주도되어 왔다는 점을 그 차이로 지적할 수 있겠다.

앞 절에서 교육의 사회학의 역사적 발달과정을 살펴보았듯이 '교육의 사회학'의 학문적 성격은 사회학의 한 영역으로 발전되어 왔다는 점을 인식할 수 있겠다. 그러나 모든 근대 학문, 특히 사회과학 영역의 경우 서로 복합적으로 통합되어 가는 경향성에 비추어 볼 때 점차 교육의 사회학과 교육사회학을 구분할 필요성이 감소되어 가고 있다 볼 수 있다.

요약하면 일반적으로 교육사회학은 사회학에서 발전된 일반적 이론을 교육의 과정과 교육행정 등에 적용하는 영역이라고 본다. 반면, 교육의 사회학(sociology of education)은 하나의 교육기관에 관련되는 사회학적 분석을 중요한 관심으로 생각하고 교육제도에 관한 연구에 관심을 갖는 영역이다. 교육의 사회학은 주로 학급 또는 학교 집단을 대상으로 이론 해석적 분석을 하려는 데 반해 교육사회학은 학급 또는 학교 집단 밖의 문제를 경험 해석적으로 설명하려 한다. 학문적 성격으로 볼 때에는 교육의 사회학은 사회학 중심적이고 교육사회학은 교육학 중심적이다. 그러나 이러한 학문적 성격과 관심 영역 및 방법론의 차이에도 불구하고 교육행위를 다룬다는 점에서 볼 때 확연한 구분을 하기는 어려워 보인다.

일례로 교육을 통해 사회문제를 해결하고자 최근에 논의되고 있는 '교육위생학(educational hygiene)'의 영역은 두 영역을 통합 · 조정하고 있는 입장이라 볼 수 있다. 참고로 교육의 사회학 내에서 각 개념들 간의 상호 의존관계를 나타내는 관련성은 다음 [그림 4-2]에 제시된 바와 같다(Prichard & Buxton, 1973).

[그림 4-2] 교육사회학 내의 개념들 간의 상호관련성

[그림 4-2]에 제시된 바대로 교육사회학에서 다루어지는 개념이나 영역은 타 학문과의 상호 복합적인 의존성을 탈피할 수 없기 마련이지만 교육사회학의 발달과정을 살펴볼 때 교육의 관점에서 응용교육학의 입장을 탈피하려는 경향이었다고 볼 수 있다. 이 점에서 교육사회학이 보다 사회학적 입장에선 미시적 교육의 사회학으로 진전되어 왔다고 볼 수 있다. 그러나 교육현상

을 보는 시각을 교실 내의 문제나 학교교육에 한정할 수 있는 입장은 바람직하다 볼 수 있다. 특히 1980년대 이후 직업 분화에 따른 교육 욕구의 다양화와 생애교육에 대한 관점의 대두는 교육의 사회학에 중요한 변화를 가져오고 있다. 방법론적인 차원에서도 양적 방법론과 질적 방법론을 병용하려는 교육의 사회학적 움직임은 종래의 교육사회학적 관점을 수정 · 보완하려는 입장으로 이해할 수 있다.

3. 교육사회학의 패러다임

교육의 사회학은 사회학의 발달과 깊은 관련성을 가져왔다. 학문적 본질면에 있어서도 교육의 사회성에 초점을 맞추어 교육 작용을 설명하려는 노력이라 볼 수 있다. 그러므로 교육의 사회학은 여러 가지 사회현상, 즉 정치, 경제, 사회, 문화 등과 밀접히 관련되어 있으며 교육의 사회학 이론의 발전 또한 사회학에서 다루어 온 주요 이론적 쟁점을 반영하여 왔다고 볼 수 있다.

현대 교육사회학 이론은 사회를 설명하려는 관점에 따라 접근 방법이나 견해가 다르다. 교육의 사회학이 교육행위를 다룸에 있어 주로 사회에 관한 연구에 의존해 옴으로써 학습자의 행위를 설명하려는 시각에 있어서도 '사회 속의' 인간적 관점에서 학습자를 보려고 하기보다는 '사회를 설명하기 위한' 인간적 관점에 보다 관심을 보이는 취약성을 내포하기도 하였다.

일반적으로 사회를 연구하는 접근 방법은 크게 질서와 갈등의 두 관점으로 구분되어 왔다. 그리고 질서/갈등의 대립적 관점은 오늘날까지도 지속되어 오고 있다. 물론 질서/갈등의 대립적 관점을 좁혀 보려는 학문적 노력이 없었던 것은 아니나 사회현상의 복합적 관련성 때문에 다양한 학문적 시각에서 고찰할 필요성 또한 배제할 수는 없었다.

교육의 사회학에서 이론 형성의 기초가 되는 질서/갈등의 모형과 몇 가지 패러다임을 설명하고 균형이론과 갈등이론의 관점을 설명할 필요가 있다.

물론 사회를 설명하려는 이론은 기능이론과 갈등이론의 관점 이외에도 사회현상을 독자적인 견해에서 설명하려는 접근들이 많다. 예를 들면, 교환이론(exchange theory), 상징적 상호작용 이론(symbolic interaction theory), 현상학 및 민속연구방법론(phenomenology and ethnomethodology) 등이 있으며,[2] 조직이론(organization theory)과 생태이론(ecological theory) 등을 포함시키기도 한다. 그러나 이러한 세분화된 사회학 이론은 이 장에서 제시하고 있는 두 가지 논쟁과 네 가지 패러다임에 흡수 통합이 가능하거나 중복된 관점들이 많다고 볼 수 있다. 사회현상을 독자적인 관점에서 제시하고 있는 이들의 견해는 제각기 이론적 독자성을 내세우면서 방법론에 있어서도 차이점을 내포하고 있다.

1) 질서와 갈등 논쟁

사회의 본질에 대한 연구의 주된 관심은 사회를 질서의 측면으로 보느냐 갈등의 측면에서 이해해야 하느냐의 논쟁이라 해도 과언이 아니다. 다렌도르프(Dahrendorf, 1959)와 록우드(Lockwood, 1956) 등은 1950년대 말 사회를 설명함에 있어서 주요 관심을 사회적 질서와 형평의 본질 그리고 사회구조의 변동, 갈등 및 강압 간을 구분 지으려는 노력에서 출발하였다(Gibson, Burrell, & Morgan, 1980). 이후 코저(Coser, 1956)와 같이 사회적 갈등이 내포하고 있는 기능적 측면을 지적한 견해에 영향을 받고 있는 코헨(Cohen, 1968) 같은 학자는 사회를 보는 시각을 사회체제의 특성으로 구분하여 두 가지 모델의 사회적 본질을 제시하고 있다. 즉, 사회체제를 참여, 응집, 연대, 합치, 상호 호혜, 협동, 통합, 안정 그리고 지속성의 특성과 이에 반대하는 강압, 분할, 적대, 불합치, 갈등, 비통합 그리고 변동의 특성으로 구분하고 있다. 그러나 코헨은 다렌도르프나 록우드의 관점을 비판하는 입장에 서서 사

2) 사회학 이론에 대한 내용은 Jonathan H. Turner의 1978년도 저서 『The Structure of Sociological Theory』(The Dorsey Press)를 참조 바람.

회체제를 구분하고 있지만 질서와 갈등은 확연히 구분 지을 수 있는 문제라기보다는 본질 면에서 볼 때 사회가 내포하고 있는 양면적 특성을 지닌다는 주장을 하고 있다. 그 후 사회학에서의 이러한 경향은 많은 관심을 불러일으켜 왔다.

그러나 1960년대 말의 반문화운동(counterculture movement)과 1968년의 프랑스 혁명의 실패 이후 사회학자들은 사회체제에 대립되는 개념으로서의 '개인' 문제에 관심을 갖게 된다. 이러한 '개인' 문제에 대한 관심은 현상학, 민속연구방법론 및 행위이론(action theory) 등의 '주관론'의 흐름과 함께 사회를 보는 시각을 다시 질서/갈등의 논쟁에 귀착시키게 하였다.

일반적으로 사회의 본질을 연구하는 데 있어 학문적 기초를 세운 사람들로는 뒤르켐(Durkheim), 베버(Weber), 파레토(Pareto), 파슨즈(Parsons) 및 마르크스를 들 수 있는데, 이들은 기능이론과 갈등이론의 정립에 크게 공헌한 학자들이다. 이들에 대해서는 각 이론을 논의할 때 더 언급하기로 한다.

질서와 갈등의 논쟁은 사회의 본질을 보는 시각에 있어서 안정/변동, 통합/갈등, 협동/해체, 합치/강압 등의 대칭적 관계에서 설명하려 하는 데 있다. 따라서 교육의 사회학에서 학교체제나 학교교육의 기능을 설명함에 있어서도 이러한 사회학의 논쟁에 의존해 왔다.

질서/갈등의 논쟁에서 다루어지고 있는 이러한 네 영역의 대칭적 특성을 설명하기 위해 그 특성을 구분할 수 있는 준거가 제시되고 있지만 이들 준거는 확연히 구분될 수 있는 성질의 것이라기보다는 상호 역동적 특성을 지니고 있다. 즉, 안정/변동의 관계를 설명하기 위한 개념은 질서이며 합치/강압을 설명하기 위한 개념은 공유된 가치에 터하고 있다. 그러나 이들 개념 또한 지나치게 단순화된 개념일 뿐만 아니라 한 사회의 총체적 관점에서 각 체제가 내포하고 있는 자율성의 문제를 중요하게 다루고 있지 않기 때문에 학문적으로도 제한성을 지니고 있다. 여하튼 다렌도르프의 질서/갈등의 논쟁은 기능이론과 갈등이론을 구분 지을 수 있는 좋은 시사점을 제시해 주고 있다.

한편, 모건(Morgan, 1980)은 사회의 본질을 설명함에 있어 인간이 사회체제 내에서 어떻게 조정 · 통합되는가에 관심을 두어 연구하였는데, 이러한 그의 접근은 '조정사회학(sociology of regulation)'이라 지칭된다. 이에 대립되는 관점으로서는 '급진적 변동사회학(sociology of radical change)'을 제시하여 갈등을 설명하려는 견해들이 있다(Gibson et al., 1980). 그러나 이 견해 또한 뒤르켕과 마르크스의 이론을 수용하고 있으며 보다 포괄적인 관점에서 합치와 갈등의 특성을 구분하고 있을 뿐이다.

요약하면, 사회의 본질을 연구하는 관점은 질서/갈등의 논쟁이라 볼 수 있고 질서와 갈등을 설명하기 위한 개념들로서 합치, 갈등, 변동, 통합 등이 제시되고 있다. 또한 사회를 설명할 때도 이들 개념에 의존하여 사회를 분석하려 한다. 물론 교육의 사회학 이론들도 사회의 본질에 대한 사회학적 시각과 분석에 의존하여 교육과 사회의 관계를 설명하려 하고 있다.

2) 네 가지 패러다임

교육현상을 설명하고 이해하기 위해서는 교육현상을 보는 시각과 교육현상이 내포하고 있는 사회성을 이해하여야만 한다. 그러나 지금껏 교육현상이 내포하고 있는 현실 문제에 관심을 두고 연구해 온 이들은 교육학에 종사해 온 교육연구가들이라기보다는 교육학 이외의 경제학자, 사회학자, 정치학자, 인류학자들이었다. 앞서도 살펴본 바대로 교육의 사회적 기능을 설명하는 데 있어서도 사회학적인 질서/갈등의 모형에 의존해 왔다는 점에서 볼 때 이러한 점을 잘 반영해 주고 있다.

교육현상을 설명하고 이해하기 위해서는 과학적인 준거가 있어야 하며 이러한 과학적인 준거는 사회과학이 지니고 있는 시각이라 볼 수 있다. 물론 사회과학은 규범적 · 방법적 · 과학적 요소를 반영해 왔으나 사회과학이 내포해야 하는 범주란 과학적이어야 하고 창의성을 지녀야 한다. 특히 사회과학으로서의 교육의 사회학은 앞서 설명한 바와 같이 사회를 어떻게 볼 것인가의 시각뿐만 아니라 사회를 구성하고 있는 개인이나 집단의 주체와 객체의 관련성을 이해하려 한다. 또한 그러한 사회적 관련성에 내포되어 있는 현상을 이해하기 위해서는 객관화시킬 수 있는 준거, 즉 준거로 쓰일 수 있는 특수성과 일반화시킬 수 있는 일반적인 측면을 설명하는 것이 필요하다. 설명 과정에서 아주 주요한 쟁점은 가치의 문제로서 가치중립(value-neutral)이냐 가치배제(value-free)냐 혹은 이데올로기적이냐의 문제이다.

사회과학으로서의 교육의 사회학 이론은 이러한 점에서 사회를 어떻게 볼 것이며 사회에서의 교육의 기능을 어떻게 볼 것인가를 설명하기 위한 패러다임이 요청되어 왔다.

일반적으로 교육의 사회학을 연구하기 위한 패러다임은 사회를 보는 시각과 가정에 따라 그리고 교육현상을 분석하고 설명하려는 영역에 따라 구분된다. 물론 교육사회학의 이러한 패러다임은 사회학 이론에서 제시되고 있는 패러다임에 전적으로 의존하고 있다.

사회학 이론의 분석을 위한 패러다임은 사회의 현상이나 본질을 보는 시각에 따라 주관적-객관적 범주와 급진적 변동-조정의 사회학적 시각으로 구분되며 일반적으로 네 가지 패러다임으로 대별될 수 있다. 물론 네 가지 패러다임 내에서도 많은 학자의 독자적인 견해나 기술방법이 있다.

좀 더 언급하면 사회학 이론의 분석을 위한 패러다임은 사회학의 본질을 조정의 관점에서 보는 입장과 급진적 변동의 관점에서 보는 입장으로 구분될 수 있다. 또한 조정의 시각은 기능주의(functionalism)와 해석학적 사회학(interpretative sociology)의 논쟁으로 다시 구분되고 있다. 이들 간의 논쟁은 1960년대 중반의 버거(Berger)와 루크만(Luckmann)의 지식사회학에 대한 인식과 가펑클(Garfinkel)의 민속연구방법론의 연구 및 현상학에 대한 높아진 관심에 원인이 있다. 또한 기능주의자들의 관점에 대한 존재론적이고 인식론적인 가정에 관련된 의문에서 비롯되었다고 볼 수 있다.[3)]

3) 이러한 경향에 대해서는 Berger, P. L. & Luckmann, T. (1966). *The Social Construction of Reality*. New York: Doubledy 그리고 Garfinkel, H. (1967). *Studies in Ethnomethodology*. Englewood, Cliffs, N. J.: Prentice-Hall을 참조 바람.

한편, 변동의 시각에서 보는 사회학의 패러다임과 '주관적' 견해와 '객관적' 견해로 구분되어 왔는데, 주로 1960년대 중반과 말엽에 프랑스와 영국에서의 마르크스 연구에 영향을 받아 왔다. 예컨대, 1969년의 알튀세(L. Althusser)의 마르크스 연구는 인식론적 관점을 두 가지 차원으로 발전시키는 데 기여하고 있다. 즉, '주관적' 마르크스주의[예컨대, 루카스(Lukacs)와 프랑크푸르트 학파의 견해]과 보다 '객관적'인 알튀세의 구조주의(structuralism)적 관점으로 발전시키는 계기가 되었다(Althusser, 1969).

이러한 학문적 발달의 결과로서 사회현상을 분석하는 시각은 네 가지 패러다임으로 구분될 수 있다. 그러나 이들 패러다임의 형성 과정을 볼 때 확연히 구분이 될 수 있는 영역이나 학문적 기원도 있다. 예컨대, 기능주의자들이 주장하는 패러다임의 학문적 영향을 살펴보면서 사회적 실증주의, 독일의 이상주의 그리고 일부 마르크스 이론 등이 복합된 패러다임이라 볼 수 있다.

학문적 영향이 무엇이든 사회현상과 사회의 본질을 설명하려는 준거는 일반적으로 네 가지 패러다임에 의존해 있다고 볼 수 있다. 이들 패러다임과 학문적 주류에 관한 일반적 흐름은 [그림 4-3]에 제시된 바와 같다.

[그림 4-3]에서 예시된 바대로 네 가지 패러다임은 그들의 독자적인 학문적 기초와 시각이 있기 마련이다. 이들 네 가지 패러다임은 또한 주된 이론이 있기 마련이고 방법론에 있어서도 차이가 있기 마련이다.

기능주의적 패러다임의 설정에 기여한 학자들은 뒤르켕, 파레토, 콩트(A. Comte), 스펜서(H. Spencer), 베버, 짐멜(G. Simmel) 그리고 미드(H. Mead) 등이며 주요 관심을 사회의 실제적 문제를 해결하려는 데 두었다. 그러므로 인간의 의식 문제보다는 '객관적' 사회적 사실과 총체적 사회의 연대에 관심을 갖는 입장이다. 따라서 이들의 견해는 지위, 통합, 질서, 합치, 연대, 욕구만족 및 실재 등을 설명하려 하였고 실재론자, 실증주의자, 결정론자 및 규범적인 법집행자(nomothetic) 관점에 서고 있다.

해석학적 패러다임의 경우를 보면 조정의 관점에 서고 있으며 기능주의적

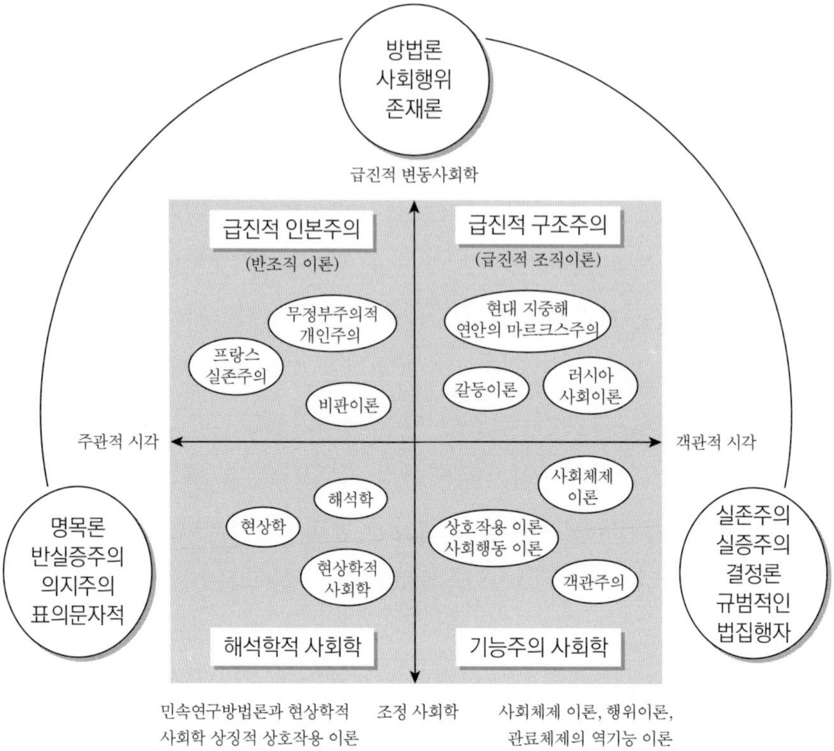

[그림 4-3] 사회학적 네 가지 패러다임과 학파

관점과는 달리 '주관적' 견해를 나타내고 있는 특성을 지닌다. 해석학적 패러다임은 현실을 이해하려는 노력이라 볼 수 있는데 주로 개인의 의식과 주관적 관점을 중시하고 특히 개인적 경험을 중요시하는 명목론자(nominalist), 반실증주의자, 의지주의(voluntarist) 및 표의문자적(ideographic) 접근에 처해 있다. 해석학적 관점은 본질적으로 사회의 정신적 본질을 강조하는 독일의 이상주의 사회철학에 기초를 두고 있으며 독일의 낭만적 경향을 내포하고 있다. 해석학적 패러다임에 기여한 이론가들은 딜타이(Dilthey), 베버, 후설(Hursserl) 그리고 슐츠(Schultz) 등을 들 수 있다.

다음으로 급진적 인본주의 패러다임은 급진적 변동과 주관적인 견해를 수용하고 있는 주로 명목론자와 반실증주의자들에 의해 주장되고 있으며 대개 의지주의 및 표현적 접근에 기초하고 있다. 급진적 휴머니즘의 패러다임은 인간의 의식은 이데올로기적 상부 구조에 의해 지배된다고 보며 자신과 진실된 의식 간의 인지적 상호작용의 문제를 중요시한다. 이때 개입되는 개념이 '허위의식' 과 '소외'의 개념인데 급진적 인본주의 패러다임은 급진적 변동, 지배의 형태, 해방, 결핍 및 사회나 개인의 잠재성 등에 대한 설명을 시도하려는 경향이다. 이 패러다임은 독일 이상주의자들의 전통을 이어받고 있는데, 특히 칸트와 헤겔 및 젊은 마르크스, 마르쿠제(Marcuse), 일리치(Illich), 카스타네다(Castaneda)와 랭(Laing) 등을 들 수 있다.

네 가지 패러다임 중의 또 다른 하나인 급진적 구조주의 패러다임은 급진적 변동과 객관적 관점을 수용하고 있는 사회학 이론의 분석 경향 중 하나이다. 이 패러다임은 기능주의 이론과 유사성이 많으면서도 사회적 통합이나 질서유지의 관점보다는 구조적 갈등, 지배의 형태 및 대립과 결핍을 설명하려 하며 이러한 설명을 위해서 급진적 변동이나 해방 그리고 잠재적 가능성의 사회 현상에 관심을 갖는다. 그러므로 인간의 의식에 기초한 사회의 급진적 비판에 매우 관심을 갖는다. 물론 사회변동을 설명하는 견해는 다양하지만 정치 · 경제적 위기의 결과에 의한 갈등이 급진적 변동을 유발시킨다는 공통적 견해를 나타내고 있다. 급진적 구조주의 패러다임은 마르크스의 이데올로기에 터해 있으며 마르크스의 이념을 계승, 수용한 엥겔스(Engels), 레닌(Lenin), 플레하노프(Plekhanov), 부하린(Bukharin) 등의 영향을 받고 있다. 급진적 구조주의 패러다임을 발전시킨 학자들로서는 러시아의 사회이론가들 이외에도 알뛰세, 플란차스(Poulantzas), 콜레티(Colletti) 및 신좌파(New Left)에 속하는 마르크주의 사회학자들을 들 수 있다. 급진적 구조주의 패러다임은 마르크스의 지대한 영향을 받았으면서도 베버의 영향도 크게 받고 있다. 특히 이 패러다임은 다렌도르프의 연구나 렉스(Rex) 및 밀리밴드(Miliband)의 이론에서 발견할 수 있다.

요약하면 교육의 사회학 이론의 발전이 사회학의 이론 발달에 크게 의존하였다는 점은 이미 설명한 바 있다. 그러므로 사회학의 패러다임에 대한 이해는 교육의 사회학 이론 발달과 그 기초를 이해하는 데 커다란 도움이 된다 할 수 있다. 쿤(Kuhn, 1970)의 지적처럼 패러다임의 개념이 한 사회현상과 지역사회의 문제를 해결하기 위한 과학적 문제 모델과 해결책이라고 볼 때 어떤 패러다임이든 완벽하다고 볼 수는 없다. 그러므로 패러다임 자체는 사회현상이나 교육현상을 분석하기 위한 개념의 틀이라 볼 수 있고 대체적 실체(alternative realities), 준거틀(frame of reference), 삶의 형태(form of life) 및 논의 영역(universe of discourse)이 유사한 개념이라 볼 수 있다.

지금껏 질서/갈등의 논쟁과 이와 관련된 네 가지 패러다임에 대해 설명하였다. 교육의 사회학 이론에 대해서는 다음 장들에서 자세히 설명될 것이므로 다음 절에서는 교육의 사회학 이론 중 기능이론과 갈등이론에 관해서 설명하고자 한다.

4. 기능이론과 갈등이론

사회현상을 설명하기 위한 정치·사회체계와 교육체제 간의 구조적 관련성을 이해하려는 기존의 거시적 교육사회학 이론은 크게 두 가지로 분류된다. 뒤르켕, 파슨즈(T. Parsons) 등에 의해 발전된 기능주의(functionalism)와 마르크스주의 또는 신마르크스주의 그리고 베버주의에 의존하고 있는 갈등이론(conflict theory)의 흐름이 그것이다. 전자는 사회의 기본적인 이해를 기능의 차원에 두어 승인된 규범과 가치 및 체제의 조정과 존속, 통합이 교육의 주된 기능이라 주장하는 견해이며 후자는 사회의 가치와 체제에 내포되어 있는 사회적 이해관계를 검증함에 있어서 변동과 갈등의 측면을 강조하고 교육의 기능을 구조적인 불평등 체제를 존속시켜 주는 장치나 도구로 보는 입장이다. 우선, 기능이론에 대해 살펴보기로 한다.

1) 기능이론

기능주의란 사회를 사회의 균형과 질서유지 및 통합적 측면에서 이해하려는 입장으로서 비교적 보수적인 견해라 볼 수 있다.

역사적으로 볼 때 기능이론은 근자에 이르기까지 지배적인 이론으로 인정을 받아 왔으며 사회학 이론 중 가장 오랜 전통을 지니고 있다고 볼 수 있다. 기능이론의 발달에는 18~19세기의 종교적이고 철학적인 사고에서 탈피하여 사회를 과학적이고 체계적으로 이해하려 했던 여러 학자들이 공헌한 바가 크다.

특히 기능주의 전망(functionalist perspective)의 출현은 사회학의 창시자라고 할 수 있는 콩트의 저작에서 비롯되었다. 초창기의 콩트, 스펜서의 유기체론으로부터 비롯된 기능주의 관점은 그 후 파레토, 뒤르켕, 래디클리프-브라운(Radicliffe-Brown), 말리노프스키(Malinowski), 머튼(Merton) 그리고 파슨즈에 이르기까지 매우 포괄적인 사회학 이론으로 발전되어 왔다.

기능주의의 주된 이론이라 할 수 있는 접근들은 합치이론(consensus theory), 평형이론 또는 모형(equilibrium model), 질서모형(order model), 구조기능 이론(structural functional theory) 등으로 구분되고 있으나 사회를 보는 시각에 있어서는 동일하다고 볼 수 있다. 즉, 사회의 질서와 통합을 강조하고 갈등보다는 합치를 중요시하며 사회의 동적인 면보다는 정적인 면을 강조한다는 점에서는 동일한 견해를 나타내고 있다. 일반적으로 기능주의라 불리는 이유도 여기에 있다.

기능주의는 1950년대와 1960년대에 교육연구에 지배적인 위치를 차지하고 있었는데, 그 사상적 원류를 프랑스를 비롯한 유럽에서 찾을 수 있다. 그 근간은 사회와 유기체를 비교, 추리한 유기체적 모형에 있다고 볼 수 있다. 기능주의는 어떤 사회체제가 존속하는 데 필요한 기능적 요인을 중요시하여 한 사회를 유기체에 비유하고 있다. 즉, 한 사회는 유기체와 마찬가지로 각기 다른 여러 부분으로 구성되어 있으며 각기 다른 부분은 사회 전체의 존속을 위해 필요한 기능을 수행하고 있다고 보고 있다. 그러므로 사회의 각 부분은 상호 의존적이며 각기 다른 가능의 수행을 통해 상호 안정과 통합을 유지하려는 속성을 지닌다고 본다. 기능주의 접근은 교육기관을 비롯한 모든 사회기관은 상호의존성을 가지는 부분들이며, 이들 각 사회 부분은 기능적으로 총체적 사회를 유지한다는 관점에 서고 있다. 흔히 이러한 관점을 사회유기체론이라 지칭하기도 한다.

뒤르켕, 스펜서 그리고 래디클리프-브라운 등의 이론에서 볼 수 있는 기능적 욕구의 개념은 사회유기체의 기본적 욕구, 즉 사회적 기능의 통합을 전제로 하고 있으며, 사회의 동적(動的) 과정에 관심을 나타내기보다는 정적(靜的) 구조(構造)에 관심을 가지고 있다. 따라서 정적 사회구조에 관심을 가지고 사회변동을 설명하려는 입장이 파슨즈와 머튼 등에 의해 주장되고 있는 구조기능주의(structural functionalism)이며 사회의 기능적 욕구의 개념을 받아들이면서도 '체제적 욕구'와 '개인적 욕구' 사이의 관계를 설명하려는 입장은 말레노프스키의 견해이다.

이들 학자들 간의 접근이 다소 다르다 할 수 있으나 사회적 기능에 대한 견해에 있어서는 공통적이며, 개인과 사회체제 간의 균형적인 통합의 문제를 중요시하고 있다는 점 또한 공통적이다.

기능주의 교육사회학의 학문적 발전에 기여한 학자들은 많지만 일반적으로 그중에서도 뒤르켕과 미국의 사회학자인 탤컷 파슨즈(Talcott Parsons)를 대표적인 학자로 들고 있다.

이 장에서는 대표적인 기능주의 학자들이라 할 수 있는 탤컷 파슨즈의 구조기능이론과 뒤르켕의 기능이론을 살펴보기로 한다.

(1) 구조기능이론

기능이론은 20세기에 들어와 사회과학 방법론의 발달과 함께 현대사회의 기능을 설명하고 이해하려는 데 크게 기여하게 되었다. 이러한 체계화를 위해서 파슨즈의 공헌이 컸다 하겠다. 앞서도 언급한 바대로 기능이론에서는 사회 각 부분은 사회 전체의 존속을 위해 상호 의존적이면서 제 나름대로 각각의 기능을 수행한다고 보고 있기 때문에 주된 관심을 사회의 질서와 균형에 두고 있다. 이 입장에서 볼 때 구조기능주의의 주요 과제는 사회체제의 욕구를 충족하는 사회 각 부분의 사회적 구조를 분석하는 일이라고 볼 수 있다. 따라서 구조기능 이론에서는 사회 각 기관을 사회체제로서 보며 사회체제는 총체적 체제(whole system)의 기능적 분할이라고 이해하고 있다. 주로 파슨즈와 머튼에 의해 발전된 이 견해는 구조기능주의에 입각한 사회체제 이론으로서 학교교육의 '사회화 기능'은 물론 사회에서 필요한 인력 배치 기능인 '사회적 선발기능'을 중요시하였다. 파슨즈의 주요 이론적 관심은 사회체계 내에서의 인간 행위였는데 그가 주장하고 있는 행위에 대한 일반 이론에는 네 가지 체계가 포함되고 있다. 이들 네 가지 체계는 문화체계, 사회체계, 성격체계 및 행동적 유기체로서의 체계이다(T. Parsons, 1969).

파슨즈는 이들 네 가지 행위체계 사이의 상호관계에 관심을 가졌는데 한 사회에서 체계 요건이 충족되지 않으면 체계의 생존이 위협당한다는 전제를 기반으로 하고 있다(J. H. Tuner, 1978).

여기서 말하는 체계를 간략히 설명해 보면, 문화체계란 한 사회가 공유하고 있는 내면화된 가치를 의미하며 사회체계란 사회 내에서 여러 행위자들의 상호 의존적인 행위의 통합적인 전체행위를 의미한다. 또한 성격체계란 사회체계 내에서 역할을 수행하고 있는 행위자들의 욕구와 의사결정 능력 간의 체계적 상호관계를 뜻한다. 따라서 제도화된 가치기준이 각 개인의 행동에 내면화되어 이들 행위자 상호 간의 지위나 역할이 유기적 관련을 유지하게 되면 균형이 이루어져 이들의 관계가 체계구조로서 결정될 수 있다는 것이다. 파슨즈의 견해를 종합해 보면 한 사회 구성원의 가치는 한 사회가 가지고 있는 문화체계로부터 학습되며 합당한 규범 또는 역할기대는 사회체계 속에서 학습되는데, 이때 중요한 것은 기능적 요건으로서 적응, 목표 달성, 통합 및 잠재적 유형 유지 등의 기능이 어떻게 조정되고 유지되느냐의 문제라는 것이다. 결국 파슨즈의 구조기능이론의 주요 관심은 이들 체계들과 하위체계들 간의 기능이 어떻게 사회통합을 이루느냐 하는 데 있었다.

구조기능주의자들의 견해 중에서 교육과 관련된 내용은 '사회체제로서의 학급'의 논문에서 잘 나타나고 있는데 학교의 주요 두 기능을 사회화와 선발의 기능으로 정의하고 있다(Parsons, 1959). 사회화의 기능은 뒤르켕의 개념과 유사하지만 파슨즈의 경우 학교교육의 기능 중에서도 장차 사회에서 쓰일 사회성원으로서의 역할 개발을 매우 중요시하였다. 선발의 기능을 사회에서 필요로 하는 인력을 훈련, 분배하는 기능을 의미한다고 하여 가장 중요한 선발기능을 대학입학과 관련된 선발이라 보았다. 파슨즈의 이러한 견해는 현대의 기술사회에서 각 학교는 각 사회성원의 능력에 따라 사회에서 필요로 하는 직업에 필요한 기술을 습득케 하는 주요한 기능을 한다는 것이다. 그의 이러한 주장은 사회적 선발과 분배는 능력에 따른 것이어야 한다는 가정 위에 서 있다.

그러므로 학교에서의 사회화의 첫 번째 과제는 학생들이 사회의 기본적인 가치나 규범을 공유할 수 있도록 하는 일로서 가정이나 부모의 지위 등 출생배경에 영향을 받는 귀속적 요인에 의해서라기보다는 개인의 능력에 의해서 평가된다는 것을 이해시키는 일이라고 주장한다(Parelieus, 1978). 이 점에서 학교에서의 능력에 의한 보상은 현대사회의 교육 및 경제체제 통합을 위한 중요한 기본이 된다고 보았다. 파슨즈도 초등학교에서 대학까지의 교육은 선발과 기술 등과 관련된 인지적 학습과 교실 내에서의 도덕적 학습내용으로 구분된다고 보았다. 또한 학교의 사회적 선발기능은 사회 전체가 지닌 성취지향의 가치에 의존하고 있다고 보았다. 그러므로 모든 아동은 학교에서 동일한 기회를 가지고 있으며 능력과 동기의 차이에 의해 성취수준이 달라진다는 것이다. 물론 파슨즈의 이러한 견해는 교육기회의 평등이 보장된 것을 전제로 하고 있으며 능력과 동기의 차이에 의해 성취수준이 달라진다는 주장이다. 따라서 교육기회의 평등이 보장된 것을 전제로 하고 있는 그의 견해는 각 개인이 성취수준의 차이에 따라 학교 수준이 달라지고 사회적 지위수준이 달라지기 때문에 교육에 따른 선발기능은 공정하다는 입장을 보이고 있다.

결국 교육에 관한 파슨즈의 견해는 교육기관과 타 사회기관 간의 기능적 의존성을 강조하고 있으며 학교는 사회화와 선발의 기능을 수행하여 사회에서 필요로 하는 인력을 분배한다는 것이다. 이러한 역할 분배는 사회성원이 가진 성취와 자질에 기초하고 있기 때문에 학교는 가치의 통합을 촉진시킬 뿐만 아니라 그 사회 자체의 통합에 의존하고 있다고 주장한다.

(2) 뒤르켐과 기능이론

파슨즈가 구조적 기능주의자라 본다면 뒤르켐은 콩트의 사회학을 계승하고 발전시켜 과학적으로 체계화시킨 기능주의 사회학자이다. 콩트, 파레토, 스펜서가 사회체제의 각 부분 간의 상호의존을 중요시한 반면에 뒤르켐은 사회학의 연구 대상을 '사회적 사실(social fact)'로 규정하여 사회 자체가 독특한 실체라는 입장에 서고 있다. 즉, 개인보다 사회 전체의 통합 또는 연대를 중요시하고 있다(Wallace & Wolf, 1980).

기능이론에서 주장되고 있는 현상유지의 경향은 뒤르켐의 주장에서 잘 나타나고 있는데 그가 평생을 두고 추구한 문제는 '사회가 어떻게 유지되는가'에 대한 해답을 얻으려 한 점이다.

흔히 뒤르켐을 가리켜 '도덕 사회학자' 혹은 '질서 사회학자'라 지칭하는 것은 그의 주요 관심이 사회질서의 문제를 다루는 데 있었으며 질서의 문제를 다루는 데 있어서도 항상 규범 또는 도덕과 관련지어 생각했기 때문이다. 사회적 연대나 아노미(anomie) 등의 개념에 따른 사회학 이론 연구를 통해 어떻게 사회성원을 사회에 가장 잘 적응시킬 것이며 도덕적으로 독특한 기능을 수행하도록 할 것인가에 관심을 가졌다.

뒤르켐은 교육을 '사회화(socialization)'와 동일시하였으며 이때 사회화의 개념은 이기적이고 비사회적인 자연상태의 개인을 사회적으로 합당한 사회인으로 만드는 것을 의미하였다. 뒤르켐은 교육의 사회화 기능을 '보편적 사회화'와 '특수 사회화'의 두 가지 기능으로 구분하고 있다.

보편적 사회화란 한 사회가 지니고 있는 특성을 유지하도록 하면서 동시에 사회구성원들의 동질성을 확보하도록 하기 위해 필요한 사회화로서 한 사회의 집단의식(集團意識), 즉 한 사회의 공통적 감성과 신념을 새로운 세대에 내면화(internalization)시키는 것을 의미한다. 그러므로 '보편적 사회화'를 통해서 사회의 특성을 유지하고 사회구성원의 동질성을 확보하게 된다고 본다. 특수 사회화란 개인이 속하게 되는 특수 환경, 즉 장차 자기가 속하게 된 직업집단에서 요구하는 특수성의 함양을 가리킨다. 또한 '특수 사회화'는 사회가 점점 분화됨으로써 필요로 하는 기술 · 직업교육을 뜻하며 개인의 잠재력을 발전시키는 것은 물론 사회의 경제적 요구를 충족시키는 기능을 담당한다는 것이다. 그러나 아무리 사회가 분화되고 직업 · 기술교육을 통한 전문화된 교육이 증가한다 해도 '보편적 사회화'는 '특수 사회화'와 더불어 언제나 필요하다는 주장을 펴고 있다. 이런 의미에서 뒤르켕은 학교교육은 당연히 사회화를 위한 기능을 담당해야 하며, 학교는 사회구성원을 사회화시켜 사회를 존속 · 유지 · 발전시키는 역할을 담당하는 곳으로 보았다. 교사의 역할에 대해서도 교사는 사회화의 '대리인'이며 국가기관의 대행자로 인식하여 교사의 권위를 절대적인 것으로 생각했다.

뒤르켕은 사회질서의 문제를 다룸에 있어서 두 가지 기본 이상을 강조하였는데, 첫째는 사회성원 상호 간의 성숙한 상호 의존성이며, 둘째는 분업에 의한 사회와 개인 욕구 충족의 이상이 그것이다. 따라서 각기 다른 직업은 그 직업에 필요한 적성, 가치, 기술이 필요하지만 동시에 한 사회는 합의된 가치와 신념을 필요로 한다고 믿었다. 이러한 가치합의(value consensus)는 사회의 핵심적 가치와 신념을 사회성원이 내면화함으로써 가능하다는 것이다. 이러한 내면화가 성공했을 때 사회적 통합이 가능하다는 것이다. 또한 뒤르켕은 도덕교육을 통해 가치합의가 가능하다고 보았는데 사회에서 필요한 가치규범을 내면화시키기 위해서는 학교의 사회적 기능이 매우 중요하다고 보았다. 그러므로 정부는 학교에서 가르치게 될 기본 원칙을 설정해야 하고 감독해야 한다고 보았다(Durkheim, 1956).

특히 뒤르켕은 학교에서 행해지는 도덕교육의 책임은 교사에 있다고 보고 교사를 시대의 도덕적 가치를 전수시키는 표본적 인물로 받아들였다. 교사는 개인의 가치가 아니라 사회의 주된 가치와 신념을 확고하게 전수시킴으로써 아동이 사회의 도덕적 질서를 습득하게 해야 한다고 보았다.

뒤르켕은 『도덕교육(Moral education)』 『교육적 사고의 전개(The evolution of educational thought)』 그리고 『교육과 사회학(Education and sociology)』 등의 저서를 통해 교육체계를 이해하기 위한 사회적 접근을 시도하였는데 이러한 그의 공헌은 매우 크다 하겠다. 특히 교육체계와 교육 그 자체를 보다 확대된 사회화와 관련지어 이해하려 노력하였는데 뒤르켕은 교육의 기능을 아동을 책임 있고 신뢰할 수 있는 시민으로 양성하는 것으로 이해하였다. 뒤르켕은 사회의 구조뿐만 아니라 지식과 이상의 전수에 관해서도 깊이 있게 논의하고 있다(Ballantine, 1985).

뒤르켕은 교육과 사회의 관계를 이해함에 있어 이들 두 가지의 주요한 측면이 상호 연관성이 있다는 점과 성인과 아동이 상호 영향력을 주고 있다는 점 그리고 교육체제는 이들 두 세대에게 공통적인 요인이라는 점 등을 지적하였다. 뒤르켕은 또한 학교를 '조그만 사회(small society)'로 이해함으로써 도덕교육에 의한 질서와 책무를 강조하였다.

이 점에서 교육의 기능, 교육과 사회변동의 관령성에 대한 이해, 문화와 교육, 사회체제로서의 학교와 학급의 이해 그리고 교육지식의 내용을 포함한 여러 영역에 걸쳐 뒤르켕이 공헌한 바는 크다 하겠다.

한편, 뒤르켕은 사회가 분화하면서도 붕괴되지 않고 결속이 유지되어 가는 현상을 설명하려 했는데 그의 저서 『사회분업론(Theories in Social Division of Labour)』에서 한 사회의 분화 수준에 따라 기계적 연대(mechanic solidarity)와 유기적 연대(organic solidarity)로 구분하여 설명하고 있다. 즉, 전통적 사회는 기계적 연대에 의해 유지되고, 분화된 산업화 사회는 유기적 연대에 의해 유지된다고 구분한다. 뒤르켕은 사회 이해에 있어서 핵심적 과제는 '도덕'의 관념이었으며 사회적 연대와 결속력이 약화된 사회는 가치해체 상태인 아노미 상태에 빠지게 되고 규범이 붕괴됨은 물론 자살과 범죄가 증가된다고 설명한다. 뒤르켕의 이러한 견해는 차후 사회적 일탈과 사회구조를 밝히는 이론으로 발전하게 된다.

또 한 가지 주목할 만한 사실은 뒤르켕이 교육사회학에 끼친 공헌이다. 뒤르켕은 교육현상을 미시적 차원인 개인의 심리적 영역에서만 분석하려 하지 않고 사회현상의 하나로 인식함으로써 교육사회학을 '교육과학(教育科學)'으로 발전시키는 데 공헌하였다. 그러나 거시적 차원에서만 교육을 이해하려 함으로써 개인적 차원을 소홀히 한 점은 비판을 받고 있기도 하다. 뒤르켕의 업적에 대한 비판적 관점은 거의 모든 기능주의가 갖고 있는 공통적인 이론의 취약성이라 할 수 있는 점으로서 사회에 내재해 있는 '갈등'의 면을 소홀히 다룬 점이다.

뒤르켕의 기능이론에서 비판 받을 수 있다고 지적되는 관점들은 다음과 같다.

첫째, 사회는 '합의'의 관점 이외에도 갈등을 요소가 있다는 점을 소홀히 다루고 있다는 점이다.

둘째, 총체적 사회를 개인이나 하위집단의 우위에 둠으로써 보수적 국가주의 교육만을 강조하는 경향을 지니고 있다는 점이다.

셋째, 교육을 사회통합의 주요 기제로 인식하고 있는 동시에 단순히 자율성 없이 사회를 반영하는 것으로 인식하고 있다는 점이다.

넷째, 도덕교육이나 국가의 집합 이상을 강조함으로써 갈등의 관점이나 동적 변동의 관점이 배제된 목적론에 근거해 사회현상을 설명하고 있다는 점이다.

지금껏 기능이론을 대표적인 학자들인 뒤르켕과 파슨즈의 이론을 중심으로 살펴보았다.

뒤르켕과 파슨즈 이외에도 기능주의 학자로 분류될 수 있는 몇몇 사람들이 교육의 사회학 발전에 기여했다 볼 수 있다. 인류학자인 래디클리프-브라운의 경우는 사회성원의 생존을 위해 어떤 조건이 필요할 것인가를 문제 삼아 사회적 기능을 분석하려 하였다. 래디클리프-브라운은 사회성원이 그들의 생존을 위해 필요한 것이 무엇인가를 분석하려 하였는데, 사회의 중요한 기능이 '존재의 필요조건'을 충족시키는 기능이라고 보고 이를 분석하려 하였다. 말리노프스키 또한 사회의 문화에 대한 기능적 관점을 중요시하여 사회의 기능이 인간 욕구와 문화적 욕구를 충족시키기 위해 존재한다는 이론을 제시하고 있다. 한편, 머튼의 아노미 이론은 뒤르켕의 아노미 개념에 더해 사회적 일탈행위 이론을 발전시킨 것인데 아노미는 사회의 문화적 목표와 사회적으로 구조화된 기회 간의 불일치에서 비롯된다고 보고 아노미 현상을 통해 사회적 기능을 설명하고 있다.

2) 갈등이론

갈등이론은 기능이론과는 달리 사회의 본질은 갈등과 변동 그리고 강압의 과정으로 이해하고 있다. 그러나 기능이론과 갈등이론의 주장들이 확연히 구분될 수 있는 성질은 아니다(Selakovich, 1985). 기능이론가들은 학교가 사회를 통제하고 질서유지와 통합을 이룩할 수 있다고 주장하고 있는 데 반해서 갈등이론에서는 학교는 단순히 사회와 교신하며 사회의 본질을 그대로 반영한다고 보고 있기 때문에 학교의 기능과 역할을 이해하는 측면이 다를 뿐이다.

이 점에서 갈등이론가들이 반드시 구조기능이론을 배격하고 있다고는 볼 수 없다. 갈등이론도 사회에서의 합의된 가치를 인정하지만 그 합의된 가치가 특정 지배집단의 가치이기 때문에 합의된 가치로 인정할 수 없다는 주장이다. 그리고 학교교육에서는 학생들이 이러한 가치나 이데올로기를 수용하는 체하기 때문에 학교체제 내에서 갈등이 최소화된다고 주장한다. 사회에 실제 존재하는 불평등, 빈곤, 부정의(不正義) 등도 교묘하게 위장되기 때문에 지배 집단은 그들의 이익에 반대되는 피지배집단을 통제하기 위한 지배이데올로기를 유지할 장치가 필요하게 되는데 그 대표적인 장치가 학교라는 것이다. 따라서 학교의 주요한 기능이 사회체제와 지위를 유지 · 보존시키는 일이다.

갈등이론 중에서는 마르크스주의 관점을 받아들이고 있는 계급갈등이론(class conflict theory)이 대표적인 견해라 할 수 있다. 이 이론은 학교가 사회를 그대로 반영한다고 보고 있으며, 기존의 사회구조와 체제를 존속시키는데 결정적인 역할도 학교가 수행한다고 주장한다. 계급갈등이론은 학교가 자본주의 엘리트 양성의 기능을 수행한다고 주장하는 마르크스주의자들과 후기 마르크스주의 사회학자 및 경제학자들에 의해 주장되고 있다.

갈등이론은 사회를 보는 시각도 엘리트와 대중의 이분법적인 관점에 서 있으며 대중은 지배집단에 의해 강제되고 억압된다고 주장한다(Hansen, 1976). 특히 지배집단은 학교교육을 이러한 강압의 수단으로 삼는다고 주장한다. 알튀세(1978)는 학교의 이러한 기능이 현존 생산체제를 유지하기 위한 것이라 설명하면서 '생산관계의 재생산'이라 주장한다(Callinicos, 1976). 학교교육은 특히 아동들에게 계급사회에서 필요로 하는 이데올로기를 주입시키는 역할을 수행한다고 하였다(Sarup, 1978).

마르쿠제(1955)도 지배계급이 피지배계급을 지배하기 위해서는 '조직된 억압'이 필요하다고 설명한다. 또한 지배집단은 전문화된 산업사회에서 피지배집단에게 복종을 정당화시키는 엘리트 사회체제를 활용한다고 설명한다. 이러한 엘리트 사회체제의 대표적인 것은 관료체제의 형태를 취한다. 이러한 관료체제 등을 통해 효과적으로 통제되고 지배된다는 것이다. 프레이리(Freire, 1968)도 인간은 억압자의 체제에 의해 행동과 의식이 결정된다고 설명하면서 피억압자들은 그들 자신이 인간으로서 또는 피억압자 계급의 한 성원으로서 마땅히 가져야 할 의식도 없이 억압자들과 동일시된다고 설명한다.

일리치(1970)는 학교를 억압적인 기관으로 설명하고 있으며 학교의 교육과정은 인간의 실재에 반대되는 관료적이고 생산 중심의 사회적 가치를 사회화시키는 데 적합한 내용을 담고 있다고 비판한다.

한편, 보울스와 긴티스(Bowles & Gintis, 1976)도 『자본주의 미국의 학교교육(Schooling in Capitalist America)』에서 일리치와 유사한 결론을 내리고 있는데, 학교교육은 미국의 계급구조에 부합할 수 있는 복종하는 시민을 양성하는 데 기여하고 있다는 것이다.

특히 학교교육은 유연성과 독립된 판단능력 등을 배양시키기보다는 오히려 수동적이고 순종하는 능력만을 조장한다고 주장한다. 보울스와 긴티스는 학교에서 가르치는 가치, 신념, 개인의 행동, 사회·경제적 충성의 형태 등은 자본주의 노동체계의 확대와 자본 축적의 필요에 따라 인력을 배치하는 과정에서 조직되고 전수되어 재생산된다고 주장한다(Bowles & Gintis, 1976, p. 44).

갈등이론에서 주장하고 있는 자본주의 학교교육에 대한 대부분의 비판들은 마르크스주의 관점을 받아들이고 있으며 학교는 자본주의 사회의 불평등, 인종주의 그리고 계급갈등을 그대로 반영하는 경향을 가진다는 것이다. 그리고 학교에서의 인간주의 교육(humanistic education)을 통해 자유와 창의성을 확대하고 평등과 사회정의를 구현시켜야 한다고 주장한다(Lareau & Weininger, 2003).

다만, 그람시(Gramsci, 1971)의 경우는 예외로서 학교가 단순히 노동 계급 아동들을 방관하고 있다고 주장한다. 그는 학교에서 모든 어린아이들에게 기초기술과 언어 그리고 문화를 습득하도록 하여 만인에 공통적인 견해를 개발해야 한다고 주장한다. 따라서 학교에서 얼버무리는 교육으로서는 노동계급 아동들의 기능개발이 불가능하다는 것이다. 특히 문화결핍은 신화가 아니라 실제 존재하며 학교에서 조장된다고 설명한다. 그람시는 학교교육에서 노동계급 아동들을 무시함으로써 지배계급이 자신들의 지위를 유지시킬 수 있다는 논리이다. 그람시(1971)는 보다 나은 교육을 통해서만 억압된 집단의 아동들이 체제를 변화시킬 수 있다고 설명한다.

기능이론이 그러하듯 갈등이론 또한 이론이 내포하고 있는 취약성을 배제할 수 없다. 갈등이론의 학문적 한계성을 지적하면 다음과 같다.

첫째, 기능주의 이론이 그러하듯 사회가 균형을 추구하는 자연스런 조직이라고 보고 있다는 점이다.

둘째, 사회의 변화는 지배계급에 의해 통제될 수 있으며, 적어도 환경의 변화 속에서도 통제가 유지될 수 있다고 보고 있는 점이다.

셋째, 기능주의는 변화를 환경조건의 자연스런 적응으로 보고 있으나 갈등이론은 자본주의의 변동과정에서 지배집단이 합의된 가치와 사회의 목표를 결정한다고 보고 있는 점이다.

넷째, 갈등이론에서는 사회 내에 존재하는 불평등, 부정의(不正義) 등은 오직 체제의 변화 없이는 불가능하다 보고 있으며, 이러한 변동은 혁명적 변동을 의미함으로써 급격한 사회변동만이 문제해결의 대안이라 보고 있는 점이다.

다섯째, 갈등이론에서 핵심적인 가정으로 받아들이고 있는 '지배계급'의 개념과 관련된 것으로서 '누가 지배계급인가?' 하는 문제이다. 그리고 '지배계급이 상대적으로 권력과 위세를 누리고 있다면 어떻게 지배계급이 될 수 있는가?'라는 질문에 대한 해답을 제시하지 못하고 있다는 점이다.

여섯째, 마지막 취약점은 기능주의에서도 마찬가지로 문제시되는 점으로서 학교제도에 관해 보다 폭넓은 개념을 수용할 필요가 있다는 점이다. 합의된 가치가 동일하며 모든 학교의 특성이 동일하다는 주장은 문제가 된다는 것이다.

이러한 학문적 취약성을 극복하기 위한 노력으로 대두된 경향이 신교육사회학적 접근이라 할 수 있는데 여기에 관해서는 5, 6, 7장 등에서 별도로 논의할 것이다.

제5장

신교육사회학 이론

교육사회학의 전통적 이론이라 볼 수 있는 기능이론과 갈등이론의 두 흐름은 1970년에 접어들면서 비판을 받기 시작하였다. 이러한 전통적 이론에 대한 비판적 시각은 학교교육의 역할에 대한 비판과 함께 실증주의적이고 객관주의적인 입장에서 교육사회학에 대한 재검증이 필요하다는 견해에서 비롯되었다.

이러한 전통적 이론에 대한 비판적 경향은 주로 해석학적 관점에 의한 유럽, 특히 영국을 중심으로 한 신교육사회학(new sociology of education)의 대두 때문이었다.

'신교육사회학'은 전통적 교육사회학에 대한 비판에서 비롯되었는데 영국의 영(M. F. D. Young)이 쓴 『지식과 통제(Knowledge and control)』라는 저술에서 그 근원을 찾아볼 수 있다. 신교육사회학은 '새로운 방향' '급진적' 그리고 '현상학적' 사회학으로 기술되고 있기도 한데 이러한 접근들의 주 관심사는 사회의 정치권력과 교육지식의 조직문제에 대한 것이다(Demaine, 1985). 그러므로 자연스럽게 학교지식이 어떻게 사회적으로 조직이 되며 이러한 조직의 과정에 게재된 언어, 이데올로기 및 계급 등의 역할이 무엇인가 그리고 이들 요인의 구조가 무엇인가에 관심을 갖는다. 신교육사회학 이론은 영국을 비롯한 유럽에서의 해석학적 접근과 미국을 중심으로 한 교육과정의 사회학을 중심으로 발전되어 왔다.

1. 신교육사회학의 특성

신교육사회학의 확립에 크게 기여한 학자들은 많으나 대표적인 학자들로서는 영, 번스타인(Bernstein), 애플(Apple), 부르디외(Bourdieu), 지루(Giroux), 웩슬러(Wexler), 보울스와 긴티스(Bowles & Gintis) 및 윌리스(Willis) 등을 지적할 수 있다.

신교육사회학은 종래의 거시적 관점을 벗어나 미시적 접근을 시도하는 특징이 있으며 일반적으로 마르크스주의의 영향을 크게 받고 있다. 이제까지 교육사회학에서 사회의 외부 현상이라 볼 수 있는 교육기회 분배 등에 집착한 나머지 학교 내부 현상을 등한시하였음을 지적하고 학교에서 가르치고 있는 지식의 사회성과 교사-학생 간의 상호작용에 주된 관심을 갖는다.

그러므로 신교육사회학에서는 학교에서 무엇을 어떻게 가르치고 있으며, 학교에서 가르치는 지식이 어떻게 조직되고 있는지에 대해 질문을 하고 있다. 신교육사회학자들은 학교교육 내용을 사회적으로 통제된 문화전수의 한 방편이라 보기 때문에 보편적이거나 절대적인 것이라고 본다. 이러한 점에서 학교에서 가르치는 지식 자체에 관심을 가지며 교육과정은 사회적 · 정치적 산물이라고 보고 있다.

이러한 신교육사회학은 많은 사회학 이론을 토대로 하고 있는데 문화인류학, 지식사회학, 현상학, 신마르크스주의, 신베버주의 및 비판이론 등을 포함하고 있다.

신교육사회학에서 주장되고 있는 관점들을 요약해 보면 다음과 같다.

첫째, 종래의 교육사회학의 입장이 사회구조 내의 질서와 갈등을 중심과제로 삼아 온 데 반해 신교육사회학에서는 교육과정에 대한 관심을 중요시함으로써 학교교육의 내적 과정에 대한 현상학적인 접근과 해석학적 관심을 수용하고 있다. 따라서 종래의 교육사회학이 거시적 관점이라 볼 때 신교육사회학은 미시적 관점이라 할 수 있다.

둘째, 종래의 교육사회학이 가치중립적이거나 사회현상에 대해 객관적 이해를 해 온 데 반해 신교육사회학은 가치중심적(value-oriented)이며 주관적 이해와 이데올로기와 같은 내부적 요인을 강조한다.

셋째, 신교육사회학은 지식사회학적인 관점에 따라 지식, 특히 학교지식의 사회적 조직에 관심을 가지며 실체로서의 인간이 처한 상황에 따른 통제와 조작 등의 '존재구속성'을 강조한다.

넷째, 인간의 교육이 이루어지고 있는 교실 장면이나 학교생활에서의 상호작용을 중요시하여 교사와 학생, 교사와 교사 그리고 교사와 학부모 및 지역사회의 제 요인들 간에 이루어지는 상호 관련성과 영향에 관심을 갖는다.

다섯째, 신교육사회학에서는 방법론에 있어서 질적 방법(qualitative methodology)을 활용한다. 즉, 신교육사회학자들은 과학적 실증주의를 배격하고 해석학적 방법론을 중요시한다. 따라서 사회학적 방법과 사회심리학적 방법을 토대로 하여 상징적 상호작용주의와 현상학의 방법론 등을 활용하는 특성을 지닌다.

이러한 몇 가지 특성 외에도 신교육사회학에서는 종래의 교육사회학의 특성과는 달리 철학적 기초에 있어서나 사회의 실체에 대한 관점 및 교육의 기능에 대한 해석 등에서 차이점을 발견할 수 있다.

한마디로 말해 신교육사회학은 마르크스주의를 토대로 하고 있다. 그러나 마르크스주의에 기초하고 있으면서도 각기 다른 이론적 접근을 시도하고 있기 때문에 설명에 있어서 매우 다양함을 알 수 있다. 예로서, 철학적인 기초에 있어서는 확연히 마르크스주의를 취하고 있으면서도 사회를 보는 견해에 있어서는 마르크스주의자들의 과학적인 관점을 따르지 않는다든지 하는 점 등을 발견할 수 있다.

신교육사회학자들의 견해들은 어떤 면에서 마르크스주의에 기초한 계급 갈등이론(class conflict theory)과 많은 유사점을 발견할 수 있기 때문에 확연한 구별이 어려운 실정이다. 그러나 분명한 차이점은 거시적 관점이 아닌 미시적 관점에서 학교 내의 문제와 학교지식의 형성에 대해 의문을 제기하고 있고 방법론에 있어서도 해석학적이고 현상학적인 방법을 활용한다는 점이다. 그러므로 이러한 점에서 볼 때 새로운 교육사회학은 다양한 접근과 방법론 때문에 통일된 입장에서 확연히 기술하고 분류하기가 어려운 실정이다.

2. 신교육사회학의 경향

신교육사회학은 전통적인 교육의 사회학에서 주장하고 있는 관점과는 다른 입장을 취하고 있다. 신교육사회학은 방법론과 이론에 있어서 그 경향성이 다르다 하겠다.

앞서 제시된 바와 같이 신교육사회학의 관점을 다시 요약 정리해 봄으로써 신교육사회학의 경향을 알아보기로 한다.

첫 번째, 전통적 구조기능주의 관점을 배격한다.

두 번째, 과학적 실증주의를 배격한다.

세 번째, 현상학, 민속연구방법론, 사회적 상호작용 등의 요소를 포함하고 있다.

네 번째, 사회적 구조에 관한 전통적 관념에서 탈피하여 미시적으로 학급 장면을 검증하려고 시도하는 경향이 있다.

다섯 번째, 인간 행위에 대한 설명에 있어서도 전통적 기능주의자들의 기계론적 해석을 수용하려 하지 않는다. 모든 인간 행위에 대한 설명은 어떤 특정한 사회적 상황에 대한 구조, 혜택 그리고 영역 간의 관련성에 대한 관찰, 기술 및 분석에 의존한다.

여섯 번째, 인간성을 창조적인 것으로 보며 정신의식 및 자아의 발달은 타인과의 사회적 접촉을 통해서만 가능하다고 보고 있다.

일곱 번째, 인간 행동은 이미 설정된 요인들에서 비롯된 결과가 아니라 주어진 상황과 그 상황에 개입된 행위자들에 의존하며 상황과 행위자들 간의 교호(交互)의 결과라 본다.

여덟 번째, 커뮤니케이션은 매우 중요한 역할을 수행한다고 보며 교육활동에서 행해지는 언어의 형태를 매우 중요한 요인으로 보고 있다.

아홉 번째, 개인의 어떤 상황을 어떻게 인식하느냐를 매우 중요시한다.

열 번째, 의식과 자아는 고정된 것이 아니라 역동적인 것으로 이해하여 사회적 실체는 특별한 의미를 지니고 있다는 견해를 갖는다. 그러므로 행위자가 특별한 상황에서 그들 스스로를 어떻게 보고 있는가를 결정하려는 노력이 중요시된다.

열한 번째, 모든 지식은 가치중립적인 것이 아니라 이데올로기성을 내포하고 있기 때문에 IQ나 학업성취 혹은 가치는 현존하는 체제에 의해 규정된 것이라 본다.

열두 번째, 사회적 실체는 안정된 사회체제, 사회기관 그리고 사회적 역할에 의해 구성되는 것이 아니라 그 과정에 의해 개념지어질 수 있다고 본다.

열세 번째, 대인관계는 신교육사회학의 가장 중요한 연구 영역의 하나로 간주되고 있다.

따라서 신교육사회학은 학교 장면에서 학생들의 지식 습득과정이나 사회화에 대한 연구들을 대개 직접적인 관찰법에 의존하려 하고 있다. 이들의 연구 경향은 샤프와 그린(Sharp & Green, 1984)이 지적한 바처럼 사회를 설명함에 있어서 다양한 경험을 가진 한 개인이 타인과의 상호작용 결과에 의해 독창적으로 설명될 수 있으며 이러한 상호작용 속에서 나타날 수 있는 변화과정에 의해서도 설명될 수 있다고 인식하고 있다.

그러므로 신교육사회학의 경향은 비록 다양한 접근을 시도하고 있다고 할 수 있지만 일반적 특성은 직접 관찰법에 의해 기술할 수 있는 자료를 수집하고 학급을 사회적 과정으로 이해한다는 공통성을 발견할 수 있다. 신교육사회학자들의 기본적인 연구 대상은 학급 장면이며, 교사와 학생 간의 상호작용과 교사에 의해 활용되고 있는 개념과 유형 그리고 교육과정의 내용에 관한 것이 주류를 이룬다.

물론 학급 장면에서의 학생의 행동에 관한 연구도 흑인학생에 관한 연구(Labov, 1979), 사회계급과 언어 및 사회화에 관한 연구(Bernstein, 1977; Cicourel, 1981) 및 지능의 사회성에 관한 연구(Roth, 1980) 등 다양하다 볼 수 있다.

그러나 방법론의 관점에서 볼 때 학교 장면의 총체적인 기술을 위해서는 민속연구방법론이 활용되는 반면, 학급 내에서의 특정한 현상을 분석 · 설명하기 위해서는 현상학적 방법론이 제시되고 있다. 또한 교사와 학생 간의 관계를 분석하려 할 때는 대화, 즉 언어를 중요시하려는 경향이기 때문에 상호작용 이론으로 연구하는 경우가 많다.

신교육사회학의 동향은 신마르크스주의적 관점에 선 사회재생산 이론이 주를 이루고 있고 문화비판 이론의 관점에 선 제국주의론(imperialism), 종속이론(dependence theory)은 물론 교육을 인간성 해방으로 인식하려는 급진주의 이론(radical theories)에 이르기까지 다양한 경향을 띤다. 재생산 이론들은 경제적 구조와 학교교육을 연계시켜 설명하려는 경제재생산 이론(economic reproduction theory), 계급문화와 학교교육의 이데올로기를 연계시키려는 문화재생산 이론(cultural reproduction theory) 그리고 보다 마르크스 이론에 충실한 입장이라 볼 수 있으며 학교교육을 사회의 헤게모니 재생산으로 인식하고 있는 문화적 헤게모니 이론(hegemony reproduction theory) 등으로 크게 구분되고 있다. 이외에도 학습자와 학교기관의 상대적 자율성에 입각한 비판적 저항이론(critical resistance theory)을 주요 이론으로 지적할 수 있다. 이들 이론에 대해서는 추후 제7장에서 더 자세히 언급하기로 한다.

이와 같이 신교육사회학은 종래의 교육사회학이 단순히 외현적으로 나타난 교육의 내용과 문제를 다룬 단점을 극복하려는 노력이라 볼 수 있다.

신교육사회학은 교육의 외적 과정이나 현재적 교육과정(overt curriculum)의 문제보다는 교육과정에 잠재되어 있는 교육의 내적 과정의 분석을 강조하는 입장이라 볼 수 있다. 이 점에서 학교에서 무엇을 가르치고 있으며, 사회의 구조적 특성과 교육구조와의 관계는 어떠한지를 규명하려는 접근이라 볼 수 있다. 그러므로 자연스럽게 교육내용으로서 지식에 관한 연구, 교사와 학생 간의 상호작용에 관한 연구 그리고 교육현상과 정치·사회 현상과의 연관성 문제 등을 주요 영역으로 간주하고 있다. 일반적으로 새로운 교육사회학을 지식의 사회성에 관한 연구인 교육과정 사회학(sociology of curriculum) 혹은 학교지식의 사회학(sociology of school knowledge)으로 지칭하는 이유도 여기에 있다. 결국은 학교지식이 어떻게 사회적으로 조직되는지의 문제, 학교교육 과정에서의 지식 문제 그리고 학생-교사들 간의 상호작용 문제 등을 주요 과제로 삼는다.

3. 신교육사회학에 대한 비판

신교육사회학이 종래의 전통적 교육사회학 이론들의 시각을 탈피하고 새로운 방법론에 의한 미시적 관점을 취하여 학교교육의 문제점을 이해하려는 점에서는 그 업적을 인정할 수 있다. 그러나 몇 가지 관점에서 신교육사회학이 비판을 받고 있는 것도 사실이다.

우선, 문제시되는 점은 일반적으로 사회과학에서 이데올로기 문제를 다룰 때 제기되는 한계성을 극복하지 못하고 있다는 점이다. 신교육사회학에서는 교육과정이 곧 이데올로기라는 관점을 받아들이고 있는데, 이때 제기되는 문제는 누구의 이데올로기를 학교교육에서 반영하고 있는냐 하는 점이다. 또 다른 비판은 신교육사회학에서 다루고 있는 불평등의 문제이다. 불평등의 문제를 다룸에 있어서 학교교육이 어떻게 불평등과 관계되어 있으며 불평등에 기인한다면 어떻게 기인되고 어떤 차이점을 다루느냐와 관련된 쟁점이다. 신교육사회학에서는 사회적 요인을 단지 정치적이고 자유주의적이며 급진적으로 이해하고 있기 때문에 불평등의 문제도 그러한 시각에서만 보고 있다는 것이다(Miller, 1980).

또 다른 비판은 사회과학의 일반적인 특징과 관련된 것이라 볼 수 있지만 교육문제에 대한 분석과 정의는 내리면서도 해결방안을 제시하지 못하고 있다는 것이다. 이에 대한 대안으로 근래 대두되고 있는 '교육위생학(educational hygiene)'이나 '신기능주의(new functionalism)' 관점에 관해서는 차후 언급하겠다.

또한 관찰법 등을 비롯한 방법론에 대해 신교육사회학을 비판하는 데 비교적 오랜 시간을 필요로 하는 이런 방법 때문에 학급 장면에서의 연구가 상황의 변화를 통제할 수 없다는 점을 지적하고 있다.

또한 매우 중요한 비판 중의 하나는 가치문제와 관련되어 있다. 신교육사회학을 비판하는 사람들은 대부분 신교육사회학에서 다루고 있는 가치의 문제와 관련된 쟁점들을 지적하고 있다. 갈등이론이 그러하듯 신교육사회학에서도 중립적 가치를 부정하려 든다. 이러한 가치의 문제를 다룸에 있어서 '가치중립' '가치배제' '가치개입' 등의 선택은 집단적 실천 혹은 관행의 문제나 '공개적 이데올로기(open-ideology)' 현상과 깊이 관련되어 있다. 그러나 가치문제를 다루는 일은 단순한 것이 아니다. 왜냐하면 인간의 행위 선택의 문제까지를 다루어야 하기 때문이다(이현청, 1988). 이 점에서 신교육사회학에서 합의된 가치를 거부하는 데에는 한계성이 있다는 것이다.

요약하면, 신교육사회학은 교육현상을 탐구하는 데 있어서 종래의 거시적 관점을 탈피하고 미시적 관점에서 연구하려는 노력이라 볼 수 있다.

그러므로 학문적 기초는 칼 만하임(Karl Mannheim)의 지식사회학(sociology of knowledge), 마르크스 이론(Marxist theories), 현상학적 사회학, 상징적 상호작용 이론 및 민속연구방법론 등에 의존하고 있다. 교육문제의 분석을 위해서는 교육내용의 성격과 전수과정에 대한 이해가 필요하다고 보아 지식 선정의 과정에 깊은 관심을 갖는다. 신교육사회학의 방법론이 주로 현상학적인 관점이나 민속연구방법론에 의존하기 때문에 주요 연구 영역으로서는 학급 장면에서의 행위자의 의미에 대한 해석과정과 학생-교사 간의 교호작용 등을 들 수 있다. 따라서 신교육사회학의 주요 연구과제는 학생-교사 간의 상호작용 문제와 교육과정 그리고 잠재적 교육과정 등을 들 수 있다. 이때 신교육사회학자들은 사회적으로 구성된다는 점에서 지식이 상황이나 행위자에 관계없이 보편타당한 것이 아니라 상황에 따라 '존재구속성(situational tideness)'을 지닌다고 보고 있다. 이 점에서 학교에서 다루어지고 있는 지식과 교육내용은 특정 계층, 특히 지배계층의 가치와 문화를 반영하며 이데올로기적 성격에 따라 억압과 통제의 기능을 수행한다고 보고 있다.

신교육사회학의 대표적인 사회재생산 이론들로는 경제재생산 이론, 문화재생산 이론, 문화적 헤게모니 이론 등이 있으며 학습자의 상대적 자율성을 다루고 있는 저항이론도 들 수 있다. 이들 이론들에 대해서는 별도로 다루고자 한다.

신교육사회학은 앞서도 지적한 바와 같이 분석은 많이 하고 있으나 방법론상의 한계에 따라 해결을 위한 대안을 제시하지 못하고 있으며, 지식사회학적 관점에서 교육현상을 분석하려 하기 때문에 극단적 사회주의나 이분법적 발상에 집착할 취약성을 지닌다. 물론 사회구조 내에서 행해지는 인간 행위를 지나치게 행위자 중심으로 다루고 있기 때문에 주관적 해석에 치우칠 위험성 또한 배제할 수 없다. 신교육사회학은 이러한 학문적 취약성에도 불구하고 지식형성 과정의 역사적 · 사회적 배경을 이해시키고 학교의 교육활동을 다른 시각에서 볼 수 있도록 한 점과 교육이 때로는 통제의 수단이 될 수 있다는 시사를 준 점은 높이 살 만하다 하겠다(이현청, 1987, 1988; Apple, 1986; Sears, 1987).

4. 교육과정 사회학 이론

신교육사회학 이론은 거시적 관점에서 학교교육의 내적 과정에 대한 설명을 하려는 시도로서 학교교육을 수수께끼 혹은 암흑 상자(black box)로 간주해 온 기능이론과 갈등이론의 투입-산출모형을 비판한 데서 비롯되었다. 신교육사회학 이론들은 지식사회학적 관점에서 지식의 사회적 제도화에 비판을 가할 뿐만 아니라 학교교육에 반영되고 있는 지식과 헤게모니 분석을 통해 지배이데올로기가 사회적으로 재생산되고 있는 과정을 중요시한다. 신교육사회학 이론을 일컬어 '사회재생산 이론'이라 지칭하는 이유도 여기에 있다.

신교육사회학 이론은 방법론에 있어서 질적 방법론이라 할 수 있는 현상학, 상징적 상호작용이론, 민속연구방법론 등을 통해 지식의 사회적 구조와 학교교육의 내용 및 학교의 내적 과정을 분석하려 한다. 특히 이러한 경향은 교육과정 사회학에서 두드러진다 하겠다.

신교육사회학 이론에서 제기되고 있는 문제들은 주로 지식과 지배이데올로기, 직업구조와 지배이데올로기, 문화와 지배이데올로기 등의 관점들로서 다음과 같은 질문들에 대한 해답을 얻고자 하는 접근 방법이라 할 수 있다(Apple, 1982).

- 과연 학교가 사회의 노동력을 재생산시킬 수 있는 주된 기관인가? 그렇지 않으면 사회에 존재하는 지식과 힘이 불평등을 해소시킬 수 있는가?
- 과연 학교는 학교 외적인 힘인 이념적, 경제적 그리고 문화적 세력에 의해 강력히 영향을 받는가? 그렇지 않으면 학교 자체는 아주 의미 있는 수준의 자율성을 갖고 있는가?
- 경제재생산 이론들이 교육에 의해 수행되는 문화적 · 이데올로기적 역할에 대한 적절한 설명이 될 수 있는가 그리고 대응이 되는가?
- 앞에 언급한 질문들에 대한 해답의 원천인 학교 내에서는 과연 어떤 일

이 실제적으로 일어나고 있는가? 예컨대, 교육과정, 사회적 상호작용 및 사회적으로 정당화되고 있는 언어와 문화 등이 어떻게 교육행위에 영향을 주는가?

그러므로 신교육사회학자들은 학교가 경제와 문화 재생산의 기관이라는 결론을 유도하려 하고 있다. 신교육사회학 이론에서는 학교 내에서 일어나는 교사와 학생의 상호작용과 학교에서 가르치는 지식 등의 요소를 밝히려고 한다. 그리고 이러한 불평등의 요소가 사회체제의 불평등과 어떻게 관련되어 있는가를 분석하려 한다. 따라서 이들의 관점은 학교교육의 결과가 사회적으로 어떻게 분배되고 있으며 사회적으로 분배된 학교교육의 불평등이 어떻게 재생산되고 있는지에 있다 하겠다. 교육과정 분석을 위한 신교육사회학 이론은 영(M. F. D. Young)이 교육제도 속에서 교과내용이 선발된다고 주장한 이래 지식 선별과 지식의 조직 원리에 대한 사회성을 분석하려는 노력을 기울여 왔다. 교육과정의 사회학자들은 교육과정이 사회현실과의 관계에서 많은 문제점을 내포하고 있다고 보고 있다. 또한 일반 교사-학생 및 부모들의 일상적 기대와 사회에서 일반적으로 받아들여지고 있는 합리성을 근간으로 교육과정이 조직된 까닭에 명백하지 못한 교육내용을 다루고 있는 교육활동은 표면에 나타난 현재적 교육과정뿐만 아니라 잠재적 교육과정을 이해할 때 더욱 잘 파악할 수 있다고 주장한다(Robinsons, 1982).

이글스톤(Eggleston, 1977)도 종래의 교육사회학이 선발과 분배의 기능에 치중한 나머지 교육내용의 사회성을 외면해 왔다고 지적하고 있으며 잭슨(Jackson, 1968) 또한 현재적 교육과정보다 잠재적 교육과정의 중요성이 강조되어야 한다는 점을 지적하고 있다. 마이클 영(Young, 1978) 또한 사회계층 간의 이해관계에 따라 지식의 계층화, 즉 상위지식과 하위지식 현상이 나타난다고 보고 있으며 교육과정 설정에 있어서도 하위 사회계층을 위한 교육과 관련된 하위영역인 기술지식의 수정 가능성이 높다는 점을 지적하고 있다. 따라서 영의 주장은 이렇게 하위영역의 지식을 수정함으로써 사회통제가 가능해진다는 설명이라 볼 수 있다.

웩슬러(1981)도 종래의 구조기능주의 입장이 학업성취에 관한 연구에 치중한 나머지 학교지식이나 학교지식의 내용이 설정된 사회적 근거를 밝히는 데 기여하지 못했다고 주장한다.

따라서 이들은 교육과정을 사회적으로 분석 · 파악하기를 주장하고 있는데 웩슬러(1981, 1985), 마이클 애플(M. Apple, 1982, 1987, 1991, 1995), 해리스(Harris, 1983) 등도 교육현상은 사회 · 정치현상과 밀접한 관련이 있는 '비정치적 기제(non-political mechanism)'라고 보고 있다.

이들 교육과정 사회학자들은 비판사회학적 연구를 그 특징으로 하고 있는데 사회화에 대한 기능이든 분배와 선발의 기능이든, 교육과정과 사회불평등 구조에 대한 기능이든 그리고 분배와 선발의 기능이든 간에 교육과정과 사회불평등 구조 간의 역동적 관련성에서 이해하려 하고 있다.

따라서 사회적 불평등을 설명하기 위해서는 거시구조적 관점에 처해 있는 종래의 기능이론이나 갈등이론만으로는 불가능하다는 견해를 나타낸다. 이들 진보주의 교육과정 사회학자들은 ① 교육과정이 특수 사회계층의 영향력하에 있다는 점, ② 지식사회학의 관점에서 사회권위나 계층, 권력 및 학교조직 간의 상호 관련성에서 객관성이 결여되어 있다는 관점을 받아들이고 있다. 이러한 점들이 교육과정 사회학자들이 주장하는 학문적 특징이라고 볼 수 있다.

따라서 신교육사회학의 주장들은 대체로 사회화와 선발 및 분배의 기능 그리고 교육과정에 대한 검증 등에 초점을 맞추고 있다. 사회화와 관련해서는 ① 사회가치의 획일적 제도화라고 주장하면서 이 점을 비판하려 하며, ② 우열반 편성을 통한 설발과 분배과정의 정당화를 비판하고, ③ 교육기회 확대와 사회이동 그리고 사회진출 간의 무관성을 주장한다. 또한 ④ 비형식적 교육과정을 강조하며, ⑤ 학습자의 피동성에 대한 관심과 ⑥ 교사의 학급운영 방식 및 교사들이 지니고 있는 공민적 자질에 대한 비판 등을 주요한 연구 주제로 다루고 있다.

일반적으로 신교육사회학 이론은 재생산 이론(reproduction theory), 지위경쟁 이론(status and group theory), 저항이론(resistance theory) 등으로 대별할 수 있겠다. 그중에서도 교육과정 사회학의 발달은 주목할 만하다.

교육과정 사회학자들의 견해는 관점에 따라 다르지만 교육과정 사회학 이론 중 문화적 헤게모니 이론을 주창한 풀란차스(Poulantzas)의 경우는 교육이 단순히 경제분야의 하위체제로 인식될 수 없다고 주장하고 있다. 웩슬러의 경우도 학습자는 단순한 수용자가 아니며 단순히 교과서 내용과 학습체계에 의해 로봇처럼 순응해야만 하는 대상이 아니라 능동적으로 선택할 수 있는 일면도 있다고 주장한다. 즉, 능동적 주체자로 인식하고 있다.

〈표 5-1〉에서 제시하고 있듯이 교육과정 사회학 이론들은 교육의 자율성에 대한 관점이나 교육에서의 이데올로기 기능 등에서 다소 차이를 보이고 있지만 큰 틀에서는 앞서 논의한 바대로 교육에서의 경제, 문화, 헤게모니의 재생산적 관점을 중시하고 있다(이현청, 1988, 1994, 1996, 2011).

〈표 5-1〉 교육과정 사회학 이론의 비교

항목 이론	대표적 학자	교육에 대한 견해	교육의 자율성	주요 관심	이데올로기의 기능
경제재생산 이론	Bowles & Gintis	교육-경제 구조대응	無	사회재생산	직접적 교육내용
문화적 헤게모니 이론	Apple & Althusser	교육-헤게모니 내재	有	사회재생산	잠재적 교육내용
문화재생산 이론	Bourdieu	교육-문화 재생산	有	문화재생산	문화자본으로서의 교육내용
교육자율 이론	Bernstein	교육-문화 재생산		사회-문화재생산의 상호관계	교육과정 양식
교육저항 이론	Willis & Wexler	교육-학교저항		학습자 저항	거부행동

출처: 김병성(2002); 이현청(2011).

한편, 그람시의 경우도 기계적 결정론을 반박하면서 인간의 의지와 개성 그리고 사회구조 속에서의 인간 의지에 의한 자발성을 중요시한다.

특히 부르디외의 주장을 살펴보면 인간은 교육과정이 내포하고 있는 계급 관계에 크게 영향을 받는다고 인식하면서도 지적 능력과 특수한 재능 그리고 자발적 변화에 대한 노력이 성취수준에 영향을 준다는 점을 부정하지 않는다.

이들 학자들은 대개 상대적 자율성(relative autonomy)에 의존하고 있는 데 그 특성이 있다. 교육과정 사회학 이론에 대해서는 학교교육론을 다루는 장에서 더 자세히 설명될 것이다.

제6장

재생산 이론

신교육사회학의 주요한 흐름의 하나는 재생산 이론(reproduction theory) 접근이라 볼 수 있다. 재생산 이론은 교육과정 사회학의 영역으로서 학교교육의 내적 과정을 사회체제의 재생산 과정으로 보는 이론들이다. 재생산 이론들은 교육에 불평등이 존재한다는 전제를 하고 있으며 교육을 통해 이러한 불평등이 어떻게 발생되며 또 유지 · 강화되는가에 관심을 갖고 있다. 재생산 이론가들은 사회 불평등의 원인이 개인이라기보다는 사회구조와 과정에 있다고 주장한다. 재생산 이론들은 주로 학교교육의 내적 과정이라 할 수 있는 교육과정의 내용과 사회체계인 문화, 경제, 정치 등의 관련성을 분석하려 한다. 그러므로 교육이 재생산 과정에 기여하는가를 설명하기 위해 경제, 국가권력, 문화 그리고 저항의 관점들을 주요한 요인으로 받아들이고 있다. 재생산 이론은 대개 경제재생산 이론, 국가권력 재생산 이론 또는 문화적 헤게모니 이론 그리고 문화재생산 이론으로 구분되고 있으나 학교와 학습자의 자율성을 주장하는 자율이론이나 저항이론도 이에 포함시키기도 한다.

1. 경제재생산 이론

경제재생산 이론(economic reproduction theory)은 보울스와 긴티스(Bowles & Gintis, 1976)의 주장에서 찾아볼 수 있다. 보울스와 긴티스는『자본주의 미국의 학교교육(Schooling in Capitalist America)』이라는 저서에서 마르크스의 상부구조와 하부구조 관계에 관한 명제를 그대로 받아들여 소위 교신이론을 주장하고 있다. 이들은 교신이론에서 학교는 불평등하고 불공정한 경제체제를 반영하고 교육내용 등도 경제체제에 의해 결정되며, 생산관계에 그대로 유지하기 위해 경제체제를 재생산하는 기능을 담당한다고 하였다. 보울스와 긴티스는 결국 학교의 사회관계 구조가 경제구조 내의 사회관계와 일치한다고 주장하면서 학교교육은 학생들로 하여금 경제에 적합한 태도와 인성을 훈련시켜 사회에 노동력을 제공한다고 주장한다.

특히 학교교육이 잠재적 교육과정을 통해 복종적이고 순응하는 노동자와 지도력을 갖춘 관리자들을 구분하여 배출시킴으로써 자본가 사회의 이익을 대변하는 역할을 담당한다고 본다. 보울스와 긴티스의 이러한 주장은 다음과 같은 설명에서 잘 나타나 있다.

> 교육체제가 교육의 사회적 관계와 생산의 사회적 관계 간의 구조적인 교신을 통해 기존의 경제체제에 통합시키는 역할을 돕고 있다(Bowles, 1977, p. 131).

또한 이들은 교육불평등이 경제제도에서 기인한다는 주장과 함께 학교교육이 계급문화를 전달함으로써 지배계급의 이익을 반영한다고 주장한다.

이 점에서 이들이 주장하는 학교교육에 대한 설명도 학교교육에서의 계급차이에 따른 교육 불평등은 재정, 학생평가 및 교육목표 등을 기본적으로 통제하고 있는 상류계급에 의해 확고하게 유지되고 강화된다는 것이다

(Bowles, 1977).

그러나 보울스와 긴티스가 주장하고 있는 경제재생산 이론은 나름대로의 의미를 지니고 있으나 많은 학자들에 의해 비판을 받고 있다. 경제재생산 이론을 비판하는 학자들은 보울스와 긴티스가 주장하는 것처럼 학교가 생산관계를 기계적으로 반영하지 않는다고 주장한다. 즉, 학교는 나름대로 독립된 사회체제이며 사회의 경제적 구조와 상호 연관성을 지니고 있지만 두 구조는 위계적 관계라든지 주종(主從)의 관계는 아니라는 것이다.

또한 지나치게 도식화되어 학교기능을 단순화시키고 있다는 지적도 있다. 이러한 지적에도 불구하고 경제재생산 이론에서는 학교와 노동시장의 구조적 이념적 연관성을 곧 잠재적 교육과정의 개념으로 이해하려 한다. 이들의 주장에 의하면 학교는 두 개의 기본적인 재생산 형태를 수행하는데, 첫째는 기술과 노동력 지배체계를 재생산하는 기능, 둘째는 생산관계의 재생산 기능이다. 그러므로 학교지식의 역할이 경제재생산 과정의 역할을 한다는 것이다.

결국 경제재생산 이론은 어떻게 계층과 권력이 잠재적 교육과정을 통해 학교 경험을 형성하는가 하는 점을 밝히려 한 노력이라 볼 수 있다.

2. 문화재생산 이론

문화재생산 이론(cultural reproduction theory)은 문화, 계층, 지배 등에 관심을 두고 학교교육에 의해 자본주의 사회의 문화가 어떻게 재생산되고 있는지를 밝히려 한다. 이 이론을 대표하는 이론가로서는 프랑스의 피에르 부르디외(Pierre Bourdier)를 들 수 있는데 주 연구 대상은 인간과 지배적 체계의 관련성이며, 연구의 목적은 그 관련성에서 지배의 정당성을 찾으려는 데 있었다. 특히 기능주의적 입장에 반대하면서 지배적 문화, 학교지식 및 개인적 배경 간의 관련성을 밝혀 보려 하였다. 부르디외는 계급화된 사회 속에서 상징적 폭력(symbolic violence)을 통해 이념적 · 물질적 기초가 되는 문화재생산이 이루어진다고 보고 있다. 이 과정에서 교육은 사회 · 정치적으로 중요한 힘이 된다고 본다.

부르디외는 학교교육에서의 문화전달 기능을 지배계층의 문화를 합법화하는 측면으로 이해하고 있다. 그러므로 학교 내에서의 지식의 선발과 분배의 기능은 다분히 정치적 이해에 따라 선별된다는 것이다.

여기서 상징적 폭력이란 그람시(Gramsci)의 헤게모니 개념과 유사한 의미로서 학교교육에서 노동계급 아동들로 하여금 지배문화를 상식적이고 자연스러운 것으로 취급하게 만드는 교묘한 과정을 뜻한다.

이 점에서 학교교육은 문화를 객관적이고 공평하게 전수시키기보다는 지배문화를 강화하는 기능으로 수행된다고 보고 있다. 부르디외(1977)는 경제력이나 권력을 전수시키는 사회적 재생산과 문화자본(cultural capital)을 구분지어 교육과정을 문화자본의 재생산 기제라고 주장하고 있다. 그러므로 지배계급은 학교교육의 문화재생산을 통해 권력과 특권을 한 세대에서 다음 세대로 전수시킬 수 있다는 것이다.

부르디외의 문화재생산 논의가 갖는 주요한 관점은 교육, 문화, 지배 간의 관계를 설명하기 위한 문화자본의 개념으로서 그가 주장하는 문화자본이란 교육내용에서 다루어지는 언어, 의미, 사고, 행동유형, 가치 및 성향들을 의미한다는 것이다. 따라서 부르디외는 교육이 지배문화의 문화자본을 옹호한다는 것이다. 이 점에서 학교에서 계급관계와는 무관하게 지적 능력과 재능에 따라 학습결과가 결정되는 것처럼 보이지만 학교의 교육과정은 계급관계와 무관한 것이 아니라는 것이다. 이 점에서 성적이나 학교에서의 평가도 계급관계와 무관하지 않다고 보고 있다.

부르디외의 문화재생산 이론은 학교교육이 문화전수를 통해 교묘한 방식으로 권력관계의 지배형식을 재생산한다는 점을 설명해 주려 한다는 점은 평가할 만하지만 지배계급 문화와 노동계급 문화의 개념이 확연치 못하다. 또한 학교교육은 단순히 문화전달의 기능만 수행하는 것이 아니라 또 다른 사회적 기능을 수행한다고 볼 때 부르디외의 주장은 지나치게 문화자본에만 치우치는 경향이 있다. 이 점에서 문화를 곧 지배과정의 소산이라고 보아 노동계층의 문화형성이나 지식이 획일적이거나 단순한 지배적 문화재의 반영이라는 오류를 범하고 있다. 다른 오류는 문화를 지나치게 강조함으로써 물질적 조건이 문화와 어떤 관련성이 있는지에 대해 설명을 하지 못하고 있다는 점이다(Gibson, 1987; Giroux, 1983). 특히 핵심 개념으로 제시하고 있는 '문화자본'과 '문화규칙'의 개념이 상호 구분하기 어렵다는 점이다(Hanken, 1984).

부르디외는 언어, 의미, 사고, 행동유형 및 가치성향 등을 문화자본이라 보고 지각, 감상 및 행위의 기반이 문화규칙이라고 설명하고 있지만 확연한 구분이 어려운 실정이다.

또 다른 문화재생산 이론가로서는 영국의 바질 번스타인(Basil Bernstein)을 들 수 있다. 번스타인(1982)은 부르디외와는 달리 교육의 자율성을 강조하면서 문화자본과 경제재생산과의 유관성을 밝혀 보려 하였다. 번스타인은 학교에서 언어가 어떻게 사회계급의 문화적 불평등을 재생산하는가를 밝히려 하였다. 특히 번스타인은 부르디외가 그러하듯 경제재생산 이론의 한계성을 지적하고 있지만 문화를 계급관계의 반영으로만 보지 않고 교육이 어느 정도 자율성을 지니고 있다고 보고 있다. 이러한 교육의 자율성은 시대나 상황에 따라 변한다고 보고 있으며 한 사회의 교육과정의 조직 형태를 보면 사회질서 유지의 형태를 알 수 있다고 주장한다. 흔히 그의 이론을 코드이론(code theory)이라고도 하는데, 교육과정을 분석함에 있어 범주화(classification)와 구조(frame)의 두 개념을 사용하여 문화재생산 과정을 설명하려 한다.

범주화는 전공이나 과목 혹은 학과 간의 명확한 구분을 말하며 구조는 가르칠 내용과 가르치지 않은 내용의 구분이나 시간배정 정도 및 계열성을 의미한다.

번스타인은 교육과정의 유형을 두 가지 형태로 구분 · 설명하고 있는데 강한 범주화의 특성을 지닌 유형을 집합형(collective type), 약한 범주화의 교육과정 유형을 통합형(integrated type)이라 지칭하고 있다(〈표 6-1〉 참조).

〈표 6-1〉 번스타인의 교육과정 유형

구분 유형	범주화	구조	타입
집합형	강 강	강 약	① ②
통합형	약 약	강 약	③ ④

집합형 교육과정이 지배적인 시대에는 전공분야의 구분이 분명하고 전문화 경향이 크다. 이때 교사와 학생 간의 관계는 종적 관계가 중요시되고 상하 간의 위계질서가 강조된다. 이와는 대조적으로 통합형 교육과정은 집합형과는 대조적 특성을 가지고 있기 때문에 교사와 학생 간의 관계도 횡적 관계가 이루어진다고 주장한다. 이러한 관점에서 번스타인은 범주화가 강한 시대에는 교육의 자율성이 인정되지만 범주화가 약한 통합형의 시대에는 교육의 자율성이 약화되어 교육이 통제를 받게 되며 문화재생산 기능을 충실히 수행하게 된다는 것이다. 번스타인의 이러한 언어사회학적 분석은 교육과정이 지니고 있는 사회적 성격을 설명해 주고 있으나 교육과 생산의 관계를 명확히 설명해 주지 못하고 있다는 비판을 받는다. 일부 학자들은 번스타인의 이론을 교육자율 이론이라 지칭하고 있다.

3. 헤게모니-국가권력 재생산 이론

국가권력 재생산 이론은 문화적 헤게모니 이론이라고도 지칭되는 이론이며 마르크스주의자들의 이론에 충실한 학자들의 견해이다. 헤게모니-국가권력 재생산 이론은 교육체계에 대해 국가가 행사하는 관여와 역할에 대해 분석하려는 노력을 주요 관심사로 삼고 있다. 이 이론을 주장하는 학자들은 마이클 애플(M. Apple)과 카노이(Carnoy)를 비롯하여 그람시, 알튀세(Althusser) 등의 영향을 받은 학자들을 들 수 있다.

헤게모니-국가권력 재생산 이론은 ① 지적 · 덕적 지도력을 통해 지배계급이 타 계층에 대해 어떻게 통제를 행사하는지 그 지배과정, ② 지배계층과 피지배계층 간의 사회적 관계 설정을 위해 권력과 이념이 어떻게 활용되는지 등을 중요하게 생각한다.

헤게모니-국가권력 재생산 이론에서는 학교가 통제와 재생산의 결정적 도구라고 본다(Althusser, 1972; Gibson, 1984). 즉, 학교는 의도적으로 사회화시킨 인력을 경제 · 정치 구조에 공급함으로써 국가의 권력과 이데올로기를 재생산하는 수단이 된다는 것이다. 이 점에서 학교 교육과정은 국가의 이익을 반영한다고 주장한다. 이러한 견해는 알튀세(1972)가 학교를 '이데올로기적 국가기구(Ideoloical State Apparatus: ISA)'로 묘사하는 데서 잘 나타난다. 알튀세는 학교를 국가의 권력과 이데올로기를 재생산하는 기제(機制)라고 주장한다.

그러므로 헤게모니-국가권력 재생산 이론은 교육과 국가의 관계는 불가분의 관계이며 국가는 교육과의 관계에서 중립적이지 않다고 본다. 국가는 직접적으로 교육에 영향을 미칠 뿐만 아니라 특정 집단에게 학교교육을 의무화시키기도 한다. 뿐만 아니라 국가는 교육을 통해 권력과 통제를 합법화하고 불평등을 재생산한다. 이러한 측면에서 국가가 교육에 개입하게 되면 결국 자본주의 불평등 관계의 재생산을 초래하게 된다고 주장한다.

국가와 교육 간의 정교한 이론을 제시한 그람시의 견해는 국가 권력이 문화와 밀접한 관련성이 있으며 이러한 정부의 억압적 국면에서 국가라는 개념을 찾아야 된다고 주장한다(Gramsci, 1971).

특히 헤게모니 재생산 이론가들은 국가와 학교와의 관련성에서 두 가지 기본적 질문을 갖고 있는데, ① 국가는 경제적 · 이념적 · 억압적 기능에 따라 어떻게 학교를 통제하는가, ② 학교는 과연 어떻게 국가와 지배계급의 이해를 충족시키며 동시에 자본주의 논리에 입각해서 대립적인 입장에서 저항의 역할을 수행하는가라는 질문에 해답을 얻고자 한다. 헤게모니-국가권력 재생산 이론은 결국 학교교육이 지배계급의 경제적 이해를 충족시키는 주된 역할을 해 왔다고 본다.

교육에 대한 국가의 지배에 집중적인 관심을 보인 해리스(1979)도 교육의 본래 목적은 지식 전달에 있지만 실제로는 지배계급에 의해 통제되고 결국 교육은 현실을 왜곡시키는 데 일익을 담당케 된다고 주장한다. 해리스의 이러한 견해는 보울스나 긴티스의 교신이론에 입각해 있기 때문에 동일한 오류를 범하고 있다. 즉, 학교교육을 지나치게 단순화시키고 있으며 학교가 자본주의 국가체제에 속박되어 있다는 결정론에 빠져 있다.

풀란차스(Poulantzas, N, 1975)도 학교가 단순히 지배계급에 의해 조정된다는 입장을 반박하면서 정치적 성격을 지닌 교육이 경제 분야의 단순한 부수현상으로만 이해될 수는 없다고 본다.

한편, 애플은 학교 교육과정이 헤게모니를 내포하고 있으며 학교는 눈에 보이지 않는 방법으로 사회를 통제한다고 주장한다. 그러나 애플은 학교제도와 교육과정에 내포되어 있는 반헤게모니 요소를 인정함으로써 학교교육에 대한 지나친 결정론적 사고를 배격한다. 카노이(1984)의 경우도 국가와 학교가 모두 상대적 자율성이 있다는 점을 인정하면서 학교는 자본계급이 하부구조의 계급투쟁을 저지하기 위한 제도적 장치이지만 동시에 노동자 계층의 계층 상승 이동의 기제도 된다고 주장한다. 그러나 헤게모니-국가권력 재생산 이론을 반박하는 학자들은 이 이론이 마르크스주의 이론의 틀을 벗어나지 못하고 학교를 경제적 · 정치적 하위체제로 이해함으로써 기계적 결정론에 빠져 있다고 비판한다.

헤게모니 재생산 이론은 문화적 헤게모니를 강조함으로써 국가의 정치적 측면을 중심으로 교육현상을 설명하려 한 데 반해, 경제재생산 이론은 학교의 과정을 경제적 재생산으로 이해하려 하는 차이를 발견할 수 있다.

4. 저항이론

앞서 논의된 재생산 이론들은 비교적 체제에 관심을 갖는 접근들이라 볼 수 있다. 특히 이러한 접근들을 학교 교육과정을 밖에서는 알 수 없는 수수께끼 혹은 암흑 상자(black box)로 취급함으로써 실제 학교나 학급에서 일어나고 있는 교육적 행위들을 분석하는 데 실패하고 있다. 이러한 재생산 이론의 비판에서 대두된 것이 저항이론이다.

특히 애플(1982, 1987, 1994)이나 지루(Giroux, 1985, 1983) 등에 의해 주장되고 있는 저항의 개념에 따른 교육비판 이론의 예는 하그리브스(Hargreaves)의 영국 근대 중등학교의 학구적 하위문화와 비행적 하위문화에 관한 연구, 레이시(Lacey, 1970, 1977)의 문법학교에 관한 연구 등을 들 수 있다. 저항이론은 교실 내의 하위문화를 파악하고자 하는 민속연구방법론적 접근과 의식적 저항의 개념으로 교육을 비판하려는 신마르크스주의적 교육비판 이론의 경향으로 구분되고 있다(Gibson, 1986).

윌리스(Willis, 1977, 1981)는 열두 명의 노동계급 자녀가 어떻게 영국 중등학교의 반항적 문화를 지지하고 행동하는가를 연구하여 노동계급 자녀들은 학교문화에 저항하면서 낮은 학업성취 수준을 나타낸다고 결론짓고 있다. 이들 노동계급 자녀들은 정신노동을 경멸하고 체제와 지배적 학교문화를 거부하기 때문에 저항문화를 형성한다고 주장한다.

한편, 지루(1983)는 재생산 이론에서 저항의 가능성을 무시하고 있다고 주장하면서 어떻게 인간이 자본주의 논리와 지배적인 사회를 조절하고 저항하는가를 연구하려 하였다. 지루는 기능론자들이나 보수적 교육이론가들이 저항을 일탈행위로 보는 것은 잘못이라고 지적한다. 그는 민속연구방법론으로 교실연구를 하여 학교교육이 어떻게 지배집단의 이익을 반영하면서 동시에 저항과 해방의 가능성을 논하고 있는가를 밝히려 하였다. 지루는 학교에서의 종속집단의 저항은 도덕적 · 정치적 분노에서 비롯된 것이라고 설명하면서 학교체제는 자율성을 지니고 있다고 주장한다. 지루의 이러한 견해는 프랑크푸르트 학파의 사상을 반영하고 있는데, 저항을 '지배에 대한 비판' '자기해방 행위'로 인식하는 데서 잘 나타나고 있다.

한편, 윌리스도 학교 연구에 관한 그의 저서 『노동을 위한 학습(Learning to Labour)』에서 저항에 대한 논의를 하고 있다. 윌리스의 학교 연구에서는 반항의 의미를 담은 '싸나이(lads)'라는 용어가 저항과 관련되고 있다. 그러나 스탠리(Stanley, 1993)는 '조용한 여학생(quiet school girl)'이라는 개념으로 성차별과 저항을 연결시켜 설명하고 있다.

더블리(Dubberley, 1993)의 경우도 학교에서의 저항의 한 형태는 학생들의 유머에서 나타난다고 주장한다. 이러한 학급 연구들의 결과는 한결같이 학교 내에서의 의도적 저항과 강압적 환경을 주요한 설명요인으로 인식하고 있다.

맥코비(Maccoby, 1978)와 맥로비(McRobbie, 1980)도 윌리스나 더블리처럼 노동계급 자녀들의 반학교문화적 성격과 정체성을 연구하면서 계급 본능적 반문화가 내재되어 있다고 설명한다.

저항이론이 재생산 이론이 갖는 한계성을 극복하는 데 일익을 담당하고 있다고 볼 수 있으나 이 이론 또한 지나치게 저항을 종속집단의 권리로 인식함으로써 일탈행위나 열등감을 합리화시키고 있다는 비판을 받고 있다.

저항이론은 신마르크스주의 사회이론(Neo-Marxist social theory)이라 지칭되는데 ① 가정-학교-직장 간의 문화적 동화와 저항, ② 학교문화를 거부하는 학생이 어떻게 자본주의 사회관계 속에 존재하는 문화체계를 수용하는가에 대한 연구 등이 주요 관심사라 할 수 있다. 그러나 거부행동을 단순히 종속집단과 연결시켜 종속집단의 저항행위로 이해하고 있는 점과 여성이나 인종 요인을 중요시하지 않은 점 그리고 나타나지 않은 형태의 저항을 중요시 여기지 않는 점은 비판의 소지가 있다 하겠다(Giroux, 1983).

5. 잠재적 교육과정과 재생산성 비판

갈등론적 입장에서 학교교육을 비판하는 사람들이 주로 제기하는 문제는 학교가 과연 교육적인가 하는 점이다. 그러므로 이들은 비판의 초점을 제도화된 교육에 맞추고 있으며 기본적으로 학교는 억압적이고 인간을 소외시키며 비인간화하는 곳이라고 인식하면서 강한 사회적·통제적 기능을 수행한다고 본다.

일리치(Illich)에 의하면 학교교육 자체가 지닌 의례성과 의식 중심적인 특성이 바로 잠재적 교육과정을 구성하고 있으며, 이 잠재적 교육과정은 제도화된 가치에 대한 신화, 가치 측정에 대한 신화, 가치들의 묶음에 대한 신화, 지속적인 자체적 진보에 대한 신화 등을 만들어 내고 있어 교사 개인이 아무리 노력해도 학교교육의 폐해로부터 학생들을 전적으로 보호할 수 없다고 한다. 더욱 심각한 것은 대부분의 교사들이 이러한 잠재적 교육과정의 조작에 대해 인식하지 못하면서 학교제도가 요구하는 역할을 충실히 수행한다는 것이다(Illich, 1971; Silverman, 1971). 학교교육에 내포된 이러한 잠재적 교육과정은 결과적으로 가난한 사람에게는 편견과 죄책감을 불러일으키며, 풍요로운 사람에게는 특권의식을 지니게 만든다. 이러한 이유들에 의해 학교는 더 이상 가치 있는 곳이 못 되며 사회 전체가 탈학교화(脫學校化)로 나아가야 한다고 주장했다(Illich, 1971, 1973; Silverman, 1974).

일리치의 견해를 구체화한 라이머(Reimer)는 잠재적 교육과정의 기능은 한 사회가 가지고 있는 사회적 신화들을 전파하는 것이라 하고, 현대 산업사회가 가지고 있는 신화를 기회균등, 자유, 진보, 효율성으로 분석하면서 학교가 의례적인 행위를 통해 사회적 신화와 현실 간의 격차를 개인이 의식하지 못하도록 주도하고 있다고 했다(Reimer, 1971). 그래서 그는 사회적 신화로부터 현실을 구별해 내기 위한 방법은 의례적인 사회적 기능을 경제, 문화, 이데올로기 재생산의 측면에서 다시 살펴보아야 한다고 주장한다. 이러한 학교 비판론자들의 관점에서 잠재적 교육과정을 경제, 문화, 이데올로기 재생산의 측면에서 논의해 보면 다음과 같다.

1) 경제재생산 수단으로서의 잠재적 교육과정

경제재생산론은 학교교육 장면에서의 사회관계와 생산 장면에서의 사회관계가 구조적으로 대응된다는 교신이론 또는 대응원리(corresponence theory)에 입각하여 학교의 사회재생산 과정을 설명한다.

경제재생산 이론의 대표적 학자인 보울스와 긴티스(1976)는 마르크스의 상부-하부구조 관계에 관한 명제를 그대로 받아들여 교육의 구조가 생산관계에 터한 사회적 구조를 반영한다고 주장한다. 그들은 교육의 사회적 관계—교장과 교사, 교사와 교사, 교사와 학생, 학생과 학생이 수행하는 교육활동 간의 관계—는 위계적 노동 분화를 그대로 재생산한다고 말한다.

실제 자본주의 사회에서 경제와 교육은 여러 가지 면에서 일치하는 면이 없지 않다. 교사와 학생의 위계구조는 산업현장에서의 위계구조와 일치하며, 교육활동에 대해 학생의 통제 가능성이 배제되어 있는 현상은 공장에서 노동자가 소외되는 현상과 일치한다. 또한 학교에서의 학업성취 서열화에 의한 외적 동기 체제는 자본주의 생산에서 노동자 임금체제와 일치하며, 학교의 내적 조직체계는 위계적 노동 분화에서 필요한 특성이나 습관을 길러 내도록 차별적인 사회화를 실시하기에 적합하도록 짜여 있다. 즉, 학교는 사회계층적 배경에 따라 학생들도 서로 다른 정도의 통제와 자율성을 지니도록 사회화하게 되는데, 이는 성인들의 산업현장에서 서로 다른 정도의 책임을 부과시키는 것과 일치하는 현상이라고 주장한다. 그 결과, 학교교육에 내포된 잠재적 교육과정을 통해 불평등한 사회구조가 재생산된다는 것이다. 나아가 보울스와 긴티스는 역사적으로 볼 때 교육이란 노동의 위계적 분화에 의해 발생된 불평등한 경제적 지위에 맞게 개인들을 분배하는 장치였다고 지적한다.

보울스와 긴티스는 경제구조와 학교교육이 결합하는 과정을 밝혀, 오늘날의 미국 교육이 자본주의 경제체제와 밀접한 유대관계를 맺으면서 발전해 왔다고 결론짓는다. 결과적으로 그들의 관점은 경제가 노동자에게 바라는 특이한 성격 및 행동 특성, 기술, 경향성 등이 있다는 것을 전제로 한 것이다. 자본주의 사회의 이러한 경제적 요구는 학교교육에서 진행해야 할 일이 무엇인가를 정하는 결정적 요인이 된다고 본다. 그러므로 학교가 학생에게 가르치는 것은 그가 노동시장에 나갔을 때 필요로 하는 인성과 경향성을 가르치는 것이라는 것이다.

학교의 이러한 기능수행은 잠재적 교육과정을 통해서 이루어지는데, 잠재적 교육과정은 경제적 계층에 따라 또는 한 개인에게 기대되는 직업적 궤도에 따라 다르게 주어진다는 것이다. 그러므로 이들의 입장은 경제결정론을 견지하여 교육의 개혁을 통해 해결하고자 하는 사회문제는 그 뿌리가 교육체제에 있는 것이 아니라, 경제구조의 근본적 모순에 있기 때문에 경제구조의 근본적인 변화만이 잠재적 교육과정과 학교교육에 내포되어 있는 불평등을 해소할 수 있는 유일한 해결책이 될 수 있다고 믿는다(전현곤, 1990).

2) 문화재생산 수단으로서의 잠재적 교육과정

문화재생산론을 주장하는 학자들은 보울스와 긴티스가 자본주의 경제와 교육의 관계를 설명하기 위해 설정한 대응관계 명제가 근본적으로 잘못되었다는 입장을 견지하고 있다. 문화재생산론은 학교교육을 포함한 문화현상이 경제구조에 의해 일방적으로 결정된다고 주장하는 경제결정론을 비판하면서 경제결정론이 가지고 있는 한계를 극복하기 위한 대안으로 제시되었다.

문화재생산론자들은 학교교육 현상을 규율하는 논리와 원리가 단순히 경제구조적 특징에 의해 도출되지 않으며 그것에 의해 결정될 수 없다고 주장하면서 개인이 향유하고 있는 문화는 제한된 경제구조적 상황하에서도 상대적 자율성을 가지고 있기 때문에 이 문화 상대적 자율성이 바로 문화재생산론의 출발점이 되고 있다(Reynolds, 1984). 문화재생산론을 발전시킨 중요한 학자는 프랑스의 교육사회학자인 부르디외이다.

부르디외의 문화재생산 이론은 계급사회가 지니고 있는 물질적 · 이데올로기적 제도와 이 제도가 문화라는 '상징적 폭력'에 의해 부분적으로 매개되고 재생산된다는 가정에서 출발한다. 이들의 주장은 문화를 설명함에 있어 지배계급의 경제적 · 정치적 이해관계가 임의적이고 우연적인 것이 아니라, 사회질서의 필연적이고 자연스러운 요소라는 것이다. 그리하여 지배계급의 문화가 이처럼 정통성을 확보할 수 있는 것은 그러한 상징적인 힘의 행사(문화)가 경제적 · 정치적 힘의 행사에 기초하고 있기 때문이라고 설명한다.

이런 지배적인 문화자본을 정당화하고 재생산하는 데 학교는 중요한 역할을 한다. 부르디외는 현대의 학교교육에서 지배계층의 문화가 곧 사회 전체가 지향해야 할 가치중립적인 문화라고 인식시키면서 그러한 문화에 접할 수 있는 기회는 누구에게나 균등하게 부여되고 있다는 반발적인 인식이 잘못되어 있다고 지적한다. 즉, 부르디외는 지배계층은 학교라는 사회기관의 형식적 · 비형식적 교육과정을 통해 그들의 사회적 지위를 정당화하고 그들의 유리한 사회적 지위를 영구화하고 있다고 주장한다.

부르디외는 '습성(habitus)'이란 '개인의 내면화된 능력과 사고방식 및 구조화된 욕구의 체계'라는 개념을 사용하여 학교 장면에서 나타나 있는 계급 간 학업성취의 차이를 설명하고 있다. 노동계급 학생들이 상대적으로 낮은 포부를 가지고 있으며 또 낮은 학업성취를 보이는 것은 노동계급 특유의 문화적 습성 때문이다. 반면, 정통 문화를 이어받은 중 · 상류계급의 학생들은 계속해서 자신의 포부 수준을 상향 조정해 나간다. 요컨대, 중 · 상류계급의 학생들이 성공하는 것이나 노동계급 학생들이 실패하는 것은 각 계급의 독특한 문화적 습성의 결과이다. 이처럼 학업성취의 계급별 차이는 문화자본의 불평등한 소유와 분배의 구조적 요인에 기인하고 있음에도 불구하고 능력, 적성과 같은 개인적인 성격 탓으로 돌려지고 있는 것이 현실이라고 학교교육을 비판한다. 따라서 개인의 성공과 실패는 개개인의 책임으로만 인식되고 계급 간의 불평등은 불가피한 현상으로 받아들여지게 되도록 학교교육에 내포된 잠재적 교육과정이 크게 기여하고 있다고 설명한다.

3) 이데올로기 재생산 수단으로서의 잠재적 교육과정

자본주의 국가에서는 자본주의 사회구조를 유지시키기 위하여 생산력과 생산관계를 재생산해야 하는데, 알튀세(Althusser)의 주장에 따르면 이데올로기는 생산력과 생산관계를 재생산하는 데 결정적인 요소이다. 왜냐하면 이데올로기는 생산관계를 정당화시켜 주며 생산관계를 지배하는 실천에 투입되기 때문이다.

알튀세는 국가를 억압적 국가기구(RSA)와 이데올로기 국가기구(ISA)로 이루어진 지배계층의 제도로서 파악했다. 이 두 기구 간의 상호작용은 복잡하지만 기본적으로 이데올로기적 국가기구는 억압적 국가기구의 활동을 이데올로기적으로 지원하여 사회적 재생산이라는 역할을 수행한다. 알튀세는 다양한 이데올로기 국가기구들 중에서도 가장 지배적이며 그 기능을 잘 수행하는 기구가 학교교육 체제라고 보았다. 그러나 학교의 역할 중 보다 중요한 것은 학생들로 하여금 그들의 기능 수행에 필요한 가치와 태도를 함양시켜 생산관계에서 필요한 기능으로 재생산하는 것이다. 학교에서 습득하는 도덕성, 시민의식, 직업적 태도 등은 자본주의 생산관계를 재생산하기 위한 지배관계에 대한 규칙이다. 그렇지만 학교는 항상 정치적으로 가치중립적인 장소인 것처럼 여겨야 할 필요성이 있다. 그래서 학교는 의무적인 출석, 특정한 형태의 기술 주입, 선발형태, 상벌체제 등의 잠재적 학습방법들을 동원해서 중립성을 정당화시키려 한다.

애플(1982)은 잠재적 교육과정에 대한 자신의 초기 관점을 더욱 발전시켜 자본주의 사회에서의 지배이데올로기와 교육관계를 집중적으로 논의했다. 잠재적 교육과정이 세계를 바라보는 학생의 지각 구성에 영향을 미친다는 사실은 잠재적 교육과정에서 이데올로기의 역할이 무엇인가 하는 문제를 야기한다. 다시 말해서, 학교에서 갈등을 다루는 방식이 어떠한가에 따라 학생의 의식 형성에 영향을 미치게 되어 불평등한 사회 속에서 자원을 획득하는 정당한 방법이 무엇인가에 관한 학생들의 사고에 이데올로기적인 한계를 설정하게 된다는 것이다. 결과적으로 애플은 "학교는 한 사회의 지배계급의 이데올로기적 헤게모니를 유지하는 데 적합한 잠재적 교육과정을 가르치게 되는 가장 강력한 곳"이라고 말한다(Apple, 1981).

물론 한국 교육현장에서 가장 심각한 것이 바로 이데올로기 재생산 도구로서의 학교교육이다. 이것은 물론 형식적 교육과정 속에 내포된 교과 내용의 문제도 상당히 중요하게 작용하고 있지만 잠재적 교육과정의 문제가 더 중요하게 작용한다. 학교 내 조직체계, 학급당 인원 수, 교사들의 주입식 교수방법, 학년 간 위계구조, 학급 일에 대한 책임 문책 방법, 상벌방법 등은 현재 우리나라 교육에서 공식적인 학교제도 못지않게 중요한 문제이다. 그러나 대부분의 교사가 이에 대한 중요성을 인식하지 못하고 있다. 지금까지 학교교육에 내포된 잠재적 교육과정의 사회적 기능을 갈등이론에 입각하여 살펴보았다. 결론적으로 정리하면 잠재적 교육과정은 의도적인 형식적 교육과정 못지않게 경제적 · 문화적 · 이데올로기적 재생산에 기여하고 있는 것이 현실이며 더욱이 이것은 대부분의 교사가 인식하지 못하는 비의도적인 것이라는 문제를 안고 있다.

첫째, 경제적 재생산론의 대표적인 학자인 보울스와 긴티스는 대응원리에 입각하여, 학교교육이 불평등한 경제구조를 재생산한다고 주장한다. 여기서 잠재적 교육과정은 경제적 계층에 따라 또는 개인에 따라 기대되는 결정적인 역할을 한다는 것이다(Bowles & Gintis, 1981). 이는 현 한국교육에서 일어나는 지역 간의 학업성취도를 고려한다면 시사점을 주고 있다.

둘째, 문화적 재생산론자인 부르디외는 지나친 경제결정론을 비판하며, 상대적 문화, 즉 지배계급이 행사하는 상징적 폭력이 학교교육을 통해 불평등한 계급관계를 재생산한다고 주장한다. 이는 각 계급의 구성원이 어릴 때부터 겪게 되는 공동 경험을 통해 형성된 문화적 습성에 의해 이뤄지게 된다는 주장이다.

셋째, 알튀세와 애플은 생산력과 생산관계를 재생산하는 데 결정적인 요인은 이데올로기라고 보았다. 그래서 학교교육에서는 학생들이 수행해야 할 가치와 태도를 가르치며, 강력한 지배계급의 이데올로기적 헤게모니를 유지하는 데 적합한 잠재적 교육과정을 가르친다고 주장한다.

이상과 같은 재생산 논의는 일반적으로 학교교육에 대한 비판을 하고 있으나 학교교육과 사회의 구조적 특징과의 관계 속에서 교육의 역할을 이해할 수 있는 안목을 제공해 준 것으로 평가받고 있다. 그러나 재생산 논의는 결정론적 관점을 취함으로써 인간의 능동성 내지는 자발성을 간과하고 있으며, 지배의 과정을 지나치게 단순하게 파악하고 있다는 비평을 받고 있다. 즉, 저항이론에 의하면 재생산 이론으로는 특정 이데올로기가 창출, 유지, 변화되는 역동적 과정을 제대로 파악할 수 없다는 것이다. 그러므로 학교교육을 재생산 이론의 측면에서 논의할 때는 인간의 능동적인 행동 특성도 고려되어야 한다.

6. 재생산 이론 비판

재생산 이론은 교육을 사회적 · 경제적 구조라는 관점에서 분석하려고 하기 때문에 교육기관이 어떻게 사회관계를 재생산해 내는지를 설명해 주고 있는 장점이 있다(Carlson, 1982). 특히 인간의 사회적 관계, 개인적 특성에 따른 의미와 가치 그리고 정치적 권력과 사회적 위계구조를 형성하는 결정요인을 사회조직 간의 역동적 관계에서 찾아볼 수 있다는 장점을 가지고 있다(Apple, 1982).

그러나 재생산 이론은 몇 가지 관점에서 비판의 소지도 있다. 특히 재생산 이론 중에서도 마르크스주의적 구조주의자(Marxist Structuralist)들의 견해를 보면 지나치게 구조를 강조한 나머지 구조 내의 행위자인 인간의 주관적인 경험의 세계나 의미를 잘 파악하지 못함으로써 인간이 어떻게 구조를 해석하고 형성하는가를 설명하지 못한다. 이 점에서 인간의 주체성이나 자기이해 능력을 과소평가하는 경향이 있다. 특히 이러한 경향은 알튀세를 중심으로 한 재생산 이론들에서 두드러진다.

구조주의적 재생산 이론(structural reproduction theory)이라 지칭할 수 있는 알튀세 등의 구조주의적 관점은 사회변동을 적절히 설명하지 못함으로써 재생산 과정이 어떻게 이루어지며 실제로 교육이 사회구조의 변화에 어떤 기여를 할 수 있는지를 설명하지 못한다는 지적이다. 그러므로 실제로 학교 내의 어떤 과정에서 어떠한 관계가 재생산되는지를 설명하지 못하고 있다(Giroux, 1983).

재생산 이론은 근본적으로 자본주의 사회는 불평등하며 학교교육은 구조적으로 이러한 불평등한 관계를 재생산한다는 점을 중요시한다. 뿐만 아니라 사회비판적 관점에서 인간평등이나 해방 그리고 변동을 중요시하는 특성을 갖는다. 그러나 학교교육이 특정한 사회관계를 재생산시킨다는 부정적 기능에 대한 학문적 지평을 열어 주었음에도 불구하고 구체적인 문제 진단이나 실천적인 대안을 제시하지 못함으로써 문제의 접근 방식만을 혼돈시킨 결과만을 가져다주고 있다.

재생산 이론에서 일반적으로 다루어지고 있는 주요 개념들이라 할 수 있는 재생산(reproduction), 상대적 자율성(relative autonomy), 계급갈등(class conflict) 및 저항과 반헤게모니 형성 등도 주로 교육의 사회관계 재생산을 설명하는 데 활용되고 있다.

교육의 재생산 이론은 그것이 경제재생산 이론이든 문화재생산 이론이든 간에 공통적인 문제에 관련된 쟁점을 안고 있다. 즉, 재생산 이론들이 안고 있는 쟁점은 다음과 같다.

첫째, 교육은 과연 재생산 기능만 담당하는 것인가? 그렇지 않으면 생산의 기능도 담당하는가?

둘째, 교육기관, 특히 학교교육은 상대적 자율성만 가지고 있는가? 만약 상대적 자율성만 가지고 있다면 그 자율성의 정도는 어느 정도인가?

셋째, 교육과 국가는 어떠한 관계가 있는가? 교육은 국가장치인가? 아니면 교육체제는 동등한 입장의 사회체제인가? 만약 국가가 교육체제를 지배한다면 그 기제는 무엇인가?

이러한 쟁점들은 대개 인간과 인간 행위 그리고 교육활동과 교육의 소산을 어떻게 보느냐에 따라 관점이 달라질 수 있는 성질의 것이라 할 수 있다.

1) 재생산의 관점

교육이 기존의 질서나 가치 규범 및 지배-피지배의 사회적 관계를 재생산한다는 주장은 재생산 이론가들의 주장에서 공통된 점이라 할 수 있다. 교육의 재생산 이론가들은 사회관계의 재생산이 경제적 구조나 체계, 문화 그리고 이데올로기와 권력지배 등을 통해 나타나지만 학교교육에 의해 이루어진다는 것을 강조한다(Althusser, 1971; Bernstein, 1977; Bourdieu, 1977; Bowles & Gintis, 1976 등).

앞서 살펴본 바대로 보울스와 긴티스는 경제재생산 이론의 관점을 강조하고 있으나 알튀세와 부르디외 그리고 번스타인 등은 문화나 헤게모니의 재생산이라는 관점을 덜 중요하게 여기고 있다. 그러나 보울스와 긴티스가 주장하고 있듯이 학교가 곧 직업구조를 그대로 반영한다는 교신이론(correspondence theory)의 관점은 지나친 경제주의적 환원론이라는 비판을 면치 못하고 있다.

한편, 문화재생산 이론을 주장한 부르디외의 경우도 학교에서 지배문화(ruling culture)가 어떻게 재생산되며 피지배계층의 지배문화 수용이 어떻게 이루어지는가를 밝혀 주는 데 기여를 하고 있다고 보이지만 권력과 지배에 대한 기계론적인 해석을 함으로써 인간의 자율성이나 저항의 관점을 배제하고 있고 문화를 지배의 일방적인 과정으로 인식함으로써 노동문화가 지배문화에 의해 수동적으로 반영된다는 관점을 보여 주고 있다.

언어자본(language capital) 이론의 입장에서 사회언어 분석을 시도한 번스타인(1977)의 경우에도 사회의 구조적 특성, 특히 계층과 언어를 분석함으로써 사회통제의 수단으로서의 언어의 중요성을 인식시키고 있으나 이들 언어가 어떻게 이데올로기나 언어자본의 생산을 통하여 교육과정에 영향을 주는지를 밝히지 못하고 있다는 비판을 받는다(김병욱, 2007). 특히 인간 대신 언어의 부호(코드)체계를 강조함으로써 다른 재생산 이론에서와 마찬가지로 인간의 주체적 의지를 설명하지 못하고 반헤게모니에 대해서도 설명하지 못했다는 비판을 받는다(Gibson, 1984; Giroux, 1981; Kneller, 1987).

지금껏 경제재생산, 문화재생산 그리고 헤게모니 재생산적인 관점들에 나타난 비판적인 요점들을 살펴본 바대로 학교교육이 기존의 질서나 지배 이데올로기 그리고 문화나 직업구조를 재생산한다는 데에는 비판의 여지가 많다. 학교교육은 재생산적 측면이나 기능을 가지고 있는 게 사실이지만 사회변혁과 개혁을 수행하기 위한 생산적 측면도 동시에 가지고 있다는 점을 인식할 필요가 있다. 특히 학교교육의 시대적 요구나 사회변동에 따라 재생산 기능과 생산 기능의 경중(輕重)이 달라지기 때문이다.

〈표 6-2〉 번스타인의 코드이론

범주화 강 구조 약	범주화 강 구조 강	← collective type (집합형)
범주화 약 구조 약	범주화 약 구조 강	← intergrated type(통합형)
집합형		**통합형**
엄격한 구분-과목, 전공분야, 학문 상호 관련 교류 찾기 어려움 횡적 관계 무시, 종적 관계 중시 상급학교 → 점점 세분화, 전문화 교사, 학생 소속 분명, 강한 충성심 상하위계 분명 교과과정 계획 학생참여 제한		횡적 교류(뚜렷치 않은 전공), 대강화 횡적 인간관계 교사재량권 늘어남 행정가, 교사, 학생 간 권한경계 강화 상하위계 불분명

2) 상대적 자율성의 관점

재생산 이론가들은 학교교육이 국가 기구나 경제적 구조에 대해 상대적 자율성을 가지고 있다는 점을 제시하고 있다(Althusser, 1974; Bernstein, 1977; Bourdieu, 1977).

그러나 재생산 이론에서는 국가 기구로서의 학교는 구조적 관계에서의 한정적인 자율성을 갖는다고 보기 때문에 교육제도의 내적 과정이나 기제에 대한 설명을 하지 못한다는 비판을 받고 있다. 프리첼(Fritzell, 1987)의 경우도 교육에서의 자율성을 구조적 자율성과 기능적 자율성으로 구분, 설명하고 있으며, 이현청(1989)도 절대적 자율성과 상대적 자율성의 관점으로 구분, 설명하고 있는 실정임을 볼 때 구조적 관점이나 상대적 관점에서만의 자율성은 설명의 한계가 있다.

재생산 이론에서는 교육이 교육제도의 본질적 기능인 문화전수의 기능을 통해 경제의 생산원리를 설명하고 매개한다는 점에서 상대적 자율성을 지닌다고 설명한다. 번스타인이나 부르디외의 견해들은 교육이 문화전파 과정을 통해 기존 질서나 경제적 욕구를 재생산한다는 역할을 한다고 보고 있으며 이 점에서 교육기관은 구조적으로 상대적 자율성을 지닌다고 설명한다(김병희, 2009). 특히 번스타인은 교육과정을 코드 개념으로 분석하고 교육과 생산관계의 분류 정도에 따라 교육의 자율성을 설명하고 있다(Bernstein, 1977; 〈표 6-2〉 참조).

그러나 상대적 자율성을 설명하는 교육이론은 교육구조와 체제에 관련된 자율성, 교육과정과 관련된 자율성 그리고 학습자 및 교사의 역할과 관련된 상대적 자율성 등으로 대별되어 왔으며 단순히 교육조직 간의 자율성 정도뿐만 아니라 교육행위 및 교실 내의 학습내용과 관련된 자율성 문제까지도 논의되어 왔다는 점에 주목할 필요가 있다(이현청, 1984, 1987, 1988). 이 점에서 상대적 자율성을 논의할 때는 학습자의 상대적 자율성까지도 논의할 필요가 있다. 이때 자유 및 선택의 개념, 의식화 또는 비판의 개념 그리고 저항의 개념 등을 다양하게 다루고 있다. 그러므로 재생산 이론에서 다루고 있는 제한된 자율성의 의미는 비판의 소지가 많다(이현청, 1984, 1988, 1989; Apple, 1986; Freire, 1971; Carlson, 1987; Giroux, 1983; Hargeaves, 1987).

더구나 경제적·문화적 재생산 이론은 구조적 차원에서의 추상적인 상대적 자율성에 초점을 두고 있기 때문에 학교 내에서 행해지는 저항과 갈등을 포착하지 못하고 있다. 근자에 들어서는 재생산 이론에서의 상대적 자율성의 한계를 극복하기 위한 노력으로서 사회적 성(gender)의 개념과 연관된 성 자율성(gender autonomy)에 관한 논의라든지(이현청, 1984, 1986) 교과서 선택의 문제와 교사의 자율성 등의 연구를 통해 자율성의 개념을 재정립하려는 노력을 하고 있다(이현청, 1988, 1990; Apple, 1988; Fritzell, 1987; Harsgseaves, 1987).

3) 저항과 지배문화의 관점

재생산 이론에서는 교육은 그 목적에서부터 소산(결과)에 이르기까지 전적으로 지배집단의 통제하에 속한다는 논리를 전개하고 있다. 그러나 지식이나 교육내용은 단지 주어진 인식구조 안에서만 수용하는 것이 아니라 어떤 지식을 낳게 된 사회적 근원에 대한 비판은 물론 저항의 의미까지 포함된 것이라 할 수 있다. 재생산 이론에서는 구조적으로 제한된 자율성은 인정하면서도 학습자나 교사의 저항 가능성을 전혀 인정하지 않는다는 비판을 받는다. 자율성의 개념에서 논의한 바대로 자율성의 개념에는 그것이 비록 상대적 자율성이라 할지라도 이미 저항의 개념이 내포되어 있다고 볼 수 있다(이현청, 1984, 1986). 그러나 재생산 이론은 사회와 교육체제의 관계를 설명할 때 학교교육의 기능적 자율성이 학교의 내적 구조 속에 어느 정도 부여되어 있는지에 관심을 갖고 있기 때문에 소위 학습자나 교수자가 내포하고 있는 저항의 가능성이나 이와 관련된 적극적 자율성(positive autonomy)에 관해서는 거의 간과하고 있다. 저항의 개념은 재생산 이론을 비판하는 데서 출발한 개념이기 때문에 경제재생산 이론에서 주장하고 있는 교신이론이나 문화재생산 이론에서 주장하고 있는 문화자본 관점에서의 '재생산'의 개념 또는 교육 상품화(educational commodification)의 관점 등과 다르며 '종속'과도 대립된 개념이라 할 수 있다(Apple, 1988; Fritzell, 1987; Giroux, 1983, 1993 등).

특히 마르크스주의적 문화기술 연구에 의한 저항이론은 인간의 의식문제에 관심을 두어 저항의 반헤게모니, 반학교문화에 대해서 논하면서 재생산 이론이 갖는 한계성을 지적하고 있다(Giroux, 1983, 1986).

따라서 재생산 이론에서처럼 단순히 학교교육이 가지고 있는 상대적 자율성만을 수용하게 되면 학습과정에 내재되어 있는 학습자나 교수자의 자율성 문제가 설명될 수 없다. 더구나 지배 이데올로기나 지배문화를 내면화시키려 한다 해도 저항을 할 경우에는 설명이 거의 불가능하다 하겠다.

제7장

새로운 교육사회학 동향

교육사회학은 그 발전과정을 살펴볼 때, 1950년대에는 기능주의 이론이 주된 경향이었던 데 반해 1960년 중반부터는 갈등이론이 주된 경향으로 대두되었다. 그 후 1970년 초반부터는 갈등이론이 비판을 받기 시작하면서 1970년 중반부터 다시 신교육사회학(new sociology of education)이 등장하여 오늘날에 이르고 있다. 이러한 역사적 발전과정을 볼 때 대개 10년 정도의 기간이 새로운 동향이 대두될 수 있는 한계라 여겨진다.

교육사회학의 새로운 동향으로서는 '새로운 교육사회학'을 들 수 있겠고 1980년대 중반 이후 신교육사회학의 패러다임에 한계를 느끼고 그 대안을 추구하려는 또 다른 경향을 지적할 수 있겠다. 후자는 근자에 대두된 '신기능주의(new functionalism)' 혹은 '후기 기능주의(neo-functionalism)' 관점으로서 대표적인 흐름의 하나는 효율적 학교운동(effective schooling movement)과 신기초주의(new fundamentalism) 경향 등을 지적할 수 있다(이현청, 1987, 1988, 1990; Goldberg, 1983; Goodlad, 1983; Morgan, 1986; Ohanian, 1985). 그러나 1980년대 말 이후 새로운 교육사회학의 경향은 큰 변화가 없는 가운데 오히려 평생교육과 원격교육 등 실질적인 생애교육이 확산되면서 학교교육과 평생교육의 연계에 대한 실질적 관심이 증가되고 있다.

1. 신기능주의 경향[1)]

신기능주의(new functionalism) 관점은 학교교육을 비판하면서도 동시에 학교교육의 강화를 주장하는 특성을 지니고 있다. 이 경향 중에 대표적인 흐름은 교육개혁을 통해 '수월성'을 성취하고 사회적 기능을 다하고자 하는 경향이다. 그러므로 전통적 기능주의에서와 같이 학교교육에서의 사회통합 기능만을 강조하는 것이 아니라 비판적 사고도 중요시함으로써 사회통합과 아울러 사회분화의 기능도 동시에 이루려는 경향이다. 필자가 신기능주의나 후기 기능주의로 지칭하는 이유도 전통적 기능주의와 구분하기 위한 의도이다. 그러므로 신기능주의 경향은 기능이론과 갈등이론의 제 측면을 조정하려는 접근이라 볼 수 있다. 즉, 통합과 사회갈등의 국면을 수월성과 창의성으로 설명하려는 이론적 접근일 수 있다.

1980년 초 미국의 학교교육의 개혁이라 할 수 있는 '국가적 위기(A Nation at Risk)' 보고서 이후 확산되고 있는 이 동향은 교육의 책무성, 교육의 자율성 등의 추구와 함께 학교 교육과정과 학생들의 훈육 및 교사의 자질 향상 그리고 사회체제로서의 학교개혁을 주요 경향으로 삼고 있다.[2)] 특히 신교육사회학의 대두 이후 저항이론에서 제기되고 있는 상대적 자율성의 개념과는 그 본질 면에서 다르지만 학교체제나 구조의 자율성 문제를 강조하면서 수월성을 추구하려는 경향이 있다. 신기능주의 이론적 틀은 사회화의 기능과 사회에서 필요로 하는 인력의 분배에 대한 믿음에 있는데 사회화의 기능과 고급

1) '신기능주의' 혹은 '후기 기능주의' 용어는 이현청(1984)의 용어로서 새로운 교육사회학의 경향으로 정의한 것이다.

2) 'A Nation at Risk' 보고서는 학교교육이 처하고 있는 기술적 · 정치적 · 문화적 변동에 대응하고자 하는 미국 교육개혁에 대한 보고서로 1983년에 제안되었다.

인력의 훈련 및 훈육을 강조하는 점에서는 전통적인 기능주의에서 주장하는 사회화 기능과 선발 및 분배의 기능을 강조하고 있는 것과 같다. 반면, 개인적 차원에서는 적응과 비판의식을 강조하여 창의성 교육을 강조한다.

신기능주의 경향은 신기초주의와 신국가주의(new nationalism) 및 문화상대주의(cultural relativism)의 경향들을 수용하고 있다. 여기서 논의되는 신기초주의란 전통적 자유주의 교육으로의 복귀경향을 의미하며 흔히 'back to basic'이라는 주장과 함께 수학, 과학 등의 기초교육과 3R교육을 중요시하는 경향이다. 또한 신국가주의는 교육에서의 주체성 문제와 결부한 개념으로서 민주주의와 국가주의 경향을 혼합한 경향이라 할 수 있다. 따라서 신기능주의 경향은 학교교육의 기능을 강조하면서도 개인의 자유의지와 창의성을 동시에 강조하고 있다. 특히 고등교육의 중요성을 높이 인식하면서 학교교육은 사회개혁과 국가발전의 원동력이라는 주장을 한다. 그러면서도 문화적 격차나 개인의 격차에 유의하여 문화상대주의와 비판적 사고, 즉 제 '4R'의 중요성을 강조한다.[3)]

신기능주의 경향은 교육의 국가적 발달과 인력, 특히 첨단산업에 필요한 고급인력의 기능을 강조하며 흔히 신교육사회학에서 다루어지고 있는 재생산 이론을 일부 수용하는 특징을 지닌다. 그러나 재생산 이론을 특정 지배이데올로기나 기존 체제의 재생산으로 보기보다는 사회 전체의 관점에서 질서유지를 위한 가치 전수로 보며 인력 선발의 관점 또한 통제의 수단으로 보는 것이 아니라 발전의 수단으로 이해한다(Carnegie Report, 1987; The Holmes group report, 1986). 또한 신기능주의는 사회를 모순과 대립의 관계나 이러한 사회 내부의 모순관계를 극복하고자 하는 역사적 변동의 과정으로 보지 않는다. 대신 사회를 기능의 총체(the functional whole)로 간주하여 사회의 질(質)을 강조한다(이현청, 1985, 1988).

신기능주의 경향은 크게 두 가지 흐름에서 이해될 수 있다.

3) '4R'이란 이현청(1983, 1986)의 용어로서 읽고 쓰고 셈하는 3R에 덧붙여 개인의 창조성이나 적응능력과 관련된 비판적 사고능력을 의미한다.

첫째는 앞서 언급된 바와 같이 효율적 학교운동을 통한 학교교육 기능의 강화를 위한 노력을 들 수 있다. 이 입장은 사회에 필요한 고급인력의 질 관리를 강조하는 접근이다. 대체로 이와 관련한 경향은 신기초주의와 학력중심주의(credentialism)에 입각한 흐름으로서 학교교육의 수월성을 강조하고 있는 데서 그 특징을 발견할 수 있다. 효율적 학교운동과 관련하여서는 미국의 경우, 1983년 이후 약 2만 천여 개에 이르는 보고서와 연구가 발표된 바 있다(이현청, 2010). 물론 교육에 관심을 쏟고 있는 주를 중심으로 학교교육향상위원회(School Improvement Council)를 설치하고 학교교육의 질을 높이려 하고 있다. 또 다른 경향의 하나는 교사 교육의 개혁과 관련된 것이다. 혹히 신교사 교육운동(New Teacher Education)으로 지칭되는 교사 교육의 강화 움직임이 그것이다. 신교사 교육운동은 미국의 50개 우수 사범대학을 중심으로 한 '홈스 그룹(The Holmes group)'에서 발표된 보고서와 카네기재단의 교사 교육의 강화를 위한 보고서 등에 잘 나타나 있다. 이 경향은 교육의 질을 향상시키기 위해서는 교사의 수월성을 확립해야 한다는 견해를 나타내고 있다(이현청, 1987).[4]

둘째는 교육위생의 관점으로서 학교교육에서의 훈육문제와 참을성을 중요시하는 경향이다. 이러한 경향 중 하나는 교육을 사회적 질병이나 사회적 문제해결의 수단으로 보고 있으며 가정-학교-사회 모델을 주장하고 있다.

교육위생 경향은 계급의 문제보다는 필자가 주장하듯 사회성원의 도덕적 문맹(moral illiteracy)을 염려하고 사회적 가치붕괴와 인간성 상실의 문제를 중요시하고 있다. 특히 전통적 기능주의가 그러하듯 학교교육의 주요한 기능은 아동의 사회화 기능이라 보고 있으며 훈육의 강화와 함께 보다 바람직한 도덕성 확립을 강조하고 있다. 또한 교육을 통해 사회가 안고 있는 문제를 해결할 수 있다는 초기의 교육사회학자들의 견해를 수용하고 있는 특성

4) 홈스 그룹은 '내일의 교사(Tomorrow's Teacher)'라는 보고서를 통해 그리고 카네기재단은 '국가는 준비되었다(A nation is prepared)'라는 보고서를 통해 새로운 교사 교육을 제안하고 있다.

도 지닌다. 특히 요즘 우리 학교현장에서 문제가 되고 있는 '왕따'나 '학교폭력'의 문제들을 볼 때 이러한 교육 본질에 대한 성찰이 절실히 필요한 때라 생각된다.

신기능주의 경향은 개인적 차원에서 창의적이고 비판적 사고를 강조하면서도 사회적인 수월성을 확립하고자 하는 이상을 추구하기 때문에 종래의 기능주의 경향뿐만 아니라 학교 내부의 학습과정과 상호작용을 관심사로 수용하고 있는 신교육사회학의 경향을 융합하려는 노력이라 할 수 있다. 이 경향은 문화상대주의 이론, 사회운동과 문화, 참을성과 학업성취 그리고 사회저항 이론 등을 중심으로 하여 학교훈육 문제, 학습에 부모 개입 문제, 교육환경 문제 그리고 적응중심 교육과정(adjustment-based curriculum) 등을 연구하고 있다. 2000년 중반 이후 미국의 경우처럼 모든 학생들에게 최소한의 학업성취 수준과 성장 발달을 시키려는 'no child left behind'의 정책도 이러한 맥락에서 이해될 수 있다(미국교육개혁보고서, 2009). 이 중 사회저항 이론에 관해서는 추후 더 언급하기로 한다.

2. '효율적 학교' 운동과 신기능주의

학교교육의 효율성을 증대하기 위한 기대와 사회의 급격한 변동은 교육기관의 효율성에 의문에 제기시켜 왔으며 학교교육의 기능과 내용에 대한 재검증을 요구하게 되었다. '학교교육의 기본적인 목적은 무엇인가?' '학교는 사회나 개인의 욕구에 부합되는 교육을 수행하고 있는가?' '학교 교육과정은 변모하는 사회에 타당한 것인가?'라는 의문들이 학교교육에 대한 체제와 체계(structure)의 재구성을 요구하기에 이르렀다. 이러한 결과로 1983년에 행해진 '국가의 위기(A Nation at Risk)'에 관한 보고서는 미국 교육의 개혁을 제안하기에 이르렀다(The National Commission on Excellence in Education, 1983). 이 보고서는 교육개혁의 3대 목표를 설정하고 있는데 이러한 목표는

'교육의 수월성' '교육의 책무성' '교육의 자율성' 등이다. 교육의 효율성을 증대시키면서 사회적 요구에 부응하도록 하려는 효율적 학교운동은 교육사회학 영역이 새로운 동향으로 인식되고 있다. 물론 효율적인 학교운동은 신기능주의의 한 흐름으로서 올바른 학교교육의 기능을 통해 국가발전과 새로운 사회환경을 확립하려는 것을 그 전제로 하고 있다. 효율적 학교운동의 경향은 물론 현존의 학교체제(System)나 체계(Structure) 등에 대한 비판의 경향을 띠고 있으나 계급적 관점이나 구조적 관점에서의 비판이라기보다는 학교기능의 사회적 요구에 부합하도록 하려는 비판 경향이라 볼 수 있다. 특히 학교의 교육적 과정에 관여되는 주요한 네 가지 영역에 대한 재검증을 제시하고 있다. 이들 네 영역은 교육내용, 교육기대, 교육기간 및 교수에 대한 것들이다(Ballantine, 1985).

여기에 '내용'이라는 개념은 교육과정을 의미하여 '기대'란 학교교육의 결과에 대한 뜻으로서 어떤 수준의 지식, 능력 및 기술의 습득뿐만 아니라 자기훈련과 행위에 대한 기대도 포함되는 의미이다. 또한 수업 연한과 교수에 관한 영역도 주된 쟁점이 되고 있다.

'효율적 학교'의 경향은 몇 가지 주요 영역으로 대별될 수 있는데, ① 기초교육, 특히 과학교육과 컴퓨터 교육의 강화, ② 직업교육과 외국어 교육의 강화, ③ 읽기, 쓰기 등 언어교육의 강화, ④ 산학협동의 확대, ⑤ 학생의 욕구 수준과 준비도에 부합되는 교육과정, ⑥ 교과서의 질 관리, ⑦ 효율적인 교수, ⑧ 교사의 질 강화, ⑨ 교육지도력의 강화, ⑩ 교육시간의 확대 등을 들 수 있다(Honig, 1985).

효율적 학교운동의 경향은 단순히 학교 관련자에 의해서만 이루어지는 것이 아니라 산학협동의 성격을 띠고 있는 교육동향이라는 점이 그 특징으로 지적되고 있다. 따라서 전체 사회의 수월성을 이루기 위해서는 교육의 수월성을 통해서만 가능하다고 보고 있으며 이러한 교육의 수월성은 학교교육의 수월성을 통해 가능하다고 보고 있다. 이 경향은 신기능주의의 대표적 경향으로서 국가 발전을 위한 교육의 도구성이나 효율성을 중요시하고 있다. 따라서 국가 발전을 전제로 하는 교육의 기능을 강조하는 관점에서 이해되어야 한다. 물론 학습하는 사회, 교육에의 부모 개입 등도 주요한 연구 영역이 되고 있다(이현청, 2001; Goldberg & Harvey, 1983).

따라서 지금까지의 학교교육에 대한 미시적 관점에서의 연구 경향은 다시 미시적 관점과 거시적 관점의 두 갈래로의 전환을 가져오고 있다고 볼 수 있다. 또한 사회체제로서의 학교에 주로 관심을 가져 학교의 효율성은 사회적 삶의 질을 결정하는 주요한 전제 조건이 된다고 보고 있다. 따라서 종래의 교육사회학에서 중요시되어 왔던 사회통합과 질서에 대한 관점을 수용하면서도 개인의 비판적 사고도 동시에 강조하는 절충적인 교육을 제시하고 있다. 물론 효율적 학교운동과 더불어 학습환경의 개선과 가정교육을 중요시하는 여러 노력들이 함께 병행되고 있는데, 예를 든다면 '학습하는 지역사회(learning community)'라든지 학교풍토 개선의 동향 등을 들 수 있다. 이러한 경향은 종래의 구조기능주의적 교육사회학이 지식의 사회적 조직이나 학교가 교실에 있어서의 제도적 환경의 문제를 중요하게 다루지 않았다고 비판하는 신교육사회학의 주장을 뒷받침하고 있다 하겠다. 그러나 신교육사회학이 해석적 패러다임을 가지고 주관적 해석을 통한 계급이데올로기 문제를 다루는 데 반해 신기능주의의 경향은 대안적 실천의 문제를 중요시하고 있다. 따라서 영국의 지식사회학 중심 교육사회학의 패러다임을 수용하여 학교교육을 급진적으로 비판해 오던 신교육사회학이 분석에만 그치고 대안 제시에 실패하고 있는 것과는 대조적인 흐름이라 볼 수 있다.

물론 신기능주의 경향은 1980년 중반부터 제시되고 있기 때문에 학문적으로나 이론 정립 면에 있어서도 미약한 실정이다. 그러나 신기능주의 경향은 학문 지향적 교육사회학의 성격에서 탈피하여 실천 지향적 경향으로의 전환을 의미하는 접근이라 할 수 있다. 학교교육의 내적 과정의 현상학적인 접근이나 해석적 관점에 중점을 두던 미시적 접근과는 달리 교육의 사회환경의 개선까지를 주장하는 거시적 접근과 학교 내적 문제를 개혁하려는 미시적 접근을 절충하고 있다.

효율적 학교에 관한 연구의 경향에서도 교육에 영향을 주고 있는 교육사회의 현상을 설명하려고 하는데 이때 교사와 학생의 역할을 중요시하고 있다. 특히 교사의 자질과 학생의 특성을 중요시한다. 뿐만 아니라 교육환경으로서의 학교문화 등에 대한 거시적 분석을 시도한다. 또 한 가지 특성은 학교문화를 '사회운동(social movement)'으로 이해하여 학교교육의 목표를 성취하는 데 주요한 관건이 된다고 보고 있다. 따라서 학교교육에 대해 전체 사회가 내포하고 있는 저항요인을 분석하려는 '사회저항 이론'이라든지(이현청 & Sears, 1987; Buxton, 1987), 학교조직의 효율성과 학습환경의 연구(Coleman, 1975) 그리고 효율성과 교육기회에 대한 논의(Levine, 1984, 1995; Mcpartland & Cravin, 1987), 상황적 학습(Lave, 1992), 문화저항(이현청, 1992) 등이 이러한 동향이라 볼 수 있다.

지금껏 교육사회학의 주요 경향을 살펴본 바와 같이 교육사회학의 동향은 일반적으로 미국을 중심으로 한 교육과정의 사회학적인 관심 경향과 유럽, 특히 영국을 중심으로 한 사회구조와 교육체제에 대한 관심으로 대별될 수 있다. 그러나 전통적으로 구분해 왔듯이 주요한 이론은 기능이론, 갈등이론, 신교육사회학 이론 등으로 대별될 수 있다. 또한 근자에 대두되고 있는 신교육사회학의 경향 이후의 '교육위생학' 개념이나 '신기능주의' 경향과 '사회저항 이론' 및 '효율적 학교운동'의 흐름도 중요한 영역이라 볼 수 있다. 교육사회학의 주요한 이론들을 도표로 제시하면 〈표 7-1〉과 같다(송병순, 1987).

〈표 7-1〉 교육사회학의 주요 이론

접근 방법		주요 이론	대표적 학자	강조점
거시적 접근	기능주의적 관점	초기 합의론적 기능주의(사회화 기능론을 주장함)	E. Durkheim, T. Parsons, S. Dreeben 등	• 1950년대까지의 주된 교육사회학 이론 • 사회의 속성을 기능사회와 전문가 지배사회로 인식 • 사회를 안정 지향적이고 구성원의 합의에 기초한 제도로 봄 • 각 제도는 상호 연관성을 지닌 독립된 기능체로 봄 • 능력에 따른 사회적 신분지위의 분배를 강조 • 학교의 사회적 기능을 낙관하며 교육의 양적 팽창을 정당화함
		인간자본론 (교육을 통한 사회·경제 발전에 필요한 인적 자본 생산)	T. Schults, L. Barton, S. Walker 등	
		근대화 이론 (사회심리학적 측면에서 교육을 통한 근대적 가치관 형성)	D. McClelland, A. Inkles, D. Smith	
	갈등론적 관점	사회재생산 이론 (신마르크스주의적·경제결정론적 입장에서 교육을 이해)	S. Bowles, H. Gintis, L. Althusser, R. Collins	• 1960년대의 시대적·사회적 상황을 반영한 이론 • 사회의 속성을 변화, 불일치, 긴장, 갈등이 존재하는 것으로 봄 • 사회의 모든 요소는 분열과 변화에 이바지하며 모든 사회는 강압에 의해 유지된다고 봄 • 이견, 변화, 불평등과 같은 개념을 교육현상과 관련시켜 논의함 • 학교교육의 목표를 궁극적으로 인간성 회복에 두고 있음
		• 신베버주의적 지위집단이론 • 종속이론(제국주의적 관점에서 교육을 이해)	M. Carnoy, M. Apple, C. B. Paulston 등	
		급진적 저항이론 (교육을 통한 의식화 및 인간성 해방 등 강조)	I. Illich, E. Reimer, R. Williams, P. Freire, H. A. Giroux	

미시적 접근	해석적 관점	• 상호작용 이론(학교 및 교실에서 교사, 학생, 학부모 또래집단 간 상호작용 연구를 강조) • 민속연구방법론적 접근	C. H. Gooley, M. Mead, P. W. Jackson, J. E. Rosenbaum, A. V. Cicourel, J. I. Kitsues 등	• 교육환경과 관련되 교육사회 현상을 설명함에 있어서 교사-학생의 상호관계 및 그 작용 등에 대한 연구와 참여 관찰을 통해서 교육의 내적 과정을 설명 • 교육환경으로서 학교문화 등에 대한 미시적 분석을 시도 • 사회심리학적 · 문화인류학적 · 민속학적 연구방법과 이론을 바탕으로 함
미시적 접근	해석적 관점	사회현상학적 접근	R. C. Rist, H. Mehan, L. A. Coser	
미시적 접근	해석적 관점	사회언어학적 접근	G. Simmel, N. Keddie 등	
미시적 접근	해석적 관점	신교육사회학(교육의 내적 과정에 대한 분석을 중시)	B. Bernstein, P. Bourdieu, M. F. D. Young, P. Wexler, P. Willis 등	• 거시적 관점의 교육사회학 이론이 학교교육의 내적 과정에 대한 설명을 수수께끼 혹은 암흑 상자(black box)로 처리하고 있음을 비판한 1970년대의 주된 이론 • 지식사회학적 관점에서 지식의 사회적 제도화에 비판을 가할 뿐만 아니라 학교교육에 반영되고 있는 지식과 헤게모니 분석을 통하여 교육이 특권지배 집단의 이데올로기를 문화적으로 재생산하고 있음을 지적함

참조: 송병순(1987).

3. 사회저항 이론

사회저항 이론은 구조적이고 과정적인 면에서 교육활동이 특정 계급이나 특정 이데올로기를 대변한다는 재생산 이론의 주장과는 달리 학교교육에서 문제가 될 수 있는 학습자, 교사 및 학습과정에 내포된 사회저항(social resistance)을 설명하려는 이론이다. 여기서 '사회저항'이라는 개념은 교육에 저해가 되는 모든 사회 · 문화적 요인을 총칭하는 의미이다(이현청, 1989).

학교교육이 사회적 재생산 기능을 담당한다는 주장이 있은 후 교육의 상대적 자율성(relative autonomy) 개념과 함께 저항의 개념이 교육사회학에서 주요한 관심사로 대두되었다. 사회저항 이론에서의 저항의 개념은 지루(Giroux, 1983) 등이 주장하는 의미와는 달리 학교와 학교 밖의 사회체제 간에 내재되어 있는 교육저해 요소를 의미한다. 따라서 사회저항 이론은 사회의 교육에 대한 순기능보다는 학교교육의 기능을 저해시키는 사회저항력이라 할 수 있는 역기능에 대해 주목한다(이현청, 1988, 1989; 이현청 & Sears, 1987).

특히 교육이 한 사회의 독특한 역사, 문화, 이데올로기적 요소 그리고 사회생태학적 과정과 유관될 뿐만 아니라 이러한 요인들 간의 기능적 복합과정이라는 점에서 사회저항의 범주는 포괄적이고 다양하다 하겠다. 따라서 사회저항 이론에서는 교육이 행해지고 있는 사회가 지금껏 경험해 온 사회변동은 물론이려니와 사회구성원들이 지니고 있는 공통적인 사회구성원들의 성격적 요인까지도 중요시한다. 예로서, 우리나라의 교육병폐 현상은 곧 사회가 지닌 구조적 · 문화적 · 성격적 소산이며 이것은 우리나라만이 지니고 있는 교육문화에서 비롯된 것이다. 우리나라가 지닌 교육문화는 우리나라 교육에 저항요인이 되어 왔으며 사회저항 이론은 우리나라의 독특한 교육문화가 어떻게 교육에 사회저항요인으로 작용하는가를 연구할 수 있는 이론이다.

사회저항 이론은 사회에 내재되어 있는 저항의 범주들을 대개 구조적 측면, 기능적 측면, 과정적 측면으로 구분하고 이러한 범주에 관련된 요인들을 중심으로 교육에 대한 저항을 설명하고 있다(이현청, 1988, 1989).

구조적 저항의 범주란 한 사회의 구조적 특성에 따라 사회저항이 설명될 수 있다는 것으로, 특히 한 사회에서 학교체제가 차지하고 있는 위상에 따라

저항이 설명될 수 있다. 사회체제로서 학교는 구조적으로 전문화-관료화, 합리성-정의성, 통합-분화, 교사의 통제-학생의 자율성, 경쟁-협동, 개방-폐쇄 등의 구조적 특성을 지니고 있는데, 이러한 구조적 특성은 학교 이외의 체제와의 관계나 사회 전체의 구조적 특성에 따라 학교교육의 기능 수행에 영향을 받게 된다. 구조적 저항은 사회체제로서의 학교가 지니고 있는 구조적 특성에서 비롯된 저항으로서 자율성이 없는 학교체제의 경우는 학습행위나 학습과정 및 학습내용 등에 있어서 전적으로 통제적이고 권위적이며 관료적이기 때문에 통합위주, 획일위주, 통제위주 및 결과에 치중되는 형식위주의 교육행위가 우선될 수 있다. 이 점에서 교육은 사회로부터 전적으로 통제되고 사회에 의존하게 되는 '저항'을 경험하게 된다. 이러한 저항이 곧 저항이론의 관점에서 설명될 수 있다.

예를 들면, 사회저항 이론에서 제시되고 있는 기능적 저항(functional resistance)은 학습자와 교수와 관련된 사회저항으로서 학습자가 학습과정에서 의도적으로 수업을 거부하거나 저항을 하는 '학습저항', 교사의 교수내용에 내포된 교육활동과 관련된 '교수저항', 그리고 '교육과정 저항' 등으로 구분, 설명이 가능하다. 이 기능적 저항은 교육활동 과정에서 학습자, 교과내용 그리고 교사들이 지니고 있는 요인에 따라 저항의 정도가 결정될 수 있는 저항이며 어느 교육활동이든 정도의 차이는 있을지라도 교육에 대한 기능수행 과정에서 필히 수반되는 저항이다.

과정적 측면의 저항은 교육적 상황에 내재되어 있는 문화와 이데올로기 저항을 의미하며 지배문화와 특정 이데올로기가 교육 상황에 어떻게 작용하고 있는가에 따라 교육이 가치중립적일 수도 있고 가치 개입적일 수도 있다. 따라서 과정적 저항은 특히 권위에 대한 불신, 교실 장면에 대한 부정, 교육내용에 대한 비판 등의 형태로서 이데올로기에 대한 저항이 발생하게 된다(이현청, 1989; Carlson, 1982; Lather, 1984; Willis, 1977).

사회저항 이론은 사회의 구조적 모순과 문화적 일탈 그리고 지배이데올로기 등이 사회저항요인이 된다고 보며 이러한 사회저항은 곧 교육의 저해요인이 될 수 있다고 본다.

따라서 학교교육의 실패는 사회 전체의 속성과의 관계에서 이해되어야 한다고 주장한다. 종래의 재생산 이론이나 저항이론에서의 주장과는 달리 학교교육의 실패는 단순히 학교만이 책임질 수 있는 문제라기보다는 학습행위자와 사회체제 그리고 사회가 지닌 특성에서 찾아야 된다고 주장한다. 사회저항 이론은 교수-학습자의 속성을 주요한 관심사로 수용하여 교육활동에서의 '의미' 부여 행위나 과정 및 구조에 게재된 교수-학습자의 사회저항을 연구하려는 관점이다. 그러나 사회저항의 개념이나 사회저항력의 개념이 학문적으로 초기 단계이기 때문에 자율성과 '저항'의 관련성이 명확히 구분되어야 할 필요가 있다.

저항의 개념은 종래의 저항이론에서도 학급 내의 문화나 학습자 개개인이 지닌 특성에 대한 연구가 대부분이기 때문에 이때 비행과 저항의 개념이 분명치 않다. 그러나 사회저항 이론은 이러한 미시적 관점과는 달리 학교교육에 대한 사회 전체의 모든 속성이나 구조가 내포하고 있는 교육저항 요소를 연구의 주 관심사로 삼고 있다. 이때 교육저항 요소란 교육에 저해가 되는 모든 교육 내외적인 요인을 의미하며 패러다임은 교육과 사회저항요인 간의 관계를 설명하려는 데 두고 있다.

4. 포스트 마르크스주의 이론

교육사회학의 새로운 동향 중의 또 다른 흐름 중 하나는 라클라우(Laclau), 무페(Mouffe) 그리고 보울스(Bowles)와 긴티스(Gintis) 등으로 대표되는 포스트 마르크스주의 경향이라 할 수 있다.

포스트 마르크스주의(Post-Marxism)는 종래의 마르크스주의적 재생산을 비판하고 있는데 교육은 결코 자본주의의 계급생산의 역할이나 위계적인 사회적 관계의 재생산 기능만을 수행하는 게 아니라고 주장한다. 특히 사회에 존재하는 불평등은 보다 복합적인 요인들과 관련되어 있으며 교육은 자본주의 경제체제에 대응하는 기제로서만 기능 수행을 하지 않는다고 설명한다.

포스트 마르크스주의 이론에서는 자본주의 사회에서의 교육이 경제적 체제와 국가 영역 간에 상존하는 모순 또는 갈등 때문에 역할 갈등을 겪게 된다고 설명한다(Shapiro, 1988). 따라서 학교교육에서의 역할 갈등은 이러한 사회구조 내의 갈등에 기인한 것으로서 재생산의 역할과 창조적이고 혁신적인 역할을 동시에 수행해야 하는 상반된 역할을 수행하게 된다.

종래의 재생산 이론가들이 주장해 온 마르크스주의적 관점을 수정한 이 경향은 마르크스주의적 재생산론자들이 주장해 온 경제 하부의 변화를 강조해 왔던 것과는 달리 사회변혁을 위한 교육의 역할은 평등과 인권의 관점과 자본주의 경제구조 간의 상호 모순과 갈등을 해소하는 데 있다고 본다(Carnoy, 1989; Levin, 1986).

따라서 사회변혁은 평등과 인권의 논리와 자본주의 경제논리 간의 갈등과 모순에서 비롯된 결과라고 인식한다. 포스트 마르크스주의 이론은 경제 하부의 변화가 교육변혁을 야기한다는 마르크스주의 재생산 이론과 다르다. 물론 종래의 재생산 이론이 주장하는 패러다임에서 변화를 가져왔지만 완전히 마르크스주의 이론을 배제하고 있는 것은 아니다. 특히 보울스와 긴티스의 경우는 사적유물론의 관점을 배제하면서도 인권과 재산권 간의 관계를 갈등과 모순으로 규정함으로써 애매모한 입장을 취하고 있다.

포스트 마르크스주의 이론은 어떤 측면에서는 앞서 논의한 바 있는 신기능주의 이론과 부합되는 면도 없지 않다. 특히 사회저항 이론에서 주장되는 교육변화의 역동성에 대한 주장과도 유사한 면이 있다(이현청, 1988).

한편, 애플(Apple, 1989, 1991)은 교육의 개혁은 학습권, 즉 인권을 확대시킴으로써 가능하다고 주장한다. 애플의 이 같은 주장은 보울스와 긴티스가 종래의 교신이론을 주장하던 입장을 수정하여 포스트 마르크스주의를 대변하듯 애플 스스로도 자신의 견해를 수정하고 있어 홍미롭다.

포스트 마르크스주의는 사회재생산 이론의 한계성을 인정하고 이를 극복하려는 노력이라는 점에서 앞으로의 학문 발전이 주목된다. 왜냐하면 지금껏 재생산 이론을 비판하려던 저항이론이나 상대적 자율성의 개념이 한계에 부딪치기 때문이다.

한마디로 포스트 마르크스주의 이론은 사회재생산 이론이 지니고 있는 학문적 한계를 극복하려는 노력이면서 자본주의 경제 영역과 민주주의 체제 간의 갈등을 이해하려는 패러다임이라 할 수 있다. 따라서 종래의 마르크스주의적 입장들이 가져왔던 사회구성체론을 수정하여 상하부 구조만의 체제로 보지 않고 '모순된 총체(contradictory totality)'로 이해하고 있다는 특징이 있다(이현청, 1988, 1989; Bowles & Gintis, 1986; Lauder, 1988).

제3부

교육의 기능과 사회적 과정

- 제8장 교육의 사회적 기능
- 제9장 교육과 사회화
- 제10장 사회변동과 교육
- 제11장 사회계층과 교육
- 제12장 문화와 교육
- 제13장 산업구조 변화와 교육

제8장

교육의 사회적 기능

학교의 사회적 기능은 한 사회가 안고 있는 특성과 한 사회가 공유하고 있는 교육문화 그리고 국가의 교육체제 및 지배이데올로기와 깊은 연관성을 지닌다. 특히 오늘날과 같이 급격한 변화와 개혁이 일반화된 상황에서는 학교의 사회적 기능이 더욱 중요한 과제로 등장하게 된다. 일반적으로 학교의 사회적 기능은 사회의 통합과 통제의 기능과 관련된 보수적 기능과 진보적 기능으로 나뉠 수 있다. 이를 세분하면 문화전달 및 창조의 기능, 사회구성원의 선발 및 분배의 기능, 사회구성원의 사회화 기능 그리고 사회 혁신 및 진보의 기능 등으로 구분될 수 있다. 또한 학교교육의 사회적 기능은 1차적 기능뿐만 아니라 부차적 기능이라 볼 수 있는 2차적 기능도 수행하고 있다.

1. 교육의 보수적 기능

학교는 전통적으로 한 사회가 공유하고 있는 문화, 가치, 이데올로기, 관습 및 태도 등을 유지 · 발전시키려는 보수적 기능을 수행해 왔다. 특히 학교교육을 통해 사회성원들로 하여금 한 사회가 공유하고 있는 가치와 문화, 태도 등을 습득케 함으로써 사회통합과 질서유지를 하려는 기능을 수행해 왔는데 이를 흔히 학교의 보수적 기능이라 볼 수 있다. 이러한 보수적 기능은 문화유산의 전달 기능과 개인의 사회화 기능으로 구분될 수 있겠다. 대개 학교는 개인의 사회화 과정을 통해 그리고 전수되어 온 문화유산을 유지 · 존속시키려는 노력에 의해 현존의 질서와 가치문화를 유지 · 발전시키려는 기능을 수행하여 왔다. 그러므로 학교는 변화를 초래하는 것보다는 현상유지를 하려는 경향을 갖게 된다. 학교의 이러한 기능을 중요시하는 입장은 기능주의자들의 입장이라 볼 수 있으며 이들은 학교의 기능이 사회의 변화를 추구하는 것보다는 질서유지와 균형, 통합을 유지하는 데 있다는 주장을 편다. 그러나 이러한 교육의 기능은 교육이 사회적 현상을 반영하는 한 형태이기 때문에 한 사회의 특성과 시대적 조류에 따라 다소의 조성된 기능을 수행하기 마련이다.

교육의 보수적 기능은 사회통합의 기능 혹은 보수적 사회화 기능, 문화유산의 전달 기능으로 구분, 설명될 수 있다.

1) 사회통합의 기능

교육에서의 사회통합의 기능이란 사회구성원에게 사회에서 필요로 하는 공민성과 기술을 습득시킴으로써 사회통합을 이루려는 기능을 의미한다. 기능주의적 관점에 의하면 학생들은 형식적 교육과 비형식적 교육을 통해 훈육, 존경심, 복종, 시간엄수 및 인내심 등을 학습 받도록 요구되고 이러한 학습목표는 직업적 상황에서나 학교 장면에서 사회성원이 적응하기 위한 필수적인 요소이다(Ballantine, 1988).

또한 학교는 사회로부터 사회적 통제의 기능을 수행하도록 요구되고 있으며 개인적 발달과 관련된 가치를 설정하여 교육시키도록 요구받기 때문에 학교교육을 통해 사회통제와 현존 질서의 유지를 위한 교육기능을 수행하게 된다. 이렇게 함으로써 한 개인을 사회에 부합하는 인간으로 교육시키게 되는데 주로 사회에서 요구되는 방향으로 훈련을 하게 된다. 교육의 보수적 기능, 특히 사회통합의 기능을 강조하는 학자들은 이렇게 개인을 사회에 합당한 인간으로 교육시킴으로써 사회가 안고 있는 문제와 개인의 부적응의 문제를 감소시킬 수 있다고 믿는다. 물론 갈등주의자의 관점은 사회통제와 통합의 기능을 다른 시각에서 이해하고 있다. 갈등이론자들은 학교가 기존의 계급체제와 사회체제를 존속 · 유지시키기 위해 통제하고 훈련하며 선발 · 분배함으로써 자본주의 사회의 한 도구에 불과하다고 지적한다(Ballantine, 1983; Bowles & Gintis, 1977).

학교가 사회를 통합하는 방법은 여러 가지 형태가 있기 마련인데 대개 권위주의적 기법에서부터 인본주의적 방법에 이르기까지 다양하다 하겠다. 학교에서 활용되는 대표적인 방법 중에 하나는 훈육인데 훈육은 학교 내에서 사회적 통제를 하기 위한 수단이다. 그러나 훈육방법은 학생들의 권리와 관련하여 논쟁의 소지가 많다. 이전 장의 교육사회학의 새로운 동향에서 언급되었지만 근자의 학교교육에서는 훈육의 문제가 가장 커다란 관심사가 되고 있다. 미국의 경우를 보면 1970년대 이후 학부모들이 가장 관심을 갖고 강조하고 있는 문제가 훈육의 문제이다(Gallup, 1989). 일부 사회학자들은 훈육의 문제를 한 체제 내에서의 학생과 성인들 간의 권력 갈등으로 이해하고 있으며 강압에 의한 훈육은 학생들로 하여금 소외감을 갖게 함으로써 해결할 수 없는 문제가 된다고 보고 있다(Smith, 1981). 최근 우리나라의 경우에도 교사의 체벌문제와 학생의 인권조례 문제가 이러한 쟁점과 관련이 있다. 그러나 학교에서나 가정에서 훈육의 문제는 중요한 사회화의 기제임에는 틀림이 없다(이현청, 2012).

사회통합의 기능 수행을 위한 학교교육에서의 통제방법에 관련하여서는 많은 논의가 진행되고 있으며, 주로 학생의 권리와 사회적 질서유지라는 대립적 관점에서 논의가 되고 있다. 어떻든 사회통합의 기능은 보수적 사회화(conservative socialization) 기능으로 이해되기도 하는데 보수적 사회화란 개인을 사회의 필요에 부합하도록 정형적(定刑的) 인간으로 교육시킴을 의미한다(이현청, 1994). 따라서 다음 절에서 논의하고자 하는 진보적 사회화(liberal socialization)와는 달리 개인의 개성 신장이나 잠재적 능력 개발의 측면보다는 사회의 욕구와 사회적 기준에 부합하는 인간 양성을 중요시하게 된다. 사회화가 생체적 존재(biological being)를 특수한 문화적 실체(cultural being)로 전환시키는 일이라 볼 때 보수적 사회화는 한 개인을 사회의 공유문화에 적응토록 하는 기능이라고 볼 수 있다(Bernstein, 1977). 특히 우리나라의 현 교육제도에서는 사회화를 통해 사회적 규범, 가치 및 태도를 습득케 하는데 주로 훈육방법과 함께 학교교육에서의 현재적 교육과정(overt curriculum)에서 담고 있는 내용을 그 기저로 하고 있다. 이러한 학교교육의 보수적 기능에 관하여서는 차후 학교교육의 비판과 관련된 내용에서 더 다루기로 한다.

2) 문화전달 및 창조의 기능

모든 사회는 규범과 가치를 유지하는 고유의 문화를 가지고 있다. 한 사회의 고유한 문화는 학교를 위시한 사회의 여러 영역에 영향을 주기 마련이다. 또한 모든 사회는 이러한 고유한 문화를 후세에 교육시킴으로써 사회질서의 유지와 더불어 문화를 전달, 창조하게 된다. 교육의 보수적 기능의 주요한 영역을 문화의 전수라 볼 때 이와 관련하여서도 몇 가지 쟁점이 대두된다(Ballantine, 1985).

문화전수와 관련된 이러한 쟁점은, 첫째, 아동들에게 무엇을 가르쳐야 할 것인가와 관련된 학교 교육과정의 문제이며, 둘째, 어떻게 학습을 시킬 것인가와 관련된 학습의 문제이다. 셋째, 언제부터 학교교육을 시킬 것인가와 관련된 공교육의 취학 연령과 관련된 쟁점이다. 물론 문화전수와 관련된 쟁점들에 대한 합치된 견해는 없으나 대개 근자에 대두되고 있는 학교교육에 대한 비판적 견해와 학교교육 옹호론자들의 입장으로 구분, 설명될 수 있다. 예컨대, 교육과정의 설정이나 교육방법에 있어서도 자유학교론자들의 견해로부터 보수적 교육론자에 이르기까지 다양하지만 대개 개인의 자유와 성장을 강조하는 입장과 사회의 문화나 규범을 우선 강조하는 입장으로 대별되는 실정이다.

이러한 입장이나 쟁점에도 불구하고 학교가 수행하는 문화전달 및 창조의 기능은 사회의 존속을 위하여 한 사회가 문화적으로 전승된 가치, 규범, 언어, 지식, 기술 및 행동양식을 사회구성원에게 계승 · 발전하게 할 뿐만 아니라 승인된 문화를 습득케 함으로써 사회질서의 유지와 사회의 동질성을 유지하게 한다.

문화전달 및 창조의 기능은 흔히 사회화 기능과 사회 적응적 기능, 그리고 사회 안전과 유지의 기능과도 같은 의미를 갖는다는 주장이 있다(박용헌 외, 1980; 차경수, 1983). 그러나 엄격한 의미에서 사회화의 기능은 문화전달 및 창조의 기능과 구분된다고 볼 수 있다.

문화전달 및 창조의 기능은 주로 사회의 교육기관이라 볼 수 있는 학교와 가정에서 이루어지며 그 특징은 세대 간 전수(intergenerational transmission)이다. 세대 간 전수란 성인세대가 후손들로 하여금 사회의 전수된 문화를 습득케 함으로써 사회에서 승인된 행동양식과 생활양식을 학습시키는 일이다. 이때 중요시되는 일은 전수된 가치나 문화의 형성과정에서 내면화의 대상자가 될 수 있는 모델의 공급문제와 사회환경이다. 오늘날과 같이 급격한 사회변동이 이루어지고 있는 사회에서는 변동이 거의 없는 전통적 사회의 문화전달 기능과는 매우 다르다 할 수 있다. 뿐만 아니라 외래문화와 전통문화 간의 갈등이 심화되고 있는 상황에서의 문화전달 및 창조의 기능은 자칫 제 기능을 상실하게 될 소지가 많다. 이러한 문화갈등이나 가치전도는 특히 왜곡된 문화전달의 가능성을 내포하고 있는 사회이거나 문화 갈등적 사회변동을 경험하고 있는 사회에서 흔히 발생한다. 이러한 사회에서는 세대 간의 가치격차가 심화됨으로써 후세가 전통적 가치나 문화를 거부하게 되고 오히려 부정적 문화 창조의 가능성도 배제할 수 없기 때문이다.

문화전달 및 창조의 기능은 전통적으로 보수적 기능에 속해 왔으나 가치 갈등의 관점에서 본다면 보수적 기능이라기보다는 신문화(new culture)나 제3문화(third culture)를 창조하는 진보적 기능의 일면도 있음을 명심할 필요가 있다. 또한 교육의 문화전수를 국가 간의 관계에서 이해하고 있는 문화식민지주의의 관점에서도 고려될 필요가 있다(Carnoy, 1977). 특히 최근 사이버 공간의 확장에 따른 가상현실 속에서의 문화전달 및 창조의 기능은 사회통합보다 사회해체의 속성도 가지고 있어 교육의 사회적 기능에 한계성을 지니게 될 우려가 크다(이현청, 2012).

앞서 논의된 바대로 문화전달 및 창조의 기능은 사회통합과 집단적 규범을 위한 기능임과 동시에 개인의 사회화와 관련된 기능이다. 또한 보수적 기능이면서도 신문화나 제3문화 전수의 기능도 내포하고 있음을 알 수 있다.

2. 교육의 진보적 기능

교육의 진보적 기능은 보수적 기능이 현상유지와 질서유지, 존속 및 통합의 관점을 강조하는 데 반해서 사회이동과 사회개혁의 기능을 중요시하는 교육의 사회적 기능이다. 교육의 사회적 기능에서 보수적 기능만을 치중하게 되면 사회의 발전과 개인의 성장을 가져올 수 없다. 따라서 교육의 기능은 진보적 기능과 보수적 기능이 적절히 조화 · 병존해야만 한다. 교육의 사회적 기능을 진보적 관점에서 보려는 대표적 입장은 조지 카운츠(G. Counts)의 '재건주의(reconstructionism)'의 입장이나 브라멜드(T. Brameld)의 주장 등에서 발견할 수 있다(Counts, 1956). 이들은 학교교육을 통한 사회개혁을 주장하고 있다. 교육의 진보적 기능은 사회발전을 위한 거시적 개혁과 진보뿐만 아니라 현존하는 사회규범이나 가치관을 변화시키고 새로운 지식과 기술개발 등의 변화를 촉진하는 포괄적 기능을 의미한다. 일반적으로 진보적 기능으로서는 사회개혁 또는 변동의 기능을 들 수 있다.

1) 사회개혁 및 변동의 기능

교육의 대표적인 진보적 기능은 사회개혁 및 변동의 기능이라 할 수 있다. 학교에서 사회를 개혁하고 변동시키려는 노력은 다양한 형태로 제시된다. 일반적으로 사회를 진보·개혁하려는 학교의 기능은 주로 연구기능이나 사회성원의 태도 변화를 주요 관심사로 인식하고 있다. 근자의 신기능주의적 관점에서도 알 수 있듯이 발명과 기술개발 그리고 새로운 가치추구 등을 통해 사회개혁과 혁신을 시도하게 된다. 흔히 '사회화냐, 사회변동이냐?'라는 질문은 교육의 보수적 기능이냐 또는 진보적 기능이냐에 관한 좋은 물음이 되고 있다(Jarolimek, 1981). 그러나 교육의 사회적 기능은 보수적 사회화의 기능과 사회변동의 기능을 동시에 수행하고 있기 때문에 이에 관련된 일치된 견해는 없다. 어떻든 진보적 기능은 단순히 현존 질서의 유지나 전통적 가치의 전수에만 그치는 게 아니라 보다 나은 사회로의 전환을 위한 개혁과 변화를 위해 강조된다. 이러한 진보적 기능 수행은 기술변화를 위한 개혁 연구 활동뿐만 아니라 가치나 태도 그리고 문화의 개혁까지도 포함한다.

특히 많은 연구 결과들은 학교교육이 사회성원의 인식과 가치, 태도 등을 변화시킴으로써 사회개혁을 유도하는 기능을 수행한다고 보고 있다. 이런 점에서 학교는 근대적 가치관과 생활태도의 형성과 관계가 있다. 즉, 학교는 교육을 통해 사회성원으로 하여금 사회, 경제, 정치 및 지적인 면에서 근대적인 가치관을 갖게 함으로써 사회개혁에 참여토록 한다는 것이다(Peshkin, 1970).

사회학자 인켈스(Inkeles, 1969)는 교육이 인간 사고의 근대화에 크게 기여한다고 보고 있으며, 교육의 진보적 기능은 사회에서 기여할 수 있는 과학적이고 합리적인 사고와 합리적인 생활을 영위할 수 있는 가치관과 태도 및 기능을 배양한다고 본다.

교육의 사회개혁 및 변동의 기능에 대한 이러한 관점은 발전교육론적 관점에서뿐만 아니라 기존 사회체제를 개혁해야 한다는 주장을 내세우는 프레이리(Freire, 1985) 등의 비판적 입장에서도 찾아볼 수 있다. 즉, 프레이리의 비판적 입장은 교육에서 사회성원의 비판적 사고를 배양시킴으로써 사회개혁을 해야 한다고 주장하고 있다.

교육의 진보적 기능을 강조하는 견해들은 학교가 사회의 부정과 인권 그리고 사회가 안고 있는 여러 문제들을 개혁하고 혁신하는 기능을 중시해야 한다고 주장한다. 특히 환경문제, 인구과잉 문제, 또는 저출산 고령화 문제, 소득분배와 불평등 문제, 복지나 평화문제 그리고 이와 관련된 사회의 여러 문제들을 교육을 통해 해결해야 한다는 견해이다. 그렇지 못할 경우 교육은 단순히 현존 체제와 현 사회를 존속시키는 데 결정적 역할을 수행하는 '풍요한 엘리트(affluent elite)'의 도구적 역할만을 수행하게 된다고 주장한다(Jarolimek, 1981).

대체적으로 지금껏 교육의 보수적 기능 수행에는 커다란 문제가 있다고 볼 수 없으나 급격한 산업화와 지식정보화 사회로의 전환 그리고 사회변동의 결과는 학교교육의 기능에 의문을 제기하게 되었다. 이렇게 된 이유는 사회변화와 개혁을 학교교육이 주도해야 함에도 불구하고 오히려 학교교육이 사회변동과 산업화의 결과에 의존하게 된 데에 있다. 특히 학교에 대한 일반인의 기대수준은 감소되어 가고 있고 합리적 개인주의, 민주주의 그리고 진보의 이상과 관련된 사회적 가치 창출을 위한 학교교육 기능에 대한 비판이 일고 있는 실정이다. 예를 들면, 근자의 환경론자들은 진보를 향한 가치나 산업발전에 대해 비판적 견해를 제시하고 있으며 '보다 큰 것이 보다 나은 것'이라는 견해를 수용하려 하지 않는다(Schumacher, 1973). 이러한 예에서 볼 수 있듯이 교육의 기능에 대한 일반인의 기대수준은 교육의 보수적 기능 수행과 함께 삶의 질을 향상시키기 위한 바람직한 사회개혁 및 변동유도 기능도 요구하고 있다.

이 점에서 학교는 사회가 안고 있는 사회적 질병을 해결하고 삶의 질을 향상시키는 진보와 변동의 주요한 기능을 수행한다. 고등교육기관에서 행해지고 있는 연구, 기술, 신기술 개발 그리고 사회정책에 관한 보고서 등은 사회개혁 및 변동을 촉진하는 역할을 담당하는 좋은 예라고 볼 수 있다.

2) 사회적 이동의 기능

교육의 진보적 기능 중의 하나는 사회적 지위이동과 사회변화의 기능이다. 학교교육이 한 개인의 사회적 지위를 결정해 주는 가장 중요한 기능을 수행하기 때문에 개인의 사회적 성취를 결정하는 중요한 역할을 담당한다는 연구 결과는 많다(김병성 외, 1982; KEDI 연구, 2010; Chesler & Cave, 1981; Duncan, 1972; Sewell & Hauser, 1975).

물론 학교교육이 학생의 선발 및 분배의 기능을 수행하지만 엄밀히 말해 이 기능은 보수와 진보의 기능을 동시에 갖는다고 볼 수 있다. 이 점에서 사회적 이동의 기능은 진보적 기능뿐만 아니라 보수적 기능으로 구분할 수도 있다. 그러나 사회적 지위나 경제적 분배뿐만 아니라 구조적 이동까지를 감안한다면 사회적 이동의 기능은 주요한 진보적 기능이라 볼 수 있다. 흔히 신교육사회학에서 다루어지고 있는 재생산 이론은 교육의 사회적 이동 기능에 대한 비판이라 해도 과언이 아니다.

교육이 보수적 기능만을 수행한다면 사회의 수직적 이동이든 수평적 이동이든 원활하게 이루어질 수 없을 뿐만 아니라 특정 계층이나 특정 지역 혹은 특정 집단을 재생산하는 기능을 수행하게 된다. 그러므로 교육의 사회적 이동의 기능 수행이 건전할 때 소위 능력 중심의 평등사회가 가능한 완전이동에 근접할 수 있다 하겠다. 그러나 교육의 지위이동의 기능만을 지나치게 맹신할 경우 우리나라가 겪고 있는 시험지옥 또는 시험광 등의 병리현상과 함께 교육에 대한 잘못된 관념, 즉 교육신화에 집착하게 된다.[1)]

1) '교육신화'란 교육에 대한 잘못된 관념을 의미하며 예로서 일류학교—성공과 같은 관념 등이다(이현청, 1994).

3. 선발과 분배의 기능

교육의 또 다른 사회적 기능은 선발과 분배의 기능이다. 어떤 사회든 한 사회가 필요로 하는 인력은 제도적 교육을 통해 공급을 받게 되고 학교는 이러한 인력수급을 위한 훈련, 평가 및 선발의 기능을 수행하게 된다. 그러므로 학생들은 학교에서 다양한 주제와 능력에 따라 측정, 평가되고 또 선발된다. 평가에 의해 선발되면 학생들은 다양한 형태의 훈련과 교육을 받게 되며 훈련이나 교육이 완료되면 사회의 각 기관이나 직업에 배치된다. 이 점에서 교육의 선발과 분배의 기능은 단순한 기능이라 볼 수 없다. 선발과 분배의 기능은 무엇을 위한 선발이며 누구를 위한 선발인가, 그리고 어떻게 선발되는가, 선발과 분배의 결과는 무엇인가, 언제 선발해야 하는가 등의 매우 예민한 쟁점들이 대두될 수 있는 기능이다. 학교교육의 선발과 분배의 기능에 대한 대표적인 논의는 신베버주의적 관점에선 지위경쟁 이론이라 볼 수 있다(Collins, 1975; Hurn, 1978; Little & Holmes, 1986: Maxwell, 1975; Pring, 1986).

이 이론은 학교교육이 지위결정의 주요한 요인이 된다고 보고 있으며 학교교육에서의 사회화를 통한 기회나 선발의 과정을 문제시하고 있다. 선발 및 분배의 기능은 한 사회가 소유하고 있는 희소재화(scarce resource)를 어떻게 분배할 것인가의 문제와 깊은 관련성이 있다. 물론 재생산 이론가들이나 지위경쟁 이론가들의 주장처럼 상승적 사회이동이 반드시 학교만으로 결정되는 것은 아니며 성취동기나 지능 등의 복합적 배경에 의해 결정되기 마련이다. 그러나 학교교육이 갖는 선발과 분배의 기능은 그 어떤 요인보다도 중요한 기여를 한다는 점을 인정할 필요가 있다. 일반적으로 학교에서의 선발과 분배의 기준으로서는 학업성적, 기능, 가족의 경제적 여유, 부모의 희망, 개인의 욕망 그리고 진학을 장려 또는 억제하는 학교의 분위기 등을 들 수 있다(Hurn, & Ballantine, 1988). 이러한 요인 중 부모의 사회경제적 지위와 지능이 학업성취 수준에 결정적인 역할을 한다고 이해되고 있다(Bowles

& Gintis, 1976; Coleman et al., 1966; Corwin, 1974; Rehbegy, 1978). 이 중에서도 콜먼(Coleman)이 행한 방대한 연구 결과인 콜먼 보고서는 가족 배경이 학업성취도와 가장 큰 관계를 가지고 있음을 입증하고 있다(Coleman et al., 1966).

이렇듯 교육의 선발과 분배의 기능은 매우 중요하지만 학교교육은 실제로 교육의 기회구조나 교육평등의 이상 그리고 선발 구조나 절차와 관련하여 많은 비판을 받고 있다. 심지어 학교교육에 대한 비판이론들은 그 주요 쟁점을 선발과 분배의 기능에 집약시키고 있는 실정이다. 이와 관련하여서는 차후 더 언급하기로 한다.

선발과 분배의 기능은 학교교육에서의 문제뿐만 아니라 한 사회가 안고 있는 구조적 문제도 고려할 필요가 있다. 우선, 교육제도 면에서 볼 때 단선제도냐 복선제도냐에 따라 달라질 수 있다. 단선제도의 경우에는 누구에게나 균등한 기회를 부여함으로써 대중교육을 촉진하게 되고 따라서 사회이동을 촉진할 가능성이 높아지게 된다. 이때 교육의 선발과 분배의 기능은 더 원활할 가능성이 높아지게 되는 것이다. 그러나 복선제도일 때는 영국이나 프랑스 등에서처럼 중등학교 수준에서 대학진학 여부가 결정되기 때문에 어떤 의미에서는 비교적 보수적인 경향을 띨 우려가 있다. 우리나라의 경우는 단선제도에 속하고 있다 볼 수 있으나 단순히 교육제도만 가지고 교육의 선발과 분배의 기능을 논하는 것은 완전한 설명이라고 볼 수 없다. 복선제도의 대표적인 예로서는 영국의 경우처럼 11^{+} 시험을 통해 그래머스쿨, 공업학교 그리고 모던 학교(Modern School)로 선발하는 경우를 들 수 있다(Thut & Adams, 1964).

물론 단선제도나 복선제도는 선발과 분배의 기능 수행이 있어서 장단점이 있을 수 있다. 사회의 경제 수준이 높은 나라일 경우는 단선제도가 바람직할 수 있으나 경제 수준이 낮은 나라의 경우는 경제적 능력에 따라 오히려 조기에 취업을 결정할 수 있는 복선제도가 바람직할 수 있다.

교육의 선발과 분배의 기능과 관련하여 고려해야 할 점은 한 사회의 직업

분화 수준과 직업분배의 철학이라 할 수 있다. 능력보다는 귀속적 요인에 좌우되는 사회일 경우에는 올바른 선발과 분배가 이루어질 수 없기 때문이다.

선발과 분배의 기능을 수행하는 학교가 지나치게 사회적 안정과 질서만을 강조할 경우에는 사회이동이 촉진되지 못하게 될 것이다. 또 이와 반대로 지나치게 사회이동을 촉진하려 할 경우에도 사회 안정이 어려워진다. 이 두 경우 모두 교육의 선발과 분배의 기능에 장애가 생기게 될 것이고 사회발전에 공헌할 수 없게 될 것이다.

지금껏 교육의 사회적 기능을 살펴보았다. 교육의 사회적 기능은 시대와 상황 그리고 체제에 따라 달라질 수 있고 또 변화되어야 할 필요가 있다.

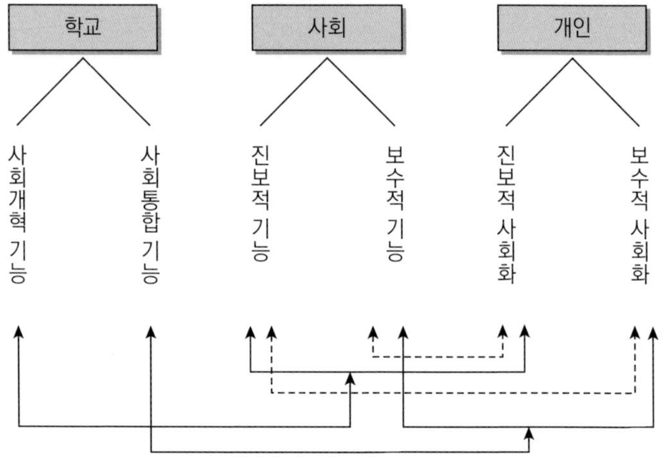

[그림 8-1] 사회와 개인 차원에 따른 교육의 기능

[그림 8-1]에서 제시된 바대로 교육의 사회적 기능은 사회적 욕구의 차원과 개인의 차원에서 생각해 볼 수 있다. 실선(—)은 사회와 개인 간의 부적응 현상이 없는 경우를 뜻하며, 점선(--)은 사회적 욕구와 개인 간에 갈등이나 부적응이 야기될 수 있는 상황을 나타낸 것이다. 교육의 사회적 기능 중 지나치게 보수적 기능을 강조할 경우 그리고 개인이 지나치게 진보적 사회

화를 지향할 경우 교육이 올바른 기능을 수행한다고 볼 수 없다. 특히 급격한 사회변동을 경험하고 있는 사회의 경우가 이에 해당한다. 사회적 가치나 학교 교육내용은 보수적 성향인데 새로운 문화와 가치, 기술 등을 이미 습득한 개인의 경우는 진보적 성향을 띠기 때문에 개인이 사회에 적응하기 어려워지게 되는 경우와 같다. 그러므로 교육의 사회적 기능은 사회와 개인 간의 조화뿐만 아니라 진보적 기능과 보수적 기능이 조화를 이룰 필요가 있다. 또한 앞서 언급된 바와 같이 언제, 어떻게, 무엇을, 왜 사회화시켜야 하며, 통제하고 선발 · 분배할 것인가를 고려해야만 한다. 교육은 사회적 규범과 가치를 전수하기 때문에 현재적 교육과정은 물론 잠재적 교육과정과도 깊은 연관이 있기 때문이다(Snyder, 1971). 특히 갈등이론자들이 주장하듯 교육의 사회적 기능이 자본주의 체제의 기능을 수행해서도 아니 된다. 헌(Hurn, 1978)의 경우도 이러한 점에서 잠재적 교육과정의 중요성을 강조하고 있다. 또 교육이 사회적으로 발전적인 기능을 수행하기 위해서는 자율성이 어느 정도 보장되어야 한다는 점도 고려되어야 한다.

4. 교육의 이차적인 사회적 기능

교육의 사회적 기능은 앞서 설명된 일차적 기능 이외에도 부수적인 이차적 기능을 수행하게 된다. 이차적 기능은 학교가 일차적 기능을 수행하는 과정에서 부수적으로 나타난 역할이라 할 수 있는데, 탁아소의 역할, 구혼(求婚)의 장소가 되는 역할 그리고 하류 문화전달의 역할 등을 수행하게 된다. 또한 학교나 학생문화 형성의 기능도 아울러 수행하게 된다.

학교가 탁아소의 역할을 수행한다는 것은 중요한 의의를 갖는다. 즉, 학교의 탁아소의 역할은 가정에서의 여성의 역할에 변화를 촉진시킬 수 있는 의미를 내포한다. 특히 오늘날처럼 사회가 산업화됨으로써 여성 역할의 변모를 가져오고 여성의 사회인식과 가족생활에 변화를 경험하는 사회에서는 이러한 이차적 기능을 더 중요시한다. 그러나 학교가 탁아소 역할을 수행함으로써 제기되는 문제도 배제할 수 없다. 첫째, 조기교육과 관련된 쟁점으로서 가정과 사회의 역할에 대한 쟁점이다. 즉, 아동의 초기 사회화의 책임이 누구에게 있느냐 하는 문제이다(Ballantine, 1983). 일반적으로 일차 사회화의 책임은 가정에 있고, 특히 어머니의 역할이 중요하다는 점은 인식되어 온 사실이다. 따라서 지나친 조기교육은 부모의 사회화 방법과 학교의 사회화 방법에 갈등을 초래할 염려가 있다. 둘째는 제도적 사회화(institutionalized socialization)가 획일적인 인간을 만듦으로써 창의성 있고 개성적인 인간 형성에 장애요소가 된다는 지적이다(이현청, 1984, 1994). 이외에 또 다른 문제로서는 여성의 사회진출에 따른 가정에서의 남편과 부인의 역할 갈등이 대두될 수 있다. 그러나 무엇보다 더 중요한 사실은 교육을 사회나 학교에만 의존하려는 '제도지향적 교육관(制度指向的 教育觀)'을 야기할 뿐만 아니라 가정에서의 교육포기 현상이 일반화될 염려가 있다(이현청, 1984, 1994). 특히 우리나라의 실정은 이러한 현상이 더욱 심화될 소지가 많기 때문에 역으로 생각하면 그만큼 학교의 역할은 중요시된다.

다음으로 학교, 특히 대학은 학과학습 이외에도 과외활동을 수행하기 때문에 이러한 과외활동을 통해 구혼의 역할을 수행하게 된다. 특히 전통적 결혼관습에서 탈피하고 있는 지식정보화 사회에서는 교회 등 종교기관과 학교가 중요한 결혼의 중매 역할을 담당하게 된다. 그러나 지나치게 이 기능이 강조될 경우 학교 본연의 기능이 약화되어 자칫 반지성주의 경향이나 파티학교(party school)의 특성을 띨 우려가 있다(Levine, 1981).

또 다른 이차적 기능은 하류 문화전달의 역할과 학교문화 그리고 학생문화를 형성하는 역할을 들 수 있다. 학교는 각기 다른 계층의 학생들이 모여 집단을 형성하기 때문에 개인적인 차원에서 볼 때에는 각기 다른 하류문화를 서로 교환하게 되며 또한 동년배 집단이라는 점에서 볼 때에는 그들 특유의 학교문화를 형성하게 된다. 이 점에서 학교문화 형성의 일차적 기능이 이차적 기능에 우선할 경우에는 반문화(counterculture) 형성이 가능해지고 학교는 바람직한 사회적 기능을 수행하기가 어렵게 된다.

학교는 앞서 논의된 사회적 기능들을 종합적으로 수행할 뿐만 아니라 일차적 기능과 함께 이차적 기능을 동시에 수행한다는 점에서 결코 단순한 역할을 행한다 볼 수 없다. 학교가 한 사회에서 바람직한 사회적 기능을 수행하기 위해서는 한 사회에 내재되어 있는 가치, 신념 및 구성원들의 교육에 대한 지각이 올바로 정립되어 있을 때만이 가능하다 하겠다. 제롤리멕(Jarolimek, 1986)은 학교의 사회적 기능을 심적 훈련, 기초를 다지기 위한 교육, 사회에의 적응, 문제해결과 비판적 사고배양, 사회변동을 위한 교육 및 자아실현을 위한 교육 등으로 구분하면서 사회의 본질이 교육의 사회적 기능을 결정한다고 주장하고 있다(Jarolimek, 1981).

따라서 교육의 사회적 기능은 가정의 사회화 기능과의 연계성을 고려할 필요가 있으며 사회적 기능을 하는 이들 두 기관인 학교와 가정 간에 게재된 여러 요인들에 의해 성공 여부가 결정될 수 있다.

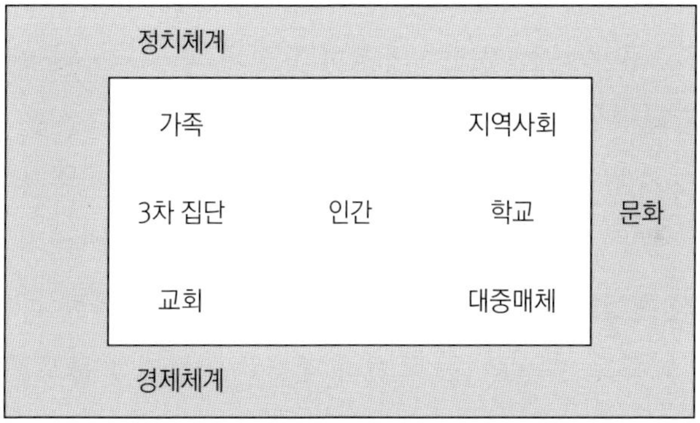

[그림 8-2] 교육의 사회적 기능의 구조

출처: Chesles(1981), pp. 9-10 참조 재구성

5. 사회변화와 교육의 기능

교육의 사회변동 과정에서 나타난 사회현상을 반영하며 동시에 시대적으로 사회가 요구하는 사회적 요구를 충족하기 위한 기능을 수행하여 왔다고 볼 수 있다. 이 점에서 교육의 사회적 기능은 사회변화와 밀접한 관련성이 있다. 교육의 기능은 사회에 내포된 사회성원의 개인적 요구뿐만 아니라 집단적 요구들을 반영하여 특정한 시대와 특정한 사회에서 중요시되기 때문에 사회에서 필요한 사회적 기능을 반복해 가는 기능적 순환(functional cycle)에 의존하기 마련이다(이현청, 2010). 즉, 한 사회나 시대에서 두드러진 이데올로기와 문화 그리고 체제의 특성을 반영한다. 특히 어느 사회든 시대에 따라 지배적인 문화와 이데올로기가 다르기 마련이므로 교육의 사회적 기능도 시대적 특성이 무엇이냐에 따라 순환적 기능을 담당한다. 그러므로 교육은 사회 전체의 변동과 시대적 속성에서 벗어날 수 없다. 사회변동에도 불구하고 교육의 사회적 기능은 커다란 변화를 하지 않는다는 종래의 주장과 달리 교육은 시대적 요구나 어떤 사회의 구조적 특성에 따라 기능적 변화가 요구되기 마련이다. 대개 시대적 변화는 진보와 보수의 순환적 속성을 지니고 있으며, 교육의 사회적 기능도 시대적 변화에 따라 기능주의적 특성을 지니기도 하고 변혁과 개혁을 강조하게 되는 기능을 수행하게 된다. 대개 기능주의 성향, 즉 사회적 통합과 질서유지 및 체제 수호적 특성이 강한 사회일 때는 변화와 개혁의 교육적 기능보다는 통합과 질서유지를 위한 문화전달의 기능이 강조되기 마련이다. 사회변화의 특성에 따라 교육의 기능이 변모되는 것을 교육변동(educational change)이라 할 수 있는데, 교육변동이 심한 사회에서는 교육정책이나 교과내용 그리고 사회화 과정에 일관성이 결여됨으로써 불완전한 사회화가 이루어지게 되며 일시적 사회 단절이나 세대 간 단절을 경험하게 된다. 그러므로 사회변화에 민감하게 반응하는 교육기능도 바람직하다 볼 수 없으며 지나치게 보수적이고 통합 중심의 사회적 기능도 개인의 자율성이나 개인 중심 사회의 측면에서 본다면 바람직하다 할 수 없다.

〈표 8-1〉 사회변동과 교육의 사회적 기능

사회적 유형 / 사회적 특성과 저항요인	통합 특성적 사회	갈등 상황적 사회	변화 주도적 사회
사회적 특성	• 국가 중심 • 통합 중심 • 질서유지적 관점 • 보수적 관점 • 수동적 교육개념 • 통합집단 중심 • 통제나 조화 중심	• 이익집단 중심 • 변동 중심 • 갈등해소적 관점 • 진보적 관점 • 자발적 교육개념 • 지배-피지배집단 중심 • 변화와 개혁 중심	• 개인 중심 • 변동 중심 • 혁신적 관점 • 계속교육개념 • 변화 주도자 중심 • 변화와 창의적 혁신 중심
교육의 사회적 기능	• 통합 중심 • 집단화 중심 • 인력수급 중심 • 이상주의, 미래 중심 교육 • 통제 중심 교육	• 변동 중심 • 개인사회화 중심 • 행위 중심 교육 • 냉소주의 • 현실 중심 교육	• 적응 중심 • 개인 사회화 중심 • 실천 중심 교육 • 개혁주의 • 현실/미래 중심 교육

〈표 8-1〉에서 설명된 것처럼 사회변동에 따라 교육의 사회적 기능은 변화하기 마련이다. 특히 사회적 특성은 대개 통합 특성적 사회(consensus-oriented society)와 이러한 특성과 반대되는 갈등 상황적 사회(conflict-oriented society)가 순환한다 볼 수 있는데, 이러한 순환과정에서 교육의 사회적 기능이 달라지기 마련이다. 사회가 비교적 안정되고 통합적인 사회에서는 발전교육론적 관점에서의 선발과 분배의 기능이나 집단적 사회화의 기능이 강조되는 데 반해 갈등주의적 사회일 때는 교육의 사회적 기능도 변동 중심의 개인사회화 기능이 중요시되기 마련이다. 특히 21세기에 접어들면서 급격한 지식정보화 사회의 확산과 세계화의 심화가 이루어지는 변화 주도적 사회가 되면서 변동과 개인 중심 사회로 전환되고 교육적 기능도 적응 중심 계속교육이 중요시되고 있는 실정이다(이현청, 2010).

그러나 어느 시대 어느 사회이든 이러한 사회적 특성이 고착된다기보다는 순환하기 마련이므로 교육의 사회적 기능 또한 순환적으로 그 기능이 강조된다. 예를 들어, 비교적 안정적이고 제도적으로 정착된 사회에서는 갈등 상황적 사회와는 달리 교육의 장기계획이 확연하고 사회적 기능 또한 미래 중심 교육에 기반을 두게 될 것이다. 그러나 변화나 갈등 상황적 사회에서는 개혁 중심 교육이나 불확실한 현실을 타개하기 위한 변동 중심의 사회적 기능이 중요시되기 마련이다. 또한 갈등 상황적 사회에서는 사회적으로 이데올로기적 갈등을 경험하게 되므로 개인 사회화가 중요시되는 특성도 지니게 된다.

사회변화와 교육의 기능은 밀접한 함수관계에 있으면서도 교육이 사회변화에 부응하지 못함으로써 비판의 대상이 되어 왔다. 사회변화와 교육의 기능 간에 격차가 클수록 학교의 사회적 기능은 문제성을 내포하게 된다. 우리나라의 경우에도 1960년대 이래의 인력개발 위주의 교육이 강조되어 오면서 지나치게 선발과 분배의 기능에만 치중한 나머지 교육의 사회화 기능이 무시됨으로써 오늘날의 인간 상실과 청소년 문제를 야기시키는 데 일익을 담당하였다 할 수 있다. 특히 학교교육의 내용은 급속히 변화하는 사회적 현상을 설명하는 데 있어서나 사회를 개혁하는 데 필요한 내용이 되지 못하고 때로는 진부적이거나 시대착오적인 비현실적 내용이 될 경우도 있기 때문에 사회변화에 부응하는 교육의 기능은 매우 중요하다 하겠다. 예컨대, 우리나라의 실정에서 볼 수 있는 '강단교육학'과 '현장교육학' 혹은 '실천교육학'의 개념들도 엄밀히 따져 본다면 사회변화와 교육내용 간의 차이가 많은 데서 비롯된 것이다.

교육이 사회변화에 지나치게 순응하고 적응하는 것도 문제가 될 수 있으나 지나치게 사회변화에 괴리된 교육의 기능도 바람직하다 할 수 없다. 그러므로 교육의 사회적 기능을 논할 때는 우선 사회와의 관계에서 논의될 수 있는 요인들을 검토할 필요가 있다. 교육이 사회변화에 부응하지 못할 경우 올바른 사회적 기능을 수행할 수 없으며 사회변화가 지나치게 앞서갈 경우도 획일적 · 통제적 · 계도적 교육이 됨으로써 바람직하다 할 수 없다.

제9장

교육과 사회화

1. 사회화의 개념과 교육

일반적으로 사회구성원으로서의 한 개인의 시민성 혹은 공민성과 개인으로서의 인간됨을 말하는 의미의 인간화(humanization)란 비교적 포괄적인 개념으로서 받아들여지고 있다. 이 장에서는 협의의 개념이라 할 수 있는 사회화(socialization)의 개념을 중심으로 하여 설명하고자 한다.

사회화에 관한 연구는 사회과학의 발달, 특히 인류학, 심리학 및 사회학의 발달과 함께 활발히 진행되어 왔다. 사회화의 의미를 밝히는 데 있어서 매우 중요한 개념들로는 문화, 내면화(internalization), 관습, 동일시(同一視), 사회적 역할 및 자아 등이 있으며 이러한 개념들은 대개 '사회화'의 정의를 설명하는 데 필요할 뿐만 아니라 사회화 과정을 설명하는 데 있어서도 중요시되고 있다.

사회화란 한 개인이 자기가 속해 있는 혹은 속하게 될 집단의 기술, 지식, 태도, 가치 및 동기 등을 선택적으로 습득하는 과정이다. 그러므로 사회화란 한 개인이 집단경험이나 개인적으로 독특한 경험을 통해 문화나 가치 등을 학습하여 선택적으로 습득하는 과정이라 볼 수 있다(Sewell, 1963). 이러한 의미에서 볼 때 사회화란 종래의 견해들과는 달리 생애의 과정이며 사회적 집단과 개인에게 모두 긍정적인 기대를 줄 수 있는 공생적 과정(symbiotic process)이라 볼 수 있다(Rosenberg & Turner, 1981).

일반적으로 사회화의 개념은 대개 성숙이나 발달과 구분되는 의미를 지닌다. 많은 발달이론가들은 환경이 개인에게 영향을 주며 동시에 개인도 환경에 영향을 미친다는 점을 강조하고 있다. 또한 인간의 발달과정이 지속성을 갖고 있다는 점도 중요시한다.[1)]

오늘날 '사회화'를 설명함에 있어서 특히 주목을 끌고 있는 사실은 사회화 과정에 사회적 요인들이 어떻게 작용하고 있느냐 하는 문제와 사회화 과정의 지속성 문제에 관한 집중적 관심이다. 사회화에 대한 설명은 일반적으로 심리학적인 과정으로 이해되어 왔던 것이 사실이다. 그러나 근자에 들어서는 종래의 그러한 입장에서 탈피하여 사회화에 있어서의 사회적 기반을 중요시한다. 따라서 고전적인 접근들처럼 단순히 심리학적인 과정으로서 사회화를 설명하려 하지 않고 비교적 통합적인 사회화 과정의 연구를 시도하고 있다.

사회화를 설명하는 데 있어서 사회화의 대행자와 사회화의 경위에 대해 연구해 온 중요한 이유는 인간이 갖고 있는 사회적 속성, 즉 사회성 때문이다. 인간은 사회적 존재로서 인간에 내재되어 있는 잠재가능성을 사회라는 장(場)을 통해 개발할 수 있고 공동생활과 문화적 유산의 습득을 통함으로써 비로소 개발될 수 있기 때문이다. 또한 사회화는 한 주체로서의 인간이 사회현상과의 접촉을 통해서 지속되는 과정이다. 그러므로 인간의 사회화 과정

1) 성숙은 비교적 자발적이고 예측의 과정을 포함하는 생체적인 특성을 의미하며(Clausen, 1968) 발달은 생체적인 구조뿐만이 아니라 사회적 체계를 포함하는 뜻으로 대체로 단순한 구조에서 복합적 구조로의 변화과정이라 할 수 있다(Goulet & Balites, 1970; Nessel Rode & Reese, 1973; Schaie, 1973).

을 이해하는 데 있어서는 인간이 갖는 사회성 그리고 인간과 인간의 정서적 관계를 이해함이 중요하다 할 수 있다. 특히 사회화 과정에서 한 국가, 한 민족이 간직해 온 독특한 문화적 내용과 사회구조적 특성은 사회화의 내용과 질을 결정하는 데 있어 기초가 된다 하겠다. 그래서 교육의 사회적 기능 중에서도 중요한 기능 중의 하나가 아동들을 사회화시킴으로써 인간다운 인간을 만드는 데 있다. 뒤르켕(Durkheim)은 교육의 목적은 바로 사회성을 창조하는 데 있다고 보아 교육은 사회화의 방법이라 주장하고 있다.[2)]

메이어(Mayer, 1970)도 사회화를 인간이 사회적 존재로서 요구되는 역할수행 능력의 습득과정이라고 정의하고 있는데, 이러한 관점은 문화인류학에서 주장되고 있는 문화화(文化化)와 동일한 의미를 지닌다.

사회화 과정이나 그 내용은 지역이나 시대에 따라 다소 차이가 나지만 동화작용(同化作用)과 선발작용을 통해 사회화가 이루어지기 때문에 '사회화의 장(socialization in field)'인 사회 그 자체의 특성은 사회화와 밀접한 관련성이 있다. 즉, 사회성원이 갖는 인지성향이나 태도, 가치, 문화 등은 사회화의 질과 방향을 결정케 하는 중요한 요소들이라 할 수 있다. 특히 미완성의 존재로서의 인간은 앞서 몇몇 학자들이 지적한 바대로 '문화화'되고 '사회화'의 방법을 습득함으로써 완성된 사회성원으로서 성장하게 된다.

그러므로 한 인간이 생존하고 있는 사회집단과 사회환경 및 사회생태학적 구조나 특성은 사회구성원들의 사회화의 질을 결정케 만드는 것이다. 1980년대 초 리프킨(Rifkin, 1981) 같은 사람은 현대 산업사회의 사회생태학적 위기를 논하면서 열역학 에너지인 '엔트로피(entropy)' 개념으로서 사회환경과 인간의 가치에 대하여 설명하려 하고 있다.

사회화와 관련하여 사회가 얼마나 중요한지에 대하여서는 '생득(生得)'과 '환경론'의 논쟁에서부터 그 근원을 찾을 수 있다. 그러나 생득론이든 환경론이든 인간의 '인간화'를 위해 사회환경이 매우 중요하다는 사실에 대해서는

2) 사회화의 개념은 1920년대에 뒤르켕에 의해 논의되었으며 그의 저서『Education in Society』(1923)에서 다루어지고 있다.

의심의 여지가 없다.

대체로 사회화와 사회를 논의할 때 지적되고 있는 바는 인간과 인간 간의 관계와 문화적 환경 및 사회적 구조이다. 그러나 사회화의 주체가 인간 그 자신이면서도 사회화의 대상 또는 객체 또한 인간이다. 이 점을 고려해 볼 때 인간이 타인과의 접촉을 이루고 있는 사회적 구조라든지 인간 간의 이러한 관계를 설명하는 내용을 결정하는 언어를 포함한 문화환경은 사회화 과정의 요소들이라 할 수 있다.

다음 절에서 자세히 논의되겠으나 특히 문화는 사회와 밀접한 관련을 가지는 동시에 개인의 인격 형성과도 긴밀한 연관을 가진다 하겠다. 콜과 콕스(Cole & Cox, 1968)가 지적하듯 "사회화는 한 문화의 학습이며, 다양한 사회체제 안에서의 생활의 방책이다. 인간은 이와 같은 사회화 과정의 결과에서 자아의 발전이 이루어진다." 그러므로 사회화란 사회집단, 사회조직, 사회기관을 포함한 사회환경 구조와 이러한 체제 간의 상호작용과 밀접한 관련이 있고 이러한 사회적 관계나 사회적 상호작용은 문화환경과 밀접한 연관을 맺고 있다. 사회화를 설명함에 있어서는 사회학적 시각이 필요한 이유가 여기에 있다.

사회학적 입장에서의 사회화 연구는 뒤르켕이 1920년대에 처음으로 관심을 가진 이래 쿨리(C. Cooley), 미드(H. Mead), 파슨즈(T. Parsons) 등을 거쳐 발전되어 왔다. 이들의 주요 관심사는 개인의 사회화에 독특한 준거라 할 수 있는 부모와 가족요인 등의 사회화의 대행자에 관한 연구에 있었다. 레비(Levey, 1973)와 인켈스(Inkeles, 1968)도 부모와 자녀 간의 상호작용 과정과 사회적 역할 습득 등을 밝히는 연구를 통해 사회화를 설명하려 하고 있다. 이들은 사회화란 개인으로 하여금 그가 처한 사회에 적응케 하고 문화를 습득케 하며, 사회 그 자체 또한 재생산되는 과정이라고 밝히고 있다.

2. 사회화에 대한 관점

사회화의 과정에서 개인보다 사회를 중요시하는 사회학적인 관점에서는 사회화를 설명하는 입장이 크게 두 가지 견해로 대별되고 있다 하겠다. 그 하나는 사회화를 한 개인이 적응하고 동조해 가는 과정으로 보는 견해이다. 이 입장은 개인이 사회의 가치, 규준, 타인과의 교섭 및 역할기대 등에 적응해 가는 과정으로 이해하는 것으로서 구조기능주의적 관점이라 할 수 있다. 물론 롱(Wrong, 1961) 같은 학자는 이러한 구조기능주의적 사회화 이론을 비판하면서 이를 지칭하여 '과잉사회화(over-socialized)'라고 비판하고 있다. 그러나 이러한 비판에도 불구하고 구조기능주의적 사회화 이론을 주장하고 있는 인켈스(1969)의 사회적 적응의 관점이 널리 수용되고 있는 실정이다. 이러한 견해들은 사회나 사회집단의 관점에서 사회화를 설명하기보다는 사회화의 대상인 개인의 사회적 특성의 관점에서 사회화를 설명하고 있는 데 그 특징이 있다. 그러므로 만약 사회집단보다는 개인 사회화를 설명하는 준거가 된다는 관점에 선다면 집단의 문화전달과 창조의 측면보다는 인간의 발달에 대해 보다 관심을 기울일 필요가 있다 하겠다. 이렇게 볼 때 사회화는 "사회적 영향의 결과로서 한 개인이 체험하고 수행해야 할 발달과 변화의 과정이다."라고 설명할 수 있다(Gecas, 1979).

사회화와 사회의 관계를 이해함에 있어 사회가 사회화의 과정에 관여되어 있음은 의심할 여지가 없으나 사회화의 대상인 개인과 사회와의 관계에서 볼 때 개인이 간직하고 있는 사회적인 속성을 준거로 삼느냐 아니면 사회집단이나 사회가 갖는 환경적 특성을 중시하느냐는 학자들의 견해 차이라 볼 수 있다. 어느 입장이든 간에 사회화는 자아개념, 정체성, 다양한 태도, 개인적 성향, 개인의 행위 발달과 관련되어 있다. 톨먼(Tallman, 1977)도 사회를 정체성의 선별과정으로 보고 있으며, 스트라이커(Stryker, 1979) 또한 사회화는 자아개념의 형성과 관련된다고 보고 있다.

사회학적 관점들은 사회화를 설명함에 있어서 대개 상징적 상호작용과 전통적 사회학적 관점에서 기술하고 있다. 우선, 상징적 상호작용 이론은 사회심리학적 관점에서 사회화를 설명해 온 미드, 쿨리, 제임스(James) 그리고 토머스(Thomas) 등의 저술을 바탕으로 하여 사회화의 개념은 자아가 창조되고 개조되어 가는 협상적 상호작용이며 지속적인 과정이라 보고 있다.

따라서 상호작용 이론에서는 사회화를 설명하기 위해 인간 존재와 관련된 마음, 자아 그리고 이러한 욕구과정이 이루어지는 사회체제와 사회적 상황을 중요시하고 있다. 이러한 입장은 주로 사회적 상호작용이 이루어지는 과정에 영향을 끼치는 자기 자신의 이해, 즉 자기 지식과 타인의 이해를 위한 타인 지식을 습득할 수 있는 사회적 역할 수행의 중요성을 강조하고 있다(Meltzer et al., 1975). 이러한 점에서 볼 때 상호작용 이론이 사회화의 연구에 주는 시사는 대단히 크다 하겠다. 상호작용 이론은 사회화와 사회의 관련성에 대한 다양한 이론적 기초를 제공하고 있을 뿐만 아니라 사회화 과정이 다양한 사회적 상황 속에서 이루어진다는 점을 밝혀 주고 있다. 대개 상호작용 이론은 자아이론(self theory), 준거집단 이론(reference-group theory) 그리고 낙인이론(labeling theory) 등으로 지칭되어 사회화의 과정분석이 이루어지고 있다(Bush & Simmons, 1983; Rosenberg, 1981).

반면, 전통적 사회화 이론들은 베버, 마르크스(Marx)와 짐멜(Simmel) 등의 저술을 바탕으로 인간 경험의 사회체제적 기반에 주 관심을 쏟아 왔다(Gecas, 1983). 이 견해는 인간의 사회화 과정에 영향을 주는 사회적 상황과 그 상황에 위치한 사회적 체제에 특별한 관심을 가졌다. 전통적 사회화 이론들은 사회조직과 사회기관 내에서 이루어지는 사회화를 주로 연구하여 왔다. 따라서 사회체제는 항상 사회집단 내의 사회적 상호작용을 통해서 이루어지는 안정된 형태조직이라고 보았으며 주로 일상적인 사회집단 내에서 사회적 상호작용을 통해서 이루어지는 사회화를 이해하려고 노력하였다(Rosenberg & Turner, 1981).

이 절에서 대략 사회화와 사회의 관계를 살펴보았듯이 사회화의 개념은 비록 여러 학자들에 의해서 설명되었지만 대개 사회적 관점에서 확실히 구분되는 두 개의 의미를 지닌다. 이러한 의미의 차이는 설명하는 준거의 차이와 학문적 접근 방법의 차이 때문에 그렇다 할 수 있다.

하나의 견해는 사회화가 사회적 요구에 대한 개인의 적응과 동조라는 입장이며, 또 다른 견해는 인간 개개인이 경험하는 확실한 인간으로의 발달과정이라 보는 입장이다.[3] 그러나 두 견해 모두 사회화가 이루어지는 장이 사회라는 점을 인식하고 있고 조직된 사회적 관계 속에서 사회화가 이루어진다고 보고 있다. 그러므로 사회화라는 의미는 곧 사회성원이 된다는 관점이라 볼 수 있다.

일반적으로 사회화 과정에서 동일시에 대한 설명을 할 때 두 관점이 있을 수 있다 하겠다. 동일시는 정체성과 관련되어 있는데 그 하나는 한 상황에서 자아와 타아를 구분케 되는 동일시 과정인 '의(of)' 사회화 과정이며 다른 한 과정은 한 개인으로서 또는 사회집단의 한 성원으로서 갖는 정서적 · 심리적 연대감과 관련되어 있는 '더불어(with)' 사회화 과정이다(Gecas, 1983).

두 견해가 모두 정체성(identity)과 관련되어 있으며 사회화는 곧 '동일시' 과정을 통해 이루어지게 된다. 한 개인이 사회화된 집단과 사회화를 시키는 어떤 사회성원을 동일시하려 함으로써 사회화되고자 하는 동기가 유발되고 사회의 규범이나 태도 등을 습득하고 수용하려는 허용적 태도를 형성하게 된다고 본다. 이러한 동일시 과정에서 중요한 역할을 하게 되는 것은 사회화의 대행자이며 사회화의 대행자는 사회집단의 목적과 요구에 맞도록 정체성을 확립하는 주된 역할을 담당하게 된다.

이렇게 볼 때 복합적이고 다양한 사회에서는 여러 형태의 사회화의 경위가 있을 수 있으며 한 개인의 사회화가 이루어지고 사회화의 대행자가 존재하는 사회와 접촉하는 일은 곧 사회화의 첫 시작이라 할 수 있다.

3) 이에 대한 자세한 논의는 Clausen(1968)과 Direnzo, G. J. (1977) 참조.

3. 사회화와 개인

사회화는 한 개인이 그가 처한 사회 · 문화적 환경과의 교호작용을 통해 사회의 가치, 태도, 성향 등에 대해 적응하는 과정이다. 이러한 과정에서 몇 가지 의문이 제기될 수 있다.

첫째는 사회화 과정이 일생 동안 지속적인가 아니면 특정 기간 동안만 한정되어 있는가라는 의문이다. 다른 하나는 의미 있는 타인(significant others)이 한 개인의 사회화 경험에 따라 지속적으로 변화를 유도할 수 있는가 하는 물음이다. 또한 이러한 의문 이외에도 만약 사회화가 지속적이라면 어떤 기제(mechanims)가 어떻게 사회화를 추진시키는 원동력이 되는가 하는 문제도 제기된다.

대부분의 고전적 사회화 이론이 아동기 사회화에 대한 연구에 주된 관심을 가져왔고 그 일부는 생애의 초기에 성격이 형성된다는 것을 주장해 왔다. 조지 미드(G. Mead, 1968)는 자아는 변화에 따라 적응될 수 있다는 관점을 보였고 마거릿 미드(M. Mead, 1928), 베네딕트(Benedict, 1938) 및 에릭슨(Erikson, 1950) 같은 학자들은 사회화 과정은 성인기까지 지속된다는 주장과 함께 발달에 있어서의 역할 전환에 주의를 기울여 왔다.

이러한 지속성의 문제와는 별도로 사회화 과정이 시간과 공간의 제한에도 불문하고 동일한가에 대해서도 논의가 활발하다. 그러나 이에 대해 여러 가지 다른 견해가 있을 뿐만 아니라 사회체제에서 한 개인이 차지하고 있는 위치와 역사적 상황에 대한 설명에 따라 다르다고 볼 수 있다. 사회화 과정에 대한 이러한 다양한 견해들이 가지고 있는 공통점은 개인과 사회화를 연관시키고 있다는 점이다. 그리고 사회화의 위계성(socialization hierachy), 즉 사회화 과정에서 개인의 발달수준에 따라 사회화의 내용이 달라진다는 것과 사회 전체의 문화나 체제의 특성에 따라 사회화가 이루어진다는 거시사회화(macro-socialization)의 문제이다. 또한 이러한 사회화의 위계성은 개인과 사

회화의 문제를 다룰 때 중요시되어야 할 문제들이다.[4)]

이렇게 볼 때 앞서 논의된 바대로 개인은 사회화의 대상자이면서 동시에 사회화의 내용을 어느 정도 취사선택할 수 있는 사회화의 주체이기도 한 것이다. 그러므로 개인과 사회화의 관계를 설명하기 위해서는 성격과 발달이론적 관점에 서게 된다.

성격과 발달이론가들은 프로이트(Freud, 1961, 1966)의 정신분석학적 견해, 피아제(Piaget, 1969)의 인지발달단계 이론(cognitive-developmental stage theory), 미드의 자아이론, 쿨리의 거울자아(looking glass self) 이론, 미드(M. Mead)와 베네딕트의 지위전환(status transitions) 이론, 에릭슨의 자아발달 이론(self development theory), 만하임(Mannheim)의 세대이론(generation theory) 등을 들 수 있다.

4. 사회화의 이론

1) 심리학적 접근

(1) 프로이트의 사회화 이론

프로이트의 사회화 이론은 심리성적 단계이론(psychosexual stage theory)으로서 일반적으로 서구 문화권에서 적합한 심리성적 발달이론이라 할 수 있다. 프로이트의 이론은 사회화 이론뿐만 아니라 성격이론에도 많은 시사를 주고 있다. 프로이트의 사회화 이론은 심리성적 발달단계를 체제적 가정에서 논의하고 있다. 이 점에서 프로이트의 이론은 심리적, 인류학적 및 사

4) '사회화의 위계성'과 '거시(혹은 미시)사회화'의 용어는 필자의 신조어이다. '사회화의 위계성'의 개념은 생애 발달적 관점에서 사회화의 내용과 발달과정에 따른 발달내용이나 과제의 자발적 현상을 설명하기 위한 것이고 '거시(혹은 미시)사회화' 개념은 사회화의 사회체제적 특성과 사회화의 대행자의 특성에 의한 구분이다.

회학적 관점에서 볼 때 사회화의 연구에 많은 영향을 주었다 할 수 있다. 프로이트의 사회화 이론은 그의 체제적 가정이라 볼 수 있는 원초적 자아(id), 자아(ego) 및 초자아(superego)의 선천적 성격체제에 기반을 두고 있다.

인간이 탄생했을 초기 유아기에 있어서는 다분히 본능에 의해 지배되지만 점차 원초적 자아로부터 자아와 초자아가 분화되게 된다. 한 개인이 성숙해 감에 따라 자아와 초자아는 원초적 욕구의 충족단계를 거쳐 독특한 욕구 표출을 하게 됨으로써 형성된다는 것이다. 이러한 자아와 초자아의 발달이 사회화의 기본적 과제이다. 욕구 충족의 형태는 한 개인의 행동을 지배하는 성격체제에 따라 다양하기 때문에 생애 주기에 따른 각 단계에 따라 다양한 욕구 대상과 욕구 표출이 이루어진다는 것이다.

프로이트의 사회화 이론에서 가장 중시되는 개념은 동일시로서 이 동일시는 자아와 초자아의 분화를 초래케 하는 주된 과정으로 설명되고 있다. 프로이트는 어떤 동일시 대상과의 관계에 있어서 개인은 자아발달의 초기 단계일수록 보다 모방성이 강한 성향을 갖는다고 본다.[5)]

프로이트(1961)의 심리성적 단계는 5단계로서 주로 부모와의 관계로 설명되고 있다. 그리고 부모와의 관계를 설명하는 5단계는 환경 내에서의 특별한 상호작용과 상호작용의 내용에 의해 설정된다. 프로이트가 주장하는 다섯 단계란 구순애기(oral stage), 항문애기(anal stage), 성기기(phallic stage), 잠복기(latency stage) 및 사춘기(puberty stage)로 구분되고 있다. 프로이트는 이러한 발달단계를 동일시 과정이라고 본다. 그는 개인의 사회화는 한 단계에서 다음 단계로 이행되는 과정에서 이루어진다고 설명하면서 이러한 단계는 위계적이라고 본다. 그러므로 다음 단계로의 이행을 위해서는 전 단계의 동일시가 완성되어야 한다고 설명한다. 따라서 각 발달단계의 완성에 따라 자아가 발달되며 이어 초자아가 분화되면 사회의 요구가 도덕적으로 내면화

5) 개인은 타인을 동일시하는데 각기 다른 이유가 있을 수 있다. 프로이트는 2개의 기초적인 동일시 유형을 강조하고 있다. 의존, 신뢰 및 양육에 터한 활승풍(滑昇風, anabatic) 동일시와 강자에 대한 두려움에 의존하는 방어적 동일시로 구분하고 있다(Bandura, 1969).

되고 개인은 완전한 사회인으로 성장하게 된다고 본다.

프로이트의 단계이론은 비록 최근의 이론들에 의해 비판을 받고 있지만 사회화의 이론발달에 큰 기여를 했다 볼 수 있다. 프로이트의 이론을 비판하고 있는 최근의 이론들은 프로이트의 이론과는 달리 성인 사회화에 대한 연구(Becker, 1964; Brim, 1968; Riley et al., 1972; Rosow, 1974)와 생애발달 심리학적 접근들(Baltes, 1970; Goulet, 1970; Schaie, 1973)을 지적할 수 있다. 프로이트의 견해는 종래의 아동 사회화의 경향과 같이 동일시 과정을 강조하고 있기 때문에 프로이트를 비판하고 있는 학자들의 입장과 프로이트의 사회화 이론 간의 근본적인 차이점은 '삶의 과정'을 중요시하는 입장이냐 혹은 '삶의 단계'를 중시하는 입장이냐의 차이라 볼 수 있다.

(2) 피아제의 인지발달단계 이론

프로이트의 견해와 같이 피아제(1970)의 발달단계 이론도 일련의 인지체계와 연관된 발달단계로서 설명하고 있다. 피아제는 인지발달에 있어서 한 단계의 완성이 다음 단계로의 이행의 전제가 된다고 설명한다. 피아제의 단계이론에서의 두 가지 관점은 사회적 상호작용과 인지체계의 단계별 재조직 및 동화(assimilation)와 조절(accomodation) 작용에 관한 것이다. 그러나 피아제의 인지발달 단계 이론은 두 측면에서 프로이트의 이론과 구분된다 하겠다. 즉, 프로이트의 입장은 사회화를 설명함에 있어서 사회환경을 강조하면서도 비교적 부정적인 관점인 고착이라든지 결손 등으로 설명하고 있는 데 반하여 피아제는 경험과 사회적 상호작용으로 설명하고 있다. 그러므로 프로이트의 이론은 기본적으로 성숙의 과정이 발달을 의미하는 데 반해서, 피아제의 견해는 각 단계의 발달이 프로이트의 입장처럼 불연속성을 갖고 있는 게 아니라 지속성을 갖고 있다고 보기 때문에 발달의 각 단계가 상호 의존성을 갖는다고 설명한다.

피아제의 인지발달적 사회화의 견해는 한 단계에서의 인지체계의 숙달은 곧 다음 단계를 위한 전 단계를 구성하며, 동시에 다음 단계에서도 필요한 내용인 전 단계의 결과를 실제적으로 확대해 가는 과정이라고 설명하고 있다.

피아제의 인지발달 이론은 아동의 발달에 따라 인지체계가 재구성되거나 구성된다는 인지발달에 주된 관심이 있다. 그리고 아동의 지적 기능에 따른 행동은 쉐마(schemas) 또는 도식이라 지칭되는 인지체계의 형태에 의해 지배된다는 가정이다.

소위 '평형(equilibration)'에 의해서 아동은 현존의 쉐마에 새로운 경험을 동화시키고 동시에 새로운 경험을 위한 인지체계의 조절작용을 하게 된다고 본다. 따라서 아동과 그가 처한 환경, 동화와 조절작용 간에 역동적 균형이 있다고 본다. 사회화를 설명함에 있어서 피아제는 주된 사회화 과정에서의 사회화의 주체 또는 아동의 활동적 역할을 중요시한다.

피아제의 인지발달 이론은 대개 감각운동기, 구체적 조작기, 형식적 조작기로 발달된다고 구분되고 있다. 이러한 인지발달의 특성은 자아중심적 특성으로부터 분화적으로, 구체적 대상에 대한 이해로부터 복합적 관계에서의 이해 단계로의 전환 등이다. 이러한 발달은 대개 12～14세 정도에 이르게 되면 어떤 대상에 대한 명제를 추론할 수 있고 사회적 · 물리적 실체에 대한 변환 능력도 갖게 된다고 설명한다.

피아제의 인지발달과 도덕발달의 단계는 청소년기에 그 절정을 이루게 되지만 개인의 생애를 통해 동화와 조절작용은 지속적으로 이루어진다고 본다.

(3) 에릭슨의 자아이론

에릭슨의 '인간의 8세(the eight ages of man)'의 개념은 생애과정을 통해 이루어지는 사회화를 설명하는 데 중요한 개념이다. 에릭슨은 프로이트처럼 정신분석학적 견해를 따르고 있으나 자아가 핵심적 정신체계라는 견해를 피력하고 있다. 각 형태의 발달단계 동안 자아는 독특한 모양으로 사회적 외계에 반응하게 된다고 설명한다. 각 발달단계는 개인이 수행해야 할 '발달과제'

가 부여되어 있으며 개인은 다음 단계로의 진전을 위해 이 과제를 성취해야만 한다. 에릭슨은 인간이 각 발달단계에서 개인의 특성에 따라 다양한 의도와 각기 다른 성향을 갖게 된다고 설명한다. 생애의 각 발달단계들은 주목할 만한 삶의 전환과 관련되며 각 단계에서 인간이 겪게 되는 발달과제를 독특한 방법에 의해 해결하지 않으면 정신건강상의 문제를 유발케 된다고 설명한다(Elder, 1974).

2) 사회학적 접근

(1) 쿨리와 미드의 사회화 이론

쿨리(1902)와 미드(G. Mead)는 인간의 사회화의 기본과정으로서 사회적 상호작용을 중요시하였다. 이들 견해의 공통점은 주체적인 자아(I)와 객체적인 자아(Me)의 두 요소가 자아를 형성한다는 것이다.

특히 쿨리는 이러한 인간 자아의 특성을 설명하는 데 있어서 '거울자아(looking glass self) 이론'의 개념을 발전시키고 있다. 쿨리에 의하면 인간의 자아는 자기 스스로 자기를 판단하는 준거와 타인이 자기의 행동에 대해 어떻게 지각하고 판단하는가에 대한 준거의 틀이 있다고 설명한다. 그러나 이러한 두 준거의 틀이 반드시 합치되지는 않는다는 것이다. 예컨대, 타인이 자주 '훌륭하다'고 말하는 것을 듣게 되면 자기 스스로 훌륭해지려고 노력하게 되고 실제로 훌륭해질 가능성이 높아지게 된다. 그러나 타인과는 상관없이 자신이 훌륭하다고 믿고 있을 경우에 타인이 이를 반드시 받아들인다고 볼 수는 없다.

미드도 자신이 주관적으로 판단하는 자아와 타인에 의해 객관적으로 볼 수 있는 자아의 개념으로 설명하고 있다. 즉, 'I'와 'Me'의 개념을 설정하여 자아발달을 설명하고 있다. 'I'는 활동적인 반응자로서의 독립된 한 개인이며 'Me'는 그 자신에 대해 타인들이 갖고 있는 인식된 자아이다. 사회화 초기 단계에서는 'Me'와 'I'가 분화되지 않고 'Me' 또한 'I'와 구별되지 않는 상태이다.[6] 특히 반영적 자아(reflexive self)는 변형이 가능할 뿐 아니라 각 개인은 다양한 자아를 발달시키게 된다고 설명하고 있다.

미드는 또한 '일반화된 타인(generalized others)'과 '의미 있는 타인(significant others)'의 개념을 구분하고 있다. 일반화된 타인은 한 개인의 사회화 과정에 영향을 주지 않는 타인을 의미하며, 의미 있는 타인은 어떤 개인의 사회화에 영향을 주며 행동에 구속력을 갖는 대상을 말한다. 따라서 의미 있는 타인을 모방하고 동일시하게 됨으로써 사회화가 이루어진다고 설명하고 있다. 예컨대, 한 학생이 가장 존경하는 인물이 있다면 그 인물은 그 학생에게 있어서는 의미 있는 타인이 되는 셈이며, 그 학생은 그 인물과 자신을 동일시하려 한다. 물론 그 인물이 좋아하는 태도, 가치, 행동 등을 모방하게 되고 심지어는 복장까지도 닮으려 하게 된다. 이렇게 의미 있는 타인은 한 인간의 사회화 과정에서 절대적인 영향을 주게 되며 사회화 대상자의 행동에 구속력을 갖게 된다.

미드는 한 개인의 사회화 과정이 곧 사회적 상호작용의 과정이라는 점을 밝히고 있다. 피아제가 그러하듯이 미드의 주장도 사회화에 있어서의 한 개인의 능동적 역할을 중요시하고 개인의 발달과정에서의 사회적 상호작용의 중요성을 강조하고 있다. 따라서 다른 개인의 태도나 역할의 습득과 같이 일반화된 타인의 역할 및 태도를 습득하는 것이 사회화의 기본적 과정이라고 설명하고 있다.

미드에 의하면 자아는 2단계로 발달된다고 본다. 첫 번째 단계에서는 자아가 한 개인 또는 상호 간의 발달과정 중에서도 타인의 특별한 태도를 통해 발달되며, 두 번째 단계는 개인이 상호작용하는 사람들의 태도를 습득하는 외에 일반화된 타인과 개인에 의해 자아가 발달된다는 것이다. 따라서 반영적 자아는 사회적 상호작용을 통해 지속적으로 변모될 수 있다고 설명되고

6) 피아제와 미드는 사회적 상호작용을 통해 자아가 발달됨을 설명하기 위해 게임에 대한 은유를 통해 연구활동을하고 있다. 즉, 피아제는 구슬게임을 가지고 미드는 야구게임을 가지고 설명하고 있다.

있다. 이 점은 피아제의 인지체계와 인지과정이 사회적 상호작용을 통해 지속적으로 변화될 수 있다는 관점과 동일하다 하겠다(Erikson, 1950).

(2) 미드와 베네딕트의 이론

이 이론은 특이하게 지위전환을 가지고 사회화를 설명하고 있다. 미드(M. Mead, 1928)와 베네딕트(1938)는 개인에게 있어서 삶의 변천과 지위이양의 중요성을 강조하고 있다. 특히 아동기에서 청년기로 그리고 성인기로의 전환을 중시하고 있다. 이들의 이론은 특히 삶의 변천이 성숙을 위한 과정에 일부 관여된다 할지라도 주어진 사회가 갖고 있는 문화가 이러한 변천의 특성과 결과에 더욱 영향을 줄 수 있다는 점을 중시하고 있다. 베네딕트도 문화적 특성이 인간의 사회적 역할 전수의 지속성 여부를 결정한다고 주장한다. 이들의 사회화 이론은 문화적인 차이가 개인의 사회화에 절대적 영향을 준다고 밝히고 있는 데 그 특성이 있다. 미드(1949)도 삶의 변환 견해를 전체 생애주기이론에 적용시킬 수 있다고 주장한다.

미드와 베네딕트의 이러한 견해는 삶의 과정과 생애주기이론에 중요한 학문적 기초가 되고 있다.

(3) 만하임의 이론

만하임은 다른 사회화 이론과는 달리 한 개인이 처한 세대적 특성에 관심을 가져왔다. 만하임은 사회역동의 한 변인으로서 세대를 지적하고 부분적으로 각기 다른 시대에 처한 세대는 각기 다른 사회화 경험을 겪게 된다고 보고 있다. 동일한 시대에 살고 있는 후세대들은 그들의 상대자이고 선조들인 초기 세대들과는 아주 다른 관점에서 세상을 보게 된다는 것이다. 이러한 독특한 세대적 경험은 각 세대 집단 간에 공통적인 것이며 이러한 경험이 사회역동을 유도한다고 보는 것이다. 따라서 실제적으로 각 세대의 사회화 과정은 타 세대가 경험하지 못한 그 세대만이 갖는 독특한 면이 있으며 타 세대와 다른 경험을 하게 된다는 것이다. 마찬가지로 다음 신세대의 사회화 또한 독특한 방법으로 사회화 과정을 겪게 된다고 본다. 이러한 관점을 이현청(1993)의 경우는 '성격 재생산 이론(personality reproduction theory)'으로 지칭하여 세대 간 사회화를 설명하고 있다.

만하임의 이러한 세대적 특성이 사회화의 독특한 내용과 과정을 겪게 만든다는 주장은 근래에 생애과정을 통해 사회화가 이루어진다는 이론가들과 사회화의 경험 내용은 어떤 세대가 갖는 세대적 특성에 따라 독특하다는 연구들에 커다란 시사를 주고 있다(Cross, 1983).

(4) 제2의 자아이론

이현청(2003, 2005)과 크로스(Cross, 2003, p. 2)는 오늘날 인간은 사이버공간과 물리적 공간이 결합되면서 핵심적 커뮤니케이션 매체로 등장한 가상세계와 현실세계를 혼돈하게 된다고 설명한다.

가상세계와 현실세계를 혼돈함으로써 현실세계의 자아와 가상세계의 자아가 결합해 왜곡된 제2의 자아(second self)를 형성하게 된다고 설명한다. 즉, 현실세계의 자아가 가상공간의 콘텐츠와 게임 등에 빈번하게 접촉하게 되면 가상공간적 판단과 가치관을 형성하게 되어 가상현실과 현실세계를 혼돈하게 되고 이성적 판단보다는 비이성적 판단이나 감성적 판단을 하게 된다는 것이다. 특히 도덕적 무감각증, 과도한 공격성 그리고 가치판단의 혼란 등을 경험하게 되어 '사이버 자아(cyber self)'가 형성되어 현실 속의 본 자아와 사이버 속의 사이버 자아가 결합된 '제2의 자아'를 형성하게 된다는 것이다. 이렇듯 유비쿼터스 시대에서의 사회화는 모바일 혁명에 큰 영향을 받게 된다는 것을 알 수 있다.

3) 근래의 사회화 이론

고전적 견해들과는 달리 근래의 사회화 이론들은 사회화를 생애과정으로 보는 견해, 역할 습득으로 보는 견해, 역할 변환으로 보는 견해 및 생애

단계, 생애결과 등으로 보는 견해로 대별될 수 있다. 근래의 사회화 이론에 대한 주된 연구들은 대개 평생과정(lifelong process)으로 보는 견해(Becker, 1970; Brim, 1968; Clausen, 1972; Riley et al., 1972)가 많다. 이들의 견해는 사회화가 지속적 생애과정이라 보는 견해이다. 그러므로 종래의 견해들과는 달리 사회화가 인간의 특정 기간, 특히 아동기에 국한되어 있다는 견해에 대해 비판적 입장을 갖는다. 이러한 입장의 학자들은 평생교육을 주장하는 녹스(Knox, 1976), 크로스(Cross, 1983) 및 노울즈(Knowles, 1977) 등의 견해와 일치한다(Robinson, 1983).

주로 아동과 그의 환경으로서의 가정에 대한 연구로 집중되었던 전통적 견해들과는 달리 사회화의 과정을 생애과정으로 받아들이는 근래의 이론들은 '1차 사회화'와 '2차 사회화'의 개념으로 구분하여 연구를 수행하고 있다. '1차 사회화'란 한 인간으로서 정체성을 습득하는 아동의 초기 사회화를 의미하며, 보다 거시적 입장에서 확대된 사회의 한 성원으로서 이루어지는 후기 사회화를 '2차 사회화'라 지칭하고 있다. 또한 1차 사회화나 2차 사회화뿐만 아니라 필요에 따라서는 '초기 사회화' '중기 사회화' '후기 사회화'로 구분할 필요가 있다. '후기 사회화'는 사회성원으로서의 성인기 사회화를 의미한다면 '중기 사회화'는 중등교육 이후로부터 성인 초기까지의 기간에서 이루어지는 사회화를 의미할 수 있다.

근래의 사회화 이론들에 대해 소개해 보면 파슨즈(Talcott Parsons, 1959)의 이론에 의한 수동적 사회화 이론을 비롯하여 능동적 및 수동적 역할 모델이론, 일반사회 이론 및 급진적 사회화 이론 등을 들 수 있다.

파슨즈에 의하면 사회화는 기능주의적 관점에서 설명될 수 있는데 아동은 성장과정 동안 많은 좌절을 경험하게 되고 이러한 좌절은 아동의 목표 달성과 관련되어 있다는 것이다.

제10장

사회변동과 교육

1. 사회변동의 의미

엘리엇(Eliot)은 세계는 쾅쾅 울리는 것보다는 흐느껴 우는 것(whimper)으로 끝날지도 모른다고 지적하고 있다. 이것은 세계는 변동하며 불확실한 미래로 숨 가쁘게 돌진하고 있다는 뜻이다. 또한 헤라클레이토스(Heraclitus)도 인간은 같은 강물에 두 번 발을 들여놓을 수 없다고 말하였다. 이들이 시사하는 것처럼 사회도 강물처럼 부단한 유동 상태에 있으며 우리가 원하든 원치 않든 사회변동은 피할 수 없는 현실이다. 이러한 사회변동은 때로는 바람직한 방향으로 변화하기도 하지만 때로는 바람직하지 않은 방향으로 변화가 이루어지기도 한다.

사회의 변동은 사회의 체제와 구조가 변모한다는 의미를 지니고 있으나 그 개념이 의미하는 바가 결코 명료하게 정의되지 못한 채 논의를 전개해 온 게 사실이다. 대개 사회변동(social change)이란 개념은 인간관계의 변화, 산업구조의 변화, 가족관계나 사회구조의 변화, 기술과 문명의 변화, 그리고 문화의 변동에 이르기까지 포괄적인 의미로 쓰여 왔다.

그렇다면 우리가 의미라는 사회변동은 무엇인가? 무어(Moore)는 사회구조를 사회적 행위와 상호작용의 유형들로 규정하면서 변동을 '사회구조들의 유의미한 변화'로 정의하고 있다. 그는 사회변동과 문화변동을 구별하여 설명하고 있는데, 사회를 형성하고 있는 제반 단위가 되는 사회구조나 기능의 변동을 사회변동이라고 설명하는 데 반하여 기술, 예술, 과학 등 보다 넓은 범위를 포함한 변동을 문화변동으로 설명하고 있다(Moore & Cole, 1951).

따라서 사회변동의 의미는 사회적 과정, 유형 EH는 형태의 어떤 측면에서의 변형이나 변화들로서 인간관계의 변형까지 포함한 뜻이다(Fairchild, 1955, 1968; Lundberg, 1963, 1976).

한편, 맥키번(Maclven, 1962)은 변동의 의미에는 변동의 성격, 변동의 지속성 그리고 소요되는 시간 등의 사실이 포함되어 있다고 하였다. 즉, 사회변동은 사회 진화나 발전의 원동력이 되고 우연히 일어나는 것이 아니며 변동에는 내용과 특성이 있다는 것이다. 뿐만 아니라 변동의 속도와 지속성의 여부에 따라 변동이 주는 영향과 폭이 결정된다는 것이다. 그러므로 사회변동을 논할 때는 일반적으로 정상적이고 지속적인 변화를 의미하는 경우가 많다. 이 점에서 사회변동은 구조나 체제 그리고 관계의 변화를 의미하며 개별적인 것으로부터 전체적인 것에 이르기까지 다양한 수준과 상이한 속도가 존재한다. 사회변동은 사회변화나 사회진보와 같은 의미로 쓰이기도 하지만 사회변화는 변화된 상태라는 정적인 의미인 데 반해 사회변동은 역동적인 의미를 나타낸다. 이와 같이 사회변동의 의미가 내포하는 다양한 수준들 때문에 사회변동을 연구하는 분석의 단위들도 비교적 포괄적이고 다양한 편이다. 대개 사회변동을 연구하는 학자들의 분석 단위들은 〈표 10-1〉과 같다(Lauers, 1977).

〈표 10-1〉에서 제시된 바대로 사회변동의 요인들은 다양하기 때문에 사회변동의 개념을 논할 때는 사회 내부에 일어나는 모든 변화들을 총칭하여 사회문화변동(sociocultural change)으로 설명하는 경향이 있다.

〈표 10-1〉 사회변동과 분석의 단위

분석 수준	연구 영역	분석의 단위
세계적 분석	국제조직: 국제적 불평등	정치적 동맹 경제적 구조, GNP
문명	문명의 순환적 소멸 · 생성과정, 문화의 진화적 혹은 변증법적 과정	예술적 · 과학적 혁신과 변화, 사회제도의 혁신
문화	물질문화/비물질문화	기술/이데올로기/가치
사회	계층체계/사회구조/인구변화/범죄	소득, 권력, 역할, 위광, 인구 이주율, 살인율
공동체	계층체계/구조/인구/범죄	소득, 권력, 위광, 역할, 인구 성장, 살인율
제도	경제/정치/종교/가족제도/결혼제도/교육	가족소득, 이혼율, 투표 유형, 고등교육 비율
조직	권위구조/구조 간 상호작용 유형, 생산성	역할, 관리/생산비율/1인당 생산성
상호작용	커뮤니케이션	갈등경쟁 관계/상호작용 빈도에 따른 정체성
개인	태도	개인의 신념, 열망

2. 사회변동의 특성

사회변동은 변동의 방향과 속도 그리고 변동의 규모 등의 요인과 관련되기 때문에 변동의 방향과 크기에 따라 나름대로의 특성을 지니기 마련이다. 현대사회의 변동 특성은 다음과 같이 요약될 수 있다.

첫째, 사회변동은 역동적이며 각 분야 간에 상호 연관성을 지닌다. 사회변동의 가장 큰 특징은 사회변화가 동적이며 사회의 각 현상을 동시에 변화시킨다는 점이다. 사회를 구성하고 있는 행동은 물론이고 집단, 사회기관, 기술, 문화형태 등 모든 면에서 변화가 일어나기 때문에 사회변동은 역동적이고 상호 연관성을 지닌다. 사회변동이 연관적이란 뜻은 한 지역 혹은 한 분야의 변동이 곧 다른 지역이나 다른 분야에 있어서의 연쇄적 변동을 자극하게 된다는 것이다. 예컨대, 컴퓨터와 스마트폰의 발명은 경제, 과학 기술의 상승을 초래하며 여가 이용 및 오락, 매스컴의 발달, 개인 생활 등 많은 상호 연관된 요인들을 변화시키는 결과를 가져다주었다.

둘째, 변동의 규모, 범위, 속도의 심각성을 들 수 있다. 사회변동은 복잡하고 연쇄적인 반응을 일으킨다. 또한 가속적이며 누적적으로 일어난다. 따라서 현대사회의 변동의 규모나 범위는 상상을 초월할 정도로 엄청나며 그 속도도 훨씬 빨라지고 있다. 현대사회의 변동은 연쇄적 체계를 이루면서 급격하게 확대되어 가고 있으며 세계 어느 곳에서나 변화가 일어날 가능성을 지닌다. 특히 IT와 BT, 의료발달을 비롯한 지식정보화 분야 등 21세기의 과학적 발전이 과거 수십 세기의 변천과정을 불과 수십 년 내지 수년 동안 이룩하였다는 점만 보아도 사회변동의 범위나 속도의 심각성을 알 수 있다.

셋째, 사회 각 영역은 동일한 상태로 변동하지 않고 그 수준이 달리 변동한다. 사회변동은 전체적으로 볼 때 그 규모나 범위, 속도가 광범위하게 영향을 줄 정도로 심각하지만 각 영역별로 볼 때는 첨단과학 분야의 경우는 매우 빠른 변동을 하지만 정치형태나 사회체제 등의 경우는 점진적인 변화를 한다. 또한 지역별로 볼 때에도 대도시의 경우에는 변동의 범위도 크고 그 속도에 있어서도 급속하지만 농촌의 경우에는 그 반대 현상이 일어난다. 물론 국가별로도 경제수준과 발달수준에 따라 속도와 범위가 다르다. 그러므로 사회변동은 전체적으로 볼 때에는 변동의 범위나 속도의 영향이 매우 큰 것을 알 수 있으나 부분적으로 볼 때에는 속도나 범위가 각기 다르다.

넷째, 사회변동은 지속성의 특성을 지닌다. 사회변동은 부분적으로나 지역적으로 볼 때 중단되는 경우도 있으나 전체적으로 볼 때 사회변동은 지속적 특성을 지닌다. 인류역사는 한마디로 변화의 역사라 할 수 있으며 이 점에서 사회변동은 지속성을 지닌다 할 수 있다. 물론 변화가 지나치게 급격하거나 지나치게 규모가 클 경우 인류의 적응 능력이 없어 사회가 무너져 버리거나 더 이상의 변화를 유도할 아이디어가 고갈될 경우에 변동이 중단될 수는 있다. 그러나 이러한 경우에도 엄격한 의미에서 계속적으로 변화한다고 볼 수 있다. 인류의 변화가 언제까지 지속될지에 대해서는 아무도 예측할 수 없다. 그러나 지금껏 지속적인 변동이 있어 왔음은 분명한 사실이며 21세기에 들어서는 지속성을 확연히 감지할 수 있을 정도로 끊임없이 변화되어 왔다는 점을 알 수 있다.

다섯째, 사회변동은 진보를 가져다주지만 모든 변동이 곧 진보라고 단정할 수는 없다. 사회변동이 곧 진보를 뜻하지는 않는다는 주장은 차일즈(Childs, 1950)의 견해이다. 그러나 어떤 변화의 경우는 사회발전이나 개인의 성장에 유익하지만 어떤 변화의 경우는 인간의 삶과 사회발전에 해를 끼치는 경우도 있다. 한 예로서, 컴퓨터의 발달은 인류에게 많은 도움을 주었지만 사생활 침해, 사이버 부도덕 그리고 악성 댓글 등 폐해도 적지 않다. 이 점에서 사회변동과 진보의 개념은 구분된다 하겠다. 예컨대, 바람직한 사회변동이 곧 서구화(westernization)라고 믿는다든지 '새로운 것'과 '변화된 것'이 곧 바람직한 사회변동이라 혼동할 수 있기 때문이다. 적어도 사회변동 과정에서의 진보의 개념을 논의할 때는 어떤 가치 규범이 필요하다(장진호, 1968).

여섯째, 과학발달과 가치관의 변화와의 밀접한 관련성을 들 수 있다(송병순, 차경수, 1976). 사회변동의 과정을 살펴볼 때 대개 과학기술 발달이 이루어진 후 가치관의 변화를 수반해 왔다. 과거에는 흔히 과학은 가치중립적(value-free)인 것으로서 물질적인 변화만 관련되어 있다고 인식되어 왔다. 그러나 근래에 와서는 과학의 발달이 정신적인 면의 변화인 가치관의 변화와 무관하다는 이러한 입장과는 달리 과학의 발달이 인간의 가치관을 변화시킨다는 점을 중요시하고 있다. 특히 과학발달과 물리적 변동이 정신적 변동과 가치관의 변화를 수반하지 못할 경우, 사회적 혼란을 초래하게 된다. 오늘날 우리 사회의 경우처럼 기술, 경제, 물질의 급격한 변동이 이루어졌지만 가치관과 정신의 변동이 조화를 이루지 못할 경우 가치관의 단절과 방향

감각의 상실, 그리고 판단 능력의 둔화 현상을 자초하게 된다.

일곱째, 사회변동은 계획되고 조정될 수 있다. 앞서 논의된 바대로 사회변동은 사회 각 영역에 엄청난 파급효과를 가져다주며 개개인의 삶은 물론 사회 전체의 환경을 결정하게 된다.

따라서 사회변동이 균형 있게 이루어질 수 있도록 계획되고 조정될 수 있다. 한 사회가 처한 상황에 따라 어떤 영역은 통제를 가함으로써 변동을 유도하고 또 다른 영역은 변동을 저지 혹은 조정할 수 있다. 그러나 후진국에서 흔히 찾아볼 수 있는 경우처럼 무계획적이고 무의도적으로 사회통제를 강행함으로써 개인의 자유를 구속하는 결과를 가져오는 경우도 있으며 지나치게 선진국의 변동을 모방·수입함으로써 국적 없는 변동(homeless change)을 초래하는 경우도 있다(이현청, 1989). 따라서 사회변동은 시간, 물자, 노력의 낭비를 방지하고 효율적인 사회의 발전을 위해 계획되고 조정될 수 있다.

3. 사회변동의 요인

사회변동의 요인은 기술변화에 의해 변동이 이루어진다는 기술결정론적 관점, 이데올로기의 변화가 변동의 기제가 된다는 이데올로기를 중요시하는 관념론적 관점, 경쟁과 갈등이 주요 요인이 된다는 상호작용적 관점, 그리고 엘리트와 정부의 구조적 요인을 중요시하는 구조적 관점 등으로 대별될 수 있다(Lauers, 1977). 그러나 사회변동은 어떤 한 요인에 의해서라기보다는 복합적인 요인에 의해서 나타나는 현상으로 이해하여야 한다.

1) 기술결정론적 관점

사회변동의 주요 요인이 테크놀로지(technology)라는 주장은 베블런(Thorstein Veblen)과 오그번(William F. Ogburn)에 의해 대표된다. 오그번의 주장에 의하면 기술적 발명은 다음과 같은 속성을 지닌다고 설명된다 (Ogburn & Nimkoff, 1963).

- 다면적 효과(multiple effects)
- 파생 효과
- 집중효과

이는 기술적 발명이 여러 영역에서 광범위하게 일어나며, 한 영역의 변화가 이루어지면 다른 영역까지 파급되고, 여러 종류의 발명이 모여 공통된 단일현상을 나타낼 수 있어서 집중효과를 지닌다는 것이다.

이러한 점에서 기술적 발명은 사회변동의 주요한 요인이 된다. 특히 새로운 기술을 필요로 하는 발명은 여러 영역에 파생적인 영향을 끼치면서 확대되어 그 파급 효과를 가져오게 된다. 그리고 많은 발명의 영향이 한데 묶여 집중적 변동을 가져오기도 한다. 예컨대, 컴퓨터의 발명은 자동차, 전화, 대중매체, 의학 분야 및 사회 전반에 파급 효과를 가져다줌으로써 오늘날의 사회적 구조나 체제를 크게 변혁시켜 주고 있다.

그렇다면 테크놀로지는 어떤 방식으로 사회변동을 초래하는가? 기술적 변동은 몇 가지 요인들에 의해서 사회변동을 가져다준다.

첫째, 기술적 발명은 인간에게 선택 가능성을 증대시킨다. 즉, 새로운 테크놀로지는 종전에는 실현 불가능한 기술을 가능하게 해 줌으로써 한 사회가 새로운 대안을 선택할 수 있도록 해 준다(Mesthene, 1968).

둘째, 기술적 발명은 상호작용 유형의 변화를 통해서 사회변동을 유도한다. 기술변화가 이루어지면 작업시간, 업무 배정 그리고 작업관계나 구조의 변화가 뒤따르기 마련이며 상호작용 유형의 변화를 가져다준다. 예컨대, 자동화 작업이 이루어지면 작업속도가 일정하게 되고 작업과정에도 분업이 이루어지게 된다. 특히 근대의 온라인 시스템(on-line system)의 발달은 국적, 언어, 거리를 초월한 복합적 변동을 가져다주어 혁명적인 변화를 초래한다.

마찬가지로 기술적 발명에 의한 자동화의 결과는 인간과 기계 사이의 상호작용을 증가시켜 주지만 인간 간의 상호작용을 오히려 감소시킴으로써 인간 소외 현상을 초래하기도 한다.

셋째, 기술적 변동은 새로운 사회문제를 창출함으로써 또 다른 변동을 유도하게 된다. 즉, 테크놀로지 개발을 하게 되면 문제해결을 위하여 새로 개발한 테크놀로지를 사용하게 되지만 그 테크놀로지를 사용함으로써 새로운 문제를 또다시 창출하게 된다.

한편, 토플러(Toffler, 1980)에 의하면 과학 · 기술 발달은 생산양식의 변화를 가져와 생산과 소비와의 분리를 초래하였다고 설명한다. 특히 그는 기술문명 사회의 특징을 표준화(standardization), 분업화(specialization), 도시화(urbanization), 집중화(concentration), 극대화(maximization), 그리고 중앙집권화(centralization) 등으로 설명하면서 과학 · 기술 발달이 가져다주는 사회변화를 설명하고 있다.

대개 사회변동의 주요 요인이 기술적 발명이라는 기술결정론적 입장들은 기술적 발명이 초래하게 되는 복합적이고 파생적인 효과에 대해 관심을 가지고 있다. 그러나 기술결정론자들의 입장은 인간의 존엄성이나 인간의 가치를 생각하는 인도주의적 견해라기보다는 '효율성'을 강조하는 기계결정론적 주장이라고 할 수 있다(Boguslaw, 1965). 이들의 주장은 결국 테크놀로지는 항상 변동의 중요한 기제였으며 앞으로는 점점 더 중요한 요인이 될 것이라고 주장한다.

2) 이데올로기적 관점

이데올로기적 관점에서 사회변동을 설명하려는 입장은 유물론적으로 사회변동을 이해하려는 관점과는 달리 한 사회적 위치에서 다른 사회적 위치로의 이행을 촉발하는 주요 요인이 의식적으로 형성된 관념이라고 설명한다. 이 견해는 변동과정에서 변동을 낳은 관념, 이데올로기 그리고 가치의 역할을 강조한다. 물론 물질적 요인과 이데올로기적 요인 중 어느 것이 사회변동에 더 강력한 영향을 미치는지에 대한 해답은 확연하지 않다. 오히려 양자 모두의 중요성을 인정할 필요가 있다. 그러나 관념론적 시각인 이데올로기적 관점은 콩트(Comte), 화이트헤드(Whitehead), 헤겔(Hegel) 등의 견해와 합치되는 것으로,[1] 변동과정에서의 이데올로기의 인과연쇄에 관한 의문에도 불구하고 관념이 변동에 있어서의 중요한 요인이라는 입장이다. 이데올로기적 관점은 마르크스주의적 입장, 관념론적 입장, 상호작용적 입장 그리고 동시적으로 변화한다는 입장 등이 있으나 대개의 경우 사회변동에서 관념이 변동을 유도하는 중요한 동인(動因)이 된다는 점을 강조하고 있다.

대체적으로 이데올로기는 변동을 방해, 억제, 촉진하거나 혹은 변동에 대한 지침을 제공함으로써 변동을 유도하고 촉진하는 요인이 된다. 칼 만하임(Mannheim, 1963)은 이데올로기란 현존 질서를 유지하는 행동을 낳는 관념들의 체계라고 정의하고 있다. 그러나 이데올로기가 사회변동을 촉발하는 것은 현존 질서를 유지하는 이데올로기 통제를 통해서이기도 하지만 반대로 새로운 이데올로기를 창출함으로써 사회변동을 촉발하기도 한다. 따라서 이데올로기는 촉매자로서 그리고 통제자로서의 기능을 수행함으로써 사회변동을 가져다주게 된다.

일반적으로 이데올로기는 다섯 가지의 방식으로 사회변동을 가져다준다(Lauers, 1977).

첫째, 이데올로기는 새로운 질서에 권위를 부여함으로써 새로운 방향을 정당화하는 기능을 통해 사회변동을 유도한다.

둘째, 이데올로기는 예기치 않은 변동을 가져다줄 수 있는 행동을 정당화하거나 인도함으로써 사회변동을 유도한다.

셋째, 이데올로기는 한 사회 내에서의 긴장이나 갈등을 해소·통합하는 기능을 수행함으로써 새로운 정치 형태를 창출하는 등의 변동을 가져다

1) 이데올로기적 관점은 마르크스주의적 입장, 관념론적 입장, 상호작용론적 입장 그리고 동시적으로 변화한다는 입장 등이 있으나 이를 구분, 설명하지 않기도 한다.

준다.

넷째, 이데올로기는 사회구성원들 개개인을 동기화시킴으로써 사회변동을 유도한다.

다섯째, 이데올로기와 현실 간의 모순이 존재할 때 이데올로기는 현실을 초월하여 사회운동의 원동력이 됨으로써 사회변동을 자극한다.

3) 갈등론적 상호작용적 관점

상호작용적 관점은 사회변동의 주요 요인을 인간의 사회적 상호작용에서 찾으려는 입장이다. 특히 상호작용 중에서도 경쟁과 갈등을 사회변동의 주요 요인이라고 설명하는 관점이다. 이러한 입장은 스펜서(Spencer)와 섬너(Summner)의 사회진화론적 입장까지 거슬러 올라갈 수 있으나 스몰(Small)과 워드(Ward), 파레토(Pareto), 코저(Coser) 그리고 다렌도르프(Dahrendolf) 등의 주장이 대표적이다.

파레토는 역사를 설명하면서 "통제권을 획득하기 위한 그칠 줄 모르는 투쟁"으로 인식함으로써 갈등을 주요한 사회변동 요인으로 받아들이고 있다. 코저 또한 사회변동에서의 갈등 현상을 중요시하였다.

특히 다렌도르프(Dahrendolf, 1959)는 사회적 갈등과 변동이 불가분의 관계에 있다고 설명하고 있다. 그는 ① 사회변동은 편재적이며, ② 사회갈등도 편재적이고, ③ 모든 사회 요소는 해체와 변동에 기여하며, ④ 모든 사회는 일부 성원들이 다른 성원을 강압함으로써 유지된다고 주장한다. 따라서 경쟁과 갈등은 사회변동의 중요한 요인이 되며 특히 고도의 자본주의가 발달된 사회에서는 경쟁과 갈등이 사회변동의 현저한 특징이라고 설명한다. 이 점에서 상호작용적 관점은 갈등이 변동의 추동적(推動的) 기제라고 설명한다. 그러나 변동은 갈등 없이도 발생할 수 있다. 갈등 없이도 변동이 가능하다는 이러한 주장들은 변동의 성격이 어떠하냐에 따라 갈등 없이도 변동이 가능하다는 말로서, 갈등은 변동에 대한 가장 중요한 자극이긴 하지만 반드시 사회변동의 요건이 되는 것은 아니라는 뜻이다.

4) 구조적 관점

구조적 관점은 사회변동의 요인을 구조적 요인이라 할 수 있는 정부의 역할과 엘리트 집단의 역할에서 찾으려는 견해이다.

우선, 정부가 대규모화되고 관료체제화되면 사회구성원들에게 영향을 미칠 뿐만 아니라 사회변동에 지극히 중요한 요소가 된다. 정부는 정치적 변동에 절대적인 영향을 주지만 동시에 사회변동 전반에 영향을 끼친다. 정부는 변동의 장애물로서 작용하기도 하고 변동의 추진 세력으로서의 역할도 동시에 수행한다.

역사적으로 볼 때 어느 시대에서든 어떤 상황에서든 정부는 사회변동에 능동적 역할을 해 온 것을 알 수 있다. 특히 사회변동에서의 커다란 체제적 변화나 구조적 변동은 정부의 지원이나 통제 또는 간여에 의해서 이루어져 왔다. 이 점에서 정부가 변동을 추진하는 강력한 세력이고 사회변동의 방향을 결정짓는 데 중요한 기능을 한다는 것을 알 수 있다. 초닥(Chodak, 1973)은 자본주의 사회에서 정부가 사회변동을 촉진하는 방법은 ① 경제발전을 촉진시키는 조건을 조성함으로써 가능하며, ② 사회성원 간의 집단갈등이나 경쟁을 통제, 조정하고 정부가 발전과정을 조정함으로써 가능하다. 또한 ③ 정부가 직접 경제발전의 계획과 대책을 수립함으로써 사회변동을 촉진한다고도 설명한다.

미래학자인 토플러(2000)의 경우도 그의 저서 『권력이동(power shift)』에서 세계적 변동과정에서의 군사력 등의 요인이 갖는 권력이동의 중요성을 주장하고 있다.

일반적으로 사회변동은 상호 연관된 복합적 요인에 의해 이루어지며 대개 기술적 발명, 사회적 발명, 이데올로기, 사회적 갈등, 구조적 요인을 그 주요 요인으로 지적할 수 있다. 특히 이러한 변동의 요인들은 사회변동을 촉진시키기도 하지만 때로는 사회변동을 저해하는 요인이 되기도 한다. 대개 어느 사회이든 사회변동을 원하는 세력도 있고 사회변동을 원치 않는 세력도 있기 마련이며, 변동과정에서 이익을 취하는 그룹이 있으면 피해는 당하는 집단도 있다. 그러므로 사회변동의 중요한 요인은 무엇보다도 인간의 심리적 혹은 습관적 측면이라 할 수 있다. 이러한 인간의 심리적 측면은 변동과 관련하여 이해관계가 직결되어 있어 다른 사람이나 외부와의 접촉보다는 자신이나 자신이 속한 집단에만 충실하게 되는 문화적 고립(cultural isolation)을 초래하기도 한다. 이러한 변동과정에서 구조적 엘리트 집단의 역할도 중요한 요인이라 할 수 있다.

엘리트의 행위를 중요시했던 변동론은 토인비(Tonybee)가 주장했으며 문명의 발전은 창조적 소수, 즉 엘리트에 의해 이루어진다는 주장이다. 엘리트에 의해 이루어지는 위로부터의 변동에 관한 연구는 개발도상국에서 기업가들의 역할을 강조한 헤이건(Hagen)과 맥클랜드(Mckelland) 등의 연구로서 대변혁기(B.C. 900~200)에 중국, 인도, 이스라엘, 그리스와 근대 서구에서 있었던 지식인의 사회적 역할에 관한 연구 등을 들 수 있다(Martindale, 1952).

한편, 밀즈(Mills, 1956)는 미국의 엘리트를 분석하여 엘리트 집단은 자신들의 기득권을 유지하려는 이기적 집성체(self-serving conglomerate)라고 설명하면서 변동과정에서의 엘리트는 사회변동을 유발하기도 하지만 동시에 저지하기도 한다고 주장하고 있다.

엘리트와 변동의 관계를 정리해 보면 다음과 같다.

- 엘리트 집단은 대중과 구분되는 이질적 집단이라고 파악하고 있다.
- 엘리트 집단은 변동을 촉발하기도 하지만 억제하기도 한다.
- 동일한 사회 내에서의 변동의 종류와 상황에 따라 요구되는 엘리트의 유형도 다르다.
- 시대적 변동과정에서 문화적 · 역사적 · 사회적 환경에 따라 엘리트의 유형도 다르다.

앞에서 설명하였듯이 네 가지 관점에서 사회변동의 요인을 살펴본 바대로 대개 사회변동의 요인들은 상호 역동적이고 복합적이라 할 수 있다([그림 10-1] 참조).

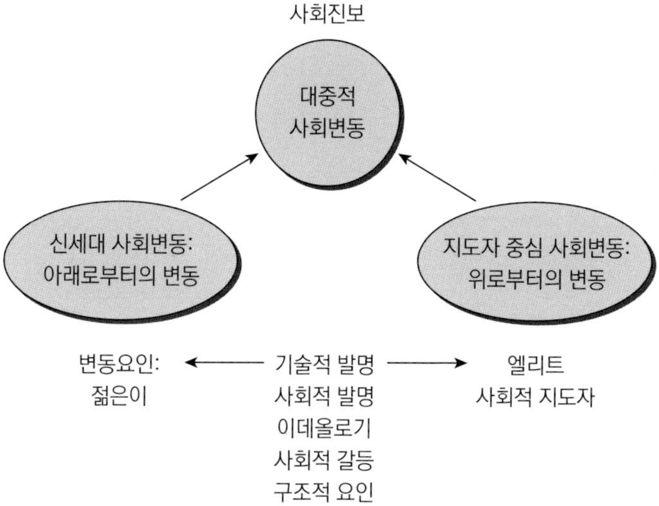

[그림 10-1] 사회변동 요인

5) 정보화적 관점

모바일 기술과 콘텐츠의 급격한 발달과 확장은 사회문화적 변동과 인간의 삶에 대변혁을 초래하고 있다.

1990년 말 이래 지속적으로 확대되어 온 이동통신과 콘텐츠 개발은 특정 집단만 접할 수 있는 정보를 모든 사람이 공유하는 사회로 변화를 가져다주었다. 이러한 정보화 사회로의 대전환은 교육, 문화, 경제, 과학 등 개인의 삶 전체에 커다란 변화를 초래하고 있다. 정보화는 사회 전체의 패러다임을 바꾸고 있고 삶의 양식과 가치, 특히 젊은이들의 생활 패턴에 커다란 변화를 가져다주고 있다. 이러한 변화는 세대 간, 지역 간, 국가 간 '정보격차' '정보

계층(information class)' '정보소외' '정보의 상대적 박탈감'을 가져다주고 특히 왜곡된 정보의 범람으로 인한 '정보아노미(information anomie)' 현상까지 초래하여 사회변동에 커다란 영향을 주게 된다(이현청, 2010, 2012).

정보화적 관점에서의 사회변동과의 관계들을 열거해 보면 다음과 같다.

- 기존 계층구조의 완화 내지 붕괴
- 수직적 위계구조에서 수평적 구조로의 이동
- 직접 커뮤니케이션에서 간접 커뮤니케이션으로의 이동
- 국제화와 세계화의 촉진
- 네트워킹 사회의 확산
- 세대 간, 지역 간, 국가 간 정보격차 현상 확대
- 정보기술 중심의 경영체제 확산
- 세계의존 경제의 확산
- 문화융합 확산
- 정보시차 완화
- 교육, 의료, 문화혁명 촉진
- 정보아노미 현상과 정보윤리 붕괴
- 전 산업의 모바일화
- 모바일 비즈니스 확대
- 비밀 없는 세계 등장 가능성
- 민주화의 촉진
- 시간의 상품화 가능성
- 사이버 윤리의 필요성 증대
- 사이버 중독과 자아붕괴 우려

이상은 많은 변동을 초래하게 되는 요인들로 작용하게 된다.

4. 사회변동의 이론들

사회변동에 관련된 이론들은 크게 사회진화적 관점에 서서 사회변동을 설명하려는 고전이론들, 구조기능주의와 갈등이론, 그리고 서구 자본주의에 대해 비판적인 마르크스주의 관점으로 대별될 수 있다.

1) 고전이론

고전이론은 19세기의 콩트, 스펜서, 마르크스, 뒤르켕 그리고 베버(Weber) 등에 의해 주장된 이론으로서 사회진화론적 관점이라 할 수 있다. 이 이론들은 사회를 전 근대적 사회에서 근대적 사회로 이행하는 것으로 보아 근대화의 이행과정과 근대화에 대해 관심을 가지고 있다. 물론 이 사회학자들 간에는 주장이 서로 다르다 할 수 있지만 주 관심사는 근대화나 진화에 대한 것이다.

콩트와 스펜서는 사회변동 개념을 진화의 보편적 과정으로 보고 있다. 콩트가 진화를 주로 인간 사고의 축적과 발달 그리고 연속적 합리화를 통한 인간 사고의 진보에 토대를 두고 있는 데 반해 스펜서는 진화를 조직의 성장, 분화, 재통합 과정으로 파악하고 있다(Eva Etzioni-Halevy, 1981, 1997).

한편, 마르크스는 생산관계가 사회의 가장 중요한 특징이라고 생각하여 사회진화를 몇 단계로 구분, 설명하고 있다. 즉, 그는 봉건사회로부터 공산사회까지의 단계로 진화한다고 본다.

또 다른 입장을 주장하는 학자로는 퇴니스(Tönnies), 뒤르켕, 베버 등을 들 수 있다. 이들 주장의 특징은 근대 이전과 근대사회로 사회를 구분하여 설명하고 있는 점이다. 퇴니스는 공동사회(gemeinschaft)와 이익사회(gesellschaft)로 구분하여 설명하고 있으며, 뒤르켕의 경우에도 노동의 분업이 거의 없고 집합적 의식에 기초한 단순 사회로부터 노동분업과 개인적 발달이 인정되는 현대사회로 사회변동이 이루어진다고 설명한다. 한편, 베버의 경우는 사회변동을 근대 이전에서 근대사회로의 변천으로 보고 있으며 현대 서구사회의 합리성에 깊은 관심을 나타내 주고 있다. 그는 지식발달과 관료제의 확대가 이루어질 때 합리화가 가장 뚜렷이 나타난다고 보고 있으며 사회변동은 노동분업과 함께 권위가 합의적인 위계질서를 이룰 때 이루어진다고 설명한다.

2) 구조기능주의와 갈등이론

기능주의적 관점은 사회변동을 사회의 긴장, 아노미, 조직해체 등으로 설명하려 한다. 파슨즈(T. Parsons)와 머튼(Merton)에 의해 발전된 이 이론은 사회체계의 균형이 무너지면 사회변동이 불가피하다는 입장으로서 주로 가치규범의 상실은 사회변동을 가져오는 데 중요한 요인이라고 설명한다. 이들 구조기능주의적 관점이 중요시하였던 개념은 긴장, 아노미, 조직해체였으며 전통과 근대성의 양립성 문제를 주요한 연구 관심사로 삼았다. 특히 파슨즈는 근대와 전통에 대한 퇴니스와 베버의 입장을 통합하여 전통과 근대성의 문제를 ① 감정성과 감정중립성, ② 확산성과 특정성, ③ 집단주의와 개인주의, ④ 특수주의와 보편주의 그리고 ⑤ 귀속성과 성취지향성 간의 갈등이라고 지적하고 있다(Eva Etzioni-Halevy, 1981, pp. 37-38).

한편, 베버와 파레토 등의 견해와 마르크스의 견해를 접목하고 있는 권력갈등 이론은 사회의 계급갈등이 변동의 동인(動因)이라고 설명한다. 이러한 견해로는 다렌도르프로 대표되는 입장을 들 수 있는데 계급 간의 사회이동이 불가능해지면 갈등이 유발되고 이로 인한 갈등 규제의 기제가 없을 때 사회변동이 불가피하다고 설명한다(Dahrendolf, 1959, p. 57).

밀즈도 사회를 엘리트와 대중으로 구분하여 엘리트의 대중에 대한 조작을 주요 관심사로 삼았으며 대중의 조직 능력을 중요시하지는 않았지만 이들 두 집단 간의 갈등을 중요한 사회변동의 요인으로 인식하고 있다.

3) 서구 자본주의 비판이론

서구 자본주의에 대한 비판이론을 신마르크스주의, 종속이론 그리고 마르크스주의 등의 관점으로서 서구 자본주의의 내적 발전과 국가 간의 외부적 영향에 관심을 갖는다.

이들 서구 자본주의 비판이론적 견해는 크게 자본주의는 성숙단계에 이르면 오히려 자본주의 체제가 강화된다는 입장과, 이와는 반대로 자본주의는 자체 내에 붕괴될 요인을 내포하고 있다는 입장으로 대별된다. 그러나 이들 비판이론은 결국 지배와 피지배 간의 갈등에 의해 변동이 유발된다고 설명한다.

그람시(Gramsci)가 주장한 헤게모니 이론(Hegemony theory)을 예로 들면, 자본주의가 발전되면 지배계급은 피지배계급으로부터 상당한 동조를 얻기 때문에 강제력은 감소된다고 설명한다(Halevy, 1981, p. 59). 그러나 후기 프랑크푸르트 학파들은 과학기술의 지배, 제한된 자유의 허용, 상업적 선전, 대중문화 그리고 성개방 등에 의해 사회성원들에 대한 통제가 가능하다고 설명한다(Marcuse, 1964). 특히 세계화가 확산되면서 세계 경제가 국가 간 상호의존성이 높아짐에 따라 미국 월스트리트의 세속적 자본주의 형태가 심화되면 세계금융이 위기를 맞게 되는 등 자본주의에 대한 대안론들이 대두되기도 한다. 이러한 대안론 중의 하나가 기든스(Giddens)가 주장하는 '제3의 길'로서 자본주의의 보완이 필요하다는 것이다. 양극화 해소책으로 사회복지가 확산되고 있는데 이러한 경향은 자본주의를 보완하려는 '신자본주의' 혹은 '후기 자본주의(post-capitalism)'의 가능성으로 인식될 수 있다(이현청, 1994, 2002).

4) 저발전 이론

저발전 이론은 사회변동에 대해 종래에 가져왔던 입장과는 달리 변동의 속도와 변동의 폭을 줄여야 한다는 관점이다. 특히 저발전 이론에서는 산업사회와 후기 산업사회 그리고 지식정보화 사회가 지니고 있는 유해한 환경이나 빈부 간의 갈등 그리고 변동이 가져다주는 부정적 소산에 대해 주목하고 있다.

저발전 이론은 버거(Berger, 1978) 등이 주장하고 있는 지나친 성장에 대한 비판론자들과 적정 수준의 발전을 주장하는 반근대화 이론(counter-modernization theory)이라든지 근래 대두되고 있는 저발전 이론들이 이에 속한다(이현청, 1994, 2002, 2011, 2012). 저발전 이론을 주장하는 학자들은 대개 녹색경제(green economy)를 주창하고 있는 환경론자 등이 주장하는 발전의 제한성을 강조하며 지속적 발전과 고도의 발전이 지나치면 사회발전에 오히려 역작용을 한다고 주장한다. 또한 지나친 발전이 가져다주는 제도적-규범적 해체현상 등에 대해서도 우려를 하고 있는데 1960년대의 후기 프랑크푸르트 학파에서 주장하던 견해와도 부합되는 면이 많다.

저발전 이론자들은 고도의 발전이 주는 결과가 반드시 인간의 행복과 삶의 질을 보장한다고 보지 않는다. 오히려 저발전 이론자들은 저발전이 여러 측면에서 바람직하다고 주장한다.

리프킨(Rifkin, 1980)도 인류의 문화·사회 변동과 발전과정은 지나치게 기술결정론적 입장에서 왔다고 비판하면서 지나친 경제 성장과 소비 증대에 의한 열에너지 소모, 즉 엔트로피(entropy)의 증대를 억제하여야 한다고 주장한다.

이러한 견해들은 지금껏 인식되어 왔던 성장위주의 변동관에 대한 대응으로서 저발전 내지는 제한된 소비와 생산에 대한 인식이라 할 수 있다.

5. 사회변동과 교육

사회변동은 많은 사회문제를 수반하게 되며 사회적 해체, 가치관의 갈등,

문화적 갈등 등의 바람직하지 못한 현상들을 수반하게 된다. 특히 사회변동이 급격할 때 그리고 광범위하게 이루어질 경우, 이러한 문제들은 더욱 심각하게 나타난다. 이때 제기되는 문제는 교육이 어떻게 사회변동에서 야기된 사회문제들을 해결하면서 동시에 사회진보에 기여할 수 있는가 하는 것이다.

우리나라의 경우, 지난 20여 년간 교육이 사회문제를 해결하는 데 미흡했다고 볼 수 있으며, 이 점에서 교육과 사회변동과의 관계에 관한 체계적인 연구가 필요한 실정이다.

특히 변동과정에서 교육이 할 수 있는 기능은 사회구성원들로 하여금 변화에 적응할 수 있도록 교육시키는 일과 변동과정에서 야기된 사회문제들을 바람직한 형태로 극복하도록 하는 일이라 할 수 있다.

■ 사회변동과 교육적 과제

어느 사회이든 변동과정에서는 교육이 해결해야 할 과제를 수반한다. 현재 극심한 변동을 경험하고 있는 우리나라 사회도 외래문화에 의한 문화적 접변, 산업사회로부터 후기 산업사회 그리고 지식정보화 사회로의 전환에 따른 구조적 문제, 전통과 비전통 간의 갈등, 개인과 집단의식 간의 갈등, 그리고 이익집단 간의 단절 등 수많은 교육적 과제를 수반하고 있다.

(1) 현대사회 문제와 교육

사회변동은 사회해체와 사회통합의 순환적 과정이라 볼 수 있다. 이때 각 계층이나 집단 간의 문화적 지체 때문에 긴장과 갈등을 초래하고 사회적 해체와 개인적 해체를 초래하게 된다. 또한 노년 집단과 청소년 집단 간의 세대적 단절을 경험하게 되어 세대 간 문화단절을 초래하게 된다. 현대사회에서 교육이 해결해야 할 문제는 대개 다음 몇 가지로 요약 · 정리될 수 있다.

① 가족기능의 약화

현대 가족의 특징은 위기가족(risk family)의 특성을 지닌다. 가족구성원 간의 역할이 불분명하게 되고 가족 간의 심리적 연대에 의한 응집력도 약화되었다. 뿐만 아니라 가정의 교육적 기능도 상실되거나 약화된다. 가족구성원 간의 가치관도 일치되지 않으며 지나치게 부부에만 의존하기 때문에 항상 의존적 특성을 지닌다. 더구나 이혼율의 증가에 따른 '한부모 가족'과 '역기능 가족'의 증가는 가족기능의 약화를 심화시켜 주고 있다. 따라서 전통적으로 교육의 기본 단위로서 기능은 약화되고 사회기관으로서의 기능 또한 해체 위기가 잠재되어 있다.

② 소외 의식

현대사회는 대중사회(mass society) 특성을 지닌다. 무기력, 무감각, 무규범 등 대중사회의 특성은 인간 행동을 규제할 수 있는 가치의 결여나 규범의 상실에서 비롯된다. 이러한 아노미 현상은 현대사회에서 교육의 중요한 과제가 된다. 소외 의식과 아노미 현상에 대해서는 문화와 교육에서 더 다루기로 한다.

③ 세대 간 단절

사회변동 과정에서 사회가 경험하게 되는 가장 중요한 과제 중의 하나는 세대 간 단절이라고 할 수 있다. 특히 우리나라와 같이 성장 지향적 변동의 사회에서는 기성세대가 올바른 가치관을 전수하고 교육시킬 수 있는 여유를 가지지 못함으로써 세대 간 단절을 경험하게 된다. 청소년들의 경우에는 무분별한 서구문화나 외래문화 그리고 사이버 문화를 수용하고 내면화함으로써 '반문화(counterculture)'를 형성하게 되고 부모들의 경우에는 전통과 혁신 간의 갈등 속에서 '소외문화'를 경험하게 된다. 따라서 세대 간 교육(intergeneration education)이 사회변동 과정에서의 주요한 교육적 과제가 된다.

④ 가치해체

현대사회는 중심가치의 해체사회라 할 수 있으며 전통적 혈연 중심 사회라기보다는 이익사회 성격을 지닌다. 이익사회적 사회란 2차 집단적 사회를 의미하기 때문에 비인격화와 보편적이고 통합된 가치체계가 결여되어 있는 것을 특징으로 한다. 따라서 피상적이고 유동적인 현대사회의 가치 중에서 어떠한 가치를 교육내용으로 수용할 것인가는 커다란 교육적 과제가 된다.

⑤ 계층갈등

현대사회는 계층갈등의 사회라 할 수 있다 특히 경제적 차원에서뿐만 아니라 문화적 차원에서도 계층 간의 차이가 심화됨으로써 '절대적 빈곤감'을 해소해야 함과 동시에 '상대적 빈곤감(relative deprivation)'도 함께 해소해야 하는 교육적 과제를 지닌다. 후기 산업사회의 특징은 분산화(分散化)와 이질화(異質化)에 있기 때문에 계층 간의 갈등현상은 외현적으로는 감소된 듯하지만 내면적으로는 확대 · 심화되고 있는 실정이다. 특히 근자에 들어 중산층의 붕괴와 함께 양극화가 심화됨으로써 계층갈등은 우려할 수준에 이르고 있다. 따라서 실질적인 차원에서 계층갈등은 교육의 중요한 과제가 된다.

⑥ 문화갈등

현대사회의 또 다른 문제는 문화갈등이라 할 수 있다. 문화갈등은 문화지체(culture lag)와 문화결핍(culture deprivation) 등에서 기인되는 계층 간, 물질-정신 문화 간 갈등 이외에도 전통문화와 외래문화 간의 갈등을 의미하는 문화주체나 문화종속(culture dependency) 등이 문제가 된다. 특히 사회변동이 급격한 사회에서는 자국문화(自國文化)와 외래문화 간의 갈등이 중요한 교육적 과제가 된다. 외부문화와의 접촉은 사회변동을 시작하게 하는 요인이면서 동시에 사회적 해체(Social disorganization)나 아노미 현상에 크게 기여하는 요인이 된다.

⑦ 정보사회화 갈등

현대사회에서 가장 심각하고 광범위한 변화의 하나는 모바일 혁명과 유비쿼터스 사회의 확산이다. 이에 따라 가치관의 대변화와 비밀 없는 사회로의 진입이 확산되고 있다. 특히 스마트폰 등의 확산은 삶 전체의 대변화를 초래하게 되고 면 대 면 인간관계에서 간접적인 사이버공간의 만남으로 변화됨으로써 악성 댓글 등 사이버 윤리문제와 지역 간, 세대 간 정보격차에 따른 갈등이 확산될 요인으로 작용하고 있다.

(2) 학교교육의 과제

학교교육은 앞에서 지적된 바와 같이 현대사회가 내포하고 있는 문제를 해결해야 하며 동시에 사회를 진보시켜야 하는 과제를 안고 있다. 따라서 적응을 위한 교육을 강조해야 하면서 동시에 사회개혁과 진보를 위한 교육을 추구해야 한다. 이 점에서 학교교육은 진보와 보수의 조화를 이루는 발달을 담당하는 교육을 중요시하여야 한다

소턴(Thorton, 1972)과 브루코버(Brookover, 1965) 등은 학교교육의 과제는 상호 발전을 위한 인격과 가치를 조화롭게 교육시키는 것과 기술변화에 대한 준비교육이 위주가 되어야 한다고 설명하고 있다. 장진호(1989)도 직업, 기술교육의 강화와 인간성의 확립 그리고 성실하고 자주적인 생활의 습성화를 학교교육의 주요 과제로 지적하고 있다.

사회변동과 교육의 과제를 살펴볼 때 일반적으로 고려되어야 할 과제들은 다음과 같다(이현청, 1992).

- 전통과 혁신의 균형
- 문화자국화(文化自國化)의 과제
- 반산업주의(anti-industrialism)와 진보 간의 균형
- 정신문화와 물질문화의 균형
- 거대조직화와 개별화의 조화

- 관료화와 자율화의 조화
- 도덕적 문맹(moral illiteracy)의 퇴치
- 사회정의와 규범의 정립
- 학교교육과 학교 외 교육의 조화
- 창의성의 계발

참고로 교육의 과제 중에서도 전통문화와 외래문화의 조화 및 균형을 위한 바람직한 가치요소를 표시해 보면 〈표 10-2〉와 같다.

〈표 10-2〉 바람직한 가치관의 변화방향

전통문화의 가치요소	외래문화의 가치요소
• 상부상조의 정신 • 선비 정신 • 조상 숭배 • 예의범절 • 충성 • 부모에 대한 효도 • 웃어른에 대한 존경 • 자연에 순응하는 순리	• 개인의 존중 • 성실, 근면, 절약 • 합리적인 생활태도 • 독립정신과 개척정신 • 협동정신과 단결심 • 준법성 • 공사 구분 • 유머 감각 • 지식, 기술, 창조

출처: 임희섭(1983).

오늘날 사회는 변동을 실감하는 사회이며, 교육의 기능이 사회변동을 유도하지 못하고 오히려 사회변동에 커다란 영향을 받고 있는 시대라 할 수 있다. 특히 학교교육이 사회변화를 따르지 못함으로써 시대에 뒤떨어진 쓸모없는 지식(useless knowledge)을 주입시키는 기능밖에 못한다는 비판을 받고 있는 실정이다. 아도르노(Adorno)는 현대를 가리켜 '사회진화의 시대'라 하였으며 가버(Gaboure)도 '성숙한 사회'라 지적하고 있으나 어떤 의미에서는 '교육상실의 시대'라 해도 과언이 아니다. 특히 학교교육에서 고려해야 할 과제를 지적해 본다면, ① 주체성과 창의성의 확립, ② 응용과학보다는 기초과

학에 대한 연구의 필요성, ③ 원활한 분배와 선발의 기능, ④ 사회화 기능의 촉진 등을 들 수 있다.

이외에도 서구화에서 비롯된 모방문화, 도시의 과대집중 현상, 극단적인 이익추구와 과잉경쟁, 기술문명에서 오는 인간성 상실, 날로 벌어지는 문화의 붕괴 등을 어떻게 해결할 것인가가 현대사회에서 학교교육의 과제라 할 수 있다(이현청, 1989; 장진호, 1989). 특히 사회변동은 젊은이에 의해 이루어지는 '아래로부터의 변동'과 사회지도자들의 지도력에 의존하는 '위로부터의 변동'이 중요시되므로 단순히 몇 사람의 힘에 의해 이루어진다고는 볼 수 없다. 이 점에서 교육의 역할이 매우 중요하다. 교육을 통해 이들 사회변동 촉진집단을 훈련하고 자각시키는 일은 사회변동 과정에서 수반되는 여러 가지 문제들을 해결할 수 있는 최선의 방법이라 할 수 있다.

(3) 교육과 사회변동의 관계

교육은 사회변동을 유도하고 촉진 · 조절할 수 있는 능동적인 기능을 수행할 수도 있고 동시에 사회변동의 과정에서 제기능을 수행하지 못함으로써 변동에 이끌려 다니는 수동적인 기능만을 수행할 수도 있다. 어느 사회든 교육이 제기능을 수행하지 못할 경우, 사회변동에서 수반되는 문제가 더욱 심각할 수밖에 없다. 예컨대, 사회변동의 저해 요인들로서 지적되고 있는 사회의 특수한 태도와 가치 규범을 변화시키는 일도 교육에 의해서 가능하며 문화적 타성이나 변동을 수용하지 않으려는 보수적인 면도 교육에 의해 변화시킬 수 있다.

교육을 통해 변동을 위한 장기적 계획을 수립하고 준비해 온 사회에서는 물질문명과 정신문명 간의 갈등을 최소화시킬 수도 있으며 변동에 따르는 충격을 최소화할 수 있다. 우리나라의 경우처럼 변동에 대한 장기적인 안목이 결여된 경우나, 예컨대 지나치게 성장위주의 경제정책에 치중한 나머지 사회적 규범이나 정신문화의 정착에 소홀한 경우는 인성보다는 직업인 양성 등 성장경제에 필요한 인력배출에 더 치중하게 됨으로써 교육적 과제가 더욱 심각할 수밖에 없다.

흔히 학교는 사회생산(social production) 기능과 사회재생산(social reproduction) 기능을 동시에 수행하게 되는데 사회변동 또한 생산 기능이면서 기존의 사회체제나 규범, 가치구조 등을 재조직하는 재생산 기능의 특성을 동시에 지닌다. 이 점에서 교육과 사회변동은 기능적으로 밀접한 관련을 갖게 된다는 것을 알 수 있다.

교육이 사회변동 과정에서 제기능을 수행하지 못할 때 청소년 문제, 규범의 상실, 정치적 사회화의 문제, 매스미디어의 문제 등 누적된 현상들과 직간접으로 관련된다. 특히 사회변동을 유도할 고급 인력을 양성하고 건전한 문화를 창출하며 문화적 동질성을 유지하는 기능을 교육이 수행할 때 교육은 사회의 여러 가지 불균형의 요인을 제거하는 데 큰 영향을 미치게 된다. 따라서 학교교육은 장래의 사회변동을 준비하는 '변동 이전 교육(pre-change education)'의 기능이 위주가 되어야 하며 사회교육은 '변동 이후 교육(post-change education)'의 기능이 위주가 되어야 함을 주목할 필요가 있다.

학교교육이 '변동 이전 교육'이 되어야 한다는 점은 장기적이고 체계적인 준비교육에 의해 미래 사회를 준비시키고 계획하는 교육이어야 한다는 것을 의미한다. 즉, 학교교육에서 인력 개발과 미래를 대비하는 문화전달 및 창조 그리고 인격교육 등이 필요하다는 의미이다. 사회교육이 변동 이후 교육이 되어야 한다는 것은 사회교육이 변동에 적응하고 대응하는 교육이 되어야 한다는 의미이다.

교육과 사회변동의 관계에서 볼 때 사회변동의 속도와 범위가 교육의 기능과 조화를 이룰 때 가장 바람직한 사회변동이 될 수 있다. 그러나 현실적으로는 어려운 일이므로 변화에 대한 대응교육과 기술교육이 강조되어야 하며 교육의 능률성, 효율성 등이 이루어져야 한다.

교육이 사회변동을 주도하느냐 혹은 사회변동에 의해 교육이 영향을 받느냐의 정도는 네 가지 요소에 의해서 결정된다고 설명된다. 로저스(Rogers, 1983)에 의하면 사회에는 개혁집단, 초기 적응집단, 초기 다중(多衆), 지체된

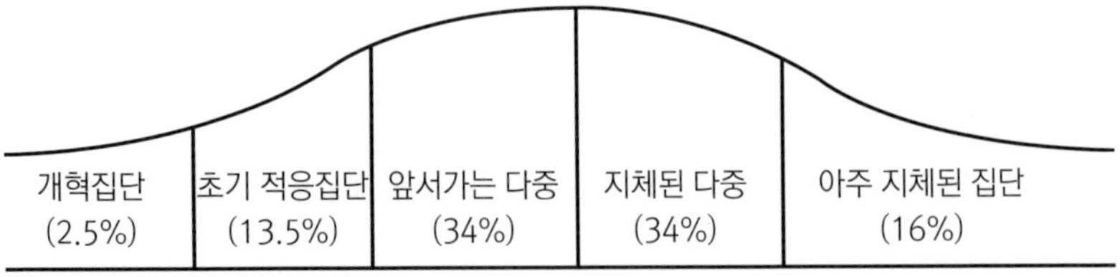

[그림 10-2] 사회변동과 사회구성원들의 특성

다중 그리고 지체집단이 분포되어 있기 때문에 사회변동의 속도나 범위는 이러한 집단의 분포가 어떻게 되어 있느냐와 관련이 있다는 것이다(Rogers, 1983, pp. 233-247).

특히 이들 집단구성을 바꿀 수 있는 역할은 교육이 담당해야 하지만, 교육은 개혁을 위한 의사결정 유형, 개혁 진행과정에서의 의사소통 유형, 사회체제의 특성, 개혁 확산을 위한 변동기관의 확충 여부와 관계가 있다. 따라서 교육이 이러한 변동의 주도기관이면서도 변동의 수렴기관 역할을 담당한다. 특히 로저스는 [그림 10-2]에서와 같이 사회변동 과정에서의 사회구성원들의 특성을 비율로 나타내 주고 있다. 그는 사회변동의 속도나 범위를 증대시키기 위해서는 개혁집단이나 초기 적응집단이 많아야 되며 완만한 변동을 위해서는 지체된 다중이나 아주 지체된 집단의 숫자가 많아져야 한다고 설명한다.

제11장

사회계층과 교육

어느 사회든 사회구성원의 연령, 직업, 학력, 능력, 성별 등에 따라 위계가 이루어지고 있다. 이러한 사회적 위계란 사회 내에서 동등한 위치를 차지하는 수평적 관계, 즉 횡적 관계와 한 사회의 희소재나 권력의 분배 여부에 따라 수직정 관계가 형성되는 종적 관계에 의해 구분이 이루어지고 있다는 뜻이다. 이렇게 모든 사회는 수직적 관계뿐만 아니라 수평적 관계가 성립될 수 있는데 이른바 사회적 구분이라 할 수 있는 이러한 위계는 사회계층과 사회계급의 개념으로 통용되고 있다. 특히 교육이 일반화되어 대중교육화하면서부터 교육과 계급의 문제가 교육사회학의 중요한 과제가 되어 왔다.

현대 사회학에서 큰 비중을 차지하고 있는 계층과 계급의 문제에 대한 논의는 고대 그리스 시대로부터 근세에 이르기까지 전개되어 왔으나 계급의 존재를 어떻게 평가할 것인가는 쉬운 일이라 볼 수 없다.

인간 사회의 이러한 위계현상은 어떤 시대적 특성이나 한 사회가 추구하려는 가치문화에 따라 구분되고 결정되기 마련이다.

근자에 들어서 교육사회학에서도 교육과 사회계급, 교육과 사회이동의 관계를 규명하려는 노력을 기울여 왔다. 교육이 인간의 계층화 과정에 주요한 요인이 되며 영향을 준다는 점에서, 그리고 특히 사회계급과 관련하여 주요한 요인이며 영향을 준다는 점에서, 교육이 인간의 계층화 과정에 기여한다는 것을 설명할 때 사회계급과 교육의 관계를 이해하기 위한 쟁점들이 검토되어 왔다. 그러나 사회계층과 교육을 살펴보기 위해서는 우선 몇 가지 주된 질문을 제기할 필요가 있다.

- 사회체제 내에서 사회계급은 어떤 역할을 하는가?
- 교육은 사회 계급화와 계층화 과정에 어떤 역할을 하는가?
- 사회계급과 사회계층에 영향을 주는 학교의 내적 혹은 외적 주요 요인들은 무엇인가?
- 교육은 사회구성원들에게 평등한 기회를 제공할 수 있는가?
- 어느 사회이든 사회계급은 존재하는가?

이러한 질문들은 교육이 사회계급화와 사회계층화 과정에 어떠한 역할을 수행하며 또 사회구성원의 사회화나 사회의 분배 및 선발과정에 어떻게 관여하고 있는가에 관련된 것들이다.

흔히 우리가 일반적으로 인식하고 있듯 대다수의 사회성원들에게 '중산층의 꿈(middle class-dream)'을 실현시키는 것만이 교육의 주요한 기능은 아니기 때문에 사회계급 형성과정에 교육이 어떻게 관련되어 있으며 계층화 과정을 위해 주요한 교육기능인 분배 및 선발의 과정이 어떻게 이루어지는가를 검토해 볼 필요가 있다.

따라서 교육이 사회계급 결정요인의 중요한 요인이라면 이를 위한 역할과정에 개재된 선발과 분배의 준거가 무엇이며 평가체제 등이 어떻게 사회계급을 결정하는가를 검토할 필요가 있으며 기회균등과 교육의 사회적 기능은 어떠한가를 검토해야만 한다.

이 장에서는 사회계층의 개념과 분류를 살펴보고 사회계층의 결정요인을 검토해 보기로 한다. 또한 계급과 학업성취, 학교교육의 계층화에 대한 역할에 대해서도 논의하기로 한다.

1. 사회계급과 사회계층

어떤 사회현상을 다루든 간에 교육의 사회학자들은 단순한 이념이나 제도적 차원에서가 아니라 사회세력들 간의 구체적인 관계, 특히 학습 장면에서의 사회세력들 간의 관계에 주목하여 교육현상을 설명하려는 경향이 있다. 이때 중요시되는 개념이 사회계급의 개념이나 사회계층의 개념이다.

일반적으로 교육의 사회학자들은 사회계층과 사회계급의 개념을 혼용하고 있는 실정이다. 엄밀한 의미에서는 두 개념 간의 차이가 있지만 학자에 따라서는 별 구분 없이 사용하고 있기 때문이다. 한 가지 공통적인 사실은, 두 개념 다 사회적 신분을 나타내는 현상으로서 한 사회에서 설정된 어떤 표준이나 준거에 의해 상하의 구분이 가능한 사회현상을 지칭하는 의미를 지닌다는 점이다. 사회적 구분이 제도화되면 사회계급 체제가 되는 것이다. 우선, 사회계급의 개념을 살펴보고 계급과 계층의 차이점에 관하여 살펴보기로 한다.

1) 사회계급

사회계급(social class)이란 용어는 애덤 스미스(Adam Smith)나 매디슨(Madison) 그리고 그 밖의 18세기 학자들에 의해 집단이나 신분과 같은 동의어로 사용되었다(Ossowski, 1963). 그러나 사회구조에 있어서의 기본 집단들을 의미하는 일반 개념으로 쓰이기 시작한 것은 프랑스 혁명 이후부터이다. 계급이란 개념은 신분이란 의미로 쓰이기도 하지만 마르크스와 그의 후계자들은 계급 개념을 다른 사람의 노동에 대한 착취라는 개념과 결합시켜 왔다.

사회계급은 사회계층(social stratification)보다 좁은 의미로서 한 사회 내에서 재산, 교육, 직업, 사회적 지위 등이 비슷해서 유사한 배경, 생활습관, 태도, 행동, 가치관을 가지고 있는 집단을 의미한다(Coleman, 1990).

따라서 사회계급은 집단적 응집력 혹은 계급의식이 전제된 개념이므로 생산수단의 소유, 지배수단 및 권력의 유무에 따라 결정되는 개념이다(Dahrendorf, 1959; Poulanzas, 1975; Rogers, 1986; Wright, 1964, 1979). 사회계급에 대한 확연한 개념 설정을 위해서는 계급사회의 모든 개념들에서 공통적인 것으로 인식되는 몇 가지 가정이나 기준들을 살펴볼 필요가 있다. 이러한 가정들과 기준들을 살펴보면 다음과 같다.

- 계급들은 사회구조 내에서 포괄적인 집단체계를 구성한다.
- 계급 구분은 생물학적 기준에 의해서가 아니라 사회적 지위를 결정하는 특권 및 차별체계와 관련되어 있다.
- 사회성원들은 비교적 영구적으로 한 사회계급에 소속된다(김병욱, 2012; 한상진, 1984; Ossowski, 1963 등).

이러한 가정에서 볼 때 사회계급이란 포괄적인 사회집단을 의미하여 그러한 집단들의 체계 형성을 가리키는 개념이다. 그러므로 사회계급을 설명하기 위해서는 사회성원들이나 사회체제 내의 어떤 관계를 고려해야 한다. 예컨대, 마르크스적 의미에서 프롤레타리아가 누구인지를 설명하기 위해서는 이에 대립되는 집단인 부르주아의 개념과 비교해야만 한다. 또한 사회계급을 설명하기 위해서는 어떤 특권과 차별의 체계에서 볼 수 있는 우월과 열등의 모든 층화(stratification)현상을 포괄적으로 다루어야만 한다. 일반적으로 계급의 개념에서 고려되고 있는 공통적 기준들은 다음과 같다.

- 사회계급은 수직적 위계적 서열을 지닌 사회현상이라는 점이다.
- 사회계급은 계급지각이나 계급 일체감 또는 계급의식을 소유한다.
- 비교적 영속적인 계급이익을 반영하며 따라서 계급갈등을 수반한다.

- 서열 간에 또는 계급집단 간에 사회적 거리 또는 사회적 고립을 특성으로 한다.

이와 같이 사회계급은 어떤 기준과 가정 위에서 설명될 수 있는 개념이다. 한 사회는 정도의 차이가 있을 수 있으나 어느 정도 계급으로 나누어질 수 있기 때문에 계급집단 간의 각기 다른 계급의식과 문화, 그리고 사회적 고립 현상 등은 물론 계급이익을 반영하는 과정에서 사회적 갈등을 수반하기 마련이다. 그러나 이러한 계급갈등은 한 사회가 사회적 교제를 통해 계급경계나 사회적 고립현상을 어느 정도 해소시킬 수 있느냐에 따라 달라질 수 있다.

계급 개념을 설정하는 데에는 몇 가지 접근이 가능하지만 일반적으로 마르크스주의적 관점, 베버주의적 관점, 기능론적 계급이론 및 이들을 절충하려는 관점 등으로 구분이 가능해진다. 대표적인 계급이론으로서는 다렌도르프(Ralf Dahrendorf)의 갈등론적 계급이론과 풀란차스(Nicols Poulantzas)의 구조주의적 계급이론을 지적할 수 있다. 다렌도르프의 이론은 마르크스의 관점에 터하고 있으면서도 막스 베버(Marx Weber)의 관점과 기능주의적 견해를 부가시킴으로써 비판적 기능주의 성향을 나타내는 견해이다. 한편, 풀란차스는 보다 마르크스주의적 관점에 서 있으며 알튀세(Louis Althusser)의 구조주의적 인식론에 기초하여 계급이론을 설명하고 있다.[1]

계급의 개념을 설정하기 위해서는 앞서 언급된 가설과 특성들에 기초하여 경제적 속성에 따른 구분, 단절적 의미에 따른 구분 그리고 의식적 귀속감에 따른 구분이 가능해진다(김채윤, 홍두승, 1982; Giddens, 1979; Ossowski, 1963 등).

경제적 속성에 따른 구분은 경제적 요인에 의해 계급을 구분할 수 있다는

1) 이들 견해를 좀 더 이해하기 위해서는 Dahrendorf, R. (1959). *Class and Class Conflict in Industrial Society*. London: Stanford.; Poulantzas, N. (1975). *Classes in Contemporary Capitalism*. London: NLB; Mairiam Glucksman, Structuralist Analysis in Contemporary Social Thought 등을 참조.

관점이다. 이는 주로 고전적 마르크스주의 계급론자들에 의해 주장되는 것으로서 계급 구분을 단순히 생산수단과의 관계에서 나타나는 차이에 바탕을 두고 있다. 즉, 고전적 마르크스주의 견해 중에서도 계급을 주로 경제적 현상으로 취급하는 과학주의적 입장이 이에 속한다. 이들의 견해를 받아들이고 있는 오늘날의 계급론자들도 경제적 속성, 예컨대 생산수단의 소유 여부, 경제적 부(富) 그리고 소득수준 등을 계급 구분의 기준으로 삼고 있다.

또한 단절적 의미란 앞서도 지적한 바와 같이 수직적 서열을 통해 우월하고 열등한 계급적 층화가 존재하지만 이들 층화는 인위적인 임의적 범주가 아니라 보다 폭넓은 해석이 가능한 사회적 의미의 역사적인 범주라는 점이다.

이와 관련지어 또 다른 기준으로 이해되고 있는 것은 계급의식이나 계급연대에 따른 계급 일체감이나 귀속감에 의한 구분이다. 계급집단은 사회적 고립이나 계급집단 간의 사회적 교제가 결여될 수 있을 뿐만 아니라 계급집단만이 지닐 수 있는 독특한 성향과 계급집단만이 가질 수 있는 독특한 의식이나 문화를 형성하게 된다. 따라서 이러한 계급의식이나 심리적 연대감에 따라 계급이 구분되고 있다. 예컨대, 슘페터(Schumpeter, 1953) 같은 학자는 교혼권(交婚圈)에서 표현되는 사회적 관계를 동질적인 환경 내의 계급기준으로 삼고 있으며, 센터스(Centers, 1949)도 계급을 주관적인 특성을 지닌 사회심리적 집단으로 이해하고 있다. 또한 미국의 일부 사회과학자들이 사용하는 계급 정의는 의식과 귀속감에 바탕을 두고 있기도 하다.

그것이 어떠한 기준에 의하여 구분되었든 사회계급은 대립적인 집단이해와 집단의식과 관련된 개념으로서 이질적이고 비연속적인 집합체를 의미한다. 또한 사회계급은 상층이든 하층이든 상승이동이나 하강이동이 가능해서 개방적이다. 사회계급은 실제적인 것으로 이해되기보다는 개념상으로만 보는 것이 바람직하다고 여겨진다(S. Turner, 1988).

지금껏 우리나라에는 사회계급에 관한 연구가 활발하지 못하였고 심지어 사회계급이라는 용어의 사용을 금기시하여 왔다. 따라서 사회계층과 사회계급을 혼용하여 사회계급을 설명할 때에도 사회계층의 개념을 활용하기 일쑤였을 정도였다. 이러한 연유로 우리나라의 계급 연구는 극히 미진한 실정이며, 1980~1990년에 대두되었던 '민중'의 개념이라든지 '중산층'에 관한 연구들의 경우 때늦은 감마저 느끼고 있다. 특히 '민중'의 개념이 확연히 정립되어 있지 않은 상태에서 단순히 계급의 개념이 갖는 이원적 개념으로 받아들여지고 있는 실정이다. 필자가 '계급부재현상(階級不在現象)'이란 개념까지 쓸 정도로 한국의 사회계급 연구는 미진할 실정이다. 물론 일부학계와 언론계를 중심으로 중산층에 관한 논의에 관심을 표명해 왔으며, 근자에 들어 우리나라 사회의 계층구조를 보다 체계적으로 분류하려는 노력도 엿보인다. 그러나 논의의 기초가 될 계급과 계층의 개념을 명료하게 해명하려는 논의는 뜻밖에도 매우 드문 실정이다. 설혹 이러한 논의가 있었다 해도 대부분의 경우 일반 사회학자들로서 사회계급과 구분 없이 사회계층이라는 중립적인 용어를 써 왔던 것 같다. 다행히 근자에 들어 사회성층론과 마르크스주의 계급론 간의 논쟁이 일고 있으며 마르크스주의 계급론 내부에서도 임금 노동자들의 계급적 성격에 관한 논쟁이 활발한 실정이다. 이러한 논쟁은 '중간계급사회론'을 기저로 하는 '탈계급사회'적 입장과 계급 양극화와 계급투쟁을 사회관계의 본질로 보는 입장 간의 논의라 볼 수 있다. 또한 마르크스주의 계급론 내부의 논쟁도 주로 자본주의 계급구조상에서의 지위와 변혁운동에서의 전략적 위치에 관한 것으로서 임금 노동자들과 신중간층에 관한 연구가 주된 흐름이라 볼 수 있다.

2) 사회계층

사회계층(social stratification)은 사회계급의 의미보다 넓은 개념으로서 직업구조의 변화나 사회변동 등의 사회적 분화에 따른 사회적 인식이나 평가의 결과이다. 따라서 사회의 위계적 체제 속에서 직업, 정치적 위치, 가족적 배경, 인종, 개인의 능력 및 기술 등이 불평등하게 배분된 가운데서 서로 비슷한 위치에 있는 사회집단을 사회계층이라 부른다(Prichard & Buxton, 1973).

사회계층은 사회적 지위가 유사한 성층(成層)이라 볼 수 있는데 부(富), 교육, 직업 등이 유사한 집단이라 할 수 있다. 사회계층은 '사회적 구분'과는 다른 말인데 '사회적 구분'과는 달리 상하, 우열의 순위로 종적인 구분을 하는 특성을 지닌다. 그러므로 사회성원의 순위와 서열을 구분하는 개념이 내포되어 있다. 사회계층 개념은 사회적 불평등을 전제로 할 때 설명이 가능하며 일부 국가나 사회에서는 예외가 될 수 있지만 대부분의 사회에서 받아들이고 있는 선천적이고 생리적인 차이에서 기인되는 것이 아니라 사회적 요인에 의해 설명된다.

사회계층은 사회적으로 결정될 뿐만 아니라 어떤 대가와 보수의 분배에서 나타나는 특징인 사회적 기준의 정당성 여부에 따라 결정된다. 예컨대, 학력수준에 따른 보수의 분배에 대한 승인의 결과에 따라 결정된다든지 연령의 차이, 규범적 차이, 정치, 경제, 교육, 종교 및 가정과 관련된 여러 가지 요인들에 의해서 그리고 이들 요인들의 가치에 대한 우열평가를 통해 결정될 수 있다. 이러한 차별현상이 가치에 대한 우열평가에 의해 파악되는 개념이 사회계층화 현상이라 할 수 있다. 사회계층화 현상은 개인의 지위라기보다는 집단구성원의 지위체계를 의미하기 때문에 사회계층에 의해 어떤 인간 집단이 다른 사회구성원들과 현저하게 구별될 수 있고 또 특별한 지위를 가진다든지 하는 일정하고도 비교적 통일적인 특징에 근거한 사회체계라고 볼 수 있다.

사회계층을 설명함에 있어서도 칼 마르크스는 경제적 표준을 위주로 사회계급이라 지칭하고 있고 베버는 신분집단이나 당파(parties)라는 용어를 쓰면서 소위 3P라 불리는 재산(property), 권력(power) 및 위광(威光, prestige)을 표준으로 삼는다(Spencer & Inkeles, 1976).

사회계층은 앞서도 언급한 바와 같이 사회에 따라 그 특징이 다를 뿐만 아니라 엄격성이나 강도가 다르다. 엄격한 사회계층의 대표적인 예로는 인도의 카스트 제도(caste system)를 들 수 있다. 또한 어떤 사회는 경제적인 지위와 사회적 신분지표가 일치하지 않음으로써 신분모순(status inconsistency)이 생길 수도 있다(Eitzen, 1974). 사회계층의 개념은 한 사회에서 사회성원들의 서열화를 의미하며 인도의 세습적 카스트 제도와 같은 세습적인 계층이나 중세 봉건제도하에서의 이스테이트(estate) 제도와 같은 계층 그리고 근대 산업사회에 있어서의 사회계급과 같은 형태 등이 있다.

3) 사회계층과 사회계급의 관점

앞서 살펴본 바대로 많은 학자들의 경우 '사회계층'과 '사화계급'의 개념을 혼용하고 있는 실정이다. 그러나 이들 두 개념 간에는 엄격한 의미 차이가 있다. 흔히 계층의 개념을 설명할 때 '사회신분'과 같은 폐쇄적인 계급의 의미뿐아니라 일반적으로 통용되는 '사회계급' '사회계층'을 포함한다. 그리고 개인적 의미보다는 사회적 의미를 지니고 있으며 후기 산업사회의 사회현상을 설명할 때에 활용하는 개념인 '사회계층'의 개념까지도 포함시키는 것이 일반적이다. 그러나 '계급'과 '계층'의 의미는 몇 가지 관점에서 구분되고 있다.

일반적으로 '계급'과 '계층'은 크게 세 가지 관점에서 구분, 설명되고 있다. 첫째는 실재론과 명목론의 차이에 따른 관점이며, 둘째는 갈등주의와 기능주의의 차이에 따른 관점, 셋째는 다원론과 일원론의 차이에 따른 관점이다(김영모, 1982; 김채윤, 1975; 한상진, 1984; 홍두승과 김채윤, 1982; Heller, 1987; Poulanzas, 1979 등).

우선, 실재론과 명목론의 관점에서 계급과 계층 모두 실재적이며 명목론적인 성격을 공유하지만 정도의 면에 있어서 '계급'의 개념은 보다 실재적 의미인 데 반해 계층의 개념은 보다 명목적이라 볼 수 있다. 이러한 특성은 계급이론은 주로 역사철학적, 변증법적 사회과학에 의해 발전되어 왔고 계층이론이 근대적인 경험과학에 의해 주도되어 왔기 때문에 새긴 것으로 보인다.

두 번째 특성은 기능론적 관점이냐 갈등론적 관점이냐에 따라 의미의 구분이 가능해진다. 일반적인 '계층'이 기능론적 관점에 의한 것이라면 '계급'은 갈등론적 관점에 의한 것이라고 인식되어 왔다. '계급'의 개념은 모든 사회에 편재하는 갈등의 개념을 전제로 하고 있으며 '계층'의 개념은 사회의 규범적 통합의 역할구조를 전제로 하고 있다(Dahrendorf, 1959). 물론 사회가 지닌 양면성이라 할 수 있는 기능과 갈등은 엄연히 독립된 관계이기 때문에 동일한 관점에서 비교한다는 것이 무리이다. 그러나 '계급'은 역사철학적인 개념인 데 반해 '계층'은 비역사적이며 기능주의적인 개념이라 할 수 있기 때문에 이러한 관점이 가능하다.

다음으로 '계층'과 '계급'의 개념을 설정하는 분류기준이 일원적이냐 다원적이냐의 문제에 따라 구분되는 차이를 지적할 수 있다. 통념상 계급 개념은 마르크스에 의해 그리고 다원론적 계층 개념은 막스 베버에 의해 제시되었다고 본다. 마르크스는 계급개념을 생산관계에 치중하여 생산수단의 소유 여부에 따라 결정된다고 본 반면, 베버는 보다 포괄적이고 다원화된 계층구조와 개념을 발전시키고 있다. 베버는 정치 · 경제 · 사회 차원에서 발생하는 위계질서를 포괄적으로 계층 개념으로 다루고 있다. 이 점에서 '계층'은 보다 다원론적인 관점이라 볼 수 있는 반면, '계급'은 경제적 구조만을 강조하는 일원론적인 개념이라 할 수 있다.

그러나 이러한 구분에도 불구하고 계급 개념이 다원론적인 구조에 의해 설명되어야 한다는 주장들 또한 주목을 받고 있는 실정이다. 특히 알튀세(Althusser, 1969)와 같은 프랑스 구조주의적 마르크스주의자가 그 대표적인 예에 속한다.

이와 같이 계급이론과 계층이론은 그 개념이나 시각이 다르기 때문에 엄격한 의미에서는 구분이 필요하다 하겠다. 일반적으로 계층이론은 통일된 견해가 가능한 실정인 데 비해 계급이론은 그 접근에 있어서나 방향에 있어서 다양하여 통일된 견해가 없는 실정이다.

종합적으로 계층과 계급의 개념을 구분하기 위한 차이점들을 보면 다음과 같다.

- 계급은 사회의 모순과 대립을 중요시하는 데 반해 계층은 통합을 중요하게 다룬다.
- 계층은 규범적으로 통합된 역할을 전제로 하는 반면, 계급은 사회 내부의 모순관계를 극복하는 역사적 변동의 주체나 행위의 주체로 간주된다(Lukacs, 1971).
- 계층은 사회계층 현상의 분석적-기술적 개념인 데 반해 계급은 역사적 형성과 분화 및 상호 연합을 사회변동의 맥락 안에서 총체적으로 파악하려는 개념이다(한상진, 1984).
- 계급은 지배-복종, 생산-착취 등의 구조화된 대립에 의한 개념인 데 반해서 계층은 직업, 교육, 수입 등의 사회적 평가기준에 의한 분류 개념이다.
- 계층은 비교적 고정적 · 위계적 개념인 데 반해서 계급은 계급관계의 극복을 지향하는 유동적인 개념으로서 실천 지향적인 특성을 지닌 개념이다.

계급과 계층은 이와 같이 구분이 가능하지만 많은 교육사회학자들은 두 개념을 구분하지 않고 사용하는 실정이다.

2. 사회계층의 결정요인과 구조

1) 사회계층의 결정요인

사회계층은 특수한 위치를 차지하고 있는 사회집단을 뜻하기 때문에 그들이 영위하고 있는 생활습관이나 가치관 및 사회적인 신분지표(status symbol) 등에 있어서 차이가 있기 마련이다. 동일한 계층에 속한 사람들이 공통적으로 갖고 있는 행동양식, 교육수준, 가치관, 규범 및 태도를 가르쳐 '계층문화

(class culture)'라 부른다. 또한 이들이 공통적으로 가지고 있는 의식을 '계층의식(class consciousness)'이라 부르기도 한다. 그러나 특정 사회계층이 가지고 있는 이러한 공통적인 의식, 문화, 지표 등을 결정하는 요인은 국가나 역사적 전통 및 관습, 한 사회의 '우대문화(priority culture)' 등에 따라 달라질 수 있다. 그러면 일반적으로 인정되고 있는 사회계층의 결정요인은 무엇인가? 일반적으로 사회계층의 결정요인은 크게 세 가지 영역으로 구분될 수 있다. 이들 세 영역은 경제 영역, 권력 영역 및 위광 영역이다(Shepard, 1981). 물론 이들 영역을 다시 구분해 본다면, ① 재산의 정도와 수입, ② 교육수준과 직업의 종류, ③ 개인적 특성 및 성격, ④ 가정배경 및 가문 등의 귀속적 요인, ⑤ 권위와 위광 등이다. 이들 요인들 중에서도 마르크스의 경우는 경제 영역이 계층결정의 주요한 요인이라고 보고 있는 데 반해 막스 베버는 3P(property, power, prestige), 즉 재산, 권력, 그리고 위광이 계층 결정의 주요 요인이라고 설명하고 있다. 그러나 계층이론에 따른 계층 결정요인이 다양한 실정이라 할지라도 대개 특권(privileges), 권력(power), 위광(prestige) 등이 중요 요인이라고 인식되고 있다. 물론 사회계층은 직업, 정치적 지위, 자질 및 기술, 가족배경, 인종 등의 요인에 의해 사회체제 내에서 획득된 지위이기 때문에 출생하면서 얻어진 귀속적 요인과 능력 및 성취에 따라 얻어지며 사회이동을 전제로 설명될 수 있는 능력주의적 요인으로 구분될 수 있다(Barber, 1968).

이 점에서 사회계층의 결정요인은 한 사회구성원으로서 사회체제 내에서 획득된 사회적 위계와 관련된 모든 요인을 다 포함하는 의미이다.

할시(Halsey, 1963)는 "모든 사회적 단위행위는 권력을 행사하는 행위이고 모든 사회관계는 권력을 통해 균형을 유지하는 것이며 모든 사회집단과 체계는 권력을 조직한 것이다."라고 표현하면서 사회의 권력위계를 설명하고 있다. 흔히 사회계층을 논할 때 세 가지 차원을 들어 설명하고 있는데, 이들 세 가지 차원은 사회 내의 지배-복종 관계를 나타내는 권력위계와 수입, 생활기회를 향유하는 정도의 차이를 나타내는 수입위계 그리고 객관적으로 감지하기 어려운 상징적 의미를 지니는 위광위계를 의미한다. 어떤 사회이든 이들 세 가지 위계가 복합적으로 계층을 결정하기 때문에 대부분의 사회는 계층의 결정요인을 여기에서 찾을 수 있다고 설명한다(오욱환, 2010; Weber, 1958).

사회계층의 결정요인은 앞서 지적한 바 있는 세 가지 차원에 따라 결정되지만 좀 더 세분화해 보면 다음과 같다.

- 귀속적 요인(가정배경, 성, 미모, 연령)
- 개인의 능력주의 요인(지성, 교육 정도, 직업)
- 사회문화적 요인(권위와 위력, 직업의 종류)
- 경제적 요인(재산의 종류와 정도)

사회계층의 결정요인에 관한 연구를 수행해 온 학자들 중에서도 워너(Warner et al., 1949)는 사회계층 분류의 기준으로서 ① 직업, ② 가옥형태, ③ 거주지역, ④ 수입, ⑤ 소득원, ⑥ 교육수준 등의 지위특성지표(Index of Status Characteristics: ISC)를 나타낼 수 있는 요인과 함께 지역사회에 대한 참여 정도를 중심으로 서열을 정하는 평정참여법(Evaluated Participation: EP)을 사용하여 사회계층을 구분하고 있다.

한편, 센터스(1949)는 '사회구성원이 스스로 어떤 계급에 속한다고 생각하느냐'에 따라 계급 분류가 가능하다고 보고 있다. 센터스는 사회구성원 스스로가 간직하고 있는 계층의식을 중심으로 3%의 상류, 43%의 중류 그리고 51%의 하류층으로 구분을 하고 있다. 우리나라의 경우도 주관적 방법에 의한 계층의식 조사에 따르면 약 62%를 넘는 사람들이 자기 스스로를 중류층이라고 의식하고 있다는 조사결과가 흥미롭다(김영모, 1981).

결론적으로 사회계층의 결정요인은 재산과 수입, 직업, 교육 그리고 계급의식 등이라 볼 수 있고 이러한 결정요인도 한 사회에 내재되어 있는 구조적 · 문화적 특성에 따라 다소 차이가 있을 수 있다. 그러나 사회계층 요인을 결정하는 견해는 워너의 경우처럼 별개의 폐쇄계급(closed class)으로 보는 입장, 사회계급을 고정된 게 아니라 연속되고 중복된 견해로 보는 입장, 개인적 의식으로 보는 입장 그리고 지위등급 그 자체를 계급으로 보는 입장 등으로 대별될 수 있다.

2) 사회계층의 구조

일반적으로 사회계층의 측정은 객관적 측정, 주관적 측정 그리고 평정법(評定法) 등으로 구분되고 있는데 사회계층의 구조는 주로 사회계층의 객관적 측정에 의존하고 있다. 단순분류일 경우에는 상류, 중류, 하류의 세 계층으로 구분하고 있으며 세분화할 경우, 6단계로 구분하기도 한다. 예를 들어, 워너의 사회계층 구분을 보면 신분특성지표를 나타내는 여섯 가지 요인별로 1점에서 7점까지의 평정척도를 활용하여 6~10점까지는 상류계층으로, 35~42점까지는 하류계층으로 구분하고 있다. 워너는 상상류, 상하류, 중상류, 중하류, 하상류, 하하류로 구분, 설명하고 있다. 앞서 지적한 센터스도 주관적 계급의식에 따른 구조를 설명하면서 3%의 상류, 43%의 중류 그리고 51%의 하류로 구분하고 있다. 그러나 이러한 계층구조에 대한 연구 결과들은 1950년대 초나 1940년대 말의 결과이며 미국의 경우 근자에 들어서는 상류계층이 15%, 중류계층이 50% 그리고 하류계층이 35% 정도로 추계되고 있다(Kneller, 1987).

우리나라의 계급과 계층 논의에 대한 실증적 연구가 활발하지 않았기 때문에 계층구조에 대한 종합적 견해는 없는 실정이지만 김채윤(1976)의 한국의 사회계급 연구 결과나 고영복(1981), 홍두승(1982)의 연구 결과들을 보면 비교적 오래전의 자료이고 약간의 차이는 있으나 상류층이 2~3%, 중류층이 50% 내외 그리고 하류층이 47% 내외인 것으로 나타나 있다. 특히 홍두승(1982)의 경우는 한국의 경제발전과 사회계층에 관한 연구를 통해 상류계급, 중상계급, 신중간계급, 구중간계급(쁘띠부르주아), 근로계급 및 하층계급의 계층구조를 구분, 설명하고 있다.

사회계층의 구조를 논할 때 대개 각 계층에 속하는 성원들의 비율에 따라서 평등한 사회, 불평등한 사회를 구분 짓기도 하지만 완전히 평등한 사회나 완전히 불평등한 사회는 현실적으로 있을 수 없다. 예를 들면, 센터스의 계층의식에 따른 분류도 자기 스스로 어떠한 계층에 속한다고 느끼고 있는가에 따라 계층구조가 설명되기 때문에 현실적 계층구조를 완전히 설명할 수 있다고는 볼 수 없다. 워너의 분류 역시도 지나치게 객관화된 평정에 의한 것이므로 주관적인 측면이 결여되어 있다 볼 수 있다. 이 점에서 엄밀한 의미에서의 계층구조를 설명하기는 어렵다 하겠다. 그러나 사회계층 구조를 논할 때 대개 네 가지 형태를 제시하고 있다.

	완전계층형	부분계층형	부분평등형	완전평등형	양극화형
계층구조		 (정부분 계층형) (역부분 계층형)	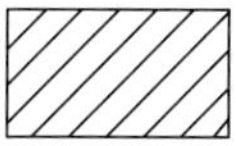	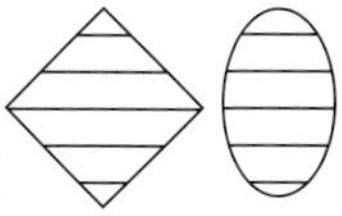	
사회적 특성	계급사회 (폐쇄형 사회)	부분계급 사회 (부분개방형 사회)	중류지배 사회 (부분개방형 사회)	무계급 사회 (완전개방형 사회)	양극화 사회
계층변화 형태	완전계층형 → 부분계층형 → 부분평등형 → 완전평등형 → 부익부빈익빈형				

[그림 11-1] 사회계층 구조의 형태

- 완전계층형: 모든 사회성원이 수직적 일직선상에 배열되어 있는 계층구조
- 완전평등형: 모든 성원이 수평적으로 비슷한 위치에 배열되어 있는 계층구조
- 부분계층형: 현실적인 계층구조로서 피라미드형의 구조
- 부분평등형: 비교적 선진화된 사회에서 볼 수 있는 계층구조로서 중간층

이 비대한 형의 계층구조

- 역부분계층형: 상류계층이 많은 역피라미드형의 구조로서 부분평등형 이후의 계층구조

다섯 가지 형태의 계층구조는 편의상의 구분이 될 수 있지만, 첫째, 불평등을 위계체계에 배열시키는 인자가 무엇이며, 둘째, 불평등의 배열상태가 어떠한가 하는 문제가 제기될 수 있다. 첫 번째 문제와 결부시켜 볼 때 권력, 수입, 위광은 비교적 희소재이기 때문에 사회성원이 마음대로 접근하여 취득할 수 있는 성질의 것은 아니다. 그렇다면 이들 요인들을 계층 구성의 결정인자라 보기에는 문제가 있다. 또 두 번째 문제를 생각해 볼 때에도 사회계층의 결정요인이 완전한 의미의 다원화 사회가 아니면 분리되지 않고 일치하는 수가 많다. 예컨대, 권력을 가진 자는 수입과 위광을 동시에 갖게 되며 수입이 많은 자는 권력과 위광을 동시에 가질 확률이 높기 때문이다. 일반적으로 사회문화 수준이 낮은 사회일수록 권력, 수입, 위광이 사회적 지위와 통합되며 일치하는 정도가 높아진다.

3. 사회계층 문화와 교육

사회계층과 교육의 연관성을 논할 때 중요시되는 것은 사회계층이 지니고 있는 계층문화라 할 수 있다. 사회계층이 지니고 있는 문화는 가정에서의 1차 사회화에 결정적인 영향을 끼칠 뿐만 아니라 학습자들의 행동양식에도 중요하기 때문이다.

1) 상류계층과 교육

상류계층의 행동 특성은 보수적 성향이 짙으며 권위주의적이다. 상류계층

은 소속된 사회에서 이미 위광이 권력 또는 재산 등을 점유하고 있기 때문에 인간성 및 생활태도에 있어서도 조상숭배 의식이 강하고 정서적으로는 안정되어 있는 특성을 지닌다. 일면에서는 생활태도가 긍정적이고 관용적이며 시간관념과 위생관념이 투철하다. 이들은 대체적으로 이상 지향적이며 전통과 명예를 존중하는 특징을 갖는다. 이러한 계층적 특성은 가정에서의 교육이나 학교에 대한 태도에서도 잘 나타난다. 학교에 대한 관심이 비교적 높고 교사에 대한 태도도 긍정적이다. 가정교육에 있어서도 체벌교육을 부정하고 대화에 의한 교육을 중요시한다. 출산율은 대체적으로 낮으며 양육태도 역시 민주적이며 아동 스스로에게 맡기는 자기통제적 특성이 있다. 일반적으로 가정 분위기 역시 자유롭고 안정되어 있는 특성을 지닌다.

상류계층은 사회이동에는 별로 영향을 받지 않기 때문에 현재의 계층적 위치에서 만족하는 경향이 있지만 개발도상국의 경우에는 사회적 신분지표를 지나치게 내세우려 하는 경향도 있기 때문에 하류계층에게 상대적 박탈감을 심어 줄 우려도 있다. 개발도상국이나 저개발국가의 경우, 사회변동 과정에서 상류계층이 사회변혁의 주체가 되어야 한다는 주장은 상류계층이 사회의 지도자적인 위치에 있기 때문이다. 상류층의 경우, 학교교육에 대한 인식에 있어서 학교교육이 계층화 과정에 커다란 영향을 끼친다고는 볼 수 없다고 생각한다. 그 대신 현재의 지위나 위세를 유지하기 위한 교양교육에 치중하는 경향이 있다.

2) 중류계층과 교육

학교교육 내용은 주로 중류계층의 문화를 반영하고 있기 때문에 중류계층의 아동들은 교육상황에서 이점이 많다고 볼 수 있다. 중류계층은 주로 전문직에 종사하는 집단이기 때문에 자신의 노력에 의해 현재의 지위를 획득한 법조인, 교수, 상공인 등을 들 수 있다. 중류계층은 성취동기가 높고 상류층으로의 상승이동 욕구가 높다. 따라서 중류층은 미래지향적 가치관을 가지고 있으며 학교교육을 매우 중요시하고 있다. 중류계층은 독립심이 강하고 사회성을 중요시하며 교육열이 높다. 이들은 폭넓은 사회활동을 하며 매사에 적극적인 행동을 한다. 중류하층의 경우에는 검소하며 자녀교육에 치중한다. 중류계층 문화가 건전한 사회에서는 교육문화 또한 건전하지만 중류계층 문화가 경쟁적인 사회에서는 교육문화가 지나치게 경쟁적이고 도구화될 우려도 있다. 우리나라의 경우가 경쟁적 중류문화 사회의 대표적인 예라 할 수 있다.

3) 하류계층과 교육

하류계층은 영세농가나 영세상인, 혹은 막노동에 종사하는 사람들의 사회집단으로서 대체로 현실지향적인 가치관을 지니고 있는 특성이 있다. 미래에 대한 기대수준이 낮고 경제적으로 안정되어 있지 못하기 때문에 교육에 대한 투자가 용이하지 않다. 우리나라처럼 교육열이 높은 나라는 교육에 대한 적극적 투자가 계층과는 상관없이 이루어지지만 많은 국가들의 경우 대개는 중등교육에 그치는 경우가 많으며 자녀들의 경우 학교에서 일탈행위나 비행을 저지르는 경우도 있다. 문화적으로 결핍되고 있기 때문에 학습지진아나 문제아가 생겨날 우려도 있다. 하류계층은 일반적으로 저속한 대중문화를 즐기며 노력하기보다는 숙명적인 가치관을 지니고 있는 경향도 찾아볼 수 있다.

4. 사회계층화와 교육

어느 사회든 귀속적인 사회적 특성과 능력 중심의 사회적 특성을 동시에 지니고 있다. 그러나 사회가 어떤 특성을 지니고 있든 학교교육은 계층화 과정에 커다란 영향을 주는 게 사실이다. 교육이 어떻게 사회계층화에 기여하는가에 대해서는 교육의 역할을 긍정적으로 보는 기능론적 견해와 부정적인 시각으로 보는 갈등론적 견해가 다르지만 그것이 부정적이든 긍정적이든 계층화에 기여한다는 입장은 분명하다. 특히 사회계층은 교육에 대한 기회와 직업 선택의 기회에도 영향을 미치며 가정환경과 사회경제적 지위(SES) 간에도 밀접한 관계가 있다. 다시 말해, 사회계층의 상승이동(upward mobility)의 중요한 요인 중의 하나가 교육이며 사회계층의 상승이동의 근본 조건은 학교교육이라는 것이다. 학교교육이 사회계층화 과정에 기여하며 교육은 부모가 지니고 있는 가정의 사회경제적 지위에 따라 다르다는 견해를 연구한 해비거스트(Havighurst)의 결과를 보면 다음과 같다.

- 사회계층에 따라 교육에 대한 가치관이 다르다.
- 어느 사회든 모든 사회계층은 교육의 중요성을 인정하기 때문에 교육이 보편화되고 있다.
- 교육이 사회적 지위를 향상시키는 데 결정적 조건이 된다는 인식 때문에 대학진학을 열망함은 물론이고 더 많은 기간의 교육을 통해 더 좋은 직업을 가질 수 있다는 관념이 지배적이다.
- 학교에 대한 기대에 있어서도 계층에 따라 태도가 다르다.
- 학교에서 계층에 대한 태도나 아동의 지도방법에 있어서도 그 태도가 달라진다는 것이다.

따라서 교육은 사회계층화에 주요한 요인이 되며 결국 가정의 사회경제적 지위는 아동들의 교육에 크게 영향을 주어 학업성취 면에도 중요한 영향을 미친다고 볼 수 있다. 뿐만 아니라 계층에 따라 교육의 기회가 다르기 때문에 사회계층 이동에 미치는 학교교육에 대한 기대도 각각 차이가 있기 마련이다(이종각, 2002; 차경수, 송병순, 1975).

해비거스트에 의하면 사회계층은 아동의 지능에도 큰 영향을 미친다(Havighurst, 1965; Jencks, 1994).

학교가 사회계층화에 기여한다는 또 다른 중요한 요인은 학교교육의 내용과 방법이 중류계층을 중심으로 하고 있기 때문에 하류계층 아동들에게는 불리하게 작용한다는 점이다. 이외에도 사회계층적 요인은 아동들의 학교에 대한 기대는 물론 학습동기와 학습능력을 결정한다고 주장한다(Havighurst, 1961).

따라서 역으로 생각해 보면 학교교육은 사회계층화에 큰 영향을 미친다. 한편, 사회불평등을 연구하는 학자들은 학교교육이 사회평등 실현에 공헌할 수 있다는 주장을 펴고 있다. 특히 고등교육을 받거나 특별한 기술을 습득하여 자격증을 취득하려는 성향도 모두 교육이 사회계층화에 기여한다는 신념 때문이다. 특히 교육이 사회구조를 변혁시키기도 하고 사회이동을 촉진하기도 함으로써 사회계층을 형성하고 사회 재생산의 기능을 수행하게 된다는 것은 두말할 나위가 없다.

이상의 주장들에서와 같이 학교는 계층화와 깊은 관련이 있으며 대개 교육의 기회에서부터 학업성취나 교육의 결과에 이르기까지 전 과정과 연관되어 있다. 사회계층과 교육관계를 연구해 온 교육사회학자들은 계층과 학업성취, 교육의 수준이나 형태, 직업, 그리고 교육수준과 삶의 기회 간에 깊은 상관이 있다고 주장한다(Selakovich, 1985).

데이비스와 무어(Davis & Moore, 1966)도 사회에서 위치를 결정해 주는 두 요인에 대해, 첫째, 한 사회에서 매우 중요시되는 위치, 둘째, 가장 뛰어난 훈련이나 자질을 요구하는 위치라고 규정짓고 학교교육은 훈련이나 교육을 통해 계층화 과정에 결정적 역할을 수행한다고 주장한다.

이들의 견해는 오늘날 자질을 요구하는 자격증주의(credentialism) 경향을 설명해 주는 데 기여하고 있을 뿐만 아니라 학교교육이 계층화 과정에 기여하고 있다는 주장과도 부합된다고 할 수 있다. 교육의 계층화 기능에 대해서 탤컷 파슨즈(Parsons, 1964)도 "상류직업을 수행하는 역할수준은 교육받은 자격에 의존한다."고 설명하면서 학교교육의 계층화 과정 기능을 시사하고 있다.

한편, 1960년대에 River City와 Prairie City 연구를 수행한 바 있는 해비거스트와 레빈(Havighurst & Levine, 1979)도 학교교육이 상승이동에 결정적 역할을 수행한다고 주장한다.

물론 학교교육이 계층화 과정에 주요한 역할을 수행한다는 낙관적 견해에 대한 비판이 없는 것도 아니다(김병욱, 2007; 양정호, 2004). 이러한 견해의 대표적인 이론가들로서는 앞서 논의된 바 있는 일리치(Illich), 보울스(Bowles) 및 긴티스(Gintis) 등을 들 수 있다. 이들은 학교교육이 계층화 과정에 기여하지만 주로 현재의 계층구조를 그대로 재생산한다고 주장한다. 어떻든 학교는 사회계층의 이동에 주요한 역할을 수행한다는 것은 분명한 사실이다(김병희, 2009; 오욱환, 2010). 특히 우리나라의 경우, 근래 들어 사회계층에 따른 교육격차가 점차 심화되고 있고 자칫 '교육세습화'나 '사회적 지위세습화'의 우려마저 대두되고 있다. 사회계층 요인이 공교육뿐만 아니라 사교육에서도 교육혜택이나 실질적 교육투자 그리고 교육과정 등에서 차이를 발생시키고 결국 교육격차 재생산이나 세습화를 초래할 우려가 있다는 것이다(이현청, 2002, 2008, 2010, 2015).

실제적으로 2017년의 통계에 의하면 사교육비의 경우도 상위 5%의 계층이 하위층의 11배에 이르고 소위 SKY대학이라 일컬어지는 일류대학 학부모들의 전문직이나 고소득층 부모의 비율 또한 점차 높아지고 있는 것으로 나타나 이러한 우려를 뒷받침해 주고 있다.

제12장

문화와 교육

문화는 엄격한 의미에서 인류가 시작된 그 시간부터 존재하여 왔다고 볼 수 있다. 이 점에서 문화를 논의하려는 학자들은 문화란 인류 태초부터 변형되거나 누적되어 온 '장기간의 변혁물(transitional whole)'이라고 이해하고 있다.

문화와 교육의 관계는 어떠한 관계보다 밀접하며 문화과정이 곧 교육과정이라 해도 과언이 아니다. 인간은 문화적 존재(culture being)이며 문화화(文化化) 과정을 통해 학습되고 인간이 되기 때문이다.

특히 인간은 내적 환경과 외적 환경 속에서 삶을 영위하여 왔다. 여기서 외적 환경이란 자연적 환경을 의미하는 반면, 내적 환경이란 문화적 환경을 의미한다. 일반적으로 인간의 역사는 자연환경과의 공존과 대립의 반복적 과정이라 해도 과언이 아닐 정도로 자연은 인간과 밀접한 관련성을 지녀 왔다. 그러나 자연은 인간의 외적 환경의 의미로 쓰여 온 반면, 문화는 인간의 내적 환경이란 개념으로 이해되어 왔다. 따라서 인간이 자연환경과의 상호작용을 통해 산출해 낸 총체(總體)가 문화이며 문화는 인간이 만들어 낸 산물이자 학습에 의해 이루어지기 때문에 문화와 교육을 구분하여 생각할 수 없다.

특히 문화적 환경은 교육에 의해 변화될 수 있으며 반대로 교육은 문화적 환경에 의해 기능이 부여되기도 하기 때문이다. 이러한 점에서 볼 때 문화에 대한 올바른 이해 없이 교육을 이해하기는 힘들다.

이 장에서는 교육의 문화적 기능, 교육과 사회문화, 교육과 문화적 계급 그리고 문화전이(文化轉移)와 교육에 관해 논의할 것이다.

1. 교육의 문화적 기능

교육은 문화적으로 대개 두 영역의 상반된 기능을 수행한다고 볼 수 있다. 사회성원들로 하여금 상대적으로 통일된 문화를 공유하게 만드는 문화통합(culture integration)의 기능과 동시에 문화를 확산시키는 문화분산(culture diffusion)의 기능을 수행한다 할 수 있다. 이러한 기능은 교육적으로 커리큘럼의 내용을 어떻게 설정할 것이며, 특히 어떤 문화내용을 교육내용으로 선별할 것인가와 관련된다. 또한 어떤 계층의 문화를 대변할 것이며 주로 문화와 반문화(counterculture)에 대한 한계를 어떻게 규정할 것인가와 관련된다. 따라서 문화통합과 문화확산의 기능은 어떻게 보면 상반된 개념이지만 모두 교육의 중요한 문화적 기능이라 볼 수 있다. 교육의 문화적 기능을 이해하기 위해서는 먼저 문화의 개념과 문화에 대한 학문적 접근을 살펴볼 필요가 있다.

1) 문화에 대한 이론적 접근

문화는 실제 인류 태초로부터 인간이 향유하고 전승시켜 왔으나 학문적으로 주요 관심사가 되었던 것은 1950년대 중반이라 할 수 있다(Hall, 1980).

윌리엄스(Williams, 1965)는 그의 저서 『긴 혁명(The long revolution)』에서 문화를 두 가지 관점으로 설명하고 있다. 하나의 정의는 '문화란 사회가 공통적으로 경험하고 있는 혹은 의미를 가져다줄 수 있는 총체'라는 것이다. 또 다른 정의는 '문화란 삶의 총체적 실제'라는 것이다. 따라서 전자는 보다 사회화되고 민주화된 개념화, 즉 사회적 과정(process)을 일반화된 형태로 보는 입장이며 동시에 의미의 상호 교환 등의 관점에서 보는 입장이다. 반면, 후자의 경우는 보다 인류학적인 관점이라 볼 수 있다.

따라서 문화를 설명할 때에는 전자처럼 '아이디어' 영역을 강조하는 관점과 후자처럼 '사회적 실천(social practices)'을 중요시하는 관점에서 이해될 수 있다. 대개 문화에 대한 접근 방법도 이러한 관점을 수용하기 때문에 크게 두 가지 패러다임으로 분류될 수 있다.

첫 번째 패러다임은 경제결정론적 관점에서 '사회적 실체'와 '사회적 의식' 간의 또는 '문화'와 '비문화' 간의 변증법적 상호작용을 통해 문화를 이해하려는 입장이다. 이때 이 입장이 중요시하고 있는 바는 경제결정론적 관점에 서 있다는 점이다. 그러나 문화를 설명함에 있어 문화전이와 문화창조가 변증법적 과정으로 통합-분화-재창조되는 등의 변화과정을 거친다고 볼 수 있지만 사회과정에 대한 완전한 설명이 될 수는 없다.

이 패러다임은 문화를 정의함에 있어서 '문화란 주어진 역사적 조건과 관계에 토대를 둔 특정 사회집단과 계급집단이 공유하는 의미(meaning)와 가치(value)'로 보고 있다. 그러나 이러한 정의나 패러다임의 주요한 쟁점은 '의식(consciousness)'과 '조건(condition)'으로서 이 개념은 모두 문화를 정의하는 데 핵심적 요소라 할 수 있는 '경험'과 연관되고 있다. 톰슨(Thompson, 1968)의 경우, 이러한 두 개념을 연계시켜 혼용하고 있고 윌리엄스(1965)도 '경험'이라는 개념을 '삶의 방법(way of living)'으로 설명하고 있다(Bennett, Martin, & Meicen, 1989).

이 패러다임이 지닌 특성은 문화적 총체를 역사적 과정에서 형성된 총체로 이해하고 있다는 것으로서 문화를 설명할 때에 '주어진 역사적 조건'이라는 틀 속에서 해석하려 한다는 점이다. 흔히 이러한 입장의 학자들을 가리켜 문화주의자라 지칭하고 첫 번째 패러다임을 문화주의(culturalism)로 지칭하고 있다. 이 패러다임의 이론적 특성은 문화와 비문화 간의 상호작용에 관심을 두고 있는 데 있다. 특히나 '지배적 패러다임(predominant paradigm)'의 특성을 지니고 있다. 지배적 패러다임이란 계급적 관점에서 문화를 이해하여야 한다는 데서 비롯된 명칭이다. 이 점에서 이 패러다임은 프락시스(praxis)에 관심을 갖는다.

두 번째 패러다임은 첫 번째 패러다임이 실천이나 의식과 조건의 상호작용 속에서 문화를 설명하려는 데 반해 '이데올로기' 개념에 따라 문화를 이해하려 한다. 문화주의자들의 첫 번째 관점과는 달리, 두 번째 패러다임을 주장하는 구조주의자들은 이데올로기의 개념을 문화의 주요한 요인으로 인식하고 있다. 이 패러다임은 문화를 설명할 때 언어를 매우 중요시한다. 혹자는 이 입장을 지배적 패러다임이라고 지칭하기도 한다. 문화를 이데올로기, 즉 문화자본(cultural capital)으로 인식하고 있는 이 입장은 알튀세(Althusser)의 주장에서 두드러지는데 이데올로기를 내용이나 아이디어 형태로서 개념화시키는 게 아니라 역사구조 속에서 형성된 조건과 이 조건 속에서 지니게 되는 무의식으로서 이해하고 있다(Bennett et al., 1989). 따라서 문화를 보는 관점도 '결정된 조건' 속에서 이해한다.

문화주의자들은 문화를 경제적 관점으로 통합시키지 않는 데 반해서 구조주의자들은 이와 달리 통합적으로 이해하고 있다. 그러나 문화의 개념에 대한 정의는 문화인류학자와 사회학자들에 의하여 여러 관점에서 정의되어 왔다.

문화를 사회성원의 지식, 신앙, 예술, 법률, 도덕, 관습 및 능력과 기능을 포함하는 총체로 보는 고전적 입장에서부터 행동의 양식과 방향 결정에 영향을 주는 문화기능을 강조한 클럭혼(Kluckhohn)과 켈리(Kelley)의 정의에 이르기까지 다양하다.

일반적으로 문화는 사회성원이 공유하는 것이며 역사적 누적물로서 학습에 의해 습득되는 사회성원의 행동과 경험조직의 기준이라 할 수 있다.

2) 하위문화와 계급

학교교육과 문화를 논의할 때에 중요한 개념의 하나가 하위문화(sub-culture)에 관한 것이다. 문화는 대개 전체문화, 계급문화(class culture), 세대문화(generation culture), 사회적 성문화(gender culture) 그리고 학교문화(school culture)에 이르기까지 다양한 구분이 가능하다. 그러나 문화를 대별해 보면 전체문화와 부분문화, 전통문화와 외래문화로 구분되는 것이 상례이다.

문화와 교육을 논의할 때 간과할 수 없는 것이 하위문화, 특히 청소년 문화(youth culture)와 계급문화이다.

(1) 청소년 문화와 교육

청소년 문화라는 구분은 1960년대 초 하버드 대학의 라이히(Reich) 교수의 『미국의 녹색화(Greening of America)』라는 저서에서 청년 문화의 본질은 신자연주의(new naturalism) 이상에서 비롯됐다는 주장으로부터 시작됐다고 볼 수 있다.

청소년 문화를 보는 관점은 '미숙한 문화' '비행문화' '대항문화(counter culture)' '하위문화'로 보는 시각이 있는가 하면 '새로운 문화'로 보는 혹은 '신물결(new wave)'로 보는 관점도 있다.

하위문화로서 청소년 문화가 존재하느냐 하는 논란이 없는 것은 아니지만 청소년 문화는 젊은이들의 '문화적 영역'이라 할 수 있다. 사회구성원 중에도 연령이 청소년에 해당하는 집단이 공유하고 있는 삶의 패턴과 사회적 · 물질적 경험의 표현형태(expressive form)가 청소년 문화이다(Clanke & Hall, 1993).

청소년 문화와 교육의 관계는 잠재적 교육과정의 측면에서 볼 때 매우 중요한 시사를 준다. 왜냐하면 교육내용은 곧 문화이며 문화가 곧 교육내용이기 때문이다. 이 점에서 청소년이 학교에서 학습하고 경험하게 되는 문화 내용은 인성발달과 사회문화의 정립에 커다란 영향을 주게 된다.

더구나 우리나라의 경우에는 학교에서 보내는 시간이 가정에서 보내는 시간보다 많은 실정이기 때문에 청소년 집단이 학교에서 공유하고 있는 문화 형태는 청소년 개개인들의 학업성취는 물론 교육의 문화전달 및 창조의 기능에 결정적 기여를 하게 된다.

청소년 문화는 대개 세 유형의 형태로 구분된다. 청소년 문화는 연령 집단 문화(age-group culture)이면서 청소년 집단의 문화이고 그들만의 사회적 삶의 영역이다. 그러나 대개는 세 유형의 형태가 혼재되어 있다 하겠다. 첫 번째 유형은 부모의 계급문화를 계승하고 그대로 답습하는 형태의 청소년문화이다. 이 유형은 다분히 계급문화적 특성을 지니게 된다. 두 번째 유형은 비행문화 형태로서 다분히 현세적이고 저항적이며 세속적 문화 형태와 내용을 특성으로 한다. 이 비행문화 형태의 청소년 문화는 학교에서도 저항문화와 비행문화의 형태로서 나타나게 되고 학교체제와 학교문화의 변질을 초래하게 된다. 세 번째 유형은 특수한 역사성이나 사회성을 띠는 청소년 문화 형태이다. 이 형태의 청소년 문화는 어떤 특정한 사회적 흐름이나 정치 상황 혹은 역사적 흐름과 관련된 것으로서 일시적이고 강렬한 특성을 지닌다. 이 세 번째 유형의 청소년 문화는 기성세대로부터 배척을 받기도 하고 우려를 낳기도 하며 대개는 낙인문화(labeled culture)의 특성을 지닌다. 그러나 이 청소년 문화는 특정 기간이 지나면 저절로 소멸하게 된다.

일반적으로 청소년 문화는 기성문화 내에 흡수되기도 하고 별도로 발전되기도 하면서 변환을 거치게 된다.

교육과 관련지어 볼 때 청소년들이 어떤 유형의 청소년 문화를 지배적으로 공유하느냐에 따라 학업성취 수준과 학교문화의 형태가 결정되게 된다. 근래 들어 세계적으로 인기 있는 방탄소년단(BTS) 현상이나 초·중·고학생들의 연예계 선호현상 등은 청소년들의 문화적 영향을 이해할 수 있는 부분이라 볼 수 있다. 특히 세계적으로 확산되고 있는 한류 문화(Korean Wave)도 이러한 측면에서 이해할 필요가 있다(이현청, 2019).

우리나라의 경우, 학교에서의 생활경험을 통하여 문화화되는 잠재적 학습

내용은 대개 다음 여섯 가지로 지적되고 있다(한국청소년연구원, 1992).

- 획일주의
- 권위주의와 위계질서에 대한 순응
- 형식주의와 결과 우선주의
- 폭력에의 순응
- 비교 우위주의와 경쟁적 동료관계의 수용
- 탈인성화, 잠재적 반문화

특히 우리나라 학교의 문화적 특성은 획일성과 위계성에 찾아볼 수 있는데, 이러한 학교문화적 특성과 청소년기의 독특한 문화적 특성 간에 잠재적 갈등의 소지가 항상 내재되어 있는 실정이다. 학교교육은 지배문화 혹은 승인된 문화를 재조직하고 전수시키는 기능이 중요시되는 데 반해 청소년기의 문화는 어떤 의미에서는 반문화적 성격을 지닌다. 이 때문에 학교의 제도화된 문화를 내면화시키는 데 있어 강압적이고 통제적인 방법이 동원될 수밖에 없는 경우가 많다. 이 점에서 지금과 같은 성적위주, 체벌 허용 등 학교문화 내에서 형성되는 청소년 문화는 청소년의 발달적 특성을 충분히 고려한 교육방법으로 변화되는 것이 바람직하다 하겠다.

(2) 계층문화와 교육

사회계층은 그들 특유의 문화를 공유하고 있으며 교육에 관한 태도 형성에도 계층적 요인이 작용하게 된다. 일반적으로 학교는 문화적인 측면에서 볼 때 '이중적 속박(double binding)'의 특성을 지니고 있다(Hall, 1974). 이중적 속박의 개념은 학교문화는 학교가 위치하고 있는 지역사회의 문화와 학생들의 가정배경 등이 복합되어 구성된 것이라는 개념으로서 하류층 계급의 자녀들에게서는 이러한 특성이 두드러진다. 예를 들어, 하류층이 밀집되어 있는 지역의 학교는 하류층이 지배적인 지역사회 문화를 공유하게 되며 이 학교에 재학하는 학생들도 하류층 계급의 동료집단과 교류하게 되어 하류층 문화를 심화시키게 된다.

특히 개인은 사회화를 통해 행동양식을 습득하기 때문에 문화가 지니고 있는 계층성과 지역성에 영향을 받기 마련이다. 예를 들면, 특정 지역의 사회구성원은 특정 지역이 공유하고 있는 문화를 습득하게 된다. 이와 마찬가지로 특정 계층에 속한 아동들은 그들 계층이 공통으로 누리고 있는 문화를 배우게 되고, 곧 계층문화의 영향하에서 1차 사회화가 이루어지고 학교에서의 교육이 이루어지기 마련이다.

더구나 문화참여(culture participation)의 한계와 범위는 연령, 성, 계층에 의해 결정된다. 따라서 특정 계층에 속한 아동은 그 계층에 적합한 문화에 참여할 수 있고 가정적 특성에 있어서도 계층에 부합되는 문화를 습득할 수 있는 기회가 주어진다. 이 점에서 계층문화와 교육의 관계는 밀접한 연관성을 지닌다.

결국 사회계층을 결정하는 데 있어 문화가 중요한 역할을 담당한다. 따라서 사회계층에 따라 그들만이 공유하는 문화를 지니게 되므로 이러한 계층문화는 상류, 중류 그리고 하류에 따라 차이가 날 뿐만 아니라 교육에 내포되어 있는 문화적 요소의 습득에도 커다란 영향을 준다. 특히 계층문화와 교육의 관계에서 중요하게 논의되는 것은 육아패턴에 관한 것으로서 다양한 형태의 육아방법이 학업성취 수준과 학교에서의 생활에 영향을 주게 된다.

계층문화는 곧 아동들의 태도와 가치, 언어능력, 인지기법, 부모-자녀의 상호작용 형태 등을 결정한다. 특히 계층문화 속에서 결정되기 마련인 부모의 육아태도와 물리적 환경은 교육에 영향을 끼치는 중요한 지표로 인식되고 있다(White, 1973).

뿐만 아니라 미국 역사상 가장 방대한 65만 명 학생을 대상으로 5년간 연구한 콜먼(Coleman, 1966)과 일생 동안 불평등을 연구한 젠크스(Jencks, 1972) 등도 가정의 특성이 학생들의 학교환경을 결정짓는 결정인자라고 주장하고 있다.

물론 계층에 따라 부모들이 자녀의 교육에 관여하는 정도에 차이가 있다는 문화자본론자들의 견해는 가정의 계층적 배경이 '문화자본'을 형성하며 학교에서의 학업성취 수준이나 경험에 있어서 차이를 가져다준다고 주장한다(Laresu, 1985).

특히 중상류층의 가정문화는 학업성취 수준을 향상시킬 수 있는 환경을 제공해 주며 부모들의 경우도 실제로 박물관, 음악회, 전문잡지 구독, 학교 행사 참여 등의 유익한 환경을 제공해 준다. 물론 독서를 장려하는 도서 구비와 심성을 계발할 수 있는 예술 보조 자료 등도 풍부하다(Anderson et al., 1985).

2. 문화정체성과 교육

문화체계 혹은 관념체계로서의 문화는 특정 집단이 일정 기간 동안 자연 및 사회 환경에 적응해 오는 과정에서 빚어낸 생활양식과 사고유형의 총체를 말한다. 따라서 인간의 생활 전반에 영향을 주는 일체의 요소들이 얽혀서 생성된다고 보기 때문에 이데올로기를 문화체계의 하나로 간주할 수 있다. 특히 문화를 이데올로기와 결부시켜 생각할 때 문화정체성(cultural identity)의 문제는 중요한 과제가 된다.

우리나라의 경우, 세대별로 볼 때 일본 지향적 문화, 서구 지향적 문화 그리고 청소년을 중심으로 한 미국 지향적 문화 등의 편향 성향을 부정할 수가 없다. 이러한 외래문화에 대한 지나친 수용 현상은 문화정체성의 문제를 야기한다. 어떤 특정 국가에 대한 문화적 편향 현상은 문화식민주의(cultural imperialism) 현상으로서 자국문화보다 타국문화를 우월한 문화로 생각하고 자국문화를 비하시키는 성향을 말한다(Carnoy, 1974).

그러나 문화식민지적 사회에서는 주체성 있는 교육이 불가능하지만 문화정체성이 확립된 사회에서는 진정한 자국교육(自國敎育)이 가능하다. 그렇다고 타국문화나 외래문화를 무조건 거부하거나 비하시키는 일도 바람직하지 않다. 이렇게 자국문화만을 고집하는 경향을 '문화국수주의' 혹은 '문화보수주의'라 지칭한다.

문화정체성은 자기 고유의 문화적 토대 위에 외래문화를 선별 수용할 때 가능해진다. 일반적으로 말해 학교에서의 교육실천은 문화적 내용에 의해 설계되기 때문에 다음 세대와 관련되어 있다. 뿐만 아니라 교육체제 내의 구조와 학교의 역할과 관계된다. 이 점에서 교사와 학생의 관계는 사회적 조직과 사회의 문화적 규범을 반영하고 문화정체성에 큰 영향을 미친다.

예컨대, 한 사회에서 각 개인은 서로를 동등한 입장에서 다루며 교사와 학생, 부모와 자녀들 간의 관계 또한 비공식적 형태이며 커뮤니케이션도 공개적일 수 있다. 그러나 문화적 차원에서는 사회적 차원과 달리 개인들이 상대를 자기 스스로의 신분보다 상하의 신분으로 인지하게 되고 상호 의사소통의 관계에서도 요구와 명령으로 특징지어지는 경우가 많다. 이 점 때문에 학교교육 내용으로서의 문화와 문화화 과정에서 문화정체성의 문제를 항상 고려해야 한다.

문화는 어떤 문화이든 목적지향성이 있고 각 부분의 행동과 신념의 단순한 통합이 아니라 사회적 구조와 체제 속에서 형성되는 사회적 해체와 사회적 통합의 관점과도 관련된다.

1) 문화체제로서의 학교

학교는 사회체제이면서 동시에 문화적 체제(cultural system)이다. 이 점에서 학교는 도덕과 가치를 추구하는 규범체제이다(Durkheim, 1961). 그러나 신마르크스주의자의 한 사람인 콜린스(Collins, 1985)의 경우, 문화체제로서의 학교는 엘리트 지위문화의 습득과 관계될 뿐만 아니라 정치적 분권화와도 관계된다고 주장한다. 특히 콜린스는 문화체제로서의 학교의 주요 기능이 학력주의적 기여에 있다고 보고 있기 때문에 학교는 사회지위를 불평등하게 배분하는 지위경쟁의 기제라고 설명한다. 따라서 학교에 대해 문화적 위계를 확고히 하는 기제라고 인식하고 있다(Collins, 1985; 1975).

한편, 문화체제로서의 학교를 설명하려는 경향은 문화실조(文化失調) 혹은 문화결핍(cultural deprivation)과 관련되어 있다. 이들의 주장에 의하면 학교에서의 개인의 성취수준은 가정배경 그리고 가정문화와 관련되어 있다고 설명한다(Baratz & Baratz, 1970).

학교에서의 개인의 성취수준 저하는 사회경제적이고 문화적인 차이에서 비롯된 것이며 이러한 사회적 · 경제적 · 문화적 차이는 계층과 관련되어 있다는 것이다. 하류계층의 아동들은 부적합한 언어, 지각, 인지기법의 저하 및 동기의 결여 때문에 학교에서의 성취수준에 결함을 갖게 된다고 주장한다. 이러한 인지적 결핍은 감각적 결핍과 문화적 결핍 때문이라고 주장한다. 왜냐하면 문화적 결핍 아동들은 학습준비도가 낮기 때문에 학교에서의 학업수행 능력에 커다란 결함을 갖게 마련이다. 따라서 문화결핍 현상은 결과적으로 낮은 학업성취 수준과 관련되며 결국 사회경제적으로 낮은 수준의 아동들을 다시 하류계층으로 전락시키는 결과를 초래한다는 것이다(Bloom, 1976; Davis & Hess, 1965).

저소득층 아동과 문화적으로 소외된 아동들에게는 보다 다양한 경험을 제공할 필요가 있으며 필요에 따라서는 보충교육이 필요하다(Baratz, 1970). 이러한 예의 하나가 미국의 헤드스타트(Head start) 프로그램으로서 하류계층의 아동들에게 조기교육 기회를 제공하여 문화적, 사회적, 정서적 지적으로 계발시키는 프로그램이다. 물론 이 프로그램의 성공 여부와 관련하여서는 논란이 많은 실정이다.

문화결핍 현상에 대한 개념과 관련하여서도 계층과 사회적 성공을 연계시키는 것은 무리라는 반론이 제기되고 있으며 중류계층 아동의 감각적이고 문화적인 경험을 학교에서의 학업성취 수준이나 성공과 관련짓는 것 또한 지나친 논리라고 결론짓고 있다.

이 문화재생산 이론에서 문화자본 혹은 문화이데올로기 재생산 기능을 하는 학교교육에 대해 논의한 바 있듯이 문화체제로서의 학교는 문화이식과 문화교환으로서의 특성을 지니고 있음에 틀림이 없다. 이 점에서 저소득층 아동들의 경우에도 학교에서 타 계층의 아동들과 접할 기회를 가짐으로써 타 문화를 습득할 수 있는 기회를 갖게 된다. 따라서 문화결핍 아동들에게는 학교가 문화이식의 장소가 됨과 동시에 '문화적 소외(cultural alienation)'의 장소가 되기도 한다(이현청, 1992).

문화결핍에 관한 연구는 주로 계층적 요소와 관련지어 연구되어 왔으며 연구 대상은 사회경제적으로 하류계층에 속한 아동들에 관한 연구와 소수민족의 문화결핍에 관한 연구가 주류를 이루어 왔다. 그러나 문화지체(cultural lag)의 개념은 물질문화와 정신문화의 차이에서 비롯된 문화적 갈등을 다루는 데 반해서 문화결핍은 정신문화이든 물질문화이든 간에 인지능력의 결손과 관련지어 설명되고 있다. 특히 사회계층 요인과 학업성취 간의 관련 연구에 치중해 있다.

2) 교육의 문화식민주의

문화이식과 문화접변 또는 문화화 과정은 단순히 학교 내의 문제나 내국적 관점에서만 논의될 수 있는 성격은 아니다. 문화를 세계적 관점에서 논의하고 있는 카노이(Carnoy)의 경우는 중심부 국가 또는 선진국과 제3세계 국가, 즉 개발도상국가 간의 문화적 이동관계를 문화식민지주의 개념으로 설명하고 있다(Carnoy, 1974).

카노이는 제3세계 국가를 비롯하여 산업화된 국가에서조차 서구식 학교교육에 대해서 잘못 인식하고 있다고 비판하면서 서구적인 공교육은 해방자의 역할을 수행하였다기보다는 제국주의적 지배의 방편으로서의 역할에 충실해 왔다고 주장한다(Kemp, 1978, 1990).

특히 제국주의 국가들은 학교교육을 통해 식민지주의자들에 부합되는 식민지 시민을 양성하는 역할을 수행해 왔는데 학교에서의 지식 자체가 '식민지화'된 지식이기 때문이라고 설명한다. 물론 서구의 학교교육에 대한 통념은 학교교육을 받음으로써 개인의 시장 가치를 높여 주고 계몽과 문명으로 유도한다는 데 근거하고 있으나 결국 아동들로 하여금 자본주의 구조 안에서 잘 적응할 수 있도록 자본주의적 인간(capitalist man)으로 배양시키는 데 있다고 설명하고 있다(Carnoy, 1974).

물론 학교교육이 발전에 기여한다는 점도 인정하고 있으며 현대인으로 변모시키는 데 기여하고 있다고 인정하면서도 반드시 그렇지도 않다고 주장한다. 갈퉁(Galtung)이나 산토스(Santos) 등에 의해 주장되고 있는 종속이론(dependence theory)과 같은 논리로서 자본주의 학교교육을 설명하고 있는 카노이는 학교교육이 일부 빈곤층 아동들에게 상승이동의 기회를 제공하지만 결국 기존의 사회계층을 확고히 하는 데도 기여하고 있다고 설명한다. 특히 학교교육은 자본주의가 지니고 있는 상하계층 질서로 볼 때 중심지역의 문화경제적 요구에 부응하기 때문에 결국 학교교육은 문화식민지주의로서의 교육 역할을 수행한다고 주장한다.

카노이는 산업화 과정을 역사적 관점에서 설명하면서 아프리카, 아시아, 라틴아메리카 등의 교육은 결국 전통적인 식민지의 정치 · 경제 · 문화의 종속관계 속에서 이루어지게 됨으로써 학교가 지니는 제국주의적 성격을 탈피할 길이 없다는 것이다. 이러한 학교교육에서의 식민지화의 측면은 결국 문화식민지화의 원인이 된다고 주장한다(Carnoy, 1974).

따라서 학교교육은 때로 국가나 민족 간의 식민지화된 관계를 고착시키는 역할을 수행하며 학교교육은 이러한 관계를 의례화시켜 주는 기능을 수행한다고 비판한다. 문화식민지론에서는 이러한 식민지화 과정을 교육으로 설명하고 있다. 그러나 중심국가와 그 상대가 되는 종속국가 혹은 주변 국가 간의 관계 여하에 따라서는 식민지적 종속관계를 탈피시킬 수 있는데 민족주의적 성격을 띠는 투쟁이 요구된다는 것이다.

카노이가 주장하는 교육의 식민지적 관점은 우리에게도 많은 시사점을 주고 있으나 학교교육이 개인 혹은 한 민족을 식민지화시키는 데 기여한다거나 제국주의적 특성을 지닌다고 입증하기는 어렵다. 물론 카노이의 경우는 영국이 지배한 인도, 프랑스가 지배한 일부 아프리카 국가 그리고 라틴아메리카의 일부 국가들에 관한 분석을 통해 그의 논리를 전개시키고 있으며 제2차 세계대전 이후 미국의 학교 모델이 제3세계로 확대된 과정을 분석하고 있다.

카노이는 결국 학교교육은 본질적으로 식민지화에 기여하고 그 본질에 있어서 제국주의적 성격을 배제하지 못한다고 주장한다. 특히 국가 간에 있어서는 자유무역형 식민주의 특성을 지니며 국가 내에서는 계층 간 또는 민족 간의 내국 식민지주의적 특성을 지닌다고 설명한다. 결국 카노이는 갈퉁 등이 주장한 종속이론의 패러다임으로 중심부와 주변부(periphery) 교육이론을 전개하고 있다.

학교교육은 주변국의 노동자들에게는 중심국 자본가들의 요구를 충족시켜 주기 위한 장치에 불과하기 때문에 제3세계의 학교는 서구의 식민 종주국가에 대한 수동적 자세를 요구받게 될 뿐 아니라 이후 자주화 노력에도 불구하고 결국 제국주의적 식민지 교육 구조를 탈피할 수 없다는 것이다. 카노이의 이러한 주장은 논리적인 비약에도 불구하고 일부 제3세계 국가나 식민지 경험이 있는 우리나라의 경우에도 시사점을 던져 주고 있다.

3) 사이버문화와 교육

우리는 사이버공간 속에서 살고 있다. 2019년 2월 현재 세계 인터넷 사용자가 33억 명이고(실시간 세계통계자료, 2019) 휴대전화 사용인구가 2018년 현재 4,600만 여명이나 되고 휴대폰이 전통적인 대인미디어에서 스마트폰 시대의 멀티미디어로 발전되어 가면서 사이버문화가 급속히 확산되어 이제는 생활패턴 자체를 바꾸어 가고 있다. 2014년에 서울 YMCA가 중 · 고생을 대상으로 조사한 결과와 2018년에 정보통신정책연구원(2018)이 조사한 바에 의하면 '무인도'에 갈 때 가장 갖고 가고 싶은 것으로 식량(33.6%) 다음으로 휴대전화(21.5%)로 나타나 가족(11.8%)이나 친구(14.5%) 보다도 높은 것으로 나타났다. 이와 같은 조사를 통해 우리 삶에 사이버공간이 차지하는 중요한 위치를 알 수 있을 정도로 사이버문화 속에 살고 있다. 특히 휴대전화가 손에 없으면 불안하다는 응답도 남학생 45%, 여학생 61.9%로 조사되어 있어 사이버문화가 주는 영향이 얼마나 큰지를 알 수 있다. 2018년 5월 여성가족부와 통계청이 조사한 '2018년 청소년 통계'에 따르면 연도별 스마트폰 과의존 청소년 비율은 지난 2011년 11.4%에서 2013년 25.5%, 2015년 31.6%로 가파르게 증가했다가 지난 2016년 30.6%, 지난해 30.3%로 서서히 감소했다. 인터넷 평균 이용시간은 10대 청소년의 경우 일주일에 평균 16.9시간으로 조사되었다.

종래의 인쇄매체나 TV 등 정보전달 수단을 다 통합한 스마트폰의 등장은 이러한 문화를 더 심화시켜 가고 있다. 무선 인터넷의 브라우징, 다운로드, 스트리밍 등을 매개로 다른 정보원에 접근할 수 있어 멀티미디어가 가미된 스마트폰이나 아이패드 등은 막강한 커뮤니케이션 도구가 되고 있다. 미국, 유럽 등 서비스 범위가 넓어짐은 물론이고 스마트폰을 활용한 고객관리와 마케팅 등 '감성 경영' '스피드 경영'의 시대가 확산되고 있다(세계지식포럼 리포트, 2010). 화상전화 기술이 발전되면서 국방, 방송, 영화, 산업체, 교육 등에 큰 영향을 주면서 사회변동을 주도할 전망이다. 특히 1인 미디어 시대가 본격화되면서 네이버 블로그 내에서 활동하는 파워블로그는 새로운 온라인 오피니언리더 그룹으로 급부상하고 있을 정도이며, 사이버문화는 커뮤니케이션 혁명으로 발전되고 있고 이러한 변화는 사회 전반의 변동을 유도하는 결과를 가져다주고 있다. 더구나 사회 전반의 교육과 관련해서는 e-러닝과 u-스쿨의 확산이 교육에 큰 영향을 줄 전망이다(이현청, 2018).

3. 대중문화와 교육

현대사회는 대중사회(mass society)로서 대중문화적 성격을 지닌다. 대중사회란 종래의 엘리트 중심의 사회가 아니라 대중이 중심이 되는 사회라는 뜻으로서 대중이 향유하는 문화를 대중문화(mass culture)라고 지칭한다. 따라서 고급문화(high culture)와는 다른 형태의 문화이다. 쉴스(Shills, 1983)의 경우는 대준문화를 세분하여 우수문화, 범속문화, 저속문화로 구분하기도 한다.

현대사회의 교육에서 가장 문제가 되고 있는 점의 하나는 대중문화가 교육에 미치는 영향이라 할 수 있다. 선진국의 경우에는 학교교육과 텔레비전 간의 전쟁(War between Schooling and TV)으로 간주할 정도로 대중문화가 교육에 미치는 영향은 지대하다. 그러나 스마트폰이 확산된 오늘날은 종래의 TV 시청과는 달리 스마트폰과 학교교육을 효율적으로 연계하는 방안을 고민하는 시대로 접어들고 있다. TV도 이제 스마트폰이나 아이패드 등으로 볼 수 있기 때문이다.

대중문화의 특성은 대개 다음과 같은 속성을 지니고 있다(Salvador & Giner, 1992).

- 대중문화는 매스미디어에 의한 영향을 받는다.
- 대중문화는 근본적으로 시장성을 띠고 있다.
- 비윤리적 측면이 강하다.
- 생리적으로 유행성을 끼친다.
- 문화세계를 분열시킨다.
- 대중문화는 저속하다.
- 한시적이고 진정한 문화가 아니다.

물론 대중문화에 대한 견해는 상반된 흐름으로 대별되고 있다. 예컨대, 대중문화를 비판하는 견해들은 대중사회에서의 문화는 엘리트주의적인 창조가 아니라 소비자 위주의 창조가 되기 때문에 저급한 경우가 많다고 주장한다(Rosenberg, 1983). 특히 대중문화는 대량 소비와 대량 생산의 부산물이기 때문에 급속히 확산되고 오히려 고급문화를 잠식할 뿐만 아니라 교육에도 역작용을 끼친다고 비판한다. 그러나 대중문화를 긍정적으로 받아들이는 학자들은 대중문화가 확대됨으로써 고급문화의 차등화가 가능하고 고급문화 수용자들도 필요에 따라 대중문화를 수용하게 된다고 설명한다(E. Shills, 1979).

대중문화는 대중사회가 지니고 있는 '무조직'과 '익명성'의 특성을 그대로 반영하기 때문에 대개의 경우는 교육과 관련지을 때 바람직하다 볼 수 없다. 대중문화의 특성은 대개 ① 익명성, ② 선정주의, ③ 감각주의, ④ 한시적 대중성, ⑤ 비도덕성 등으로 나타나기 때문에 학교에서 지니고 있는 교육적 특성이라 할 수 있는 ① 의도성, ② 지속성, ③ 이성주의 등의 특성에 위배되기 마련이다.

대중문화는 또한 아노미적 특성이 두드러지기 때문에 교육에 저해요인이 된다는 논리이다. 더구나 사이버 중독이 사회문제화 되고 학업성취 수준을 저하시킨다는 일부 주장들이 대두되면서 인터넷 접속 시간과 인터넷 환경이 주는 영향 또한 심각하다 볼 수 있다(매일경제신문사, 2012).

이러한 미디어환경(media environment)은 교육과 불가분의 관계에 놓여 있으며 다음의 몇 가지 특성을 지니고 있다(한국청소년연구원, 1992).

- 정보의 지나친 노출
- 언어의 편향적 섭취문제
- 공간개념의 확장

따라서 학습자들이 원하든 원하지 않든 미디어환경 속에서 생활하게 되며 결국 대중을 획일화시키고 현실과는 거리가 있는 허구적인 세계를 접하게 된다는 문제점이 있다. 뿐만 아니라 가치관 전도와 물질만능 현상을 조장할 뿐만 아니라 선정성을 지나치게 강조함으로써 개인에게 폐해나 역기능으로 작용하게 된다.

교육과 관련지어 볼 때 학교폭력과 왕따 등 청소년 비행과 폭력 증대의 원인은 사회적 특성에서도 기인되지만 대중문화, 특히 TV나 인터넷상에서의 비행이나 폭력 묘사와 관련짓는 경우가 많다. 즉, TV프로그램이나 인터넷 등 사이버공간을 통해 비행을 시청하고 인지하게 됨으로써 도덕적 · 윤리적 문제로 인식하는 게 아니라 단순한 흥밋거리로 본다든지 폭력 행위에 관한 무감각 현상을 초래하게 된다는 것이다. 폭력뿐만 아니라 성적인 행위, 부도덕한 행위 그리고 비교육적 현상들에 대해서도 동일한 역작용을 초래하게 된다. 더구나 문제시되는 점은 연령과는 무관하게 쉽게 소셜미디어(social media)를 접하게 됨으로써 바람직하지 못한 '미디어 조기교육'이 이루어질 우려가 있다고 지적된다.

이러한 대중사회에 대한 비판은 산업화 사회의 문제들을 비판해 온 후기 프랑크학파의 호르크하이머(Horkheimer)와 아도르노(Adorno) 등이 관심을 가졌던 '문화산업(culture Industry)'의 개념 속에서도 찾아볼 수 있다(Thompson, 1990). 이들은 문화의 지나친 상품화 현상을 비판해 왔는데 문화의 상업적 속성은 이데올로기와 연관될 수 있으며 문화는 곧 현대사회의 강압적 힘이 된다는 것이다. 특히 인간의 부도덕성과 소외는 상업성의 지나친 강조에서 비롯된 것이며 지나친 상업화는 결국 도덕적 해체와 연관된다. 이때 앞서 논의된 바대로 매스미디어, 특히 인터넷TV와 인터넷, 유튜브, 1인방송, 사이버공간 등에 의해 주도되는 사이버 대중문화의 영향이 절대적이라 할 수 있다.

이 점에서 대중문화와 교육 간의 관계는 상호 보완적 역할을 담당하면서도 상호 역작용적 측면도 간과할 수 없다. 특히 대중사회의 대중교육은 대중문화체제 속에서 이루어진다는 점 때문에 자칫 진정한 전문가보다는 대중이나 소비자의 눈높이에 맞추려는 '교육 아마추어리즘적 성격'에서 탈피하지 못할 우려마저 있다. 교육 아마추어리즘이란 대중사회의 특성 중의 하나가 고도의 전문성보다는 일반 대중에게 맞는 대중성에 있기 때문에 교육도 고도의 전문성보다는 대중에게 인기를 모을 수 있는 아마추어적 속성을 지니게 된다는 의미이다. 예컨대, 매체 프로그램이나 잡지 등에서 다루고 있는 교육내용이 고도의 전문성을 내포하게 될 때 대중으로부터 외면받기 쉽기 때문에 그 수준을 낮추어 누구에게나 부담이 되지 않는 수준에서 다루게 된다는 것이다. 결국 대중문화는 교육의 질과 양에도 커다란 영향을 끼친다는 것을 알 수 있다.

제13장

산업구조 변화와 교육

산업화(industrialization)는 인간의 삶에 커다란 변화를 가져다준다. 농업에 종사하는 인구는 산업인구로 전환하게 되며 생산시설과 이에 부수되는 영역 또한 커다란 변혁을 경험하게 된다.

이런 산업화에 따른 변화는 엄청난 생산력의 증강을 가져올 뿐만 아니라 중류층과 상류층에 속한 사회구성원들의 풍요로운 삶을 가져온다. 이와 함께 급격한 도시화(urbanization)와 노동인구의 폭증은 사회체제와 사회적 관계의 변화를 동반하게 된다. 특히 후기 산업사회를 거쳐 지식정보화 사회로의 전환은 더 급격한 패러다임 변화를 가져다주면서 인간의 삶 자체와 사회체제 전반에 대변화를 가져다주고 있다.

교육 또한 이러한 변화과정에 따라 새로운 사회적 · 정치적 · 경제적 역할이 부여된다. 교육에 부여되는 역할 중 가장 중요한 역할은 산업화 과정에서 필요로 하는 인력개발이다. 그러나 급속한 산업화에 필요한 인력의 공급은 완벽할 수가 없고 이 점에서 학교교육이 비판을 받는 경우도 있다. 특히 경제변화에 따른 교육의 역할은 공교육기관에 대한 사회적 비판으로 연결되기도 하여 교육의 사회적 기능에 대한 재검증을 요구받기도 한다.

이 장에서는 산업화 과정에서의 교육의 기능을 중심으로 다루어 보고자 한다.

1. 교육의 역할과 산업

한 사회에서 교육의 기능과 역할은 사회의 산업화와 밀접한 관련성이 있다. 산업화 이전 학교교육의 기능은 단순한 노동력과 종교관련 종사자들의 교육에 치중되어 왔다. 따라서 산업화 이전(pre-industrial) 학교교육의 기능은 충분히 도제적 성격이 강했으며 크게는 두 가지 기능에 한정되어 있었다(Welter, 1962). 즉, 종교관련 종사자들에 대한 교육과 직업교육, 생산노동력을 배양하는 기능이 주된 기능이었다. 그러므로 초기에는 교육이 산업화를 유도하는 기능을 수행했다 볼 수 있다. 그러나 일정한 수준의 산업화가 이루어지면 산업화에 따른 제반 사회체제와 구조가 교육에 앞서게 되고 교육은 수행하지 못하게 된다. 특히 산업사회의 교육기능은 선발과 분배의 기능에 치중하지 않을 수 없는데, 이 때문에 교육이 제기능을 균형적으로 제기능을 수행할 수 없게 된다. 이 점에서 산업화와 사회변동 그리고 교육발전 간에는 떼어 놓을 수 없는 밀접한 관계가 있다(Greetz, 1973; Timmons, 1988).

20세기 후반 교육의 안정적인 발전은 일정한 수준의 산업화에 힘입은 바 크다. 특히 산업화의 범위와 속도가 안정되어 있을 경우 교육의 선발과 분배의 기능이 원활해지게 된다. 그러나 산업화의 속도와 범위가 확대되면 교육에서의 인력수급 기능에 차질을 초래하게 되고, 학교교육의 기능이 지나치게 인력개발에 치중하게 된 것도 산업화의 수준과 밀접한 연관이 있다. 특히 21세기에 접어들면서 지식정보화 사회로의 급속한 확산은 학교교육과 산업현장과의 괴리를 크게 만들어 학교교육의 한계를 느끼게 만들고 있고 직업수행을 위한 재교육의 필요성을 점증시켜 주고 있다. 특히 정보통신 분야의 급격한 발달은 융합형 교육과 최첨단 기술개발을 위한 과학기술 교육의 필요성을 더욱 높여 주고 있는 실정이다. 특히 세계 문화콘텐츠 산업시장 규모의 확대는 교육내용의 변화를 가져다줄 전망이다.

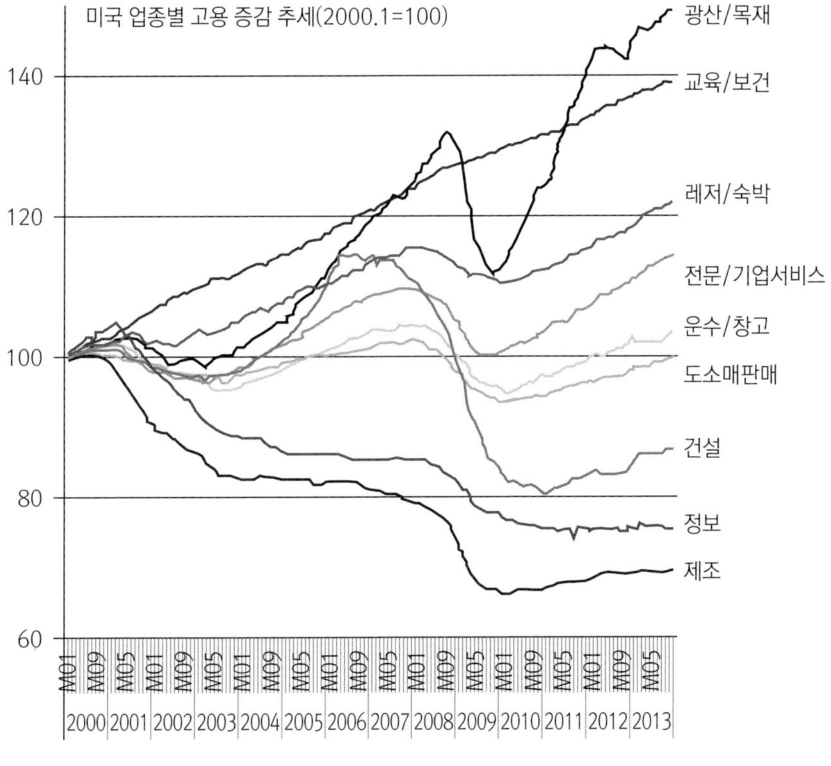

[그림 13-1] 미국의 정보산업 종사인구 변화

출처: 비즈니스워치(2018).

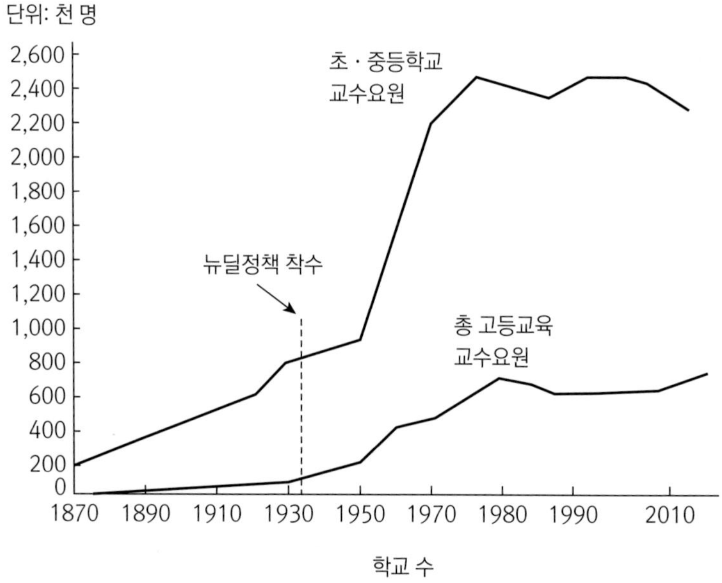

[그림 13-2] 학교 교수요원 수

출처: Plisko(1984); U. S. Government Printing Office(2011) 참조.

■ 인간자본론과 교육

지금껏 교육의 주된 기능을 사회에서의 다양한 직업수행과 연관시켜 이해하여 왔다. 이 점에서 교육은 산업화의 한 부산물로 인식되기도 하고, 교육기회의 확충과 보다 높은 교육수준이 직업수행 능력과 생산성을 증대시킨다는 관념을 가져왔다. 더 나아가 교육수준의 향상은 국가발전에 직결된다는 주장마저 펴 왔다(Parelius, 1987; Psacharopoulos & Wiles, 1980).

이러한 입장은 주로 슐츠(Schultz, 1962)를 비롯한 '인간자본론'자들을 중심으로 한 발전교육론에서 비롯된 것이다. 발전교육론자들은 교육에 대한 투자가 경제발전을 가져다주기 때문에 투자가치가 있다는 논리를 전개한다. 그러나 경제발전을 위주로 한 교육관이나 지나친 투자에 대한 반대급부 차원에서의 염려되는 측면은 인력수급에 지나치게 치중한 나머지 인간교육을 소홀히 할 우려가 없지 않다는 점이다.

경제적 어려움이 있을 때마다 많은 국가들이 교육개혁을 부르짖게 되고 또 교육에 많은 투자를 하지만 괄목할 만한 경제발전을 가져다주지 못한 까닭은 인간자본론자들의 맹목적인 주장이 모든 해답이 될 수 없다는 점을 잘 말해 준다.

인간자본론을 최초로 비판한 버거(Berger)는 경제학자들이 접근해 온 기술적 문제들을 검토한 후 고용자들은 맹목적으로 교육자격증을 믿어 왔다고 결론 내리고 있다. 버그는 그의 결론에서 다음과 같이 기술하고 있다.

> 산업체에서 근로자들의 생산성과 결근 그리고 태업 등의 행동은 학교에서의 학업성취 수준과 별 관련이 없으며 학업성취 수준과 직무 업적 간에도 큰 상관이 없다.

더구나 직업현장에서 발생하는 직업에 대한 불만이나 문제는 높은 교육수준의 사람들에게서 더 많이 찾아볼 수 있다(Bery, 1971). 이 점에서 교육수준이 경제발전과 깊은 상관이 있다는 논리는 그 근거가 희박하다. 오툴(O'Toole, 1975)도 같은 견해를 피력하고 있다. 즉, 산업화된 국가들은 교육기회의 확대가 이루어지고 교육성취에 대한 관심이 증대되었지만 실제 직업수행 능력은 향상되지 않는다는 것이다.

버그나 오툴 등의 주장은 이 점에서 대학이나 대학원 학생들의 등록률을 증대시키고 교육요건을 강화하려는 정부 대책이 잘못이라고 결론 내리고 있다.

한편, 교육자격증을 요구하는 경향도 다분히 인간자본론의 소산으로서 인간자본론자들은 교육자격증이 곧 개인의 소득수준을 향상시켜 준다는 논리를 편다. 이러한 견해들은 교육을 통해 자격증을 습득했을 경우 그러지 못한 사람들보다 소득수준이 높아진다는 것이다.

예를 들어, 민서(Mincer, 1974)의 연구 결과를 보면 교육에 대한 투자는 높은 소득과 관련된다는 것이다. 민서는 학교교육에 재학한 연수는 백인들의 수입 증대요인의 1/3과 관련되어 있으며 더 자세히 분석해 볼 경우 60%까지 상승할 수 있다고 주장한다. 그러나 민서의 연구는 백인 남성에 한정되어 있을 뿐만 아니라 모든 집단에서 교육에 대한 투자가 봉급 인상을 보장해 주지는 않는다고 본다. 특히 교육투자의 효율성에 대한 연구들을 보면 집단과 직업의 종류 그리고 한 사회의 직업분포와 산업화 수준에 따라 교육투자의 효용가치 여부가 결정된다(Parelius, 1987).

더구나 근래 수행된 한 연구 결과를 보면 고등교육에 대한 교육투자 효과는 직업시장의 변화와 깊은 관련이 있다. 즉, 개인의 고등교육에 대한 투자가치는 전공영역과 관련된 직업시장의 변화와 관련되어 있으며 직업수요가 낮을 때는 전공과 무관한 직종에 종사하게 된다는 것이다. 예를 들어, 1980년대는 컴퓨터와 공학 계통의 수요가 급증했으나 인문사회 계통의 수요는 많지 않았기 때문에 컴퓨터 영역이나 공학 계통의 전공자들의 경우 고등교육 투자가치는 높은 반면, 인문사회 계통은 낮아진다는 것이다. 특히 지식정보화 사회로 접어든 현재는 소셜미디어 전공자나 국제경영 전공영역의 투자가치가 높아진 반면, 사범계나 인문사회 계통은 낮아지고 있는 것도 이러한 결과를 대변해 주고 있다(이현청, 2008, 2013).

사회과학자들의 경우는 인간자본론자들이 교육의 가치를 수입 측면에서 다루는 것도 필요하지만 대학 경험이 어떻게 사회와 국가에 기여할 수 있으며 개인의 성장과 발전에도 기여할 수 있는지 검토되어야 한다고 주장한다(Freeman & Holloman, 1975).

2. 자격증주의와 교육

교육에 관한 관점은 직업주의와 인간주의의 관점에서 논의되어 왔고 근래 들어서는 자격증주의(credentialism) 혹은 학위주의(degreeism) 등의 용어가 대두되면서 교육의 자격증에 관한 의미가 무엇인가에 대해 새로운 관심이 쏠리고 있다.

더구나 교육에서의 고객개념(client system)이 등장하고 산업화에 따른 다양한 직종과 전문화 추세는 자격증의 수요를 증대시켜 온 게 사실이다(이현청, 1984, 1993, 2001). 고객개념이란 학교에서의 교육과정과 교육활동이 학습자의 학업욕구에 부합되도록 학습자 중심으로 전환되어야 한다는 논리이다.

반면, 자격증주의 현상이 점증하고 있는 것은 아이러니컬하게도 고용자들의 관심사 때문이 아니라 특정 직종에 종사하는 이익단체의 요구 때문이라는 설명이다. 이것은 흔히 '파는 자의 자격증주의(seller's credentialism)'라고 지칭되는데, 높은 학교의 자격증을 요구하는 집단은 고용주가 아니라 고용당하는 특정 이익집단 때문이라는 것이다(Rawlings & Ulman, 1974). 예를 들어, 특정 전문직 집단은 직업적 위광과 자율성 그리고 외부로부터의 존경 등을 감안해서 자격증을 요건으로 한다는 것이다.

따라서 학력 중심의 사회에서 기존의 직업구조와 교육과정을 개혁하는 일은 결코 쉽지 않을뿐더러 개혁을 한다 해도 정치적으로 안전한 개혁일 수밖에 없다는 것이다.

그루브와 라저슨(Grubb & Lazerson, 1976)에 의하면 학력주의에 의존하는 직업교육을 다음과 같이 묘사하고 있다.

> 정치적으로 안전한 개혁은 기존의 경제, 교육구조를 위협하지 않는 범위 내에서만 가능하다. 따라서 직업교육에 대한 개혁은 분명 한계가 있기 마련이다.

따라서 그루브와 라저슨에 의하면 직업교육이나 학력주의 현상은 다분히 특정 사회체제의 특성을 유지하려는 신념과 연관된다는 것이다.

학력주의를 설명하려는 타 연구들을 살펴보면 초등학교의 학업성취 수준과 직업성취에 관한 것들과 학생들이 지니고 있는 귀속적 요인들로 구분지어 설명될 수 있다.

초등학교에서의 평가는 대개 교사에 의해 이루어지지만 그때의 평가기준은 아동들의 행동과 깊은 관련이 있고 이 행동을 판단하는 근거는 도덕적 발달과 학업성취 수준의 향상에 있기 때문에 직업 세계와는 큰 상관이 없다는 것이다(Parsons, 1959, pp. 297-318). 특히 학생이 가지고 있는 귀속적 요인과 더 관련이 있다는 것이다.

〈표 13-1〉 산업화 수준과 학력주의 성향

	농경사회	전기 산업사회	중기 산업사회	후기 산업사회	지식정보화 사회	4차 산업사회
사회적 특성	무자격증 사회	제한된 자격증 사회	확대된 자격증 사회	제한된 자격증 사회	확대된 자격증 사회	제한된 자격증 사회
교육적 특성	• 도제교육 • 제한된 엘리트 교육	대중교육	대중교육	엘리트 교육	• 엘리트 교육 • 재교육	• 평생학습 • 적응학습
강조되는 직업교육	• 농경기술 • 교육	기술자 교육	엔지니어 양성교육	• 기술자 교육 • 과학교육	• 과학교육 • 국제이해 교육 • 전문직업 교육	AI, 빅데이터, 로봇, 3D 프린팅 등 융합특성화교육
교육형태	학교 전 사회	제한된 학교 중심 사회	학교 중심사회	학습사회	• 학습사회 • 교육적 사회	자기주도적학습사회
사회/교육적 특성	엘리트 중심 사회	한정된 학력 중심 사회	학력 중심 사회	한정된 학력 중심 사회	• 탈학력 사회 • 한정된 학력 사회	탈학력 사회
교육의 주된 기능	• 사회화 기능 • 인간교육 • 지도자교육	제한된 분배와 선발 기능	분배와 선발 기능	사회진보 및 혁신 기능	창의 및 혁신 기능	• 문제해결능력 • 협업 • 창의적 융합 기능

한편, 고등학생들의 교육과 직업결정 과정에 대한 연구들은 교육과 직업 세계 간의 상관보다는 학생들의 가정, 인종, 성 그리고 개인적 성향과 더 밀접한 관계가 있다고 주장한다(Sears & Feldman, 1974).

따라서 높은 학력이 생산성을 높여 주고 경제발전에 기여한다는 논리에 대한 비판은 여러 관점에서 논의가 되고 있는 것으로 보인다. 또 하나의 경향은 선진국일수록 학력위주의 사회에서 탈피하는 경향이 있고 직업선택에 있어서도 학부모 위주에서 전문가에게로 의뢰하는 경향이기 때문에 학력주의 성향이 감소된다는 것이다.

〈표 13-1〉에서 도시된 것과는 반대로 산업화 수준에 따라 학력 중심이나 자격증 중심 사회의 특성이 학습하는 사회로 변모되기 마련이다.

3. 산업화와 분배 및 선발 기능

산업화 수준은 교육의 기능에 변화를 초래하게 된다. 예를 들어, 산업화 수준의 초기단계에서는 교육의 기능 중에서도 선발의 기능에 치중하게 되지만 산업화 정도가 확대되고 정착되면 선발의 기능 못지않게 분배의 기능에 더 관심을 갖게 된다.

분배 및 선발의 기능은 모두 인력배치와 산업사회에서 필요로 하는 인력 기술 배양에 중요한 기능이기 때문에 제 기능이 수행되지 못할 때 교육인플레이션(educational inflation)과 교육디플레이션(educational deflation)을 경험하게 된다. 예를 들어, 산업화 수준이 미비하고 직업분화 수준이 낮은 사회에서 지나치게 많은 선발을 했을 경우 교육인플레이션은 불가피하다. 대학진학률과 졸업률이 높고 청년 실업률이 높은 우리나라의 경우가 바로 그러한 예라 볼 수 있다. 또 특정 분야가 유독 급격한 속도로 기술개발을 이루고 발전할 경우 그 영역에서는 교육디플레이션이 발생하게 된다.

산업화 수준은 교육, 특히 학교교육의 기능에 커다란 영향을 미치게 되며 학교교육이 산업화 수준과 무관하게 그 기능을 수행하게 될 때에는 교육에서 파생되는 문제가 대두된다.

〈표 13-2〉 산업화와 분배 및 선발 기능

19세기 →	20세기 →	21세기 →	21세기 중기 (4차 산업 이후)
선발의 시작	분화에 의한 선발	교육과 사회통제적 선발	• 통제적 선발 • 개방형 선발
초등교육 중심 제한된 중등교육	고등교육 확대	일반화된 고등교육	전문 재교육형 평생 고등교육
한정된 직업분화	확대된 직업분화	특정 영역의 확산된 직업분화	• 급격한 직업분화 속도 • 직업 생명주기 대폭 단축

교육에 관련하여 산업화 발달과정과 분배 및 선발 기능을 살펴본 〈표 13-2〉처럼 19세기의 한정된 직업분화의 시기에는 선발 기능이 제대로 정착되지 아니한 상태였기 때문에 학교교육 또한 초등교육 중심이면서 제한된 중등교육의 상태이다. 그 후 산업화가 본격적으로 이루어진 20세기에 접어들어서는 직업분화(occupational differentiation)가 확산되고 그에 따라 교육에서의 선발 기능도 분화에 의한 선발이 보편화된다.

그리고 후기 산업사회에서는 직업분화가 어느 정도 정립되어 있으나 특정 영역의 직업분화는 급속도로 확산되기 때문에 교육과 사회통제적 선발이 이루어지게 된다. 사회통제적 선발이란 국가나 사회 차원에서의 전략적 선발을 의미하며 교육적 통제는 교육인플레이션과 교육디플레이션을 회피할 수 있는 선발 및 분배의 기능이 강조된다는 뜻이다.

산업사회에서 선발 및 분배의 기능은 인력개발론적 차원에서 인력수급과 국가발전에 한정되어 있는 점이 비판받고 있는 실정이지만 고도로 산업화된 국가에서는 선발이 교육적 선발이 되어야 하느냐, 그렇지 않으면 사회적 선발이 되어야 하느냐의 문제가 주요한 논의 대상이 되고 있다(Timmons, 1988).

여기서 교육적 선발이란 교육의 기본 취지와 목적에 부합되게 선발하는 것을 의미하며 사회적 직업분화나 사회적 요구와는 커다란 상관이 없다. 그러나 사회적 선발은 전적으로 인적 개발론의 차원에서의 개념으로서 직업분화 수준과 인력수급의 차원에서 이루어지는 선발이라 할 수 있다.

1) 대학교육과 취업

교육기회의 분배과정은 교육선발 과정의 결과임과 동시에 또 다른 의미의 선발을 전제로 한다. 산업화의 분배 및 선발 기능을 논할 때 가장 중요한 영역의 하나가 학력의 사회적 의미이다. 학력이 사회적으로 커다란 의미를 부여받는 사회는 분배 및 선발의 기능이 중요시될 뿐만 아니라, 그 어느 수준의 교육보다 고등교육에 대한 기회와 가치가 중요시된다. 우리나라의 경우, 1960년에는 국민의 평균 교육연수가 3.86년에 불과하던 것이 1985년에는 8.58년으로 현저하게 증가되었다. 특히 1980년 이후 경제활동 인구의 교육수준은 급격히 향상되고 있는데 그중에서도 대학졸업 인력의 비중이 현저하게 증대되고 있다.

1980년의 경우 경제인구 중 대학졸업자가 차지하고 있는 비율은 6.7%에 불과하던 것이 1985년에는 10.5%로 증대하고 1989년에는 12.5%로 현저히 증대하였다. 특히 2000년 이후 대학졸업자가 차지하고 있는 비율은 지속적으로 상승하여 2011년에는 48.7%에 이르렀고 2017년에는 78%를 웃돌고 있다. 이렇게 고학력 현상이 뚜렷해진 현상을 가리켜 인간자본적 관점에서는 노동력의 질적 향상으로 받아들일 수 있으나 교육수준에 알맞은 직업에 취업하지 못하여 고학력 인력의 비활용을 초래하거나 저학력 인력이 담당하던 직업에 취업할 경우 '고학년 인플레이션' 현상을 야기시키게 된다.

따라서 교육수준별 취업구조는 산업화와 분배 및 선발 기능의 합리성 여부를 결정짓는 척도가 될 수 있는데, 후기산업사회로 접어든 1984년의 경제기획원 고용구조 특별 조사의 결과에 의하면 대학졸업자의 상당부분이 사회간접자본 및 서비스 분야에 취업하고 있다는 사실을 알 수 있다.

그러나 산업구조와 생태계가 바뀐 1990년대 중반과 2000년대에 들어서는 의료계와 컴퓨터, 정보통신 분야에 취업이 확대되고 있음을 알 수 있다. 특히 4차 산업 이후에는 4차 산업의 주동력이라고 볼 수 있는 인공지능, 로봇, 무인자동차, 빅데이터 그리고 이와 관련된 알고리즘, 클라우드 컴퓨팅 등의 영역에 산업인력이 확대될 전망이다.

특히 여성 대학 졸업자의 경우는 거의 대부분이 농림어업이나 광공업과 같은 직접적인 생산부문이 아닌 사회간접자본이나 기타 서비스업에 취업하고 있다는 특성을 부각시키고 있다. 특히 유아교육, 간호학, 비서 등의 영역이 두드러지고 있다(〈표 13-3〉 참조).

〈표 13-3〉 연도별 직업별 취업자 수 (단위: 천 명)

직업별	2017	2016	2015	2014	2013
계	26,725	26,409	26,178	25,897	25,299
* 관리자 전문자(1, 2)	5,739	5,625	5,547	5,534	5,376
1. 관리자	313	335	358	404	409
2. 전문가 및 관련 종사자	5,427	5,291	5,189	5,129	4,968
3. 사무 종사자	4,663	4,558	4,446	4,374	4,271
* 서비스 · 판매 종사자(4, 5)	6,037	6,010	5,942	5,932	5,719
4. 서비스 종사자	2,946	2,888	2,813	2,779	2,645
5. 판매 종사자	3,091	3,121	3,129	3,154	3,074
6. 농림어업 숙련 종사자	1,198	1,186	1,243	1,357	1,420
* 기능 · 기계조작 · 조립 · 단순노무 종사자(7~9)	9,088	9,031	9,000	8,701	8,513
7. 기능원 및 관련 기능 종사자	2,384	2,396	2,375	2,291	2,254
8. 장치, 기계조작 및 조립 종사자	3,171	3,194	3,187	3,111	3,038
9. 단순노무 종사자	3,533	3,440	3,437	3,299	3,222

출처: 통계청(2018.09.12 갱신).

그러나 이러한 특성은 저학력 인력의 취업비중이 상대적으로 높은 광공업 중심의 산업경제가 급속히 서비스 중심의 산업으로 전환되고 있다는 것을 알려 주며, 우리나라 경제가 특정 분야의 산업공동화 현상(de-industrialization)의 우려가 있다는 것이다. 특히 산업의 특성상 시장 지향적 경제일 때는 교육의 효율성 문제가 대두되며, 고등교육 졸업자의 취업 여부는 교육의 생산성 척도가 되기 때문에 고등교육 인구의 인플레이션도 문제려니와 특정 영역으로의 편향 현상도 바람직하다 볼 수 없다.

산업화의 범위와 그 특성은 분배 및 선발 기능, 특히 고등교육의 취업 구조와 대학입학 시의 학과 선택 등에 영향을 끼치게 되며 결국 이들 두 요인은 상호 역동적 연관성을 지니게 된다.

〈표 13-4〉 고등교육기관 졸업자 취업률 및 진학률(유형별, 2015)

성별 취업률 현황 (단위: 명, %, %p)

구 분	전체		남성(A)		여성(B)		남녀 차이(A-B)	
	취업자	취업률	취업자	취업률	취업자	취업률	취업자	취업률
고등교육기관	327,186	67.0	161,480	69.0	165,706	65.2	△4,226	3.8
전문대학	112,765	67.8	46,134	67.5	66,631	68.0	△ 20,497	△0.5
대학	168,510	64.5	87,326	67.2	81,184	62.0	6,142	5.2
교육대학	3,596	79.0	1,005	79.3	2,591	78.9	△1,586	0.4
산업대학	10,354	70.2	6,473	70.9	3,881	69.0	2,592	1.9
각종학교	196	52.1	66	50.8	130	52.8	△64	△2.0
기능대학	4,635	76.0	3,956	77.0	679	70.6	3,277	6.4
일반대학원	27,130	77.5	16,520	83.3	10,610	69.9	5,910	13.4

※ 조사기준일: 2014년 12월 31일

출처: 한국교육개발원(2015).

〈표 13-5〉 취업률이 높은 전공 상위 8위(2015)[1)]

취업률 상위 전공(소계열) (단위: 명, %)

학제	순위	전공(소계열)	2014		전공(소계열)	2013	
			졸업자	취업률		졸업자	취업률
전문대학	1	간호	9,643	86.4	간호	8,493	85.8
	2	유아교육	9,455	85.1	유아교육	9,464	84.9
	3	유럽어 · 기타어	246	81.5	농수산	420	84.4
	4	재활	4,562	80.9	반도체 · 세라믹	127	82.3
	5	금속	299	80.4	금속	268	81.7
	6	농수산	532	79.6	유럽어 · 기타어	278	80.3
	7	비서	1,161	76.0	재활	4,433	79.7
	8	기전공학	1,287	75.7	비서	1,119	78.2
대학	1	치의학	896	90.0	치의학	684	89.8
	2	한의학	737	89.6	한의학	810	89.0
	3	의학	1,798	88.3	의학	1,767	87.1
	4	해양공학	2,069	84.3	해양공학	2,054	83.6
	5	초등교육학	295	83.0	간호학	5,967	82.2
	6	간호학	7,084	82.3	기전공학	738	82.1
	7	재활학	2,743	80.5	기계공학	8,238	81.9
	8	기계공학	8,155	79.0	자동차공학	579	81.2

1) 한국교육개발원(2015). 고등교육기관 졸업자 취업통계 조사결과 발표. 웹사이트(necte.kedi.re.kr) 게시.

일반대학원	1	초등교육학	102	99.0	제어계측공학	103	92.9
	2	치의학	500	93.6	의학	2,991	91.2
	3	반도체 · 세라믹공학	130	92.7	해양공학	275	90.9
	4	의학	2,957	91.3	간호학	561	90.8
	5	한의학	339	89.8	치의학	492	90.8
	6	간호학	647	89.4	전자공학	1,642	90.4
	7	응용소프트웨어공학	130	88.7	기계공학	1,360	89.2
	8	해양공학	281	87.8	한의학	401	89.1

※ 조사기준일: 해당연도 12월 31일
※ 졸업자가 100명 이상인 전공에 한함
※ 전공 소계열: 전문대학 75개, 대학 121개, 일반대학원 118개

특히 4차 산업의 등장은 제조업이나 단순 서비스업 그리고 비서 등과 같은 영역은 가까운 장래에 소멸될 가능성이 높고 이러한 직종은 지능형 로봇에 의해 대체될 것으로 보여져 직업 생태계의 변화가 불가피할 것으로 여겨진다(HRD포럼, 2018).

2) 대학졸업 인력과 청년실업

대졸 인력의 취업은 산업구조의 변화와 취업기회의 확대에 연관되어 있다. 특히 산업구조가 불균형적 분화를 지속할 때 고학력 인력의 취업과 실업의 양극화 현상이 심화된다. 예컨대, 우리나라의 경우 첨단 과학 분야의 경우는 구인난인 데 비해 특정 영역은 구직난이 되는 교육인플레이션과 교육디플레이션이 동시에 심화되는 현상이다. 이러한 경우 교육의 분배 및 선발 기능에 장애가 생기게 되고 교육 또한 제대로 이루어질 수 없다.

대졸 인력의 실업현상은 1980년대 이후 현저하게 증가되고 있는데 이것은

결국 교육의 분배 기능에 커다란 문제를 야기하게 된다.

통계청자료에 의하면 1980년 이후 2011년까지 우리나라의 실업자 수는 1984년과 IMF 시기를 제외하고는 감소해 왔으나 대학졸업 인력의 경우 계속 실업이 증대되어 왔다. 그 결과, 2000~2011년의 기간에 대졸 실업률이 증가해서 2018년 대학졸업자 70만여 명이 미취업 상태인 것으로 나타나 있다. 2017년 동아일보 기사에 보면 공시생 등 다양한 취업준비생도 350만 명이 넘는 것으로 추정하고 있다. 특히 대졸 청년실업률이 9~10%를 넘나들고 있어 사회문제가 되고 있다. 이러한 학력과 직업분화 간의 불균형 현상은 결국 대학교육의 보편화 현상을 초래할 뿐만 아니라 더 나아가서는 대학원 교육을 확대시키는 결과를 초래하게 된다.

특히 대학의 입학과 졸업 인원을 모두 제한할 수 없는 한계를 지니고 있는 우리나라의 현상에서 대졸 인력이 급격하게 노동시장으로 유입됨으로써 빚어진 현상으로서 높은 경제 성장과 급속한 산업구조의 변화가 있다 할지라도 그 구조적 균형이 이루어지지 않을 경우 고용흡수력이 증대되지 않는다.

〈표 13-6〉에서 나타난 바와 같이 교육 정도별 실업자와 실업률을 볼 때 대학졸업 인력의 실업률이 타 학력집단보다 심화되고 있음을 알 수 있다. 이러한 결과는 어떤 형태로든 교육의 분배 및 선발 기능에 문제가 있다는 사실을 의미한다. 할시(Halsey, 1997, 1980) 등은 교육과 직업 간의 관련성을 설명하면서 교육욕구의 증대는 직업분화와 관련되어 있으며 한편으로는 교육인플레이션과도 연관된다고 설명한다. 할시에 의하면 교육증대는 첫째, 수학능력 등 교육 기준의 하락현상, 둘째, 기술변동에 의한 고등교육 인구의 필요성, 셋째, 교육적 성장에 따라 가족과 '이동기회'를 선망하는 특정 지위집단의 욕구증대, 넷째, 능력집단에 대한 사회적 인식 등 때문이라고 설명한다(한국대학교육협의회, 1990).

〈표 13-6〉 전체 실업률과 청년실업률 비교

실업자 및 실업률 추이 (단위: 만 명, %)

	2013년	2014년	2015년	2016년	2017년
실업자(만 명)	80.7	93.7	97.6	101.2	102.8
• 전년대비증감(만 명)	(-1.3)	(13.0)	(4.0)	(3.6)	(1.6)
실업률(%)	3.1	3.5	3.6	3.7	3.7
• 15~29세(청년층) 실업률	(8.0)	(9.0)	(9.2)	(9.8)	(9.9)
(25~29세) 실업률	(7.1)	(8.3)	(8.1)	(9.2)	(9.5)

출처: 통계청(2018a).

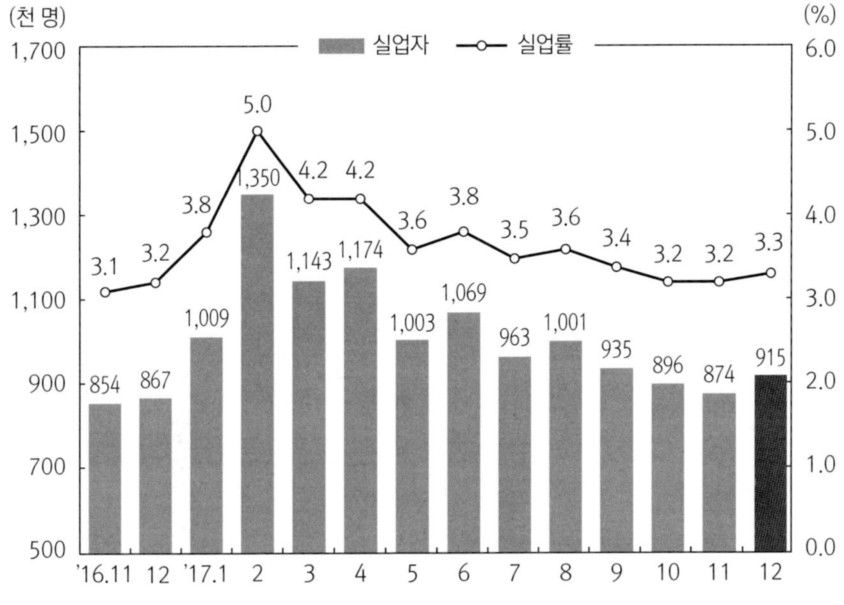

[그림 13-3] 실업자 및 실업률 추이

출처: 통계청(2018a).

〈표 13-7〉 대학졸업자 취업자 수

(단위: 천 명)

성별	교육 정도별	2017	2016	2015	2014	2013	2012
계	대졸 이상	12,152	11,805	11,456	11,146	10,676	10,258
	전문대졸	3,541	3,448	3,403	3,437	3,451	3,350
	대졸	8,611	8,357	8,053	7,709	7,225	6,909
남자	대졸 이상	7,370	7,215	7,056	6,897	6,647	6,442
	전문대졸	1,944	1,906	1,892	1,904	1,904	1,842
	대졸	5,426	5,310	5,164	4,993	4,743	4,600
여자	대졸 이상	4,782	4,589	4,400	4,249	4,029	3,817
	전문대졸	1,597	1,543	1,510	1,533	1,547	1,508
	대졸	3,185	3,047	2,890	2,716	2,482	2,309

출처: 통계청(2018.09.12 갱신). 경제활동인구조사

특히 대학졸업 인력의 실업에 대한 설명은 클라크(Clark, 1961) 등이 주장하고 있는 기술-기능주의 이론(technical-functional theory)에 입각해서 이루어질 수 있다. 즉, 클라크, 벤딕스(Bendix), 베커(Becker, 1993) 등은 일정 수준에 도달한 직업기술과 지식을 갖춘 자는 그 영역에 고용이 되어야 하지만 교육체제가 개인의 이러한 직업기회를 주는 데 기여해야 된다고 주장한다.

이러한 기술-기능주의 이론에서 주장하고 있는 주된 논리는 대개 두 가지이다.

첫째, 특정 직업에서 필요로 하는 기술은 기술변화를 유도하게 되고 결국 산업화된 사회로의 진입을 도울 뿐만 아니라 저기술을 배제시킨다는 것이다. 둘째, 교육은 특정 기술과 직업상 필요한 일반 능력을 배양시키기 때문에 직업에서 교육의 필요성을 인식하게 된다는 것이다.

따라서 교육과 직업 간의 균형적 관계는 교육의 성패를 결정짓는다고 볼 수 있다(Reid, 1986). 대학졸업 인력의 실업이 증가하고 있다는 사실은 지나

친 고등교육 인력의 양산에도 문제가 있으나 직업구조의 분화과정과도 관련되어 있다고 볼 수 있다. 특히 인공지능과 로봇이 일반화된 4차 산업사회에서는 대학교육과 직업현장과의 불일치 현상이 심화되어 직업구조에 대변화가 불가피할 것이 우려된다.

제4부

학교교육 체제와 과정

제14장

사회체제로서의 학교교육론

학교는 교육이라는 목표를 가지고 그 목표를 달성하기 위하여 조직된 하나의 사회조직이다. 이 점에서 학교조직은 하나의 체제(system)이다.

물론 한 조직으로서 학교를 이해하려는 관점은 보는 시각에 따라 다양하다 하겠다. 역할체계(role structure)로서 학교를 분석해 볼 수도 있겠고 비공식 조직(informal organization)으로서 학교체제로 이해할 수도 있다. 비공식 조직으로 학교조직을 이해하는 입장들은 학급 내 상호작용, 교수학습 과정 그리고 학교풍토 등의 관점에서 학교를 분석하려 한다.

그러나 학교조직을 이해하기 위해서는 공식 체제와 비공식 체제를 함께 고려해야 할 뿐 아니라 학교가 처한 환경과 사회적 관계를 떠나 설명될 수 없다. 이 점에서 학교가 하나의 사회체제(social system)라는 데에는 이의가 있을 수 없다.

학교는 그들 나름대로의 조직문화와 조직 내의 하위문화를 간직하고 있지만 학교의 규모는 조직체계 그리고 관료화 정도와 깊은 상관이 있을 수밖에 없다. 예컨대, 규모가 큰 학교는 관료화 정도가 높을 것이다. 이에 반해 소규모의 학교는 관료화 수준이 낮을 가능성이 높다(Owens, 1985). 또한 학교가 위치하고 있는 지역사회의 특성 여하에 따라서 중앙집권화(centralization)의 정도가 결정될 수 있다. 예를 들면, 농촌지역의 경우는 광대한 지역의 특성 때문에 보다 중앙집권화 될 가능성이 높다.

이 점에서 학교체제는 학교가 처한 환경과의 교환 작용에 의해 그 특성이 형성되고 변화될 수 있다([그림 14-1] 참조).

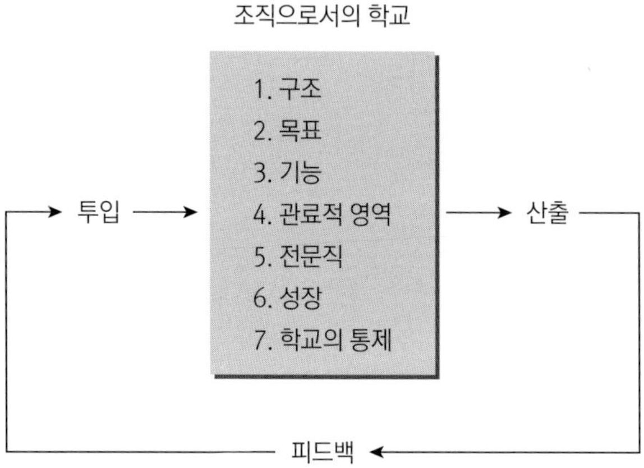

[그림 14-1] 사회체제로서의 학교

출처: Ballantine(1989), pp. 15-16.

사회체제로서의 학교에 대한 연구들은 학교조직에 대한 이해를 돕기 위한 개념적 틀을 설정해 왔으나 많은 교육학자들의 경우, 학교체제를 고전적 조직이론(classical organization theory)의 틀 속에서만 이해하려 하였다. 이 고전적 조직이론은 산업혁명 이후 1930년 사회체제 이론이 등장하기까지 지배적이었던 이론으로서 인간관계보다는 통제와 위계체계 그리고 노동의 생산성과 조직의 효율성만을 강조했던 조직이론이다(Hanson, 1991).

그 후 학교조직 이해에 대해서는 관료체제적 관점과 함께 사회체제로서 이해하려는 입장이 등장하였으며 체제이론 중에서도 근래에 들어서는 개방체제(open system)로서 이해하고 있는 실정이다.

1. 학교체제의 관료적 특성

학교는 교육활동을 위한 조직체로서 사회적 기능을 수행한다. 학교는 교육활동을 통해 사회와 국가가 필요로 하는 목적을 달성하려 하며 동시에 개인적 차원에서의 교육목표도 달성하려 한다. 이 점에서 학교의 교육목표는 학교체제가 수행해야 할 활동을 규정한다고 볼 수 있고 지역사회, 국가 등의 관심사를 반영한다고 볼 수 있다.

이 점에서 학교체제는 관료적 조직(bureaucratic organization)이며 사회·정치체제(socio-political system)이자 개방체제의 특성을 지닌다.

1) 관료제의 개념과 특성

관료제라는 개념은 보는 입장에 따라 다양한 의미를 지니는 개념이다. 관료제는 대개 다음 몇 가지 관점에서 정리될 수 있다(Blau & Scott, 1982; Owens, 1976; Punch, 1972).

- 관료제란 사회조직의 현대적 형태를 의미한다. 따라서 대규모의 행정적 과정을 수행하기 위한 조직형태를 의미한다.
- 관료제란 조직의 내적 구조를 지칭한다. 이때의 관료제란 관료제의 특성에 의해 조직을 구별하고자 하는 접근이다.
- 관료제는 독재적 권력, 무능, 형식주의를 상징하는 의미로 사용된다. 이 경우 관료제의 역기능과 동일한 의미로 사용된다.

관료제 연구에 크게 공헌한 독일 사회학자 막스 베버(Max Weber, 1947)는 관료제에 대해 인간적·비합리적·감정적 요소를 극소화하여 조직구성원들이 신속·정확하게 기술적 방법으로 일할 수 있도록 인간이 고안한 가장 효과적인 조직형태라고 정의하고 있다.

특히 관료제의 특성에 관해 최초로 기술한 막스 베버에 의하면 '3S', 즉 단순화(simplification), 표준화(standardization), 전문화(specification) 그리고 형식주의(formalism) 등을 그 특성으로 지적할 수 있다. 베버가 지적한 바에 의하면 다음과 같은 특성이 있다.

- 노동의 분업(기능분화)
- 권위의 위계
- 전문화
- 직무수행과 관련한 제 규정(현직자에 대한 규칙)
- 형식주의(문서주의)
- 절차의 명세화
- 비정성

학교와 관련하여 데이비드 고슬린(David Goslin, 1947)은 관료체제로서의 학교 특성을 다음과 같이 기술 · 요약하고 있다.

- 행정적 측면과 수업 측면에서 노동분화의 증대와 함께 임용승진 정책의 공식화
- 행정적 위계의 증대
- 시험, 카운슬링, 가이던스 등의 운영에서의 절차를 위한 특수한 규정의 증대
- 학생, 교사 그리고 학교직원 간의 관계에서 사적 관계의 배제 그리고 공적이고 중립적인 인간관계의 증대
- 조직 내에서의 합리성의 강조
- 지위가 조직에 예속된다는 관념의 증대

2) 관료체제로서의 학교

학교체제는 인간화 과정(human processing)에 관여되는 규범적 조직(normative organization)이다. 이 점에서 군대나 감옥 등과 같은 강압적 조직이 아니다. 특히 학교체제는 타 조직이 그러하듯 공식 조직과 비공식 조직의 부분이 있을 뿐만 아니라 전문적 교사집단의 교육활동과 관련된 전문적 조직(professional organization)과 이러한 교육활동을 지원하는 지원적 조직(supporting organization)의 이원체제(dual system)로 되어 있다. 따라서 학교체제는 이원체제이면서 규범 체제적 특성을 지닌 교육적 관료체제라 할 수 있다.

헌(Hurn, 1978)이 지적하듯이 학교는 가치와 이념, 지식을 전수시키며 인지와 정서 성장을 도모하여 학생을 선발하는 기능을 수행하는 독특한 조직이다. 또한 조직적 측면에서 볼 때에도 학급, 학습 스케줄, 능력에 따른 반편성 등의 조직을 통해 교육활동을 수행하는 특성을 지닌다. 이러한 특성에 따라 관료체제적으로 운영된다.

3) 관료체제로서 학교의 기능

관료제는 효과적으로 운영하기만 하면 합리적 의사결정과 행정 능력의 극대화를 가져올 수 있는 조직형태이다. 관료제는 권위와 위계에 의한 질서 확립, 과업의 전문화 규칙과 절차의 강조, 업무수행상의 비정성, 문서화를 그 특징으로 하는 사회조직 체제이다. 학교 또한 조직적 특성이 말해 주듯 교장, 교감, 주임교사, 교사로 이어지는 계선조직으로 구성되어 있고 관료제의 제 특성을 잘 반영하고 있다. 교사들의 활동은 복무규정에 의해 통제되고 교과 담당자는 전공에 따라 분담하여 전문화될 뿐만 아니라 사무분장 또한 세분화되어 문서화된 절차에 의해서 수행된다. 이 점에서 학교는 분명 관료체제적 특성을 지니고 있다. 그러나 학교조직의 궁극적인 목표가 인간교육이기 때문에 효율성뿐만 아니라 인간 상호 간의 인간다운 관계 속에서 그 목표가 성취될 수 있다는 점에서 관료체제의 적용에 있어 신중해야 할 필요성이 있다. 따라서 관료체제로서의 학교는 관료체제적 운영에 따른 순기능과 역기능이 있을 수밖에 없다.

오언스(Owens, 1988)는 관료제가 적절히 기능하면 몇 가지 이점을 준다고 밝히고 있다. 첫째, 훈련된 전문가들이 체계적이고 일률적으로 봉사함으로써 관료제는 능률적이다. 둘째, 기술된 규칙과 역할 그리고 권한이 분명하기 때문에 모든 행동이 예측가능하다. 셋째, 규칙과 절차에 따라서 업무가 편견 없이 공평하게 수행될 수 있다. 넷째, 관료제는 일을 신속히 처리할 수 있다.

그러나 이러한 긍정적 기능에도 불구하고 관료체제가 지니고 있는 역기능을 배제할 수는 없다. 특히 학교가 수행하고 있는 역할을 감안해 볼 때 관료체제가 지니는 획일주의, 형식주의, 비밀주의, 무사안일주의 등의 역기능 또한 무시할 수 없다. 위계적 행정체계는 상하 지향적이라고 하지만 실제로는 오직 하향적인 경우가 많고 개인의 창의력과 능동적 참여가 봉쇄되며 상향적 의사소통이 저지되어 수평적 의사소통 또한 인정되지 않는 폐단이 있다. 전문화는 생산성과 능률을 향상시키기도 하지만 지나칠 경우, 조직의 전체 목적을 손상시키며 부서 간 갈등의 소지를 배제할 수 없다.

또한 관료제의 인간관계를 전혀 고려하지 않는 비정성은 심각한 역기능을 초래할 소지가 있다. 합리성과 예측성을 지나치게 강조할 경우 조직의 기본 요소인 인간을 등한시하게 되어 조직성원을 조직 내의 위계질서에 부여된 권한에 전적으로 의존하게 만들며 비인간화 현상을 심화시키게 된다. 특히 학교조직 내의 교사, 학생, 직원들 모두 '관료체제적 인간(bureaucratic person)'이 됨으로써 한국이 안고 있는 특수한 온정주의와 함께 '세속화된 관료체제(secularized bureaucracy)'를 형성할 우려가 있다. 이러한 경향은 실제 학교 장면에서 일부 교사와 교장 등이 지나치게 권위주의적이라거나 인사 승진에 있어서도 능력과 전문성에 의존하지 않고 학연, 혈연, 지연 등에 의해 결정하는 경우 관료체제가 내포하고 있는 한국적 역기능을 배제할 수 없다

(이현청, 1984, 1988).

4) 학교교육 관료화의 기능

학교조직의 관료화 현상은 학교 규모의 대형화, 학교기능의 다양화, 행정업무의 증가현상, 학교교육에 대한 기대수준의 증대 그리고 중앙정부와 지방 교육관련 기관 간의 협력 증대 등의 이유 때문이다. 그러나 학교교육의 관료화가 지니는 폐해 또한 간과할 수 없다. 학교교육 관료화에 따른 폐해를 보면 다음과 같다(김종현, 1984).

(1) 교육활동의 자율성 침해

교사들의 교육활동은 자율성, 전문성 등을 전제로 하고 있는데 관료제는 종적인 지휘감독을 특징으로 하기 때문에 교직의 자율성을 침해할 경우 갈등의 소지가 있다. 물론 교육내용과 과정 면에서 일관성의 유지나 질적 통제가 필요하지만 행정가의 지시나 명령은 교사들의 자율성을 침해할 수 있다.

(2) 창의성과 의사소통의 저해

관료제적 조직에 있어서는 엄격한 계층구조와 상하 간 지위의 공식화로 인하여 자유로운 의사소통이 불가능하다. 진정한 대화의 부족은 창의성을 저해시킬 수 있다. 특히 조직의 위기 시 위기해소 능력의 발현이 거의 불가능하다.

(3) 지나친 형식절차의 강조

관료제는 업무수행의 객관화와 공정성을 유지하게 하지만 학교조직의 경우 규칙이나 절차에 얽매인 각종 문서작성 등의 잡무 부담은 교직의 유인 구조 및 전문성을 약화시키는 요인이 된다.

(4) 변화와 혁신의 저해

관료제하의 지나친 집권적 권위주의 통제와 조직구조의 경직화는 개혁이나 변화를 수용하지 못하고 현상유지적인 성향이 일반적이다.

(5) 교사의 관료적 성향

앞서도 언급한 바대로 관료체제에 익숙한 교사들의 경우, 그들 스스로 관료적 성향에 물들게 되고 학생, 동료, 전문지식 등을 소홀히 하거나 중요시하지 않고 관료적인 조직과 행정의 기대에 적응하려는 경향으로 나타난다. 호이(Hoy, 1988)는 초등교사와 중등교사의 직무성향에 관한 연구에서 초등교사들이 중등교사들보다 더 관료적이라고 밝히고 있다. 보얀(Boyan, 1978)도 남녀교사 간의 관료적 성향 및 전문성의 차이 연구에서 남교사가 여교사보다 직무의 전문성과 직무문제에 대해 더 관심을 보인다고 밝히고 있다. 특히 학교 규모가 크고 관료화 수준이 높은 학교일수록 교사의 관료적 성향도 높게 나타난다고 주장한다. 또한 학생과 교사들은 학교환경을 개선하는 데 무기력할 뿐만 아니라 문제해결에 대해 무감각 증후군에 빠지기 쉽다.

2. 학교체제의 사회적 특성

대부분의 체제가 그러하듯 학교조직 또한 사회체제로서의 특성을 지닌다. 물론 사회체제는 주요한 특성을 지니고 있는데, 이러한 특성은 ① 조직구성원의 다양한 역할, ② 이들 조직구성원 간의 상호작용, ③ 조직이 달성하고자 하는 목표, ④ 규정된 행동양식, ⑤ 설정된 기간 등이다.

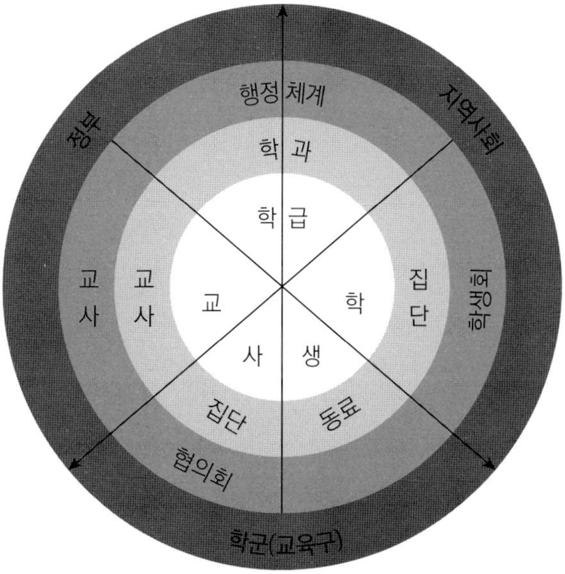

[그림 14-2] 교육 하위체제 모형

출처: Hanson(1989), p. 61.

사회체제로서의 학교는 상호 연관된 몇 개의 하위체제로 구성되며 이들 하위체제 간에 상호 의존적인 특성을 지닌다([그림 14-2] 참조).

이러한 상호 관련성을 지닌 하위체제들이 학교체제를 구성하며 학교체제와 같은 다수의 사회체제가 모여 더 거대한 사회를 형성하게 된다. 이 점에서 사회체제는 다음과 같은 측면에서 이해될 수 있다. 즉, 조직(organization)이라는 개념으로 설명될 수 있다. 예컨대, 우리나라와 같은 사회, 가족이나 교육과 같은 기관(institution), 특별한 학교나 교회와 같은 조직, 혹은 학급과 같은 하위체제(subsystem) 등으로 설명될 수 있다. 조직의 경계 내에서는 체계(structure) 간의 상호 관련성으로 설명될 수 있고 이들 상호작용은 과정(process)으로 설명될 수 있다. 즉, 어떤 조직 내에는 공식적 혹은 비공식적 체계가 존재하고 이들 체계 간의 상호 의사교환을 통해 의사결정 등이 이루어질 수 있는 '과정'이 있으며 내부체계와 외부체계 간의 상호작용도 가능하다.

이때 어떤 조직과 그 조직이 존재하는 조직 밖(외부)과의 상호작용이 이루어질 수 있는 체제를 개방체제라고 한다. 그러나 사회체제로서 학교를 설명할 때 내적 조직만 분석하는 것은 의미가 없다. 학교에서 어떤 의사결정이 이루어질 경우, 이 의사결정은 단순히 학교 내부적 문제가 아니라 학교 내외적인 요구와 관련된 경우가 많기 때문이다. 이 점에서 학교체제는 '개방적 경계' 혹은 '개방체제'라 할 수 있다(Ballantine, 1989).

사회체제로서의 학교는 환경적인 요인에 의해 지대한 영향을 받는다. 이들 환경은 정치, 경제, 기술, 문화 및 사회 운동 그리고 인구변동 등에 이르기까지 다양하며 이러한 제 요인들이 학교체제에 영향을 주게 된다. 학교와 학군은 그들이 처해 있는 환경적 특성에 따라 도전을 받게 되기도 하고 협력이 이루어지기도 한다. 학교와 환경 간의 상호작용에 대한 설명은 투입(input)-산출(output) 모형에 의해 가능하다([그림 14-3] 참조).

사회체제로의 학교는 외부환경으로부터 학생을 선발하고 교사를 채용함은 물론 재정적 지원과 정보, 아이디어 그리고 교재 등을 투입받는다. 이러한 투입과정에서 학생이나 교사 그리고 교재 등은 학교 외부환경적 요소를 내포하고 있기 때문에 학교풍토와 체제에 영향을 끼칠 뿐만 아니라 교육성취 수준에도 커다란 영향을 끼치게 된다.

물론 [그림 14-3]에서 도시된 바대로 사회로부터 투입된 필요한 요소들을 학교 내에서 교육시켜 사회로 배출하게 되는데 이러한 과정을 산출이라 설명한다. 산출물로서는 교육을 시켜 배출시키는 졸업생, 연구 결과, 개발한 새로운 기술과 정보 그리고 이러한 과정에서 배출되는 기자재의 소모 등을 들 수 있다. 이러한 투입-산출 모형은 교육사회학 이론가들의 학교체제 연구에 도움을 주고 있는데, 투입-산출 과정에서 실제 학교가 교육하는 학교 내부에서 이루어지는 학습활동에 대한 매개과정(throughput)에 대한 연구는 매우 흥미롭다. 이 과정은 흔히 '수수께끼 혹은 암흑 상자(black box)'라 불리기도 하는데 그 이유는 학교에서 실제 무엇이 어떻게 이루어지는지 명확히 규명할 수 없기 때문이다. 이것에 관해서는 재생산 이론과 잠재적 교육내용

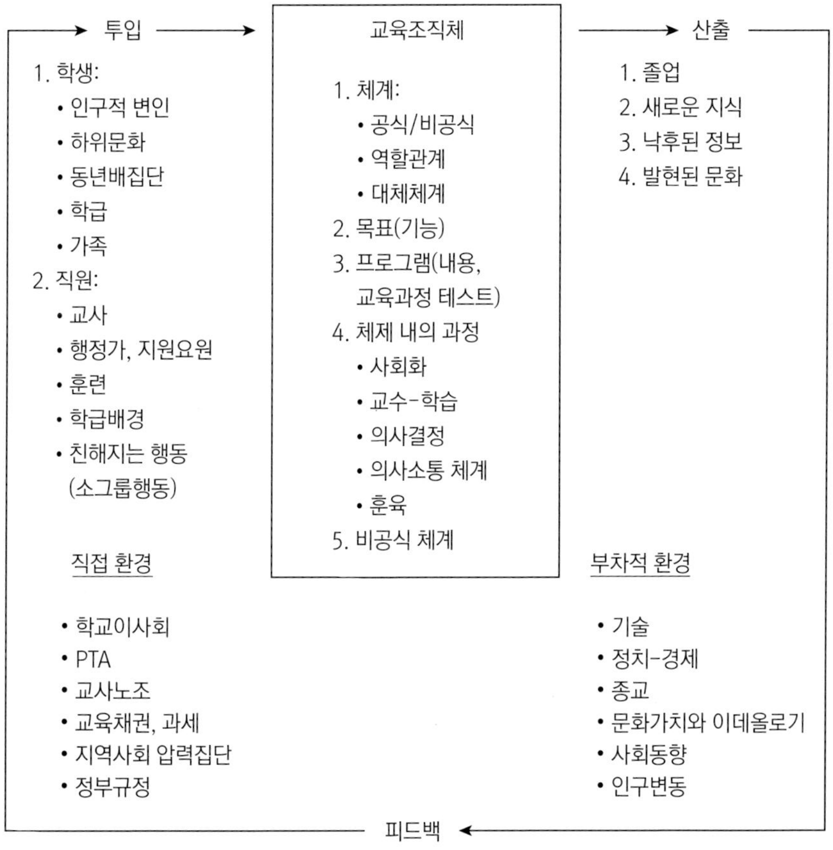

[그림 14-3] 교육의 체제모형

출처: Ballantine(1989), p. 15.

부분에서 설명이 되고 있다. 사회체제, 특히 개방체제로서의 학교는 교육사회학자들이 학교의 교육활동을 이해하는 폭을 넓혀 준 것에는 틀림이 없다.

3. 학교풍토와 잠재적 교육과정

사회체제로서의 학교는 내부적으로 볼 때 공식적으로 수행해야 할 역할과 체계가 있듯이 비공식적인 체계가 있다. 비공식적인 체계는 공식적으로 설정된 교육과정 그리고 규율 등과는 관련 없이 조직성원 간에 공유하는 풍토적 특성을 의미한다. 이러한 비공식적인 체계와 공식적인 체계 모두 학교풍토(school climate)와 관련되어 있다. 학교풍토는 특히 잠재적 교육과정과 밀접과 관련이 있는데 이 잠재적 교육과정은 동년배집단 문화를 형성하고 사회화 과정에 중요한 역할을 담당한다. 엄격한 의미에서 학교풍토는 현재적 교육과정(overt curriculum)과 학교체제 그 자체가 지닌 특성 못지않게 잠재적 교육과정의 영향을 받기 때문에 잠재적 교육과정은 학교풍토를 결정하는 중요한 요소라 할 수 있다.

학교풍토는 공유하는 신념, 기대, 가치 그리고 구성원들의 규범 등으로 형성된다(Deal & Kennedy, 1982). 어느 조직체와 다름없이 학교도 비공식적 문화가 공식적 조직체제나 통제체제와의 상호작용을 통해 풍토를 결정하게 되며 관료체제적 권위나 힘보다는 조직성원의 응집력을 강화시키는 데 중요한 요인이 된다. 대개 모든 학교는 그들 나름대로의 풍토를 발전시키는 데 딜과 와이스(Deal & Wise, 1983)는 학교풍토를 표현하면서 공장(factories), 정글(jungles), 사원(temple)과 같은 비유를 쓰고 있다. 그 이유는 학교풍토가 모두 동일하지 않기 때문이다. 학자들에 따라서는 학교풍토를 학교문화(school culture), 조직풍토(organizational climate) 등으로 지칭하기도 하지만 대개의 경우 커다란 의미적 차이는 없다.

피터스와 워터맨(Peters & Waterman, 1989)은 건전한 학교풍토의 특성으로서 다음 몇 가지를 지적하고 있다.

- 최선의 노력을 하려는 풍토

- 세부사항에 관심을 기울이는 풍토
- 고객(학생)들과의 긴밀한 관계를 유지하는 풍토
- 스스로 최선을 다할 수 있는 업무를 담당케 하는 풍토
- 상호 협력하는 인간관계를 성립하는 풍토
- 개혁과 혁신을 장려하는 풍토
- 실패에 대해 인내하려는 풍토

사회체제로서의 학교는 개개 학교가 지니고 있는 특별한 이해와 관심, 위계체계, 사회경제적 배경 그리고 기술과 능력의 차이 등에 따라 교사와 학생들의 하위문화를 결정한다. 이러한 하위문화는 복장, 언어, 행위규범 등의 심벌을 통해 표현되기도 한다(Wilson, 1976; Woods, 1979).

인류학자 찰스 폼브런(Charles Fombrun, 1986)은 학교풍토의 안정성과 지속성이 유지될 경우 학교조직은 세 가지 특성으로 나타난다고 지적한다. 즉, 재생산, 제도화 그리고 합법화이다. 그 특성은 바로 첫 번째, '재생산'은 학교지도자의 계승이나 학위 수여과정에서 공식적으로 요구되는 자격요건 이외에도 학교풍토에 적합한 문화적 배경을 중요시하여 학교풍토를 저해시킬 수 있는 문화적 소유자는 배격한다는 뜻이다. 예를 들어, 남성지배적 행정직의 경우, 여성보다 남성을 그 직위에 계승시킴으로써 학교풍토의 변화를 배제하려 한다는 것이다(Cathescie, 1988). 두 번째, '제도화'란 문화적 특성을 제도화함으로써 학교조직의 안정을 유지할 수 있도록 규범적 관여를 중요시하는 반면, 관료적 통제를 덜 강조한다는 것이다. 셋째, '합법화'란 비록 위기 상황일지라도 본래의 교육임무를 수행할 수 있도록 허락하는 풍토를 말한다. 예컨대, 논쟁이 될 예민한 과목이라 할 수 있는 성교육, 약물교육 등을 채택할 경우에도 전적으로 합법적 조치를 취해 줌으로써 본래의 교육목적을 달성토록 해 준다는 것이다.

■ 학교풍토와 효율성

강력한 학교풍토와 효율적인 학교를 만들 수 있는지에 관해서는 명확한 해답이 없다. 그러나 강력한 조직풍토의 주된 특성은 '안정성'과 '지속성'에 있는데, 이 두 특성을 유지하는 일은 그리 쉬운 과제가 아니다. 이 점에서 학교풍토가 효율성 있는 학교를 만들며 학업성취 수준을 향상시킨다는 명확한 결론이 어려운 실정이다. 특히 '효율성'의 개념 또한 개념화하는 사람의 입장에서 보는 관점이 다를 뿐만 아니라 문화적 관점에서 설명될 수 있는 의미이기 때문에 학교의 효율성에 기여하는지의 여부를 검증하는 일은 쉽지 않다. 어떤 의미에서는 학교풍토와 효율성을 검증하는 일은 조직체계와 효율성 간의 관계를 규명하는 것과 거의 다를 바 없다. 로스먼, 코베트와 파이어스톤(Rossman, Corbett, & Firestone, 1988)이 주장하듯 직업만족과 학교 출석률, 학업성취 수준 그리고 그 이외의 나타난 결과들은 효율성과 관련된다.

학교체제와 학교문화는 학업성취에 대한 높은 기대수준, 학습동기를 촉진시키는 풍토, 최소한의 훈육문제 등에 크게 영향을 미치는 것이 분명한 사실이다(Bossert, 1988).

보서트(Bossert, 1988)는 학교 효율성에 대한 지속적인 연구를 통해 학교풍토와 효율성 간의 상관관계가 밝혀질 수 있다고 주장했는데, 심지어 학교의 건축구조, 개방된 혹은 폐쇄된 교실형태, 능력별 집단구성, 연령별 학년 설정 그리고 팀티칭 등이 주요한 비공식 체제의 요소들이다(Ballantine, 1989).

발렌타인에 의하면 학급이나 학교 내외에 존재하는 제반요인들이 소위 가치풍토(value climate)와 관련된다고 주장한다.

(1) 가치풍토

학생들의 동기, 성향 및 성취수준에 영향을 주는 요인이 무엇인가라는 질문에 대해 설명하기 위해 많은 교육사회학자들의 연구가 있어 왔다. 많은 경우 가정이 학교의 가치풍토를 결정하는 주요 요인이라고 설명하고 있다. 가치풍토는 가정환경, 자아개념, 성취 그리고 교사의 기대와 관련된 개념이다.

한 학교 내의 가치풍토에 영향을 주는 첫 번째 요인은 인종, 사회경제적 지위 그리고 가정환경 등이라 할 수 있다. 가정환경이 학교풍토에 영향을 미친다는 논의는 1966년의 콜먼(Coleman) 보고서 이후 주목을 받아 왔고 젠크스 등(Jencks et al., 1972)의 연구 그리고 영국의 플라우든(Plowden) 보고서 등에 의해 입증되어 왔다. 근래 또 다른 콜먼 연구는 사립학교의 가치풍토가 공립학교의 가치풍토보다 학업성취 수준을 향상시킬 수 있다는 결론을 제시하고 있다(Coleman et al., 1981; 1966).

한편, 이와 반대되는 결론을 제시하고 있는 학자들인 슈얼과 하우저(Sewell & Hauser, 1964)는 학업성취 수준은 사회경제적 지위(SES)보다는 개인의 능력에 의존한다고 주장한다.

윌슨(Wilson, 1967)의 경우도 학업성취 수준과 학교 가치풍토에 영향을 주는 요인으로서 학생 구성요소, 특히 인종과 사회경제적 지위 그리고 학생이 거주하는 이웃들의 환경적 특성에 달려 있다고 주장한다.

윌슨(1976)은 계급에 의한 학교의 재구성이 학생들의 학업성취 수준에 영향을 미친다고 주장하면서 학교 구성원의 특성을 변화시킴으로써 가치풍토의 변화를 통한 학업성취 수준의 향상이 가능하다는 것이다.

(2) 가치풍토와 자아개념

자아개념은 여러 변인과 상호 연관성이 있으나 대개 성, 인종, 그리고 사회계급적 요인과 관련이 깊다. 특히 자아개념은 학급 내에서 학생으로서 주어진 역할과 이에 따른 성취수준과도 커다란 상관이 있다. 한 학생이 긍정적인 자아개념을 형성하고 학업성취에 대한 동기를 형성하기 위해서는 학교풍토, 특히 가치풍토가 자아개념에 긍정적 영향을 줄 수 있어야 한다. 예컨대, 학생 스스로 성공적으로 학업을 수행할 수 있다는 자아개념이 형성될 수 있어야 한다는 것이다. 발렌타인(1989)은 학교풍토와 관련된 자아개념을 설명하면서 긍정적인 자아개념은 자기 스스로에 대한 기대감, 자기 능력에 대한 감정 그리고 역할 수행에 대한 가치부여 여부와 관계된다고 주장한다.

이 점에서 학교풍토는 모든 학생들이 스스로 성공할 수 있다는 느낌을 가질 수 있도록 조성될 때 학업성취 수준과 자아개념이 성공적일 수 있다. 더구나 학업성취 수준이 낮은 학생들의 경우, 학생으로서 평가받기를 원치 않으려는 경향과 함께 학생으로서의 역할도 소극적이라는 연구 결과도 주목해야 한다(Fauce, 1981).

학교풍토 연구에 주된 관심을 기울여 왔던 브루코버(Brookover, 1967, 1983)의 연구에서도 학업 능력에 대한 학생 스스로의 자아개념은 학업성취 수준과 직접 연관되어 있다고 지적한다. 즉, 학생들의 대부분이 학업성취 기대가 낮은 학교는 실제로 학업성취 수준이 낮다고 설명한다. 따라서 학교의 가치풍토, 배경적인 경험, 동료집단 간의 관계 그리고 기타의 학업성취와 관련된 요인들은 학생들의 학업 자아개념(academic self concept)과 커다란 연관성이 있다는 것이다.

이 점에서 잭슨(Jackson, 1968, 1981)도 긍정적인 학업 자아개념을 조성하기 위해서는 칭찬과 보상이 효과적이기 때문에 자아개념 형성에 교사의 역할이 중요하다고 지적한다. 또한 앞서 지적한 바대로 젠크스와 콜먼, 브루코버 등도 가정환경이 학생의 자아개념에 주는 영향이 크면 이러한 가정적 배경이 학교풍토에도 영향을 가져다준다는 점을 지적하고 있다.

따라서 학교풍토의 건전한 환경 설정은 학생들의 학업성취와 관련된 자아개념을 형성하는 데 중요한 관건이 되고 있음을 알 수 있다.

(3) 효율적인 학교의 특성

에드먼즈(Edmonds, 1985)는 효율적인 학교풍토의 특성을 다음 몇 가지로 제시하고 있다.

- 왕성한 교수지도력
- 교장의 분명하고 지속적이며 공평무사한 의사결정

- 훈육에 대한 강조와 안전하고 체계적인 환경
- 기초기술과 학업성취에 초점을 맞춘 교수활동
- 학생들의 성취에 대한 교사의 지원
- 학생들이 배울 수 있고 배울 능력이 있다는 교사들의 높은 기대수준
- 학생들의 향상에 대한 빈번한 재검증 활동

이러한 학교의 특성은 학업성취 수준에 대한 가치를 부여하고 실제 학업성취 수준이 높은 학생들에게 보상을 부여할 뿐만 아니라 훈육이 잘 되어 있는 질서정연한 환경이라는 점을 알 수 있다.

학교풍토를 논할 때는 사회체제로서의 학교가 갖는 구조적 측면뿐만 아니라 실제 그 구조 내에서 발생하는 교사-학생 상호작용, 그리고 그 상호작용에서 비롯한 부수적 환경(hidden environment)을 고려해야 한다.

학교풍토에 대한 주요한 요인들은 이미 부분적으로 설명된 바대로 바람직한 가정-학교관계, 학생들을 장려하고 지원하는 가정환경, 부모의 학습활동에의 개입, 과제물에 대한 부모의 관심 등이다. 이외에도 자아개념을 신장시킬 수 있는 학교체제와 성취감을 맛볼 수 있는 지원체제 등도 매우 중요한 요인들이다. 한마디로 사회체제로서의 학교가 갖는 학교풍토는 학생들의 자아개념, 학업 자아개념 그리고 학업성취 수준에 큰 영향을 줌을 알 수 있다.

더구나 효율적인 학교는 효율적인 학생 없이는 불가능하기 때문에 학교체제, 부모, 동료, 교사 및 기타 교육과정(educational process)에 연관된 요인들에 대한 이해가 필요하다(Bossert, 1985; Epstein, 1987). 특히 학교와 교실에 대한 상황은 교육체제를 형성하기 때문이다. 학급풍토, 교사-학생 상호작용 그리고 학급풍토에 관해서는 교사와 교수를 다루는 장에서 더 논의될 것이다.

4. 학교교육론

학교교육은 사회구조와 인간 행동 및 생활과 밀접한 관계를 지니고 있다. 또한 학교체제 자체는 역사적으로 형성되고 변천되어 온 사회구조와 역사성(歷史性)을 내포하고 있다. 따라서 학교교육은 사회구조가 지닌 제 특성들을 반영하며 특히 사회의 안정과 함께 변화를 추구해야 하는 양면적 특성을 지닌다. 만약 학교교육이 지니고 있는 이러한 양면적 기능을 조화롭게 수행하지 못할 경우, 학교교육은 비판을 받게 마련이다.

학교교육론은 대개 기존의 학교체제를 강화하여 개혁하려는 학교교육 옹호론적 견해와, 이와는 달리 학교교육 자체를 비판하는 입장인 학교교육 비판론적 견해로 대별할 수 있다.

1) 학교교육 옹호론

학교교육 옹호론은 엄밀히 말해 학교교육의 순기능(順機能)을 강조하는 입장으로서 우리가 흔히 기능주의적 관점이라 부르는 학자들의 주장이 이에 속한다.

학교교육 옹호론자들은 학교교육이 사회통합이나 인력 선발을 위한 기제로서 필요불가결한 사회제도적 기능을 수행하고 있다고 전제한다. 학교교육 옹호론적 견해들은 대개 학교가 사회에서 필요한 인력을 개발하고 사회에서 승인된 규범을 내면화시키는 것 등을 통해 국가발전과 사회적 발전 그리고 개인의 성장 발달에 기여한다는 것이다.

학교교육 옹호론자들이 주장하는 입장을 정리해 보면 다음과 같다.

- 학교교육은 개인의 사회 상승이동의 기제가 된다.
- 학교교육은 각 계급문화를 지닌 학습자들로 하여금 타 문화를 이해하고

학습하는 기회를 제공한다.

- 학교교육은 한 사회나 국가의 발전에 기여한다.
- 학교교육은 보수적 기능을 통해 사회에서 승인된 문화를 재생산하는 기능을 수행한다. 즉, 학교교육은 현존하는 문화적 패턴과 신념, 가치, 정서, 지식 등 행동 유형을 후세에 전수하는 기능을 수행한다.
- 동시에 학교교육은 사회변동에 기여하며 학교교육의 교육과정을 통해 사회의 신기술과 과학적 변화를 반영하는 역할을 수행한다.
- 학교는 가치사회화(value socialization)를 통해 사회적 통제의 기능을 수행하며 사회 각 집단 간의 동화과정에 기여하게 된다.
- 학교는 각 집단 혹은 계층의 전통을 유지시키는 데 기여할 뿐만 아니라 문화적 사회에서 필요로 하는 문화공민성을 계발하는 기능을 수행한다.
- 학교는 한 국가나 사회에서 필요로 하는 공민성을 계발하고 통합과 안정을 유지하는 역할을 수행한다.

학교교육 옹호론자들의 견해는 학교교육은 사회발전과 개인의 신장뿐만 아니라 구조적 안정과 사회위계의 재생산을 통해 통합과 안정을 유지하는 기능을 한다는 것이다. 뿐만 아니라 학교교육 비판론자들이 주장하는 바와는 달리 불평등을 합법화시키는 역할에 대해서도 커다란 비판을 하지 않는다.

2) 학교교육 비판론

학교교육의 의미에 관한 논의는 다양하지만 크게 '사실'에 관한 것과 '당위'에 관한 것으로 분류된다. 전자는 교육이 실제로 사회에서 어떠한 역할을 수행하고 있는가 하는 점을 말해 주며, 후자는 교육을 통해서 이상적으로 도달해야 할 방향 또는 상태를 나타낸다고 할 수 있다. 교육해야 하는 이유를 뜻하는 후자, 즉 교육의 규범적 의미를 나타낸다. 학교교육에 대한 비판론은 이러한 교육의 역할과 교육의 당위에 관련되어 있다. 따라서 학교교육에 대한 비판론자들은 교육의 명시적 측면뿐만 아니라 오히려 잠재적 교육과정을 비판의 대상으로 삼아 왔다(김기석, 1987). 특히 학교교육에서 다루어지고 있는 교육내용뿐만 아니라 과정에 개재된 교육효과는 잠재적 교육과정과 더 밀접한 관련이 있기 때문이다.

교육이 명시적으로 제시되지 않고 은연중에 달성되는 경우도 있는데, 바로 잠재적 교육과정을 통해 이루어지는 경우이다. 형식적 교육과정을 통해서는 흔히 명시적으로 제시된 교육의 목적이 추구되지만, 잠재적 교육과정을 통해서 이루어지는 교육목적은 거의 모두 암시적이다(김병성, 1990). 그러나 잠재적 과정에는 비의도적인 것도 있지만 의도적인 것도 많다. 예컨대, 줄을 서서 기다리는 행위, 부정행위에 대한 제재, 시간표에 따른 엄격한 시간 규율 등은 그것이 의도된 것이든 의도되지 않았던 것이든 일정한 형태의 현실 속에서의 규범적 교육목적을 전제로 한 것이다.

최근 이러한 잠재적 교육과정을 통한 교육목적 달성에 큰 관심을 보이면서, 교육과정 사회학(sociology of curriculum)을 중심으로 학교교육 비판론이 대두되고 있다. 교사의 수업방식, 학급, 학교에서의 제반사항, 학교교육, 의사결정 방식 등은 계획되지 않은 잠재적 교육과정의 예로서 기능주의자들은 이것이 현대사회의 가치 규범들을 습득할 수 있게 해 주며 간접적인 사회화 기능을 수행하는 공정한 도구라고 생각한다(송병순, 1990).

반면, 마르크스주의에 기초한 갈등론자들은 학교교육에 대해 현대 자본주의 사회의 직업구조가 요구하고 있는 가치와 태도를 재생산하는 도구라고 주장한다. 어떠한 형태로든 잠재적 교육과정은 규범적 교육목적 달성의 중요한 한 형태로서 인식되고 있으며 그만큼 사회, 경제, 정치의 현실과 밀접한 관련을 가지고 있다 하겠다.

여기에서는 이러한 잠재적 교육과정을 기능주의자와 갈등론자들의 관점에서 각각 살펴보고, 이를 토대로 잠재적 교육과정이 사회화에 어떤 역할을 수행하고 있는지를 비판적인 관점에서 검토하고자 한다. 일단은 이러한 비판적 접근을 통해 학교교육에 대한 이해를 돕고자 한다. 따라서 앞 장들에서도 언급된 바 있으나 잠재적 교육과정의 문화, 경제, 이데올로기 재생산 기능에 초점을 맞추어 학교교육 비판론자들의 주장을 살펴보고 그 지향점을 검토해 보기로 한다.

3) 잠재적 교육과정과 학교교육론

잠재적 교육과정은 산업사회에서 시민이 되고 노동을 수행하는 데 적합한 심리적인 성향을 개발시키는 데 필요한 구조를 제공하고 있는 전형적인 학교생활양식(routines of school life)과 조직적인 특성을 말한다. 특히 잠재적 교육과정은 학교교육이 학생들에게 현대사회의 가치와 규범을 쉽게 습득할 수 있게 해 주는 간접적인 사회화 기능을 수행한다는 점을 설명해 준다. 그러나 여기에 잠재적 교육과정에 대한 뚜렷한 견해차가 기능론자와 갈등론자 간에는 있어 왔다. 잠재적 교육과정을 이해하기 위하여 잠재적 교육과정에 대한 견해를 살펴보기로 한다.

(1) 잠재적 교육과정에 대한 기능론적 관점

기능론적 관점에서는 학교를 사회의 한 하위체제로 보며, 사회의 존속 · 발전을 위해 그 나름의 기능을 수행한다고 본다. 유기체의 각 부분들이 생존을 위해 서로 다른 기능을 담당하는 것과 같이, 한 사회의 제도 역시 각각의 기능을 수행하게 된다. 이때 사회구성원들의 다양한 역할이 제대로 수행되기 위해서는 사회적 선발, 사회화 그리고 훈련의 과정이 필요하다. 특히 복잡한 현대사회에서는 역할 분담과 사회적 통합을 보장해 주는 교육을 시키기 위해 보다 형식화된 조직이 요구되었는데 이러한 목적을 수행하기 위해 보편적 · 의무적 · 대중적 교육제도가 성립되었다. 이렇게 형성된 학교교육은 형식적 교육과정뿐만 아니라 현재 잠재적 교육과정도 중요한 역할을 담당하게 된다는 것이다. 기능론에서는 이들 잠재적 교육과정의 제 요인이 명시되어 있지 않지만 학생들이 성장해 성인으로서 지녀야 할 가치규범과 행동 양식을 배우고 인지구조를 형성하는 데 긍정적으로 활용한다고 보는 입장이다(이혜영, 1990).

뒤르켕(Durkheim)은 학교교육이란 전체 사회의 비제도적인 가치와 행위 유형들을 의도적으로 전달해 줌으로써 한 사회의 존속 · 유지에 기여하는 수단으로 이해한다. 이러한 사회화 기능은 보편적 사회화와 특수 사회화라는 두 가지 측면으로 이루어진다. 보편적 사회화는 한 사회의 공통적 감성, 신념, 즉 집단의식을 새로운 세대에 내면화시키는 것을 의미하며, 특수 사회화는 개인이 속하는 특수한 집단이 요구하는 지적 · 도덕적 특성을 미리 학습하는 것을 의미한다.

사회를 지배하고 있는 기본 규칙들과 학교의 잠재적 교육과정 간의 관계에 관한 드리븐(R. Dreeben)의 연구에 따르면 학생들은 교실 내의 일상적인 생활 속에서 은연중에 특정한 사회규범을 배우고 있다. 학교에서 학생들이 배운 이 사회적 규범들이 그들의 성인생활의 구석구석까지 스며든다는 사실은 그것이 학교가 기존의 사회 · 경제 · 정치 질서에 학생들을 적응시키는 방식을 밝혀 준다는 점에서 중요하다. 이는 '인간자본론(human capital theory)'을 주장한 슐츠(T. W. Shultz)처럼 잠재적 교육과정이 산업사회의 안정에 공헌한다는 것이다. 뿐만 아니라 사회와 기능에 관한 파슨즈(Parsons)의 설명은 뒤르켕과 유사하다. 파슨즈의 이론을 체계화한 드리븐은 교육환경으로서 학교는 위계적인 관료주의 형식을 취하는 것으로 보았다. 이는 동시에 아동들을 수동적 존재로 파악하고 있는 것임을 알 수 있다.

이처럼 드리븐은 잠재적 교육과정과 관련된 교사-학생 상호작용 및 교육적 분위기 등이 성인생활에 필요한 성인사회의 사회규범과 행동양식을 가르쳐 아동을 사회화키는 데 긍정적인 요인으로 작용하고 있다고 주장하고 있다.

한편, 잭슨(P. W. Jackson)은 잠재적 교육과정이 도덕 사회화에 이바지하는 것으로 보았다. 그리고 3R로 지칭되는 규칙(rules), 통제(regulation), 일상성(routine)이 잠재적 교육과정을 통해 복합적으로 작용함으로써 아동은 도덕 사회화 된다고 주장하고 있는데, 이는 기능주의적 견해에서 살핀 잠재적 교육과정의 사회적 의미라 할 수 있다(고형일, 이두휴 역, 1990).

이상과 같이 기능론자들은 잠재적 교육과정이 도덕 사회화, 경제 사회화, 정치 사회화에 크게 기여하고 있다고 긍정적으로 판단하고 있다.

(2) 잠재적 교육과정에 대한 갈등론적 관점

갈등론적 입장의 기본 가정은 수동적 존재로서의 기능주의적 인간관을 비판하며, 인간을 '가치와 제도를 창조하는 존재'로 이해한다는 것이다. 대표적인 주창자로는 실버맨(Silverman), 라이머(Reimer), 일리치(Illich) 등이 있다.

갈등론자들에 따르면, 학교는 객관성과 중립성 그리고 기회균등이라는 환상을 심어 줌으로써 현재와 같은 정치 · 경제적 구조를 사회적으로 재생산하여 특권층의 계급지배의 유지에 공헌하고 있다고 설명한다. 그들은 또한 특권층의 현존 지배체제를 영속화시키는 데 필요한 태도와 성향을 학교가 재생산하고 있다고 본다(한준상, 1981).

실버맨은 『교실의 위기』라는 저서에서 학교가 학생들에게 순종과 복종을 강요함으로써 인상성을 억압하고 있음을 지적했다. 또 라이머(1971)는 학교의 잠재적 교육과정을 통하여 이기적인 경쟁심, 순종, 복종 등과 같은 것을 배움으로써 비인간화되어 가고 있음을 지적하고 있다. 그리고 일리치(1971)는 오늘날 학교는 비인간화의 온상임을 지적하고 기존의 학교를 폐지해야 한다는 탈학교 이론을 주장한다.

탈학교 이론을 비롯한 학교교육 비판론자들의 주장이 시사하는 바는 학교가 체계적으로 사회적 갈등의 기능을 왜곡시키고 있음을 지적하고 있다. 즉, 학교교육에서 교사-학생 상호작용, 교육적 조직 및 분위기에 있어서 '교육'이라는 명목하에 정당시되기도 하는 획일성, 관료주의적 권위, 강제 등으로 아동을 무감각하게 만들고 현재의 사회질서에 맹목적으로 따르게 하는 유순하고 복종적인 인간으로 만든다는 점에서 학교교육, 특히 잠재적 교육과정의 역기능적 측면을 지적하고 있다.

한편, 애플(Apple, 1982)은 '헤게모니'가 형식적 교육과정에서뿐만 아니라 잠재적 교육과정에 의해서도 생산되고 재창조됨을 강조한다. 따라서 갈등론자들의 학교교육에 대한 비판의 논지는 학생들에게 이데올로기적 한계를 설정하도록 하여, 사회제도 및 일상적인 교칙과 지식이 모두 '합의'에 의한 것이므로 선택의 여지가 없는 것으로 인식시킨다는 것이다. 또한 이러한 이데올로기가 중립적이고 변하지 않는 것이라는 잠재적 가정을 강조함으로써 특권 지배집단의 헤게모니를 학교교육, 그중에서도 잠재적 교육과정에 침투시켜 재생산한다고 주장한다.

결국 갈등론적 관점에서 잠재적 교육과정의 사회적 의미는 학교가 관료주의적 위계, 복종하게 하는 의식을 암암리에 형성하고 있다고 주장된다.

이러한 관점에서 학교교육을 비판하고, 특히 잠재적 교육과정에 내포되어 있는 특정 집단의 헤게모니와 문화자본에 대해 비판하고 있다(Apple, 1979).

5. 저항이론과 탈학교 이론

교육은 크게 학교교육과 학교 이외의 교육으로 구분이 가능하다. 역사적으로 볼 때에도 학교교육이 발달하기 전까지는 학교 이외의 교육이 주류를 이루어 왔다. 학교교육은 교육이 대중화된 이후 급속도로 확대되었다. 이러한 학교교육의 팽창은 산업사회에서 필요로 한 인력을 공급하기 위한 선발과 분배의 기능을 하려는 목적에서 비롯되었다. 그러나 인력 양성의 기능이 한계에 부딪치게 되고 급격한 산업화에 따른 직업분화 과정에서 파생된 양질의 인력을 공급하는 데 실패함에 따라 학교교육에 대한 비판이 일기 시작하였다. 특히 자본주의 사회에서의 계층과 문화의 요인이 학업성취 수준에 결정적인 역할을 수행한다는 관점에 선 학자들은 학교교육이 특정 지배이데올로기의 재생산 기능을 수행한다는 비판을 하기에 이르렀다.

학교교육에 대한 비판의 한 경향은 기존의 재생산 이론을 비판하거나 수정하는 입장의 프레이리(Freire), 애플, 지루(Giroux), 에버하트(Everhart) 그리고 샤프(Sharp) 등으로 대표되는 저항이론가들을 비롯한 수정 재생산 이론자들의 흐름을 지적할 수 있다(Freire, 1991). 물론 학교교육에 대한 비판은 앞서 논의한 재생산 이론가들의 주장에서 두드러진다. 따라서 재생산 이론가들은 학교교육 비판론의 핵심적 주창자들이라 볼 수 있다.

또 다른 한 흐름은 학교교육 자체를 부정하고 학교 이외의 대안을 제시하고 있는 탈학교 이론가들을 들 수 있다(Illich, 1971). 앞서 논의한 바대로 대표적인 탈학교론자들은 라이머, 일리치 등을 들 수 있다(Reimer, 1971). 그러나 재생산 이론에 대해서는 앞서 충분히 다루었기 때문에 저항이론과 탈학교 이론에 대해서만 더 논의하고자 한다.

1) 저항이론

저항이론가들은 기존의 재생산 이론가들이 주장하듯 학교가 재생산 기능을 수행함에 있어 학급 내에서 저항을 받는 경우가 있으며 이들의 저항은 여러 관점에서 설명될 수 있다는 것이다. 또한 학습자와 학급 내에서의 저항은 다분히 해방의 의미를 내포하고 있다고 설명한다. 저항이론가들의 견해를 정리해 보면 몇 가지 관점에서 학교교육을 비판하고 있다. 여기서 논의하고자 하는 저항이론은 기존의 학교교육을 비판론자들의 논리를 반박하고 있으면서도 결코 학교교육을 옹호하려 하지는 않는 입장이다. 학교는 재생산과 저항의 혼돈의 장소로 이해하고 있다.

레이놀즈(Reynolds, 1982)의 경우는 교육과정과 직업에서 요구하는 것 간에 직접적인 관련이 없다고 지적하면서 학교에서의 훈육이 높은 지위를 결코 보장하지도 않는다고 주장한다.

그는 오히려 교사들의 권위와 진보적인 교사 그리고 분권화된 교육체제를 전제로 한다면 학교는 상대적 자율성이 있다고 설명한다. 뿐만 아니라 교육이 자본주의 경제적 가치를 구현시킨다는 경험적 증거도 없다고 하였다(Reynolds, 1984).

한편, 일부 마르크스주의 이론가들도 직접적인 재생산 모델로부터 탈피하여 교육에서의 상대적 자율성의 개념을 수용하고 있다. 예를 들면, 애플(1982)의 경우에도 종래 주장하였던 학생문화가 곧 지배문화를 반영한다는 주장을 수정하면서 학교교육이 내포하고 있는 불평등한 권력분배 과정의 중요성을 주장하고 있다. 즉, 학교교육에서 구성원들 간의 갈등과 투쟁이 존재하고 있다고 설명한다. 그러나 애플은 이것이 권력분배 과정이 성공하였다는 의미는 결코 아니며 학교교육과정에서는 필수적으로 저항과 갈등이 존재한다고 주장한다.

보울스와 긴티스(Bowles & Gintis, 1981)의 경우도 그들이 『자본주의 미국에서의 학교교육』을 통해 주장해 왔던 교신이론을 수정하여 학교교육이 직접적으로 자본주의를 재생산한다고 볼 수 없으며 교육은 그렇게 단순한 과정이 아니라고 주장한다.

윌리스(Willis, 1977)도 노동계층 아이들의 권위에 대한 도전과 저항에 관한 설명을 하면서 학교교육에 대해 비판하고 있다. 즉, 학교교육에서의 사회 · 경제 · 문화 재생산 기능은 단순한 것이 아니라 노동계층 아동들의 저항과 도전이 불가피하고 이러한 갈등과정을 통해 이루어진다고 주장한다.

한편, 프레이리(1991)도 저항을 의식화로 받아들이면서 교육을 사회적 비판 능력을 배양하는 것으로 인식한다. 특히 프레이리는 남미에서의 성인 교육과정에서의 의식화 교육을 주장하면서 민중교육론을 제안하고 있다. 프레이리는 학교교육을 은행적금식 교육개념(banking concept)으로 인식하면서 비판하고 있다. 즉, 학습자는 수동적인 존재로서 마치 은행에 적금하는 행위를 하는 것과 같다는 것이다.

프레이리는 지식습득 행위로서의 성인 문맹퇴치 교육의 과정을 설명하면서 교사와 학생 간에 참된 대화관계가 이루어져야 참다운 지식습득 행위가 된다고 주장한다. 따라서 읽고 쓰고 말한다는 것은 반성과 행동을 내포하는 비판적 행동이 될 때 참다운 문맹퇴치라 할 수 있다고 설명한다.

따라서 비판적 사고, 즉 의식화된 사고를 갖지 못한 대중은 침묵문화(silent culture)를 강요받는 벙어리일 뿐이며 이들 대중을 침묵시키는 권력으로부터 소외돼 있다고 설명한다(Freire, 1976). 그러나 프레이리는 그의 저서『질문을 위한 교육학(Pedagogy for the question)』(Freire, 1991)를 통해 종전의 입장에서 약간 변화된 모습을 보여 주고 있다. 프레이리는 종래의 낭만주의적이고 마르크스주의적 저항이론의 관점에서 태도 변화를 보이고 있는데 의식화는 올바른 사회의식에서 출발해야 하며 자기 의식개혁의 한 측면이라고 설명하고 있다.

프레이리의 학교교육에 대한 비판은 교육이 곧 문화적 행동이기 때문에 비판의식(critical consciousness)이 필요하다고 주장하면서 단순한 문자해득 수준을 탈피해야 한다고 주장한다.

2) 탈학교 이론

탈학교 이론(deschooling theory)은 1960년대 말과 1970년대 초 일리치와 라이머 등에 의래서 주장된 이론으로 학교교육을 폐지하자는 주장과 아울러 학교교육의 병폐를 극복하기 위한 대안으로 제시되고 있는 이론이다.

일리치(1971)의 경우는 그의 저서『탈학교화 사회(Deschooling Society)』에서 현대 산업사회가 내포하고 있는 여러 가지 모순을 지적하면서 이러한 모순의 원천이 학교제도라고 비판한다. 특히 물질지배주의, 인간소외의 문제, 빈부의 격차문제, 비인간화 현상 등의 문제를 분석하고 현대 사회제도가 이러한 모순의 원천이며 사회제도 중에서도 학교제도가 가장 중요한 역할을 담당한다는 것이다.

일리치는 이러한 모순들을 극복하기 위해서는 학교제도를 폐지하는 것만으로는 불가능하며 이러한 단순한 방법이 아니라 학교제도로 야기된 현대

문명의 비판을 극복할 수 있는 방안이 강구되어야 한다고 주장한다. 일리치는 이러한 현대문명의 병폐를 극복할 수 있는 방법은 친화주의(親和主義)에 의한 인간화와 인간관계의 확립이라고 결론을 내리고 있는데, 이것이 일리치가 제시하고 있는 학교 폐지의 대안이라고 할 수 있다.

특히 일리치는 학생의 창의력과 잠재능력 등이 학교화(schooled)됨으로써 가치 대신에 서비스를 받아들이도록 길들여진다고 비판하면서 학교제도는 개인의 인간화를 저해하는 중요한 하나의 기제가 된다고 주장한다. 또한 학교제도를 통한 제도화, 특히 가치의 제도화는 사회의 분극화와 심리적 불능화를 초래한다고 설명한다.

일리히는 공교육이 학교교육과 연관된 여러 사회제도인 가정, 정당, 교회, 매스미디어 등에 힘입은 바가 크며 특히 이들 제도에 의한 탈학교화는 학교교육이 지니고 있는 병폐를 완화시킬 수 있는 방편이 된다고 설명한다. 또한 일리치는 학교교육이 빈민층의 교육을 개선하는 데 실패하고 있다고 지적하면서 그 실패의 이유는 자금이 비효율적으로 활용되었을 뿐만 아니라 교육상의 불리함이 학교 내의 교육에 의존해서는 치유될 수 없는 성질의 것이기 때문이라고 설명한다. 일리치는 그 자신이 교육학자가 아니기 때문에 개념이나 교육과정 등에 대한 이해가 부족한 실정이면서도 친화주의에 입각한 탈학교화를 주장하는 데 그 특성이 있다. 그러나 현실적으로 실현 가능성이 희박한 종교주의적인 성격이 두드러지기 때문에 흔히 종교적 급진적 낭만주의라 지칭되기도 한다.

한편, 라이머의 경우도 그의 저서 『학교는 죽었다(School is dead)』(1971)에서 학교교육은 감독 및 보호 기능에 치중하는데, 가난한 아이들의 경우 특히 이러한 감독 및 보호 기능이 점점 더 강화되기 때문에 고학년으로 접어들수록 더 많은 경비가 소요된다고 비판한다.

라이머는 "학교교육에서 이러한 감독 및 보호 기능 못지않게 문제가 되는 것은 분배의 기능이다."라고 주장한다. 즉, 직업 선택이 개인의 권리이며 개인의 선택권에 해당되는 문제인데도 학교제도 내에서의 성취와 결부시키는 것은 결국 승자와 패자로 구분지어 학생들을 카스트 제도와 같은 특권계급의 위계질서 속으로 몰아넣는 결과를 초래한다고 비판한다.

따라서 학교제도의 감독 및 보호 기능과 분류 기능 그리고 교화 기능 등은 획일화된 교육과정과 효율적이지 못한 교사 그리고 지나친 분배 기능 때문에 역작용이 나타난다고 주장한다(Reimer, 1971).

라이머는 자유주의 교육을 강조하면서 학교제도의 대체 방안인 학습망, 상호작용에 의한 호환학습 그리고 자원센터 또는 정보망 등이 바람직하다고 주장한다(Reimer, 1971).

결국 탈학교론자들은 학교교육의 무용론자들이라 할 수 있는데 학교교육이 순기능보다 오히려 역기능적 측면이 많으므로 대체적인 방안이 필요하다는 논리이다. 그러나 이들의 주장은 교육적인 활동이 결코 단순한 과정에 의해 이루질 수 없다는 사실을 간과하고 있으며 학교의 대체 방안으로 제시하고 있는 친화주의적 관점이나 학습망, 상호 자원인사 활용, 도제제도 형태의 교육 등에도 학교교육 형태의 다양화와 보조적 입장이 될 뿐이다. 특히 1970년 초에 주장된 이러한 탈학교론적 입장은 학교교육에 대한 또 다른 시각을 제공해 준다는 점에서 의의를 부여할 수 있으나 현실성이 결여된 낭만주의적 급진주의 성향이라 볼 수 있다.

6. 가정학교 운동론

1980년 중반 이후 교육과 관련된 의미 있는 변화 중의 하나는 학교교육 강화론적 입장과 탈학교론적 입장으로 양분되고 있는 추세를 들 수 있다. 물론 학교교육 중심의 사고가 지배적인 것이 사실이지만 주목해야 할 변화 중의 하나는 학교교육을 배격하고 탈학교론적 접근을 시도하고 있는 경향을 들 수 있다. 이러한 접근은 교육무정부주의적 경향(educational anarchistic approaches)으로서의 대표적인 흐름의 하나인 '가정학교 운동(Home schooling movement)'을 들 수 있다(이현청, 1988).

가정학교 운동이 교육동향의 하나로서 등장한 것은 1980년 초 미국의 대대적인 교육개혁이 이루어진 시기에 시작된 일로서, 학교교육의 효율성에 대한 회의와 보다 바람직한 자녀들의 훈육에 대한 관심의 증대에서 비롯되었다.

가정학교 운동의 기원은 1982년 8월 미국 매사추세츠주의 Rockland School Committee가 '가정학교 정책(Home schooling policy)'을 설정함으로써 비롯되었다. 가정학교 운동의 태동 이유는 다음 몇 가지 관점에서 이해될 수 있다.

- 학교교육에 대한 비판: 학교교육이 지나치게 기술적인 교육위주이며 지나치게 제도화되어 있다는 비판에서 비롯되었다.
- 학교교육에서의 훈육에 대한 비판: 학교교육에서 훈육(discipline)이 잘 이루어지지 못하고 있으며 학급동료의 영향 여하에 따라서는 바람직하지 못한 언어, 태도 및 가치관 등을 배울 수 있다는 우려에서 비롯되었다.
- 교육변동(educational change)에 대한 의식: 교육에 대한 개념은 근래에 들어 학교위주의 교육에서 탈피하여 비교적 혁신적인 개념과 변화들을 수용하고 있는데 가정학교 운동도 이러한 변화들과 관련되어 있다. 즉, '교육주권'의 개념으로부터 '교육인권'의 개념들로의 변화라든지 '교수(teaching)' 위주의 개념에서 '학습(learning)' 위주의 개념으로의 변화 그리고 학교 중심의 사회화로부터 '가정 중심의 사회화(home-based socialization)'로의 변화 등과 관련되어 있다(이현청, 1994, 2002).
- 신기초주의(new fundametalism)의 대두: 특히 종교를 가진 학부모나 단체들을 중심으로 기초주의 경향이 대두되면서 학교교육이 갖는 수동적, 기억 중심의 교육에 대한 비판에서 비롯되었다.
- 교육전매(educational monopoly)에 대한 저항: 학교교육이 지니는 교육적 통제나 중앙정부 차원의 교육전매에 대한 비판에서 비롯되었다.

따라서 가정학교 운동은 정치적 관점에서는 교육무정부주의적이고 혁신적인 개혁운동이라 볼 수 있고 방법론적인 측면에서는 부모의 개인적 경험을 자녀교육에 활용하고나 하는 부모의 자녀교육 개입방법이라 할 수 있다. 또한 사회적 측면에서 본다는 사회적 질서(social order) 중심의 사회화로부터 적응 중심의 질서(adaptive order)로의 전환이라 볼 수 있다.

가정학교 운동은 몇 가지 관점에서 논란의 여지가 많다. 특히 가정학교 교육은 주로 자기주도적 학습(self-paced or self-directed learning)이라는 점에서 학습환경의 관리가 중요시되는데 이와 관련된 많은 논의가 진행 중에 있다. 대개 가정학교 운동의 쟁점을 정리해 보면 다음과 같다.

- 공립학교 교육과정과의 차이점이 무엇인가와 관련된 쟁점: 공립학교의 교육과정에 준해서 교육이 이루어지지만 커다란 차이점을 발견할 수 없으며 부모의 자질 여하에 따라서는 교육적 편견을 가질 수 있다는 비판의 가능성이 있다.
- 집단경험의 결여: 정규교육을 받아야 하는 대상자들은 대개 집단경험을 통해 사회성을 습득하여야 하며 이로써 사회화가 이루어지는데 가정학교의 경우 집단경험이 결여될 가능성이 높다는 점이 지적되고 있다.
- 의무교육(공교육)의 국가적 책임에 대한 쟁점: 의무교육은 국가의 책임임에도 불구하고 국가가 교육무정부주의적 관점을 허용하는 것이라 볼 수 있기 때문에 공교육의 국가적 책임 한계에 관한 논쟁의 가능성이 높다.
- 교육의 조직, 질 관리 문제: 교육을 조직적으로 관리하고 질을 관리하는 데 있어 전문성의 차원에서 본다는 논쟁의 소지가 있다.
- 종교적 기초주의자들이 지배적이라는 점: 가정학교 운동에 참여하는 학부모들은 대개 교육적으로 기초주의자들이 많기 때문에 예식적 저항(ritual resistance)의 가능성을 내포하고 있다.
- 어머니의 역할과 관련된 쟁점: 가정학교 운동의 교육자는 대개 어머니가 많다는 점을 고려해 본다면 가정학교 운동의 철학은 실제적으로 어머니

의 역할을 가정에서의 가사를 수행해야 하는 역할(mom-stay-at-home-and-does-it-all-routine)로 규정지을 수 있는 가능성을 지닌다.

- 자기주도적 학습환경 조성문제: 가정교수 환경과 아울러 가정학습 환경을 조성하는 것과 관련된 쟁점이 항상 내재되어 있다.

가정학교 운동을 대체학교 운동의 일환으로 볼 수 있으며 자녀교육의 새로운 기법에 대한 시사점을 발견할 수 있다. 또한 자녀교육을 국가나 학교에 위임해 오던 위임권으로부터 보다 적극적으로 자녀교육에 개입하는 교육인권(敎育人權)의 관점으로 전환하는 데 기여할 수 있다. 이외에도 학교교육에서 반지성적 학교풍토가 지닐 수 있는 훈육상의 결함을 보완함으로써 사회적으로는 사회의 도덕적 재무장에 기여할 수 있으며 개인적 차원에서는 자녀의 품성을 건전한 방향으로 훈육할 수 있는 가능성이 높다고 볼 수 있다.

가정학교 운동은 지난 20여 년 동안 보다 체계적이고 조직적으로 확대되어 오고 있는 실정이며 미국의 경우 2010년 현재 미 전역에서 130만~150만 명의 학생이 재택교육을 받고 있는 것으로 추산되고 있다.[1] 효율적 학교운동(effective schooling movement)과 함께 의미 있는 대조를 이루면서 주요한 대체학교 교육으로 정착될 전망이다. 그러나 우리나라의 경우 현행법상 의무교육으로 규정된 초등과정은 제도적으로 규제가 되고 있다.

1) 네이버 홈스쿨링 자료 참조(2012).

제15장

교육 기회균등과 개인차

일반적으로 우리는 쉽게 개인들 간의 차이를 인지해 내고, 또한 이를 비교적 쉽게 받아들일 수가 있다. 실제로 개인들은 감각을 통하여 느낄 수 있는 외모의 차이에서부터 개인이 사용하는 언어, 습관, 적성 그리고 사회경제적 배경에 이르기까지 어느 하나 완전히 같은 것이 없기 때문이다. 그런데 우리는 이러한 경우 대개 개인 간의 차이를 차별로서 보기보다는 당연히 있어야 하는 구별의 의미로 포착하고 있는 경우가 더 많다.

그러나 학교교육 혹은 교육 전반에서 '개인차'를 논의할 때는 이렇게 단순하고 자연스럽게 받아들일 수가 없다. 왜냐하면 그냥 자연 그대로 한 개인을 성장하게 한다면, 이는 교육의 과정이 전혀 개입되지 않은 것이나 마찬가지이기 때문이다.

그렇다면 교육적 논의 속에서의 '개인차'는 과연 무엇을 말하는가?라는 물음이 당연히 제기되는데 아쉽게도 우리는 여기에 대한 명확하고도 단일한 답을 가지고 있지 못하다. 왜냐하면 실제로 그동안 진행되어 온 교육이론들을 보면, '개인차'를 보는 관점이 다양하게 존재해 왔음을 찾아볼 수가 있고, 이들은 때로 대립적이기까지 하기 때문이다.

따라서 '개인차'에 대한 답은 먼저 '개인차를 어떻게 보는가'라는 관점의 차이에 대한 물음이 선행되어야만 할 것이다. 이러한 관점의 차이에 따라 '개인차'는 각각 다르게 정의되고 학교교육에서의 교육내용과 방법 그리고 결과까지도 다르게 나타나는 것이다. 개인차와 관련한 기회균등의 문제 역시 달리 해석되고 있음을 볼 수가 있다.

이 장에서는 '개인차와 기회균등'의 문제가 그동안의 연구 속에서 어떻게 다양하게 연구되고 있는가를 살펴보고 그동안의 연구 성과를 중심으로 개인차에 대한 이해를 돕고자 한다. 특히 개인차를 보는 관점의 차이에 따라 능력주의적 관점과 불평등 관점으로 나누고, 불평등의 관점은 다시 사회정의론의 입장과 불평등 결정론의 입장으로 나누어 살펴보고자 한다.[1)]

1. 능력주의적 관점에서 본 개인차와 기회균등

능력주의적 관점에서는 개인차는 긍정적이며, 또한 지극히 당연한 것으로 간주된다. 능력주의적 관점에서 개인 간의 차이는 생득적이며 본래적인 이유에서부터 유래한다고 보기 때문이다.

따라서 학교교육은 학생들의 이러한 개인차를 보다 명확하고 객관적으로 진단해 내는 역할을 하여야 한다고 보고 있다. 이러한 진단을 통하여 학교는 각 학습자들에게 알맞은 교수내용 및 방법을 실시함으로써 궁극적으로 각 개인들이 지닌 차이를 인식하고 그에 부합되는 교육환경과 교육 결과를 유도하여야 한다.

1) 능력주의적 관점과 불평등 관점에서의 '개인차'에 대한 분류는 개인차를 긍정적으로 보는가 혹은 부정적으로 보는가에 일차적으로 그 기준을 두었다.

1) 학교교육에서의 개인차

(1) 지능검사

능력주의적 관점에서의 개인차에 대한 학교교육의 중요한 역할이 개인 간의 차이를 보다 명확히 하고 객관화시키는 것이기 때문에 결국 개인차를 측정하는 척도와 이것의 활용이 중요한 문제로 대두된다.

이러한 척도의 대표적 형태가 '지능검사'라고 볼 수 있다. 지능검사를 통하여 나타나는 각 개인의 지능점수는 지능검사의 개발 이후 오랜 시간 동안 개인차를 측정하는 도구로서 커다란 영향력을 발휘해 왔으며, 대부분의 사람은 지능점수가 주는 예언력을 별 의심 없이 받아들여 왔다.

지능점수에 대한 이러한 신뢰는 지능과 학력 간의 상관관계에 대한 많은 연구를 통해 지지되어 왔는데, 그 대표적인 연구로 '웰먼(Wellman, 1957)의 교과 성적과 서스톤(Thurstone) 기초 지능검사의 각 요인과의 상관관계'를 들 수 있다(정범모, 이성진 편, 1982).

〈표 15-1〉 웰먼의 교과 성적과 서스톤 기초 지능검사의 각 요인과의 상관관계

교과목 \ 지능요인	언어사용	공간지각	추리력	수량	어휘력	종합기능
국어	.605	.227	.471	.516	.347	.690
과학	.655	.241	.516	.529	.363	.680
수학	.406	.503	.466	.411	.169	.569
종합 성적	.600	.286	.508	.507	.306	.701

출처: Wellman (1980). 학업성취의 요인: 교과성적과 기초지능검사 간의 상관관계 연구.

교과목과 지능의 하위 변인들 간에 약간의 굴곡이 있기는 하지만, 지능점수와 학력 간에 높은 상관관계가 있음을 볼 수가 있다. 일반적으로 지능점수와 학력 간의 관계를 분석한 연구들은 대체로 .50 내지 .70의 높은 상관관계가 있다고 보고하고 있다. 이는 지능이 높으면 성적도 높다는 일반적 상식을 뒷받침한다고 볼 수도 있겠다.

그렇다면 이러한 지능을 결정하는 요인은 무엇인가? 이 문제는 교육 내에서뿐만 아니라, 사회적으로도 비상한 관심의 대상이 되어 왔으며, 첨예한 논쟁거리로서 오늘날까지도 이어져 오고 있다. 능력주의적 관점에서는 일반적으로 지능의 결정요인을 선천적 요소인 '유전'에 두는 경향이 짙은데 지능의 유전성에 대한 대표적 연구가 '쌍생아의 상관관계'이다([그림 15-1] 참조).

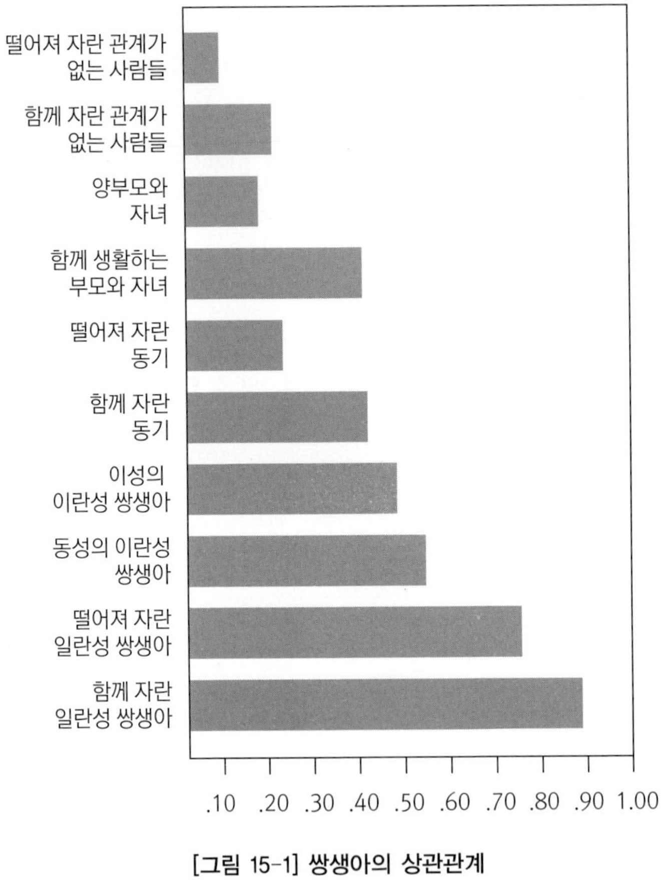

[그림 15-1] 쌍생아의 상관관계

출처: 장동환, 김영채, 손정락 역(1986).

능력주의적 관점에서 볼 때, 지능점수의 이러한 유전적 경향성은 개인차를 긍정적으로 여기게 하는 데 상당한 영향력을 발휘한다고 볼 수가 있다. 따라서 학교는 학생의 지능점수를 통하여 개인 간의 차이를 객관화, 정식화함으로써 마침내 이들을 능력에 맞게 분류, 선발해 낸다. 이 점에서 개인차, 특히 지능의 차이에 대한 논의들은 기능주의적 관점에서 지지되고 있는 능력에 따른 역할 부여라든지 선발 기능에 대한 근거가 되고 있다.

(2) 학업성취와 개인차

지능점수와 함께 개인차를 나타내는 중요한 척도 중의 하나가 시험평가를 통해서 드러나는 성적, 즉 학업성취의 결과라고 할 수가 있다.

학업성취에 대한 연구는 주로 이것의 결정요인이 무엇인가라는 물음을 통하여 학교현장에 적용코자 하는 교수모형의 개발에 치중하거나 혹은 사회체제와 학교의 관련성을 분석하고자 하는 데 일반적으로 집중되고 있음을 볼 수 있으며, 능력주의적 관점은 기본적으로 전자에 보다 많은 비중을 두고 있다.

학업성취의 차이에 대한 우리나라 상황을 살펴보면 다음과 같다(김신일, 1985).

〈표 15-2〉 부모의 소득수준과 자녀의 대학진학률, 부모의 소득수준과 자녀의 수능성적

	미진학	2/3년제	4년제
1분위	35.4	34.2	30.4
2분위	25.1	33.9	41.1
3분위	15.7	30.9	53.4
4분위	14.8	22.9	62.3
5분위	15.55	15.9	68.7

	7~9등급	5~6등급	3~4등급	1~2등급
1분위	40.8	45.4	15.5	2.3
2분위	42.3	38.6	18.0	1.1
3분위	36.4	41.6	19.1	2.7
4분위	26.6	39.9	29.1	4.4
5분위	21.3	37.8	29.9	11.1

출처: 한국교육개발원(2017).

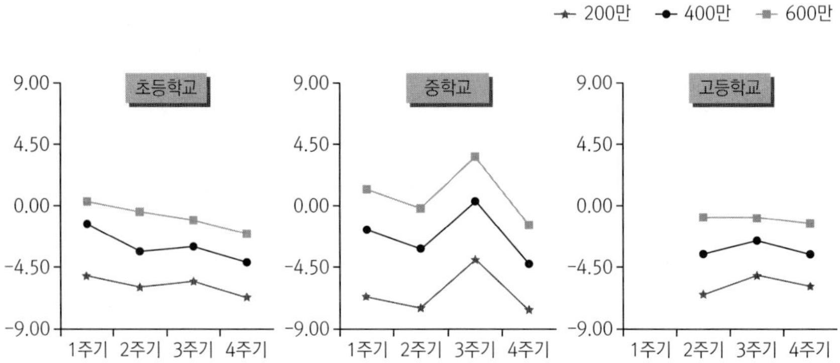

[그림 15-2] 소득 최상위집단 대비 수학 학업성취도 차이 추이

출처: 한국교육개발원(2017).

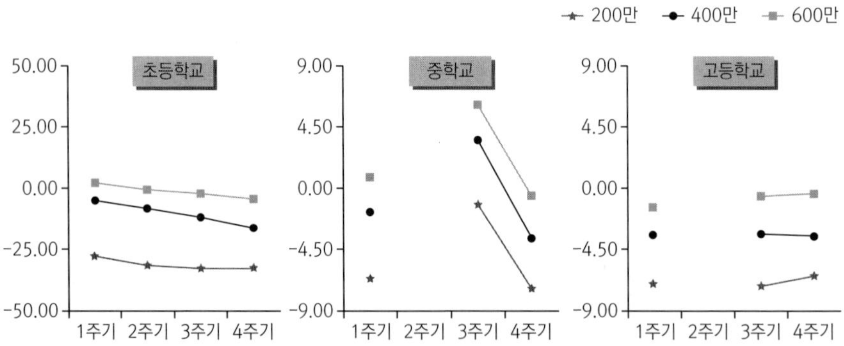

[그림 15-3] 소득 최상위집단 대비 사교육 비율 차이 추이

출처: 한국교육개발원(2017).

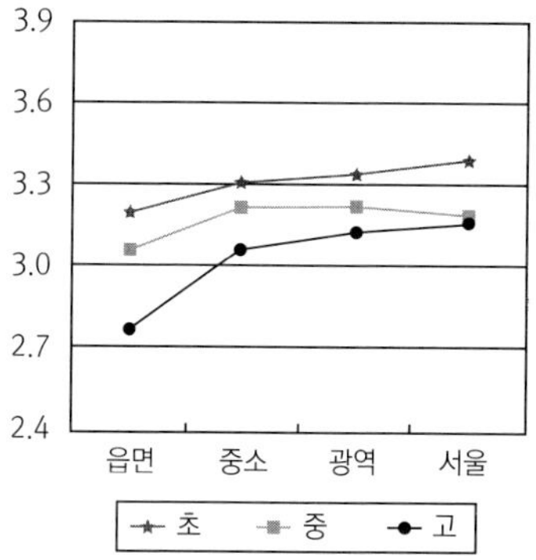

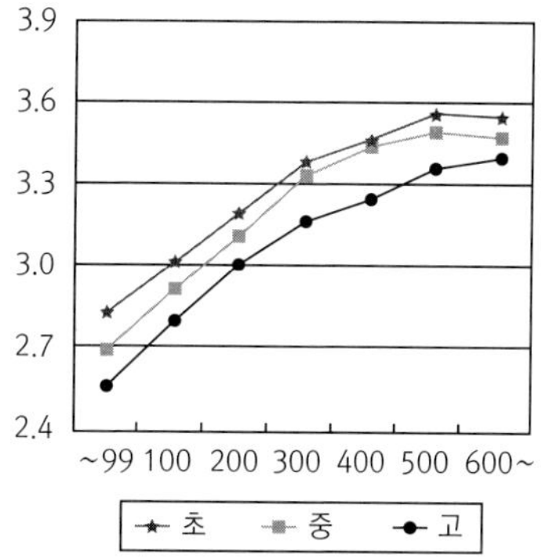

[그림 15-4] 부모 소득수준에 따른 학습지원 **[그림 15-5] 지역규모에 따른 학습지원**

출처: 한국교육개발원(2006), p. 54.

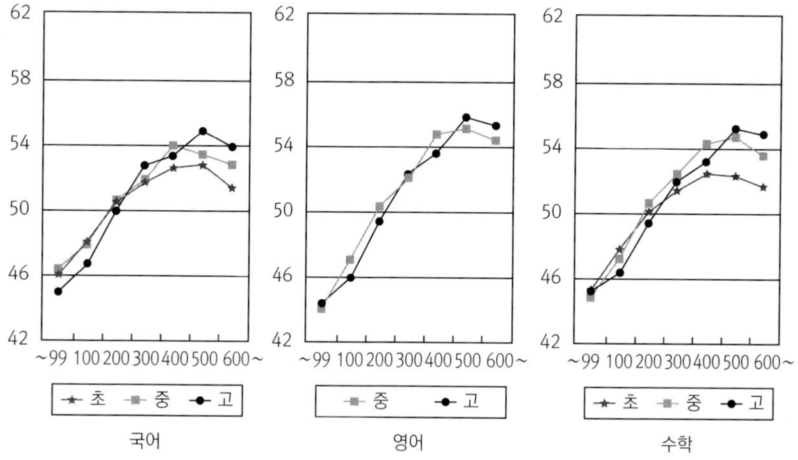

[그림 15-6] 부모 소득수준에 따른 교과학습 성취

출처: 한국교육개발원(2006), p. 93.

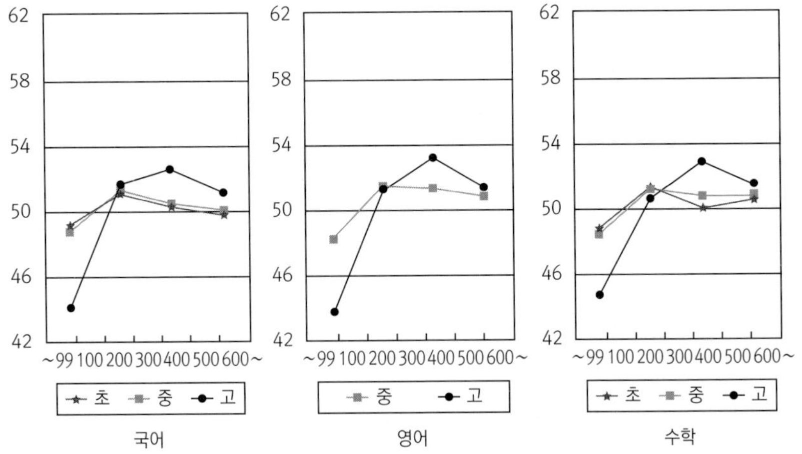

[그림 15-7] 지역규모에 따른 교과학습 성취

출처: 한국교육개발원(2006), p. 94.

이러한 학업성취의 격차에 대한 원인은 일반적으로 학습자 요인과 환경요인으로 나누어진다. 학습자 요인은 다시 인지적 요인과 비인지적 요인으로 구분되며, 환경요인은 가정환경, 학교환경, 사회환경 등으로 나뉜다(강길석, 1989).

[그림 15-2]부터 [그림 15-7]에서 볼 수 있듯 부모의 소득수준과 지역규모에 따라 과외 참여 비율과 학습지원, 학교 경험 변인, 그리고 상위권 대학 진학률에 차이를 보여 주고 있고 교과학습 성취수준에도 차이를 나타내고 있다.

일반적으로 능력주의적 관점은 학업성취 격차에 대한 원인 중 학습자 요인에 더 큰 비중을 두고 있다. 학습자 요인에 있어서 인지적 측면은 적성, 수업이해력(일반 지능), 선수학습 능력 등으로 나누어지고, 비인지적 측면으로는 학습자의 인지양식, 지구력, 교과에 대한 흥미, 자아개념, 학교에 대한 흥미 등을 들 수가 있다.

이러한 학업성취 격차 요인에 대한 분석을 통해 제기되는 대표적인 교수모형이 개별화 수업모형이라고 할 수가 있다.

개별화 모형은 수업의 초점을 그 구성원인 각 개별 학생에게 두고, 개인의 학습 능력, 속도, 필요 등을 고려하여 적절하고 타당한 교수방법 및 자료의 선택, 평가 등을 변별적으로 적용하려는 수업형태라고 할 수 있겠다.

이러한 개별화 모형은 세 가지 단계로 나누어 볼 수가 있는데 첫째, 선별적 교육방법(selective mode)—약육강식의 원리 적용, 둘째, 적합한 교육방법(adaptive educational mode)—각 아동들에게 맞는 교육방법을 적용, 셋째, 적합한 교육과정과 교수(adaptive curriculum and instruction) 교육방법만이 아니라, 교육목표나 내용에 있어서도 개인차를 고려하자는 것들이 그것이다. 이러한 방법론상의 개별화 모형 이외에도 학업성취에 관련된 논의는 대개 개인의 가정사회적 배경이 학교에서의 학업성취 수준에 절대적인 영향을 끼친다는 것이다. 특히 개인차는 선천적이라기보다는 환경적 요인에 의해 결정된다는 환경론자들의 견해도 주목을 받고 있는 실정이다.

2) 개인차와 기회균등

앞에서 살펴본 것처럼, 능력주의적 관점은 기본적으로 '개인차'를 당연한 전제로 인식하고 있을 뿐만 아니라 이를 문제시하지도 않고 있다. 따라서 학교교육은 지능검사나 성적과 같은 기제를 통하여 이러한 전제를 뒷받침하고 지속화시키는 데 중요한 역할을 한다고 본다.

학교교육과 관련한 기회균등의 문제는 학교교육이 평등에 이바지하고 있다는 낙관적 믿음에서부터 출발하고 있으며 이러한 믿음은 만(H. Mann)의 다음과 같은 언급에서 극명하게 표출되고 있다.

> 교육은 인간의 조건을 균등하게 하는 위대한 평등 장치이며, 사회적 기회의 균등을 잡아 주는 바퀴이다. …… 그리고 교육은 부유한 자들에 대한 가난한 자들의 적대감을 해소시켜 줄 뿐만 아니라, 그 자체마저도 방지해 준다(김문환, 1985).

따라서 능력주의적 관점에서의 기회균등은 결국 취학기회의 균등으로 모아진다. 이러한 취학기회의 균등은 일반적으로 학교교육 기회의 확대와 관련되어 논의되고 있는데, 말하자면 학교교육 기회를 계층이나 성, 인종 등의 차에 관계없이 누구에게나 동등하게 부여하자는 주장인 것이다.

모두가 차별 없이 입학한 학교에서 학생들은 그들에게 본래적으로 부여된 개인차에 따라 학업성취의 차이를 나타내게 되기 때문에 이 성적은 학교가 가진 중요한 기능의 하나인 선발과정에 공정하게, 그리고 핵심적으로 작용하게 되는 것이라고 주장한다.

2. 불평등 관점에서 본 개인차

개인차에 대한 불평등의 관점은 우선 개인차를 문제시한다는 점에서 능력주의적 관점과는 근본적으로 그 방향을 달리하고 있다. 그리고 문제시한다는 이 가정에서는 개인차를 '불평등'의 개념으로 본다는 의미를 기본적으로 전제하고 있다. 따라서 불평등의 관점에서 보는 개인차는 극복되어야 할 대상이며, 학교교육은 이러한 개인차의 극복에 어떤 형태로든 관여하고 있다고 보는 것이다. 특히 젠크스(Jencks, 1972)를 비롯한 불평등에 관한 연구론자들은 학교교육이 불평등의 기제가 되고 있다고 비판한다.

이 장에서는 개인차를 배태하는 불평등의 문제에 학교교육이 어떻게 개입되어 있는가에 따라서 두 가지의 관점으로 나누어 살펴보기로 하겠다. 첫째, 불평등 해소에 학교교육이 긍정적 역할을 할 수 있다는 사회정의론의 입장과 둘째, 불평등의 극복에 학교교육이 부정적 역할을 한다는 불평등 결정론의 입장이 그것이다.

1) 사회정의론의 관점[2)]

롤스(Rawls)의 『정의론(A theory of justice)』(1971)에 의하면, 개인차는 개인의 의지가 전혀 개입될 수 없는 상황에서부터 출발한다고 보고 있다.

사람들은 각기 다른 잠재 능력을 가지고 각기 다른 환경의 가정에서 태어난다. 어떤 사람은 명석한 두뇌를 가지고 태어나고, 어떤 사람은 다소 부족한 머리를 가지고 태어난다. 누가 어떤 잠재 능력을 가지고 어떤 가정에 태어나는가 하는 것은 순전히 우연의 결과로서 마치 자연의 복권 추첨(natural lottery)과도 같은 것이다.

따라서 이러한 우연성에 의한 개인 간의 불평등한 차이를 사회는 정의론적 차원에서 보상해 주어야 하며, 이것의 근거를 롤스는 인간의 '원초적 평등성'에서 찾고 있다(허병기, 1989).

> 우리가 사람들을 정의롭게 대우한다고 할 때, 재능과 성취는 있는 그대로 인정되어야 하고 그에 합당하게 보상되어야 한다. 그러나 이러한 재능과 성취를 포함함과 동시에 그것을 초월하는 것으로 모든 사람이 지니는 공통의 인간성(common humanity)이 있으며, 그러한 인간성은 사람을 사람이게 하는 고귀한 징표이다. …… 평등의 전제로 불리워 마땅한 그것이 있다는 것은 인격의 무한한 가치를 나타내는 인간의 내적 존엄성의 원리이다.

결국 인간은 누구이든, 어떤 기능과 재능을 지니고 있든, 지위와 역할이 무엇이든 상관없이 오직 그가 인간이라는 점에서 존엄한 존재이며, 그러한 원초적 존엄성이 인간 평등의 근본적 전제가 된다는 것이다.

2) 이 관점의 이론적 전제는 롤스(Rawls)의 『정의론』을 바탕으로 하였다[허병기(1989). 자유주의적 평등론에 의한 한국 교육정책의 공정성 평가(p. 21). 서울대학교 대학원 석사학위논문].

이러한 롤스(Rawls)의 사회정의론을 바탕으로 한 개인차의 관점은 개인들 간의 차이를 솔직히 전제한 후, 이러한 차이가 인간의 근원적 불평등에서부터 유래하기 때문에 학교교육을 통해서 이를 극복, 해소하여야 한다고 보는 것이다. 따라서 이 입장에서의 학교교육은 결국 사회정의론의 관점에서 출발한다고 볼 수 있겠다.

이에 대한 구체적 내용을 교육과정의 평등과 교육결과의 평등으로 나누어 살펴보기로 하겠다.[3)]

(1) 교육과정의 평등

일체의 제도적 차별을 철폐함으로써 모든 사람에게 교육받을 기회가 제공되긴 했지만, 이것만으로 '근원적 불평등'에 기초한 개인차를 없앨 수는 없었다. 교육과정의 평등에 대한 논의는 이러한 교육기회 확대의 결과가 실제적인 평등에 아무런 도움을 주지 못했다는 비판에서부터 출발하고 있다.[4)]

이들은 학교교육에 대해 낙관적인 견해를 가지면서 학업성취의 차이를 학교 내의 요인, 즉 학교의 시설이나 자원의 영향력 속에서 찾고 있다. 이러한 시각과 관련된 몇 가지의 전제를 살펴보면(Hurn, 1978), 첫째, 미국에 있어서 학교는 지역사회로부터 재정지원을 받는데 지역주민의 사회적 지위나 부(富)는 매우 상이하다. 둘째, 지역사회는 국가에 비해 사회계급이나 인종적인 측면에서 더 동질적이기 때문에 대부분의 아동들은 사회경제적 지위가 비슷한 아동들과 함께 학교에 다닌다. 셋째, 따라서 학교는 자원 면에서 볼 때 매우 다양한데 대체로 가난한 아이들은 부유한 아이들이 다니는 학교보다 조악한 학교에 다니는 경향이 있다. 넷째, 열악한 학교는 바로 하류계급의 아동과 중·상류계급의 아동들과의 학업성취 차이를 유발하는 주요한 요

3) 이 구분은 김신일(1989), pp. 152-156을 참조함.

4) 취학기회의 확대가 반드시 교육기회의 평등을 의미하지 않거나, 실제 그러한 상태에 도달하지 못하고 있다는 비판적 연구는 김문환의 논문「학교교육의 평등에 관한 사회학적 접근의 쟁점과 한계」, pp. 43-45에 잘 나타나 있다.

인이다.

학교 시절의 불평등과 관련한 교육과정의 평등문제는 곧 학교교육의 개혁으로 나타나 인종분리 학교 폐지, 통합학교의 신설 등으로 표출되었다(김문환, 1985).

교육과정의 평등을 위한 대표적 연구가 '콜먼 보고서(Equality of Educational Opportunity)'(1966)이다. 이 보고서는 '학교 간의 차이가 교육결과의 차이를 가져온다.'는 전제를 바탕으로 교육평등을 설명함에 있어 학교차에 초점을 두어 분석한 방대한 연구로서, 학업성적을 결정하는 제반 교육조건, 이를테면 도서관, 교과서, 교육과정, 교수방법, 교사의 능력 등이 학교에 따라 어떻게 다르며, 이들 조건의 차이가 실제 성적에 어떻게 반영되는가를 분석하고자 했다.[5)]

그러나 이 연구의 결과는 전혀 예상을 뒤엎는 것이었는데 학교의 교육조건의 차이가 학생들의 성적과는 별 관련이 없고 오히려 학생들의 가정배경과 친구집단이 훨씬 강한 영향을 준다는 것이었다.

콜먼 보고서에서 나타났듯이, 교육과정의 평등을 위한 이러한 일련의 연구와 조치들 역시 학업성취의 격차 해소에는 그다지 효과적이지 못했다.

(2) 교육결과의 평등

교육결과의 평등은 교육기회의 평등이나 교육과정의 평등만으로 개인들이 가지는 불평등적 요소를 완전히 해소할 수 없다고 보고, 교육결과의 평등을 위한 적극적인 조치의 필요성을 주장한다.

교육을 받는다는 것은 단순히 학교를 다니는 데 목적이 있는 것이 아니라 배워야 할 것을 동등하게 배울 수 있게 해 줌으로써 교육의 결과를 똑같게 한다는 것이다.

교육결과의 평등을 위한 대표적 프로그램이 저소득층의 취학 전 어린이들

5) 콜먼 보고서에 대한 구체적 내용 및 설명은 『교실의 위기 I』(배영사 편집실 편역, 1977) 참조.

을 위한 보상교육(compensatory education)이다. 예를 들어, 미국의 헤드스타트(Head Start) 프로그램과 미들스타트(Middle Start) 프로그램이라든지 영국의 교육선별(Educational Priority Area: EPA) 프로그램 등이 있다.

이러한 프로그램들은 모두 불우한 계층의 취학 전 어린이들에게 기초학습 능력을 길러 줌으로써 그들이 가진 근원적 불평등을 교육적 차원에서 해소해 보고자 한 것들이다. 아울러 이러한 조기교육의 근거는 불우아동의 학업 성취가 그들의 가정환경적 요소에서 비롯된다는 연구 결과에 있는데, 교육 결과의 평등을 위한 일련의 연구들 역시 그 효과에 있어서 많은 논란이 되고 있다.[6]

2) 불평등 결정론

흔히 갈등주의적 관점이라고 일컬어지는 이 입장은 개인이 가진 불평등의 원인이 사회체제가 가지고 있는 불평등의 요소로부터 유래한다고 보고 있다. 사회구조와 학교교육 간의 이러한 분석은 학교교육에 대한 기존 교육학의 전제, 특히 기능론적 관점에서의 낙관론에 대한 회의에서부터 출발하고 있다. 이러한 학교교육에 대한 회의의 근거는 능력주의적 관점에서 개인차를 긍정적으로 여기게 했던 지능검사나 학업성취의 결정요인, 지위 획득과 학력과의 상관 연구들에서 나타난 대립적 결과를 통하여 표출되고 있다.

(1) '지능'에 대한 비판

능력주의적 관점에서는 개인차를 객관적으로 증거하는 강력한 도구였고, 개인차를 정당화하는 데 유력한 척도였던 지능검사가 불평등 결정론의 관점에서 대립적으로 연구, 해석되고 있다.

이러한 지능에 대한 비판은 크게 두 가지로 나누어 볼 수가 있는데, 첫째,

6) 보상교육과 관련한 논란은 『심리학 입문』(장동환, 김영채, 손정락 역, 1986), pp. 381-383 참조.

지능의 결정요인에 대한 비판, 둘째, 지능검사에 대한 비판이 그것이다.

불평등 결정론에서는 지능의 결정요인으로 '환경'의 영향을 강조하고 있다. 그들은 지능의 일부가 유전된다는 것을 부인하지 않지만, 이것은 단지 출발일 뿐이라고 주장한다. 지능과 환경과의 상관에 대한 대표적 연구로서 '태내의 영양 상태와 지능점수와의 관계'(Harrell, Woodyard, & Gates, 1955)와 '유아기 동안의 극단적인 영양실조가 지능점수에 미치는 영향'(Stock & Smythe, 1963) 그리고 '시설수용아의 지능점수의 변화'(Skeels, 1966) 등을 들 수가 있다.[7)]

지능검사와 관련한 비판은 '검사내용'과 '검사점수의 사용'으로 나눌 수 있다. 검사내용에 대한 비판은 다시 내용의 '협소성'과 '편협성'으로 나누어 볼 수가 있는데, 협소성에 대한 비판은 지능검사가 다양한 인간의 능력을 매우 편협한 영역(수동적인 인간 이해, 지시를 따르는 능력, 상식, 학업성적)만을 가지고 판단한다는 것이다(Blum, 1979). 따라서 이들은 정말로 사고를 요하는 문제해결 장면이나, 실생활의 적용에 있어서는 많은 문제를 가지고 있다는 것이다. 검사내용에 있어서의 편협성은 문화적 차별이라 할 수 있는 '소수집단에 대한 차별'로 나타날 수가 있다.[8)]

검사점수 사용의 비판은 검사내용의 편협성과 관련하여 검사점수가 아동의 잠재 가능성과 능력을 간과하고, 수치로서 아동을 낙인찍는 역할을 하고 있다는 것이다.

지능과 관련한 이러한 비판적 연구들은 개인차를 당연시하고, 학교교육 속에서 개인차를 활성화시키려는 능력주의적 관점의 정당성에 강력한 의문

7) 이러한 연구에 대한 내용은 『심리학 입문』(장동환, 김영채, 손정락 역, 1986), pp. 369-370 참조. Skeels의 '시설 수용아의 지능점수의 변화'에 대한 연구는, 그 후 다른 연구자들에 의하여 아동 양육방식이 IQ에 있어서의 계층 차이로 설명되고 있기도 하다.

8) 예컨대, 비언어성 검사들은 언어성 검사보다 더 강력한 문화적 영향을 받는데, 동양 아동들에게 입이 빠진 얼굴 그림을 제시했을 때, 그들은 몸통이 빠졌다고 반응한다. 그들에게는 입이 없는 것보다 몸이 없는 것이 더 두드러져 보이는 것이다. 또한 이러한 검사는 서양의 중류문화의 전형적인 추상적 사고 양식을 요구하는 것과 관련되어 있다. 문화차별에 관련해서는 『심리학 입문』(장동환, 김영채, 손정락 역, 1986), pp. 361-362 참조.

을 제기하고 있다.

(2) 개인차의 '재생산'

개인차는 개인이 지닌 '사회경제적 배경요인'에 가장 큰 영향을 받고 있으며, 각 개인이 지닌 사회경제적 지위는 현 사회구조의 위계적 질서와 불평등한 구조에 따라 분포되어 있다. 이러한 사회의 불평등성은 사회구조의 한 하위체제인 학교에 그대로 반영되어 사회 불평등을 지속시키고, 지배계층의 이익에 봉사하고 있다는 주장이다.

이에 대한 대표적 연구는 카노이(Carnoy)의 '교육수익률 곡선'(1972)과 라이트(Wright)와 페론(Perrone)의 '계급별 소득과 교육의 관계'(1977)에서 찾아볼 수 있다([그림 15-8] 참조).

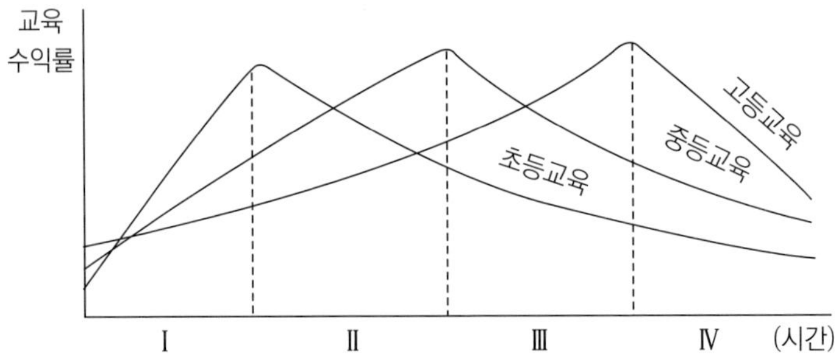

[그림 15-8] 교육수익률 곡선

출처: 김신일(1985).

카노이의 교육수익률 곡선은 교육수익률이 학교 발달의 초기에는 낮았다가 취학률이 높아짐에 따라서 상승하지만, 취학이 보편화되고 상급학교가 발달하면서 다시 낮아지고 있다는 사실을 착안하여 수익률이 높을 때 학교 다니는 사람과 낮을 때 학교 다니는 사람들의 계층 배경이 다르다는 점에 주목하고 있다.

라이트와 페론의 연구도 교육과 재생산의 관련성을 극명하게 보여 주고 있다.

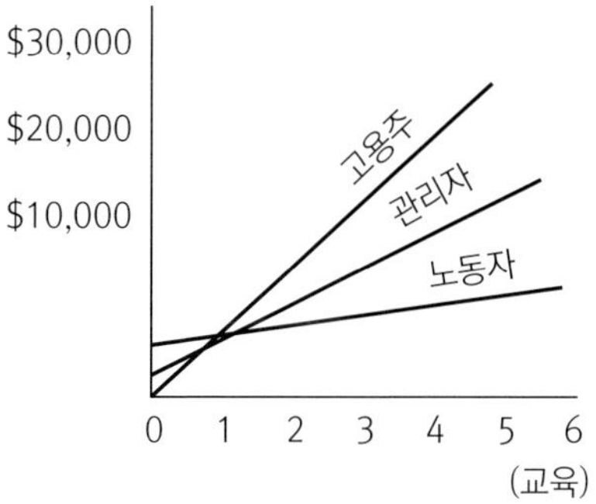

[그림 15-9] 계급별 재생산 가능성과 교육의 관계

출처: Wright & perrone(1987).

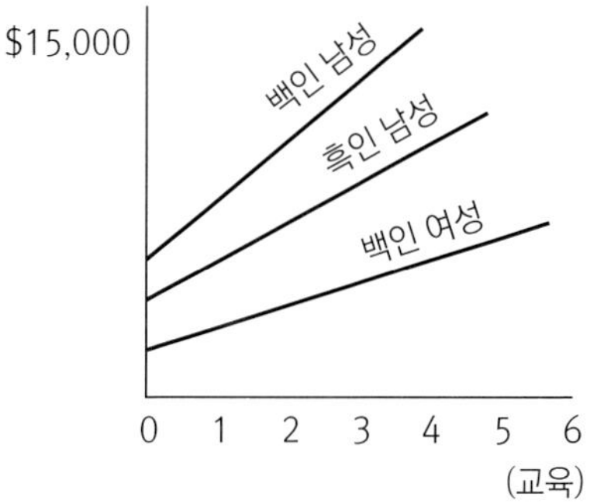

[그림 15-10] 인종 및 성별에 따른 재생산 가능성과 교육의 관계

출처: Wright & perrone(1987).

[그림 15-9]를 보면, 상층계급일수록 학력이 소득액에 영향을 주는 반면, 하층계급에서는 그 영향력이 미미함을 볼 수 있다. [그림 15-10]은 동일계급 내에서도 교육의 차이가 성에 따라 다르게 적용됨을 볼 수 있다.

지금껏 이 장에서는 개인차와 기회균등의 문제에 관련한 그동안의 다양한 연구들이 '개인차'를 보는 관점에 차이가 있고 이러한 차이에서부터 출발하고 있다고 전제하고, 이것을 긍정적으로 보느냐, 부정적으로 보느냐 하는 관점에 따라 능력주의적 관점과 불평등 관점으로 나누어진다고 설명하였다.

능력주의적 관점은 개인차를 당연시하고, 개인차의 원인을 개인 자신에게 두고 있기 때문에 개인차를 긍정적으로 간주한다. 따라서 학교교육은 이들의 개인차를 보다 명확하게 객관적으로 진단해 내고 이 결과를 토대로 각 학습자에게 알맞은 교육을 실시해야 한다는 것을 주요한 교육의 기능으로 삼고 있다.

불평등 관점은 개인차의 요인이 개인의 의지 밖에서 출발하고 있거나, 사회구조의 불평등 속에서 재생산된다고 보기 때문에 이를 극복, 해소하여야 한다고 주장한다. 여기서 학교교육이 그 역할을 해 줄 수 있고, 해야만 한다고 주장하는 사회정의론의 입장과 학교교육은 사회구조에 종속되어 있기 때문에 단지 반영하기만 하거나, 오히려 개인차의 불평등성을 은폐, 심화하기만 한다는 불평등 결정론의 입장으로 나누어진다.

능력주의의 관점과 불평등 관점이라는 분류가 전혀 무의미한 것은 아니겠지만, 그 분류의 모호성과 생소성 때문에 기존의 연구들을 이 틀 속에 포용한다는 것이 무리하고, 거칠게 느껴지는 측면이 없지 않다.

그러나 개인차의 문제는 개인이 타고난 생득적 요인과 출생 후 영향을 끼치게 되는 가정환경을 비롯한 환경적 요인 그리고 학교교육의 측면 등이 복합적으로 관련된 문제이다. 그러므로 개인차는 평등과 연관 지어 설명되어야 하며, 이때 '불평등을 전제로 한 평등이냐' 또는 '평등을 전제로 한 불평등 논의이냐?'에 따라 시각이 달라질 수밖에 없다.

간단하게 살펴본 앞의 논의 속에서도 선명하게 드러났듯이, 개인차에 관련한 대립적 관점은 이제 서로가 일치점을 모색하며 나아가야 한다고 본다.

제16장

교사와 교수

학교교육의 역할은 학교교육에 대한 철학적 신념에 의해 규정되는 경우가 많다. 특히 우리나라와 같이 중앙집권화된 교육체제하에서는 다분히 국가적 기대에 의존하여 학교교육의 역할이 정해지기 마련이다.

대개 학교교육에 대한 역할은 재생산(reproduction) 기능, 재적응(readjustment) 기능 그리고 재건적(reconstruction) 기능으로 대별되는 3R 기능으로 구분되고 있다(Johnson, Collins, Dupuis, & Johansen, 1985).[1)] 재생산 기능은 앞서도 논의된 바대로 전통과 기존의 문화적 유산, 신념 등을 중요시하는 반면, 재적응 기능은 과거에 치중하기보다는 현재 처해 있는 사회의 기대를 충족하려는 기능을 수행하게 된다. 한편, 재건 기능은 사회변화와 사회적 창조의 기능이 중요시된다. 따라서 재건 기능은 학교교육을 통해서 현재와 과거의 사회문제들을 해결하고 사회를 재창조하려는 능동적 역할이 기대된다(이현청, 1994).

이러한 세 가지 역할을 수행하는 학교교육에서 교사의 역할은 커다란 의

1) 특히 3R의 개념은 필자의 견해로서 종래의 재생산과 생산의 기능에 재건 기능과 재적응 기능을 추가한 의미이다.

미를 차지하고 있다. 특히 교사는 교직을 수행함에 있어서 앞서 언급한 3R 역할을 수행하는 데 결정적 기능을 수행하기 때문이다. 따라서 교사의 능력과 학교교육에 대한 인식은 학교교육의 질을 결정한다 해도 과언이 아니다.

1. 교사의 역할

필립 잭슨(Jackson, 1968)은 학교교육에서 가장 심각한 문제는 어떻게 인간적인 환경(human environment)을 유지하고 창조하느냐의 문제라고 주장한다. 이 말은 프로그램 학습, 텔레비전, 컴퓨터, 그리고 소셜미디어 등의 교육공학적 기법 등이 인간적인 환경을 창조하고 유지하는 데 어느 면에서는 기여하지만 인간 가치를 전수하는 데 있어서 교사를 결코 대신해 줄 수 없다는 의미이다. 오직 인간인 교사만이 이것을 수행할 수 있다는 것이다.

또한 테일러(Taylor, 1968)도 교사가 되기 위해 준비하는 일은 사람을 준비하는 일이기 때문에 경건히 삶의 준비를 하려는 자세를 통해 교직관이 정립되어야 한다고 설명한다.

한퇴지(韓退之) 선생도 그의 교사론(師說)에서 교사의 역할을 다음과 같이 설명하고 있다.

古之學者 心有師
師而所以
傳道
授業
解惑也

즉, 옛날 학문하는 사람들에게는 스승이 있기 마련인데 스승이 하는 역할은 올바르게 살도록 하는 전도(傳道)와 가르치고 배우는 수업(授業)과 의혹이 있으면 이를 풀어 주는 해혹(解惑)이라고 하였다.

존슨(James Johnson)과 콜린스(H. Collins)도 교사의 역할을 다음과 같이 정리하고 있다(Johnson & Collins, 1984, pp. 126-132).

- 가르치는 교수자로서의 역할
- 도덕적 실천자로서의 역할
- 지역사회 자원인사로서의 역할
- 평가자로서의 역할
- 훈육자로서의 역할
- 부모 대리로서의 역할

더구나 급속한 사회변동 과정에서 많은 사회문제를 내포하고 있는 오늘날의 경우에는 교사의 역할이 전통적 교사의 역할 이외에도 시대적으로 혹은 학교 외적으로 부가된 역할이 요청된다. 현 사회에서의 교사의 역할에 대한 일반적 견해의 하나는 구테크(Gutek, 1986)의 주장에서 잘 찾아볼 수 있다.

- 교사는 사고와 의사전달 기법을 효율적으로 활용할 수 있어야 하며 문화에 대한 올바른 인식 위에 사회와 인간에 대한 이해가 있어야 한다.
- 자원인사로서의 교사가 되어야 한다. 즉, 가르치는 과목에 대한 지식과 기법에 능숙하여야 하고 학습자의 욕구와 준비도를 이해하여 학습을 조직하고 계획함으로써 가르치는 그 자체를 이해하여야 한다.
- 가르치는 그 자체에 동기를 부여하고 흥미를 가져야 한다. 가르치는 일은 가르치는 시간 동안만 관련된 직업이 아니며 생애 그 자체가 되어야 한다.
- 교사는 일반적 지식, 전문지식 그리고 성격적 측면까지도 교육하는 데 활용하여야 한다.

이외에도 현대사회에서 교사가 하는 부가적 역할을 다음과 같이 지적한다.

- 카운슬러와 사회화의 모델로서의 역할이다.
- 지역사회와 부모에게 학교의 대표 혹은 대변자로서의 역할이다.
- 교사전문 단체의 구성원으로서 역할이다.

교사의 역할은 한마디로 미성숙자인 학습자와 함께 교육활동을 수행하는 동반자의 역할이라 할 수 있다. 이 점에서 교사로서의 직업 그 자체를 하늘의 부름, 즉 소명(calling)으로 받아들이지 않으면 안 된다. 이 소명의식(召命意識)은 교사에게 첫 번째로 중요시되는 직업의식이라 할 수 있다.

2. 전문직으로서의 교사

교사교육 프로그램은 전문교육의 요소를 그 특징으로 하고 있다. 즉, 교육의 인본적 기초와 행동적 기초를 포함하고 있다. 일반적으로 교사교육은 역사, 철학, 사회학, 심리학 그리고 인간 발달과 성장 및 측정평가 등을 중요한 내용으로 삼는다. 특히 교사가 전문직이라는 점에서 교육의 기초가 되는 과목 이외에도 실제 교수하는 데 필요한 내용들이 중요시된다.

간혹 교사가 과연 전문직인가라는 문제가 제기된다. 때로는 이 문제가 매우 민감한 쟁점이 되기도 하지만 대개 교사는 전문직이라는 견해가 지배적이다.

일반적으로 전문직은 몇 가지 범주의 특성이 있기 마련인데 교사직을 생각해 볼 때 이러한 전문직이 갖는 범주와 합치된다. 대개 전문직으로서의 교사의 특성을 살펴보면 다음과 같다(Gutek, 1983).

- 교사직은 문화적 전통과 지식, 기술, 가치 등을 전수한다는 점에서 전문직이 수행하는 특수한 지식활동에 해당된다.
- 교사의 기능은 사회구성원을 교육시킨다는 점에서 기본적으로 개인적 · 사회적 봉사기능을 수행하는 전문직에 해당된다.
- 교사직은 철학, 역사, 사회학, 심리학 등의 기초 과목에 터한 이론을 활용한다는 점에서 전문직에 해당된다.
- 전문직은 전문인을 양성하는 교육기관에서 일정 기간 준비기간이 필요하다. 교사직도 이러한 전문직의 특성에 해당된다.
- 전문직은 전문직종의 자격요건과 윤리강령을 설정하고 있는데 교사직도 이러한 자격요건과 윤리강령을 갖추고 있다.
- 전문직은 전문 활동과정에서 자율성과 자유를 누리고 있으며 교사직 또한 이 점에서 유사하다.
- 전문직은 잘 조직된 전문단체가 있으며 교사직도 조직된 전문단체가 있고 봉급, 노동조건 그리고 지위 등에 관한 협의가 가능하다.

이러한 특성을 감안할 때에 교사의 역할은 자율성을 전제로 한 창조자의 역할이라 할 수 있다. 특히 교사는 전문 직종으로서 무엇보다 가르치는 일과 인간화 과정(human processing)에 참여하는 일을 천직(天職)으로 여기는 소명의식이 있어야 한다. 물론 전문직으로서의 교사의 특성을 발전시키기 위해서는 다음 몇 가지 점이 고려되어야 한다.

- 교사는 학교조직체의 목적, 학습과정의 본질과 인간 발달에 대한 본질 그리고 윤리적 권리 및 교사의 책임에 관련된 이론적 원리들을 전문직의 관점에서 이해해야 한다.
- 타 전문 직종에 비해 준비기간이 짧기 때문에 교사들을 양성하는 교육기관에서는 엄격한 입학조건과 재교육을 강화해야 한다.
- 교사들은 전문직으로서의 연대의식을 통해 편협한 의식을 버려야 한다.

- 교사들은 전문직으로서 자율성과 교권을 신장하도록 노력해야 한다.

이 점에서 전문직으로서의 교사는 가르치는 기술과 인간화에 개입하는 역할 등에 있어서 고도의 전문성이 요구된다. 물론 에치오니(Etzioni, 1969)의 경우는 교사, 간호사, 사회사업가를 준전문직(semi-profession)으로 지칭하고 있기도 하지만, 밀러슨(Millerson, 1964)은 전문직의 '본질적 속성'을 21개의 항목으로 분류하여 공통적으로 인식되고 있는 세 가지 특징을 다음과 같이 지적하고 있다.

- 전문직의 행동강령의 고수와 조직화이다.
- 이론적 지식에 기초한 기술이다.
- 훈련과 교육이 요구되는 직종이다.

한편, 교사의 직업적 사회화 과정에 관심을 기울여 온 버거와 루크먼(Berger & Luckmann, 1967)은 교사는 교직을 통해 직업적 사회화, 즉 2차 사회화(secondary socialization) 과정을 거친다고 설명하고 있으며 교사는 학교 체제 내에 잠재되어 있는 하위 세계를 내면화한다고 주장한다.

또한 굴드너(Gouldner, 1957)는 교사의 '잠재적 정체감'과 '헌신'적 측면으로 직업적 특성을 설명하려 한다. 즉, 잠재적 정체감은 동료들이 자기를 어떻게 인식하는가를 의미하며 헌신은 교직에 직접적으로 관련되지는 않지만 직업에 대한 책임의식을 높여 주는 부수적인 측면을 의미한다. 이러한 측면들은 다분히 학교풍토를 비롯한 교수활동에 내재된 특성들과 관련이 되어 있다.

한편, 전문직으로서의 교사가 지니는 역할에 대한 입장도 '규범적'인 것과 '기술적'인 것으로 대별되어 왔는데 '규범적' 역할은 소명의식을 가진 도덕적인 교사 혹은 봉사하는 규범인으로서의 역할을 의미하는 반면, '기술적' 역할은 교사들에 대한 기대와 가치에 대해서 야기되는 갈등과 불안정의 측면을 의미한다.

그러므로 교사와 교직에 대해 설명할 때에 전문직으로서의 교사는 개인적 측면과 사회구조적 측면 그리고 이들 두 요인을 복합적으로 이해하려는 측면에서 설명되고 있다. 특히 개인으로서의 교사와 사회구조 속의 교사를 대비하려는 관점들에 따라서는 전문직으로서의 교사를 역사적 상호관계 속에서 이해하려 하고 교사가 자율성을 쟁취하려는 과정이 전문성을 확보하는 것이라고 설명하기도 한다. 그러나 번스타인(Bernstein)이 설명하듯 교사는 지배적인 문화의 측면뿐만 아니라 때론 저항의 형태를 전달하면서 동시에 문화자본을 재생산하는 '중간차단계층(interrupter class)'이라고 이해하는 것도 바람직하다.

3. 학생과 교사의 상호작용

학교는 인간화 과정 기관으로서 다른 사회기관과는 차이가 많다. 예를 들면, 학교 혹은 학급 내에서 행해지는 활동은 학생 자신들의 측면에서 학생들이 졸업할 때까지 혹은 한 학년 동안만 이루어지는 한시적(限時的) 활동이라는 것이다. 그러나 사회 내에 존재하는 강압적 사회기관이라 할 수 있는 감옥, 군대 등 타 사회기관이 지니고 있는 상하 위계관계나 감독 위주의 인간관계와는 그 성격이 다른 규범적 기관이라는 점 때문에 학교는 교사와 학생 간의 상호작용이 매우 중요한 요인이 된다. 이들 교사-학생 상호작용이 성공했느냐 또는 실패했느냐에 따라 학습 결과가 결정된다.

교사와 학생 간의 상호작용에 대한 연구는 대개 학생이 교사에게 갖게 되는 기대(expectancy), 반대로 교사가 학생에게 갖게 되는 기대, 그리고 이들 교사와 학생 간의 상호작용이 이루어지는 환경 그 자체에 대한 연구 등으로 큰 흐름을 이루어 왔다. 이들 연구는 교사와 학생 간의 상호작용 결과가 학업성취 수준과 학교생활의 성공 여부를 결정하는 주요한 요인이라 주장하고 있다.

특히 교실 장면에서 학습활동의 주체들인 교사와 학생들 모두 주어진 환경 속에서 자신들의 기대와 태도를 형성한다. 이 점에서 교사는 물론 학생도 수동적인 존재가 아니라 능동적(active)이고 주도적(initiative)인 존재이다. 물론 이들은 학습활동 과정에서 상호 의존적이기 때문에 기대와 태도 그리고 환경에 의존하기 마련이다. 교사와 학생 간의 상호작용을 도식해 보면 다음과 같다.

학급기대(CE)=f[교사(T) * 학생(S)] * 환경(E)

이때 교사의 기대수준(T)이 지나치게 높을지라도 학생의 기대(S)가 낮은 경우 학급기대(CE)가 높아질 수 없다. 물론 그 반대 경우도 마찬가지 결과를 초래할 수 있다. 환경은 비교적 교사와 학생들의 기대수준과 상호작용 과정에서 내포하고 있는 요인에 따라 결정되지만 여전히 학급기대(CE)에 영향을 끼치게 된다.

1) 교사의 기대

교사들의 학생에 대한 기대 그리고 그 기대와 관련된 요인들에 대한 연구들은 학급 장면에서 교사가 자기도 의식하지 못한 채 무의도적으로 사회적 영향을 받는다고 설명한다(Rosenthal, 1966, 1973). 특히 교사의 학생들에 대한 기대수준은 학생들의 학업성취 수준에 커다란 영향을 끼친다는 것이 지적되고 있는데 이러한 연구 결과에 주목해야 하는 이유는 교사들이 학생들에게 부정적인 기대를 보일 때 학생들의 학업수행에 커다란 지장을 초래하게 된다는 점 때문이다(Rosenthal & Acobson, 1968).

교사의 학생들에 대한 기대를 연구한 결과들은 만약 교사가 저소득층 아동들이나 소수민족 아동들에게 부정적인 기대를 보일 때 더욱 좋지 않은 영향을 나타낼 수 있다고 설명한다. 이러한 연구 결과의 한 예로서는 리스트(Rist, 1970)의 연구가 있는데, 유치원 아이들이 입학한 첫 주에 학생들의 실제 능력과는 상관없이 교사 임의로 세 능력 집단을 구분해 본 결과, 2년 후에도 교사의 기대수준에 따라 구분한 대로 학생들의 학업성취 수준에 변화가 없었다는 것이다.

이러한 결과들은 한결같이 교사의 학생에 대한 기대수준은 학생들의 잠재적 능력이나 실제 능력보다 학생의 사회경제적 지위와 더 관련되어 있다고 지적한다.

로젠탈(Rosenthal, 1981, 1985)에 의하면 교사들이 학생에게 영향을 끼칠 수 있는 요인들로 열 가지가 있다. 이들 요인을 살펴보면 다음과 같다.

- 긍정적 학급풍토
- 부정적 학급풍토
- 눈으로 하는 접촉이나 응시
- 칭찬
- 비판
- 학생들의 생각이나 주장을 수용하는 정도
- 학생들에 대한 무관심
- 학습자료에 대한 준비와 투입
- 질문을 유도하거나 격려하기
- 접촉의 빈도

따라서 앞서 제시된 교사들이 학생에게 영향을 끼칠 수 있는 10개 주요 요인들과 교사의 학생들에 대한 기대를 감안해 볼 때 교사의 기대는 학생들에게 어떻게 반응하느냐에 따라 긍정적으로 혹은 부정적으로도 영향을 줄 수 있다는 것이다. 특히 학급풍토가 긍정적인 분위기인지 혹은 부정적인 분위기인지에 따라 학생들의 학업성취 수준이나 교사에 대한 기대수준에 영향을 미치며 학습자료에 대한 준비와 투입 그리고 학생들의 생각이나 주장을 수용하는 정도에 따라 크게 영향을 받는 것으로 나타났다(Rosenthal & Rubin 1982). 그러나 이들 요인들은 일반적으로 말해 모두 복합적으로 작용한다. 이러한 연구는 대개 '10가지 행동요인과 4요인 이론(ten behaviors and four factor theory)'으로 이해되고 있는데 연구 결과를 종합한 결과는 〈표 16-1〉과 같다.

〈표 16-1〉에 제시된 결과들을 보면 피드백 요인들은 학생들의 기대수준에 커다란 영향을 주지 않는 반면, 긍정적이거나 부정적인 학급풍토가 중요한 요인임을 알 수 있다. 따라서 교사의 기대에 관련된 요인 중 풍토, 투입, 산출 요인이 피드백 요인들보다 더 큰 영향을 줌을 알 수 있다.

〈표 16-1〉 4요인과 교사 기대수준의 영향 정도

	연구 편수	복합적 유의미 정도(Z)	복합적 효과의 크기(r)
1. 풍토 • 긍정적 풍토 • 부정적 풍토 • 눈의 접촉	25	10.66*	.360
2. 피드백 • 칭찬 • 비판 • 학생들의 생각 수용 • 학생에 대한 무관심	18	3.78**	.075
3. 투입 • 자료준비 등 투입	8	3.74**	.279
4. 산출 • 질문하기 • 접촉의 빈도	7	2.93***	.156
중앙치	13	3.76**	.218

*는 연구편수를 종합한 복합적 Z점수의 유의미 정도를 의미함.

출처: Feldman(1986), pp. 102-105.

2) 학생의 기대

학급 상황에서의 학생들의 기대수준은 학급이 지니는 특성과 교사와의 상호작용에 영향을 받는다는 데에는 의문의 여지가 없다. 대개의 경우, 학생들의 학교에 대한 태도와 실제 학급 상황에서의 행동에 대한 연구 결과를 보면 이들 두 요인 간에 관련성이 있다는 견해(Ajzen, 1982)와 그렇지 않다는 견해 등으로 양분되어 있다.

그러나 많은 연구들의 경우는 학급에서 학생들의 행동은 학업성취 수준과 관계없이 학생 개개인의 동기수준에 영향을 받는다고 설명한다. 나이만 등(Naiman et al., 1978)의 경우, 온타리오 학군에서 8, 9, 12학년을 대상으로 한 연구 결과를 설명하면서 학급 내에서 학생들이 손을 들고 질문하려는 횟수라든지 혹은 무관심한 대답 등은 학생들의 동기수준과 관련되어 있다고 하였다. 이러한 결과들은 결국 동기수준이 낮거나 학급풍토에 대해 부정적일 경우, 소극적이고 우둔한 답변 횟수가 많고 동기수준이 높을 때보다 적극적으로 학습활동에 참여한다는 것이다(Naiman & Frohlich, 1978).

특히 문제가 되는 것은 학생들의 동기나 기대수준은 교사와의 관계와 관련이 있다는 것이다. 대개의 경우, 교사들은 학급구성원을 동일시하고 동질집단으로 인식하는 경우가 많으나 실제로는 동질성과 이질성을 동시에 지닌 집단임을 인식할 필요가 있다.

브렘과 에릭슨(Bremme & Erickson, 1977)의 연구 결과를 보면 학급집단이 동질성을 지닌 듯하지만 실제적으로는 이질성을 더 많이 내포하고 있기 때문에 학급집단은 복합적인 사회적 장면으로 인식해야 된다고 주장한다. 이 점에서 학급 내의 학생의 학업성취에 대한 기대수준은 매우 다양하며 학생 개개인의 행동 패턴과 학급 장면의 특성 여부에 따라 결정될 수 있다는 것이다.

특히 주목해야 할 연구 결과의 하나는 학생들의 행동은 교사들의 학생들에 대한 판단에 의해 크게 영향을 받는다는 것이다. 다시 말해, 교사의 학생

〈표 16-2〉 교육과정 성취도에 관한 교사-학생 상호작용

수용적 (규범적) 관점	상이한 지식의 형식(수용)	→	아동의 상이한 사회적 환경(주어진 것)	→	교육과정에 반응하는 아동의 상이한 능력(주어진 것)	→	상이한 교육과정 성취(예언 가능)
반성적 (해석적) 관점	교육과정 지식에 대한 해석	→	사회체제에 대한 교사의 해석(사회계층 판단 등)	→	아동의 욕구에 대한 교사의 해석	→	전적으로 교사의 해석에 따라 차이가 생겨난 교육과정 성취
재구조화의 관점	교육과정 지식에 대한 교사의 해석	→	학급 내 교육과정 지식의 분화				
		↗		↘			
	아동 및 교사의 상이한 지식, 능력, 그리고 사회적 환경(최초에 주어진 것)				아동들 나름대로 알맞은 교육과정을 제공하는 과정	→	상이한 교육과정 성취
		↘		↗			
	사회체제에 대한 교사의 해석(사회계층 판단 등)	→	학급 내에서 아동에 대한 교육과정에서의 기대치 차별				

출처: Eggleston(1977), p. 259.

들에 대한 기대수준이 높으면 높을수록 학생들의 기대수준도 상승된다는 결과이다(Cross, 2002; Lamb, 1979; Peterson, 1977).

근래의 연구 경향들은 학급체계와 기능형태에 관한 것들이며, 주로 학급 내에서의 학생들의 기대수준은 학급의 운영형태에 따라 다양해질 수 있으며 이때 중요시되는 것은 교사의 역할이라는 것이다.

이글스턴(Eggleston)은 학생들의 기대수준을 설명하면서 교육과정에 내포된 권력에 대한 기대라고 설명하고 있다(Robinson, 1981). 즉, 학생들이 교육과정을 통해서 권력에 대해 지니고 있는 기대수준과 그 권력을 활용하는 능력을 어떻게 배양시킬 것이며 또 그러한 권력을 활용할 수 있는 사회적 상황을 어떻게 조성할 것인가에 관심을 기울인다는 것이다.

이글스턴은 교육과정에서의 학업성취 영역을 중심으로 규범적 관점과 해석적 관점 그리고 재구조화의 관점을 〈표 16-2〉와 같이 설명하고 있다.

3) 학급 내의 상호작용

학급에서의 학습활동은 학생과 교사 간의 상호작용 속에서 이루어진다. 학급 내에서 이러한 상호작용은 대개의 경우 학교의 요구나 규칙 그리고 교사의 행동에 대한 학생들의 반응형태로 이루어진다. 이 점에서 학생의 교사에 대한 기대와 학업성취 결과는 학교풍토가 내포하고 있는 제반 특성과 교사의 행동 특성에 크게 영향을 받는다. 특히 학생들은 학습활동 과정에서 정보를 습득하고 교사의 행동과 동료들의 행위 등을 모방 학습함으로써 태도나 가치를 형성하게 된다(Eises, 1980; Halvey & Smith, 1977).

학급 내의 상호작용은 어떤 자극에 대한 충동적인 반응이 아니라 계산되고 심사숙고한 행동들이기 때문에 엄격한 의미에서 학생이나 교사 스스로가 선택하거나 거부한 행동들이다. 이 점에서 학급에서의 상호작용 과정에서 교사 못지않게 학생의 기대도 중요한 요인이 된다.

학생들의 기대수준은 학생들이 지닌 인지(cognition) 형태적 특성(Ajzen & Fishbein, 1980) 그리고 학생 개개인의 개인적인 차이(Hesman & Higgins, 1982) 등에 영향을 받는다.

학급 상호작용에 관한 대부분의 연구들은 학생과 교사들의 행동 특성에 관심을 가지고 있는데 대개의 경우는 학생과 교사 간의 상호작용 내용(content)과 범위, 기간 그리고 비언어적 행동 등에 주목한다. 특히 학급 내에서의 상호작용은 학생들이 지니고 있는 학교에 대한 인식, 학급집단의 특성 그리고 신체적 · 물리적 배치 등에 영향을 받는다.

〈표 16-3〉 교사의 학급 상호작용 요목

<table>
<tr><td rowspan="10">교사의 언어

학생의 언어</td><td rowspan="10">간접적 영향

직접적 영향</td><td>1. 감정의 수용: 학생에게 위협을 주지 않는 태도로 부정적이든 긍정적이든 감정을 수용하고 명료화할 것</td></tr>
<tr><td>2. 칭찬과 격려: 농담을 포함한 칭찬과 격려를 할 것</td></tr>
<tr><td>3. 학생들의 의견수용: 학생들이 제시한 아이디어를 개발하고 활용하기</td></tr>
<tr><td>4. 질문: 학생들의 대답을 전제로 한 내용과 절차에 대한 질문</td></tr>
<tr><td>5. 강의: 충분한 자료준비와 학생참여를 고려한 강의</td></tr>
<tr><td>6. 지시: 학생에 대한 지시, 방향제시 및 명령</td></tr>
<tr><td>7. 권위에 대한 정당화와 비판: 수용할 수 있는 학생 태도와 수용 불가능한 태도의 규정, 교사태도의 준거 등 설정</td></tr>
<tr><td>8. 학생반응: 교사에 대한 반응</td></tr>
<tr><td>9. 학생의 주도적 언어: 학생 주도적인 말, 학생 발언 순서에 대한 고려</td></tr>
<tr><td>10. 침묵 혹은 혼돈: 짧은 침묵, 이해의 부족</td></tr>
</table>

출처: Ballantine(1985), p.213.

학생들의 기대수준은 교사가 학생들을 동반자로 인식할 때에 매우 긍정적일 수 있고, 단순한 수용자로 인식하는 대신 파트너로 인식할 때 학생들은 능동적이고 창의적이며 사고하는 집단이 될 수 있다는 것이다. 이 점에서 교사가 고려해야 할 사항은 다음과 같이 요약될 수 있다.

- 학생들을 동반자로 생각해야 한다.
- 학생은 이미 그들 나름대로의 경험과 지식을 축적하고 있다는 점을 인식해야 한다.
- 학생은 개개인의 독특한 특성을 지니고 있으며 개인차가 있다는 것을 인식하여야 한다.
- 학생들은 교실 내에서 집단을 형성하므로 그들이 지닌 체계와 특성을 인정해야 한다.
- 학생들은 좌석배치, 교실의 물리적 환경 등에 따라 가치와 행동에 영향을 미친다는 것을 유념해야 한다.

특히 비공식 체제와 잠재적 교육과정의 측면에서 학급 내의 상호작용을 이해하려는 학자들은 학급 내의 상호작용을 〈표 16-3〉의 요목에 의해 설명하려 한다(Flanders, 1960; Jackson, 1968).

특히 학생들의 의견을 수용하고 반응하며 발전시켜 주는 일이나 보다 따뜻한 학급환경을 개발하는 일은 매우 중요한 요인으로 인식되고 있다. 뿐만 아니라 부정적인 환경을 조성하는 일은 바람직하지 않으며 보다 풍부한 교재를 제공하고 보다 빈번한 상호작용을 하는 일이 바람직하다고 설명되고 있다. 이들 상호작용을 도식화하면 [그림 16-1]과 같다.

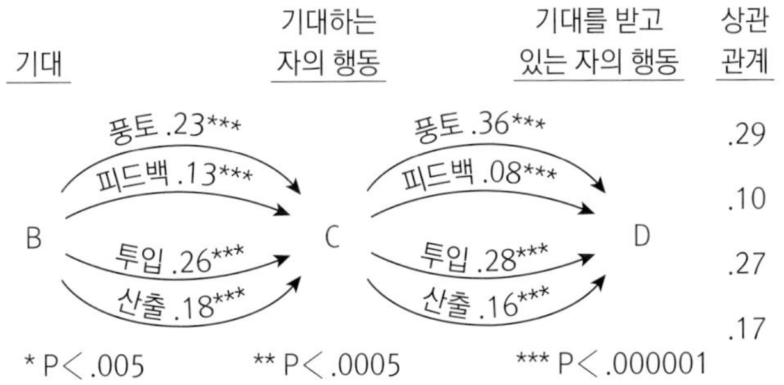

[그림 16-1] 교사의 기대와 학생의 행동

출처: Feldman(1986), p. 107.

4. 교사관에 대한 이해

교육활동에서 교사는 매우 결정적인 위치를 차지한다. 아무리 훌륭한 교육목적과 교육내용을 설정해 놓았다 해도 교사의 효과적인 교수활동 없이는 이러한 소기의 교육목적을 달성할 수 없다. 이 점에서 많은 연구들의 경우, 교사와 교수(teacher and teaching)에 관해 관심을 가져 왔으며 대개의 경우 ① 교사행동과 학생-교사 상호작용, ② 교사의 이해수준과 전문지식 습득 여부, ③ 교사의 직전교육(preservice education), ④ 교사의 훈련, ⑤ 교사와 교사교육에 대한 평가 등을 연구하여 왔다.

특히 한 사회의 교육의 성패 여부는 훌륭한 교육문화 못지않게 우수한 교사의 확보 여부에 달려 있다 해도 과언이 아니다.

배천웅(1986) 등(한국교원단체총연합회, 2008, 2011)은 훌륭한 교사상으로서 ① 전문적 교과지식, ② 수업운영 기술, ③ 수업에의 성실성 등을 설정하여 연구를 수행한 바 있다. 이들 연구 결과에 나타난 훌륭한 교사상에 대한 가치의식은 〈표 16-4〉와 같이 설명될 수 있다.

〈표 16-4〉 훌륭한 교사상에 대한 가치인식

응답형 / 집단	지식형	이해형	노력형	계
학생	43(4.5)	569(59.9)	338(35.6)	950(100.00)
교사	20(3.9)	227(44.1)	268(52.0)	515(100.00)
학부모	15(2.8)	265(49.3)	257(47.9)	537(100.00)
일반인	11(3.2)	120(34.9)	213(61.9)	344(100.00)
계	89(3.8)	1,181(50.3)	1,076(45.9)	2,346(100.0)

* 괄호 안의 수치는 %임

훌륭한 선생님에 대한 인식에 있어서 한국인들은 학생이 이해하기 쉽게 가르쳐 주는 선생님, 즉 '이해형'의 선생님이라고 생각하는 경향이 많았으며(50.3%), 학생들에게 하나라도 더 가르쳐 주기 위해 노력하는 '노력형'에 대해서도 훌륭한 교사로 인식하고 있음을 알 수 있다(45.9%). 또한 훌륭한 교사의 자질로서 '열심히 하는 자세' '이해하는 자세' '타인을 존중하는 자세' '칭찬하고 포용하는 자세'가 중요하다는 것을 알 수 있다. 이와 함께 '리더십' '실력' '사랑' '건강한 체력과 재치'가 중요하고 여학교 경우에는 패션 감각, 남학교 교사의 경우에는 스포츠맨의 자질이 있다면 바람직하다는 견해이다.

따라서 한국인이 인식하는 바람직한 교사상은 전문지식이 풍부한 교사보다는 이해와 노력을 기울이는 교사상임을 알 수 있다.

한편, 교사집단이 지닌 의식에 있어서는 비교적 자신을 포함한 교원들에 대한 인식에서 스스로 낮은 평가를 하고 있으며 정체감이 낮고 책임감과 사기 측면에서도 우려할 정도라고 지적되고 있다. 특히 경제적 처우나 사회적 존경심도 낮은 것으로 평가하고 있다고 주장한다(한국교육개발원, 1986; 한국교원단체총연합회, 2008, 2011).

교사의 역할에 대한 입장은 대개의 경우 '규범적' 견해와 '기술적' 견해로 구분되고 있는 실정이다. 교사의 규범적 역할은 사회개혁자, 사회봉사자 그리고 헌시자로서의 역할을 의미하며(Floud, 1963; Goble & Porter, 1977), 두 번째 견해는 교사가 지니는 상이한 기대와 가치에서 야기되는 갈등과 불안정에 관한 영역으로서 교사는 스스로 역할수행과 직업적응의 사이에서 역할 갈등을 겪고 있다. 이 역할 갈등은 현대사회에서 교사의 역할에 대해 지나치게 확대된 기대와 학부모 등의 정서적인 기대 때문이라는 것이다(한국교원단체총연합회, 2011; Gouldner, 1962; Wilson, 1962).

5. 학급과 학습활동

학습활동은 주어진 교실과 학습 상황에서 이루어진다. 이 때문에 학급의 구성요인들의 특성과 교사의 특성 여하에 따라 학업성취 수준과 학습활동의 내용이 결정되기 마련이다.

잭슨(Jackson, 1968)의 연구에 의하면 교사가 매일 1,000회 정도로 학생들과 접촉하고 있다고 지적하고 있는데, 이러한 상호작용을 통해 학생들의 인지적 · 정서적 발달에 영향을 주게 된다는 것이다.

학급에 대한 연구는 교사의 리더십의 특성과 학급분위기가 학습결과에 미치는 영향에 관한 사회심리학자들의 기여가 컸다. 특히 '사회체제로서의 학급'을 연구한 파슨즈(Parsons)의 학문적 기여는 매우 의미 있는 것으로서 차후 교사와 학생 간의 상호작용에 관한 연구에 시사한 바가 컸다. 파슨즈는 아동들이 사회 속에서 역할을 학습할 필요가 있는데 학교는 미리 설정된 역할을 습득하고 훈련하는 곳이라고 주장한다.

학급 내에서의 상호작용에 관한 분석에 대해서는 그 후 플랜더스(Flanders, 1970)의 연구가 주목을 받아 왔는데, 학생들의 학업성취 수준과 학습 잠재력은 교사에 대한 학생의 의존 정도와 반비례한다는 것이다. 즉, 플랜더스(1970)는 교사의 유형을 '지시적' 유형과 '비지시적' 유형의 교사로 구분하고 학생의 유형도 '침묵' 또는 '혼돈'의 범주로 나누어 이들 관계를 살펴보려 하였다. 물론 플랜더스의 가설은 학급 내외의 환경적 요인이나 구조적 측면을 고려하지 않았다는 비판이 없는 것도 아니다. 그러나 대부분의 수업시간이 교사에 의해 운영된다는 점에서 많은 시사를 주는 결과이다. 대개의 경우 교사가 전 수업시간의 75%, 적은 경우에도 64%를 발언한다는 점을 고려할 때 교사의 유형이 학생들의 학업 잠재력에 주는 영향은 크다 하겠다(Ahlbrand, 1969; Miller, 2002; Simon, 1970; Stevensons, 1971).

한편, 월러(Waller)는 학급은 하나의 '상황정의'라고 설명하면서 교육이란 학교를 유지하는 집단 속에서 통용되고 수용된 상황정의들을 학생들에게 부과하는 기법에 불과하다고 주장한다. 월러는 이 점에서 학교는 거대한 사회통제 기관이며 이러한 통제기간 내에서 이루어지는 이해관계 때문에 교사, 학부모, 학생들 간의 갈등은 불가피한 것이라고 주장한다(Waller, 1982). 특히 월러는 학교는 많은 구성원들이 서로 얽힌 사회적 관계에서 만나는 곳이기 때문에 갈등은 언제나 상존한다고 보고 있다.

교사와 학생 간의 관계를 연구함에 있어서 시쿠렐과 키추즈(Cicourel & Kituse, 1963, 1978)는 학급 내에서의 분화과정에 관심을 기울여 왔다. 이들이 주장하는 분화(differentiation)란 교사가 학습활동을 조직하는 활동을 말하며 대개의 경우, 학생들은 능력을 준거로 학급에 배치되어 결국 상하위 집단으로 양극화된다는 것이다. 이 점에서 학교에서의 능력은 사회적으로 구성된 점이라는 주장이다.

샤프와 그린(Sharp & Green, 1975)은 학급활동에서의 일상적인 상호작용을 통해 계층화가 이루어지는 것을 연구하여 교사가 아동에게 차별적으로 관심을 나타냄으로써 문제 아동으로 인식된 아동은 문제 상태가 더욱 심화된다는 사실을 밝히고 있다.

물론 학급 내에서의 교사의 역할과 학생 간의 관계를 연구한 많은 연구들은 한결같이 교사의 역할이 학생들의 학습활동에 큰 영향을 주지만 교사의 역할 또한 사회구조와의 관계에서 한정적일 수밖에 없다고 주장한다. 예를 들어, 에드워즈와 펄롱(Edwards & Furlong, 1978)의 경우, 학급 언어의 구조적 성격을 연구하여 학급 언어의 중심적 속성을 권위적 언어와 동일시하고 있다. 또 이들은 학급 언어의 본질이 교사와 학생의 위계적 관계에서 이루어지는 것이지만 교사의 권위는 사회구조와의 관계에서 형성된 것이라는 것이다.

셀리그먼(Seligman)의 경우도 학급 내에서 교사와 학생 간에 격려하고 인정하는 긍정적 상호작용은 학습동기의 향상과 함께 교사의 권위를 학생들에게 내면화시키는 데 도움을 준다고 주장하면서 학급 내의 긍정적 상호작용의 중요성을 강조하고 있다(Seligman, Ernst, Gillham, & Revich, 2009).

지금껏 여러 학자들의 다양한 연구의 시각에서 교사의 역할을 살펴보았듯이 교사는 학업성취와 학생의 잠재력 개발에 절대적인 영향을 주며 교사와 학생 간의 관계는 사회통제의 구조적 차원에서 이해되어야 한다는 것이다.

6. 학생인권조례, 체벌과 교권

앞서 살펴본 바대로 교사들의 역할과 바람직한 교사상에 대한 논의에서 알 수 있듯이 학생과 교사의 상호관계는 내외적인 학급환경의 영향을 직간접으로 받기 마련이다. 이 점에서 근간 우리나라의 교육현장에서 발생하고 있는 이슈들을 간과할 수는 없다. 그 대표적인 이슈의 하나가 교사의 훈육방법으로서의 체벌문제와 학생인권조례의 문제이다. 2000년대 전후로 학생인권 문제가 사회적 이슈로 대두되면서 "교육상 불가피한 경우를 제외하고는 학생에게 신체적 고통을 가하지 아니하는 훈계 · 훈육 등의 방법으로 행해야 한다."고 법령(「초중등교육법」 시행령 제31조 제7항)에서 명시한 이후 학교에서의 체벌이 금지되고 교사들의 학생지도에 어려움을 겪고 있는 실정이다. 특히 교권이 무너졌다는 하소연이 있는가 하면 학생인권이 더 신장되어야 한다는 주장도 있어 학교현장의 갈등요인으로 작용하고 있다.

두발과 복장의 자유에서부터 학생의 의사표현의 자유에 이르기까지 다양한 쟁점들이 혼재되어 있다. 따라서 교사의 역할이 제대로 이루어질 수 있도록 초 · 중 · 고등학생들에게 참다운 인권교육을 실시하고 학교 상담 전문 인력 확대를 통해 건실한 학교문화를 정립해야 하는 과제를 안고 있다(양송이, 2011; 이현청, 2012; Seligman et al., 2009). 특히 급증하고 있는 학교폭력과 청소년 자살 등 학교문화의 위기요소는 교사의 역할에 큰 위협요소가 되고 있는 실정이다. 요즘 이미 교실이 붕괴된 지 오래고 방관하는 교수자와 방황하는 학습자, 그리고 방임하는 학부모가 있다는 우려마저 나오고 있는 실정이다. 이 점에서 교사다운 교권과 학생다운 학생인권의 개념이 다시 정립되어 긍정적 학급풍토가 정립될 필요가 있다(이현청, 2012).

참고문헌

제1장

교수신문(2012년 4월 25일자).

보건사회연구원(2016). 보건복지포럼자료.

이동석(2011). 한국의 저출산 정책 방향에 관한 연구. 서울시립대학교 대학원 석사학위논문.

이현청(1988). 평생교육의 의미와 과제. 부산사회교육학회발표논문.

이현청(1993). 교육사회학. 서울: 양서원.

이현청(1994). 대학평생교육의 과제와 전망. 덕성여자대학교평생교육원 기조강연논문.

이현청(2006). 전환기 대학교육 개혁론 (pp. 17-22). 서울: 문음사.

이현청(2011). 인권친화적 학교문화 조성을 위한 정책 대안(미출간 국가인권 위원회 연구자료).

통계청(2011). 인구통계자료.

한국교육개발원(2015). 교육통계자료집.

Bee, H. L. (1987). *The Journey of Adulthood* (pp. 34-51). New York: Macmillan Publishing Co.

Bell, D. (1982). The Social Framework of the Information Society. In Torn Forester (Ed.), *The Microelectronics Revolution* (pp. 500-549). Boston: The MIT Press.

Dave, R. (1976). *Foundation of Lifelong Education*. New York: Pergaman Press.

Drucker, P. F. (2002). *The Essential Drucker.* N.Y: Harper Business.

Hunt, P. B., & Hunt, C. L. (1976). *Sociology* (4th ed.). New York: McGraw Hill.

Lengrand, P. (1970). *An Introduction to Lifelong Education* (pp. 50). Paris: UNESCO.

Lengrand, P. (1975). *An Introduction of Lifelong Education*. London: The UNESCO Press.

Levine, D. U., & Havighurst, R. J. (1984). *Society and Education* (6th edition, pp. 8-9). Boston: Allyn and Bacon.

Naisbitt, J. (1985). *Megatrends*. London: Nicholas Brealey Publishing.

Naisbitt, J. (1995). *Megatrends Asia*. London: Nicholas Brealey Publishing.

Rifkin, J. (1981). *Entropy: A New World View.* New York: Bantam Books.

Toffler, A. (1980). *The third wave*. New York: William More.

United Nations Development Programme(UNDP) (2010). *Human Development Report 2010: The real Wealth of Nations Pathway to Human Development* (pp. 152-155). New York: UNDP.

e-나라지표(09.04 갱신자료).

제2장

교육부, 한국교육개발원(2017). 2017년 교육기본통계. 간추린 교육통계.

김재은(1967). 한국의 육아실제에 반영된 문화가치. 서울: 중앙교육연구서.

박준희(1975). 한국인의 교육관. 서울: 실학사.

이종각(1989). '연합적 경쟁구조와 학생 삶의 구속 논리'. 교육민주화대토론. 강원: 강원대학교 출판부.

이현청(1989). 고등교육과 탁월성. 대학교육, 42, 79-83.

이현청(1993). 사교육경감대책 보고서. 교육부.

Clark, J. (1989). *University Organizational Culture*. San Francisco: Jossey and Bass.

Lee, H. C. (1994). The Quality and Quantity in Education: The Educoholic Society and its Structural Imbalance. In Gohn Weiderman. New Jersey University.

Swick, K. (1991). *The Quality Environment*. University of South Carolina.

제3장

「학교폭력 예방 및 대책에 대한 법률」 제2조 제1항.

관계부처합동(2012.2.6.) 학교폭력근절종합대책 자료집 (p. 4).

국가인권위원회(2012). 인권친화적 학교문화 조성을 위한 정책토론회 자료집(p. 127).

조정실, 차명호(2010). 폭력 없는 평화로운 학교 만들기 (pp. 114-118). 서울: 학지사.

제4장

김신일(1985). 교육사회학. 서울: 교육과학사.

이현청(2012). 제3사회학의 가능성(미발표 원고).

이현청 역(1988). 사회과학의 본질(*Nature of social science*). 죠지 호만스 저. 서울: 양서원.

Althusser, L. (1969). *For Marx*. Harmondsworth: Penguin.

Ballantine, J. (1985). *Sociology of Education*. N.Y.: John Wiley & Sons.

Bowles & Gintis (1970). *Schooling in Capitalist America*. N.Y.: Allyn & Bacon.

Burrell, G., & Morgan, G. (1980). *Sociological Paradigm and Organizational Analysis* (pp. 10-11). London: Heinmann.

Callinicos, A. (1976). *Althusser's Marxism* (p. 66). New York: Pluto press.

Cohen, P. S. (1968). *Modern Social Theory* (pp. 166-167). London: Heimann.

Demaine, H. (1983). *Contemporary Theories in the Sociology of Education* (pp. 14-16). London: The Macmillan Press.

Durkeim, E. (1951). Professional Ethics and Citizen's moral. London: Sage

Publishing Ltd.

Freire, P. (1968). *Pedagogy of the Oppressed.* New York: Seabury Press.

Gallup, A. M. (1989). "The 18th Annual Gallup Poll." *Phi Delta Kappan,* pp. 38-52.

Gramsci, A. (1971). Selections from the Prison Notebooks. In Q. Hoare & G. N. Smith (Eds. and trans.) (pp. 325-327). London: Lawrence & Wishart.

Hansen, D. A. (1976). *An Knvitaton to Critical Sociology* (p. 136). New York: Macmillan Publishing Co.

Hansen, D. A., & Gerstl, J. E. (1967). *On Education: Sociological perspective* (pp. 21-24.). New York: John Wiley & Sons.

Illich, I. (1970). *Deschooling Society* (pp. 55-62). New York: Horrow Books.

Lareau, A., & Weininger, E. B. (2003). Cultural Capital in educational research: A critical assessment. *Theory & Society, 32*(5/6), 567-606.

Levitas, M. (1974). *Marxist Perspectives in the Sociology of Education.* London: Routledge & Kegan Paul.

Marcuse, H. (1955). *Eros and Civilization* (p. 30). New York: Bintage.

Parelius, J. (1978). *Sociology of Education.* San Francisco: Jossey & Bass.

Parsons, T. (1959). *Sociological Theories.* CA: Sage Publications Ltd.

Parsons, T. (1969). *Modern Society System.* CA: Sage Publications Ltd.

Prichard, K. W., & Buxton, T. H. (1973). *Concepts and Theories in Sociology of Education* (pp. 9-10). Lincoln: Professional Educators Publications.

Prichard, K. W., & Buxton, T. H. (1974). *Concepts and Theories in Sociology of Education* (p. 27). Professional Educators Publications.

Sarup, M. (1978). *Marxism and Education* (p. 151). London: Routledge & Kegan Paul.

Selakovich, D. (1985). *Schooling in America.* New York: Longman.

Tunes, J. H. (1978). *Social Psychology.* N.Y.: Allyn & Bacon.

제5장

김병성(2002). 교육사회학 이론 신강. 서울: 학지사.

이현청(1988). 사회저항과 교육의 자율성. 한국교육학회 88년차 학술대회 논문집, 59-76.

Apple, M. W. (1982). *Cultural and Economic Reproduction in Education* (pp. 1-3). London: Routledge & Kegan Paul.
Dreeben, R. (1968). *On what is learned in School*. Reading, MA: Addison-Wesley.
Freire, P. (1971). *Pedagogy of the Oppressed*. NY: Continuum Publishing Co.
Freire, P. (1989). *Learning to Question*. New York: Continuum Publishing Co.
Lee, H. C., & Sean, J. (1987). *Critical Perspective of Reproduction in Curriculum Context*. S.C.: University of South Carolina.
Miller, H. L. (1980). Hard Realities and Soft Social Science. *The Public Interest, No. 59*(Spring, 1980), 67-81.
Robinsons, P. (1982). *Perspectives on the Sociology of Education* (pp. 129-130). London: Routledge and Kegan Paul.
Sharp, R. & Green, A. (1975). *Education and Social Control*. London: Routledge & Kegan Paul.
Sharp, R. & Green, A. (1984). *Education and Pluralism: Ideal and Reality*. NY: Syracuse University.

제6장

김병욱(2007). 교육사회학 (p. 92). 서울: 학지사.
김병희(2009). 교육사회학. 서울: 공동체.
이현청(1984). 비판적 교육사회학의 고찰. 부산교육학회지.
이현청(1986). 사회저항이론의 이론적 고찰. 서울: 한국교육학회총회 발표자료집.
전현곤(1990). 구조주의 관점에서 본 교육의 재생산 이론 연구. 부산대학교 대학원 석사학위논문.
Althusser, L. (1971). 'Ideology and the Ideological State Apparatuses' in *Lenin and Philosophy*, and Other Essays, trans. Ben Breuster. NY: Monthly Review Press.

Althusser, L. (1972). Ideology and Ideological State Apparatues. In B. R. Socin, *Education: Structure and Society* (pp. 242-270). Harmondsworth: Penguin Books.

Apple, M. (1982). *Education and Power* (p. 280). London: Routledge and Kegan Pail.

Apple, M. (1987). *Education and Cultural Imperialism*. Princeton: Princeton University Press.

Apple, M., & Weis, L. (1983). *Ideology and Practice in Schooling*. Philadelphia: Temple University Press.

Apple, M. W. (1987). *Teacher and Text*. London: Routledge & Kegan Paul.

Apple, M. W. (1994). *Cultural and Economic Reproduction in Education* (2nd ed.). London: Routledge & Kegan Paul.

Bernstein, B. (1977). *Class, Code and Control, Volume 3*. London: Routledge and Kegan Paul.

Bernstein, B. (1982). 'Codes, Modalities and the Process of Cultural Reproduction'. Reproduction Theories in Education, in Apple, 1985, pp. 304-355.

Bourdieu, P. (1977). *Reproduction in Education Society and Culture*. Beverley Hills: Sage.

Bowles, S., & Gintis, H. (1976). *Schooling in Capitalist America*. N.Y: Basic Books.

Bowles, S., & Gintis, H. (1981). 'Contradiction and Reproduction in Educational Theory' in Barton et al. N.Y: Basic Book Inc.

Carlson, D. (1982). Updating individualism and the work ethics. *Curriculum Inquiry, 12*, no. 2, 125-160.

Dubberley, G. (1993). *Women and Schooling*. London: Routledge and Kegan Paul.

Giroux, H. A. (1983). *Theory and Resistance in Education*. South Hadley, MA: Bergin Garvey.

Giroux, H. A. (1983). 'Theories of Reproduction and Resistance in the New Sociology of Education: A Critical Analysis'. *Harvard Educational Review, 53*, 3, 281-294.

Giroux, H. A. (1985). *Ideology, Culture and the Process of Schooling*. Philadelphia: Temple University Press.

Giroux, H. A., & Purpel, D. (Eds.) (1983). *The Hidden Curriculum and Moral Education*. Berkeley, California: McCutchan Publishing.

Hargreves, A. (1987). The Micro-macro Problem in the Sociology of Education in R. G. Burgers (ed.), *Issues in Educational Research: Qualitative Methods*. Lewis: Falmer Press.

Harris, K. (1979). *Education and Knowledge: The Structured Misrepresentation of Reality*. London: Routledge and Kegan Paul.

Illich, I. (1971). *Deschooling Society*. New York: Harper and Row.

Lacey, C. (1970). *Highown Grammers: The School as a Social System*. Manchester: Manchester University Press.

Lacey, C. (1977). *The Socialization of Teachers*. London: Mehuer.

Maccoby, E. E. (1978). *The Psychology of Sex Differences*. Stanford University Press.

MaRobbie, A. (1980). Setting Accounts with Subcultures. *Screen Education, 34*, 37-50.

Reimer, E. (1968). *School is Dead*. N.Y: Penguin education specials.

Reynolds, D. (1984). *Relative autonomy reconstructed in Barton and Walker* (p. 280).

Silverman, D. (1974). 'Getting in the managed accomplishment of correct selection outcomes' in J. Child (Ed.). *Man and Organization*. London: Allen & Unwin.

Willis, P. (1981). *Learning to Labor*. New York: Columbia University Press.

제7장

송병순(1987). 교육사회학. 서울: 문음사.

이현청(1988). 학습사회의 논거. 한국교육학회 하계 발표자료.

이현청(1989). 교육에서의 사회저항 이론의 패러다임. 한국교육학회 하계 발표자료.

Buxton, J. (1987). *Educational Sociology*. NY: Prentice Hall.

Coleman, J. (1975). What is meant by an equal opportunity? *Oxford Review of*

Education, vol. 1, no. I, 27–29.

Goldberg, P. C. (1983). *Changing the American Schoolbooks*. Lexington, Mass: DC Health.

Goodlad, J. I. (1981). *A Place Called School*. NY: McGrow-Hill.

Goodman, G. (1979). Choosing Sides. NY: Schocken Books.

Honig, B. (1985). "The Educational Excellence." *Phi Delta Kappan*, pp. 675–681.

Lave, J. (1992). *Cognition in Practice: Mind, Mathematics and Culture in Everyday Life*. Cambridge: Cambridge University Press.

Lee, H. C. (1992). Cultural Resistance and Cultural Autonomy. U. C. Berkeley: HERI occasional paper.

Levin, R. (1995). Love and marriage in eleven countries. *Journal of Cross-cultural Psychology, 26*(5), 554–571.

Morgan, D. H. J. (1986). 'Gender' in R. G. Burgers (Ed.), *Key Variables in Social Investigation*. London: Routledge & Kegan Paul.

Shapiro, S. (1988). Beyond the Sociology of Education: Cultural, Pokitics, and the Promise of Educational Change. *Educational Theory, 38*(4), 415–421.

The National Commission on Excellence in Education (1983). *A Nation At Risk*.

제8장

Ballantine, J. H. (1983). *The Sociology of Education* (pp. 30–36). London: Prentice Hall.

Ballantine, J. H. (1988). *The Sociology of Education* (p. 45). London: Prentice-Hall.

Bernstein, B. (1977). Social Class, Language and Socialization. In J. Karaben & A. H. Halsey (Eds.), *Power and Ideology in Education* (p. 476). New York: Oxford University Press.

Chesles, M. A. (1981). *Sociology of Education* (pp. 9–10). New York: Plenum Press

Coleman, J. S. et al. (1966). *Equality of Educational Opportunity*. Washington D. C: U. S. Government Printing Office.

Counts, G. S. (1956). *Dare the School Build a New Social Order?* New York: DryDon press.

Freire, P. (1985). *The Politics of Education*. New York: Seabury Press.

Gallup, G. (1989). "16th Annual Gallup Poll of Public Attiudes Toward Education." *Phi Delta Kappan*, pp. 33-47.

Hurn, C. J. (1978). *The Limits and Possibilities of Schooling*. Boston: Allyn and Bacon.

Inkeles, A. (1969). Making Man Modern. *American Journal of Sociology, vol. 75*, no. 2, 209-225.

Jarolimek, J. (1981). *The Schools in Contemporary Society* (pp. 3-5). New York: Macmillan Publishing Co.

Levine, A. (1981). *When Dreams and Heroes Died*. San Francisco: Jossey-Bass Publisher.

Peshkin, A. (1970). Education and Modernization in Bornu. *Comparative Education Review, vol. 14*, no. 3, 283-300.

Schumacher, E. F. (1973). *Small is Beautiful: Economics as If People Mattered*. New York: Harper and Row.

Snyder, B. R. (1971). *The hidden Curriculum*. New York: Knopf.

Thut, I. N., & Adams, D. (1964). *Educational Patterns in Contemporary Societies*. New York: McGraw-Hill Book Co.

제9장

이현청(1993). 성격재생산이론의 의미와 과제. UC Berkeley. (미발간 자료)

이현청(2003). 사이버문화와 학교복지. 김명희 저. 아동복지론. 서울: 학문사.

Cole, W. E., & Cox, R. L. (1968). *Social Foundations of Education* (p. 112). New York: American Book Co.

Cross, M. (2003). *Second self: The Media and Human Interation*. Boston: MIT Press.

Cross, P. (1983). *Adult as a Learner*. San Francisco: Jossey-Bass.

Direnzo, G. J. (1977). Socialization, Personality, and Social Systems. *Annual Review of Sociology, 3*, 261–295.

Elder, G. H. (1974). *Children of the Great Depression*. Chicago: University of Chicago Press.

Erikson, E. H. (1950). *Childhood and Society*. New York: Norton.

Freud, S. (1961). *Civilization and Its Discontents*. New York: Dorrey.

Gecas, B. (1979). The Influence of Social Class on Socialization. In W. R. Burr et al. (Ed.), *Contemporary Theories about the Family, vol. I* (pp. 177–178). New York: Free Press.

Gecas, V. (1983). Contexts of Socialization. In M. Rosenberg & R. H. Turner (Eds.), *Social Psychology-Sociological Perspectives* (p. 167). New York: Basic Books.

Inkeles, A. *Social Structure, and Child Socialization: Socialization and Society* (p. 79). J. Clausen (Ed.), *Socialization Theories*. Boston: Little, Brown.

Knowles, M. (1977). *The Modern Practice of Adult Education: From Pedagogy to Andragogy*. NY: Cambridge.

Mayer, P. (1970)(ed.). *Socialization: The Appraisal from Social Anthropology*. London: Tavistock Publications.

Mead, G. H. (1986). *Essays on His Social Philosophy*. NY: Teachers College Press.

Mead, M. (1929). *Coming of Age in Samoa: A Psychological Primitive Youth for Western Civilization* (F. Boas, Foreword). London: Jonathan Cape.

Piaget, J. (1970). *The Origins of Intelligence in Children*. New York: International University Press.

Rifkin, J. (1981). *Entropy*. New York: Bantam Books.

Robinson, P. (1983). *Perspectives on the Sociology of Education* (pp. 33–40). London: Routledge & Kegan Paul.

Rosenberg, M., & Tuner, R. H. (1981). *Social Psychology* (pp. 134–136). New York: Basic Books.

Sewell, W. H. (1963). Some Recent Developments in Socialization theory and Research. *The Annuals of the American Academy of Political and Social Science, 349*, 163–181.

Simon, R. (1983). But who will let you do it? counter–hegemonic possibilities for work education. *Journal of Education, 165*, no. 3, 235–256.

Styker, S. (1979). The Profession: Comments from an Interactionists Perspective.

Sociological Focus, 12, 175-186.
Tallman, E. (1977). Social Psychology. NJ: Macmillan.
Wrong, D. H. (1961). The Oversocialized Conception of Man in Modern Sociology. *American Sociological Review, 26*, 183-193.

제10장

송병순, 차경수(1976). 학교와 지역사회 (p. 204). 서울: 학문사.
이현청(2011, 2012). 정보화 사회의 교육패러다임(미발간 발표자료집).
임희섭(1983). 현대 한국에 있어서의 가치지향의 변화와 적응에 관한 연구 (pp. 31-34). 한국정신문화연구원.
장진호(1968). 교육과 사회 (pp. 71-72). 서울: 정지사.

Berger, P. (1978). *The Homeless Mind*. N.Y: Penguin book.
Boguslaw, R. (1965). *The New Utopians* (p. 202). Englewood Cliffs: Prentice Hall.
Childs, J. L. (1950). *Education and Morals* (pp. 208-210). New York: Appleton-Century-Craft.
Chodak, S. (1973). *Social Development* (p. 247). New York: Oxford University Press.
Dahrendolf, R. (1959). *Class and Class Conflict in Industrial Society* (pp. 208-210). Stanford: Stanford University Press.
Halsey, I. E. (1981). *Education: Culture, Economy, and Society*. Oxford: Oxford University Press.
Lauers, R. H. (1977). *Perspectives on Social Change*. Allyn and Bacon. Inc.
Maclver, R. M. (1962). *Social Causation* (pp. 7-10). Boston: Ginn and Company.
Mannheim, K. (1963). *Ideology and Utopia*. New York: Harcourt, Brace & World.
Martindale, D. (1962). *Social Life and Cultural Change* (p. 60). Princeton: D. Van Nostrand Co.
Mesthene, E. G. (1968). How Technology Will Shake the Future. *Science, 161*, 135-143.

Mills, C. W. (1956). *The Power Elite* (p. 28). New York: Oxford University Press.
Moore, C. M., & Cole, W. E. (1951). *Sociology in Education Practice* (pp. 390-391). New York: Houghrton Mifflin Company.
Moore, W. E. (1967). *Order and Change: Essays in Comparative Sociology* (p. 3). New York: John Wiley Sons.
Ogburn, W. F., & Nimkoff, M. F. (1963). *Sociology* (pp. 535-544). New York: Houghton Mifflin Co.
Toffler, A. (1980). *The Third Wave* (pp. 37-76). New York: William Morrow and Company, Inc.

제11장

김병욱(2012). 교육사회학. 서울: 학지사.
김병희(2009). 교육사회학. 서울: 공동체.
김영모(1981). 한국사회론. 한국사회과학연구소 편. 서울: 민음사.
오욱환(2010). 베버패러다임 교육사회학의 구상. 서울: 이화여자대학교 출판부.
이종각(1990). 교육경쟁양식과 교육경쟁구조. 교육사회학연구, 1(1), 115-124.
이현청(2011, 2015). 교육세습화와 사회적 지위세습화의 구조: 교육사회학의 통합적 이해. 서울: 교육아카데미.
차경수(1995). 교육사회학의 이해. 서울: 양서원.
한상진(1984). 계급이론과 계층이론. 서울: 문학과 지성사.
홍두승, 김채윤(1982). 경제발전과 사회계층에 관한 연구 (pp. 7-11). 한국사회과학연구협의회.

Althusser, L. (1969). *For Marx*. New York: Vintage Books.
Barber, B. (1968). *Social Stratification Structure and Trends of Social Mobility in Western Society* (pp. 184-195). In American Sociology. New York: Books.
Centers, R. (1949a). Education and Occupational Mobility. *American Sociological Review,* 14.
Centers, R. (1949b). *The Psychology of Social Class*. Princeton: Princeton University Press.

Dahrendorf, R. (1959). *Class & Class Conflict in Industrial Society*. London: Stanford.

Davis, D., & Moore, W. (1966). "Some Principles of Stratification" in *Class Status and Power* (pp. 47-53). New York: Free Press.

Eitzen, D. S. (1974). *Social Structure and Social Problems* (p. 75). Boston: Allyn and Bacon, Inc.

Giddens, A. (1979). *Central Problems in Social Theory*. Berkeley, California: University of California Press.

Havighurst, R. J. (1961). "Social Class Influences on American Education" in *Social Forces Influencing American Education*. ILL: Chicago University Press.

Havighurst, R. J., & Levine, D. U. (1979). *Society and Education* (5th ed). Boston: Allyn & Bacon.

Kneller, D. (1987). *Inequality in America*.

Lukacs, G. (1971). *History and Class Consciousness*. Cambridge: MIT Press.

Ossowski, S. (1963). *Class Structure in the Social Consciousness*. London.

Parsons, T. (1964). *Social Structure and Personality* (p. 210). London: Collier-Macmillan.

Prichard, K. W., & Buxton, T. H. (1973). *Concepts and Theories in Sociology of Education* (pp. 66-72). Lincoln, Nebraska: Professional Educators Publications.

Rogers, C. R. (1986). *Client-centered Therapy*. Boston: Houghton Mifflin.

Schumpeter, J. (1953). Imperialism and Social Theory: Class, Status and Power. Bendix & Lipset (Eds.). London: Routledge and Free press.

Selakovich, D. (1985). *Schooling in America* (pp. 193-194). New York: Longman.

Shepard, J. M. (1981). *Sociology* (pp. 179-185). New York: West Publishing Co.

Spencer, M., & Inkeles, A. (1976). *Foundations of Modern Sociology* (pp. 66-72). Englewood Cliffs, New Jersey: Prentice-Hall, Inc.

Warner, W. L. et al. (1949). *Social Class in America: A Manual for Procedure for Measure of Social Status*. Chicago: Science Research Associator.

제12장

매일경제신문사(2012). 11차 세계 지식포럼리포트: 크리에이티노베이션 (pp. 217-240). 서울: 매일경제신문사.

서울YMCA(2006). 중고생휴대폰사용실태조사. 서울: 서울YMCA,

이현청(1992). Cultural autonomy and cultural alienation in the cross-cultural society. Unpublished occasional paper. CA: UC Berkeley.

이현청(2019). BTS(방탄소년단)와 한류문화의 이해. 수도방위사령부군인권특강자료. (미발간)

정보통신정책연구원(2018). 중고휴대폰보유현황조사.

한국청소년연구원(1992). 청소년문화론 (pp. 56-69). 서울: 한국청소년연구원.

Anderson, R. C. et al. (1985). *Becoming a Nation of Readers: The Report of the Commission on Reading*. Washington D. C: National Institute of Education.

Baratz, S. S., & Baratz, J. C. (1970). Early Childhood Intervention: The Social Science Base of Institutional Racism. *Harvard Educational Review, 40*(1), 29-50.

Bennett, T., Martin, G., & Meicen, C. (1989). *Culture, Ideology and Social Process* (pp. 28-32). London: Set Book.

Burton, L. W. (1973). Growing up Competent: How Families Make the Difference. *Carnegie Quarterly, Summer*, 6-8.

Collins, P. (1975). *Conflict Sociology*. London: Academic Press.

Collins, R. (1985). Functional and Conflict Theories of Educational Stratification. In J. H. Ballantine (Ed.), *School and Society* (pp. 79-80). Palo Alto, CA: Mayfield.

Hall, S. (1974). Education and the Crisis of the Urban School. In J. Raynor (Ed.), *Issues in Urban Education* (pp. 49-55). Open University Press.

Hall, S. (1980). "Cultural Studies: Two Paradigms" Media. *Culture and Society, No. 2*, 57-72.

Kemp, T. (1978, 1990). *Theories of Imperialism* (pp. 1-3). London: Dobson.

Rosenberg, A. (1983). *Social Psychology*. New York: Harper & Row.

Thompson, J. B. (1990). *Ideology and Modern Culture* (pp. 97-98). Stanford

University Press.

Williams, R. (1965). *The Long Revolution*. Penguin.

Wright, C. R. (1964). Success or failure in earning graduate degrees. *Sociology of Education, 38*(1), 73-97.

Wright, W. W. (1979). Why capable high school students do not continue their schooling. Bulletin of the school of education. *Indiana University, 135*, 1-78.

http://worldometers.info/

제13장

교육부, 한국경제신문(2018). HRD포럼. 서울: 한국경제신문사.

동아일보(2017.01.24). 취업준비생 보도자료.

비즈니스워치(2018). 지식산업분석자료.

이현청(2008). 전환기의 대학생존전략. 한국대학교육협의회 신임교수연수자료.

이현청(2018). 직업구조변화와 대학전략. 한양대학과장연수자료집.

통계청(2018). 통계청 경제활동인구조사. 서울: 통계청.

통계청(2018. 01.). 2017년 12월 및 연간 고용동향.

통계청(2018.09.12.). 경제활동인구조사.

한국경제신문(2018). 세계 HDR포럼자료. 서울: 한국경제신문사.

한국교육개발원(2015). 고등교육기관 졸업자 취업통계 조사결과 발표. necte.kedi.re.kr

한국대학교육협의회(1990). 대학생의 진로지도와 취업기회 확대방안을 위한 연구 (pp. 22-28).

Becker, W. E. (1993). *Higher Education and Economic Growth* (pp. 100-103).

Berger, P. (1977). *The Homeless Mind*. NY: Penguin Book.

Bery, I. (1971). *Education and Jobs: The Great Training Robbery*. Boston: Beacon Press.

Freeman, R. B., & Holloman, H. J. (1975). The Declining Value of College Going.

Change, 7, 24–31.

Greetz, C. (1973). *Interpretation of Cultures.* New York: Basic Books Inc.

Grubb, W. N., & Lazerson, M. (1976). A Response to our Critics. *Harvard Educational Review, 46,* 662–667.

Mincer, J. (1974). *Schooling, Experience and Earnings.* New York: Columbia University Press.

O'Toole, J. (1975). The Reserve Army of the Unemployed: I–The Role of Education. *Change, 7,* 67.

Paralius, R. (1987). *Education and Economic Development.* San Francisco: Jossey Bass.

Parsons, T. (1959). The school class as a social system. *Harvard Educational Review, vol. 29,* 297–318.

Plisko, V. W. (1984). *The Condition of Education* (pp. 32, 78). Washington, D. C: Government Printing Office.

Psacharopoulos, G., & Wiles, O. (1981). Early education, ability and earning capacity. *International Journal of Social Economics, vol. 7,* no. 3.

Rawlings, V. L., & Ullman, L. (1974). The Utilization of College Trained Manpower in the United States in Higher Education and the Labor Market. In M. S. Gordon (Ed.). New York: McGraw-Hill Book Co.

Schultz, T. (1961). Investment in human capital. *American Economic Review, vol. 5,* 1–17.

The Sociology of School and Education (pp. 246–250). London: Afontana Original.

Welter, R. (1962). *Popular Education and Democratic Thought in America* (p. 45). New York: Columbia University Press.

제14장

고형일, 이두휴 역(1990). 학교와 사회(*School and society*). W. 파인버그, J. F. 솔티스 저. 풀빛.

김기석(1987). 문화재생산 이론. 서울: 교육과학사.

김병성(1990). 교육사회학 관련 이론. 서울: 양서원.

김종현(1984). 학교조직의 관료적 특성분석 (pp. 31-33). 부산대학교 대학원 석사학위논문.

네이버 홈스쿨링 자료 참조(2012).

송병순(1990). 교육사회학. 서울: 문음사.

이현청(1988). 미국의 홈스쿨링운동, 교육개발, 교육개발원.

이혜영 외(1990). 교육이란 무엇인가. 경기: 한길사.

한준상(1981). 새로운 교육학. 경기: 한길사.

Apple, M. W. (1979). *Ideology and Curriculum*. New York and London: Routledge.

Apple, M. W. (1982). *Cultural and Economic Reproduction in Education*. Boston: Routledge & Kegan paul.

Ballantine, G. H. (1989). *The Sociology of Education* (pp. 15-16). New York: Prentice Hall.

Blau, P. M., & Duncan, O. D. (1967). The American Occupational Structure. New York: Wiley.

Brookover, W. B. (1967). *Self Concept of Ability and School Achievement*. MI: Educational Publication Services, Michigan State University.

Clark, B. (1961). "The 'cooling out' function in higher education" in A. H. Halsey, J. Floud & C. A. Anderson (Eds.), *Education, Economy and Society*. New York: Free Press.

Coleman, J. et al. (1966). *Equality of Educational Opportunity*. Washington D.C.: U. S. Department of Health, Education and Welfare.

Coleman, J. S. et al. (1981). *Public and Private Schools, National Center for Educational Statistics*. Washington, DC: U.S. Government Printing Office.

Deal, T., & Kennedy, A. A. (1982). *Corporate Culture: The Rites and Rituals of Corporate Life*. Reading, M.A.: Addison-Wesrey.

Deal, T., & Wise, M. (1983). *Planning, Plotting, and Playing in Education's Era of Decline in the Dynamics of Educational Change*. San Fransico: McCutcheon.

Edmonds, R. R. (1985). *Reading for Excellence: An Effective Schools Sourcebook*. Washington, DC: U.S. Government Printing Office.

Fauce, W. A. (1981). *School Achievement, Social Status, and Self Esteem.* Michigan: Michigan State University.

Fombrun, C. (1986). Kof Tribes and Witch Doctors: The Anthroplogist's View, in Corporate Culture and Change, M. Barman (Ed.). New York: The Conference Board.

Freire, P. (1991). *Pedagogy for the Question.* New York: The Seabury Press.

Goslin, D. A. (1965). *The School in Contemporary Society.* Glenview, IL: Scott, Foresmn.

Halsey, H. (1977). 'Towards meritocracy? The case of Britain' in J. Karabel & A. H. Halsey (Eds.), *Power and Ideology in Education.* New York: Oxford University Press.

Hanson, E. M. (1991). *Educational Administration and Organizational Behavior* (pp. 5-12). New York: Allyn and Bacon.

Hurn, C. J. (1978). *The Limits and Possibilities of Schooling* (pp. 218-219). Boston: Allyn and Bacon.

Illich, I. (1971). *Deschooling Society.* New York: Harper and Row.

Jackson, P. (1968). *Life in Classroom.* New York: Holt, Rinehat & Winston.

Jencks, C. et al. (1972). *Inequality.* New York: Basic Books.

Marshall, C., & King, K. (1988). *The Culture of School Leadership: Education and Urban Society.* London: methuen.

Owens, R. (1985). American High School as a Clan: Dynamics of Organization and Leadership. unpublished conference paper. Chicago, April 4.

Owens, R. (1988). *The Organizational Culture Assessment Inventory: A Metaphorical Analyses of Organizational Culture in Educational Setting.* American Educational Research Association.

Peters, J., & Waterman, W. (1989). *The Culture of School.* Glenview, IL: Scott, Foresman.

Reimer, E. (1971). *School is Dead.* New York: Doubleday.

Reynolds, D. (1984). The search for effective schools. *School organization, vol. 2,* no. 3, 215-237.

Rossman, G., Corbett, H. D., & Firestone, W. (1988). *Change and Effectiveness in School: A Cultural Perspective* (pp. 133-141). New York: SUNY Press.

Weber, M. (1947). *The Theory of Social and Economic Organization.* Glencoe,

IL: Free Press.

Wilson, A. B. (1976). Educational Consequences of Segregation in a California Community: Woods, p. (1979), *The Divided School*. London: Routledge & Kegan paul. Racial Isolation in the Public School (pp. 165-206). Washington, DC: U.S. Government Printing Office.

Woods, P. (1979). *The Divided School*. London: Routledge & Kegan Paul.

제15장

강길석(1989). 학교 사회체제 관련 요인과 학업성취와의 관계 (pp. 1-12). 교원대학교 대학원 석사학위논문.

김문환(1985). 학교교육의 평등에 관한 사회학적 접근의 쟁점과 한계 (p. 42). 학생생활연구, 5. 청주: 청주대학교.

김신일(1985). 교육사회학 (pp. 135-138; 185-188). 서울: 교육과학사.

장동환, 김영채, 손정락 역(1986). 심리학 입문(*Psychology*). 모리스, C. G. 저. 서울: 배영사.

정범모, 이성진 편(1982). 학업성취의 요인 (p.139). 서울: 교육출판사.

한국교육개발원(2017). 교육격차 실태 종합 분석.

허병기(1989). 자유주의적 평등론에 의한 한국 교육 정책의 공정성 평가 (p. 21). 서울대학교 대학원 석사학위논문.

Jencks, C. et al. (1972). *Inequality: A Reassessment of the Effect of Family and Schooling in America*. New York: Basic Books.

제16장

노장시(1994). 한퇴지평전. 서울: 지식산업사.

배천웅(1986), 한국인의 교육관분석. 한국교육개발원. pp. 130~145.

양송이(2011). 학생체벌금지 및 체벌 대체방안에 대한 학생과 교사의 인식연구.

이현청(2012). 훌륭한 교사의 자질(미발간 한양대교육대학원 특강 자료).

한국교원총연합회(2008, 2011). 교사에 대한 인식조사. 서울: 한국교원단체총연합회.

Bas-Tal, D., & Guttmann, A. J. (1981). A Compassion of Pupils 'Teachers' and Parents Attributions regarding Pupils Achievement. *British Journal of Educational Psychology, 51*, 301-311.

Berger, P. L., & Luckmann, T. (1967). *The Social Construction of Reality* (p. 158). N.Y: Penguin, Hasmonds Worth.

Bremme, D. W., & Erickson, F. (1977). Relationships among Verbal and Nonverbal Classroom Behaviors. *Theory into Practice*, *16,* 153-161.

Cicourel, A. V., & Kituse, J. I. (1963). *The Educational Decision Makers.* Indianapolis: Bobbs-Merrill.

Cross, P. (2002). *Learners' Learning*. Boston: Harvard University Press.

Donald, K. S. (1988). *International Perspectives on Teacher Education* (pp. 15-23). New York: Routedge.

Etzioni, A. (ed.) (1969). *The Semi-profession and Their Organization: Teachers, Nurses and Social Workers.* New York: Free Press.

Feldman, R. S. (1986). *The Social Psychology of Education* (p. 107). Boston: Cambridge University Press.

Flanders, N. A. (1960). Teacher Influence, Pupil Attitudes and Achievements. *Cooperative Research Monograph, 12.*

Flanders, N. A. (1970). *Analysing Teacher Behavior.* N. Jersey: Addison Wesley.

Gouldner, A. W. (1957). Cosmopolitans and Locals: Towards an Analysis of Latent Social Roles. *Administrative Science Quartely*, *Vol. 2*, 281-316.

Gutek, G. L. (1986). *Education and Schooling in America* (pp. 372-378). N. J.: Prantice-Hall.

Jackson, P. W. (1968). *The Teacher and the Machine.* Pittsburgh, PA: University of Pittsburgh Press.

Johnson, J. A., Collins, H. W., Dupuis, V. L., & Johansen, J. H. (1985). *Introduction to the Foundations of American Education* (pp. 109-112). Boston: Allyn and Bacon, Inc.

Milestone, G. (1964). *The Qualifying Associations: A Study of Professionalization.* London: Routledge & Kegan Paul.

Naimen, N., Frohlich, M., Stern, H. H., & Todesco, A. (1978). *The Good Language Learner.* Toronto: Ontario Institute for Studies in Education.

Rist, R. C. (1970). Student Social Class and Teacher Expectation. *Harvard*

Educational Review, 40, 411-451.

Robert S, F. (1986). *The Social Psychology of Education* (pp. 102-105). New York: Cambridge University Press.

Robinson, P. (1981). *Perspective on the Sociology of Education*. London: Routedge & Kegan paul.

Rosenthal, R. (1985). From Unconscious Experimenter Bias to Teacher Expectancy Effects. *Teacher Expectancies*. New Jersey: Erlbaum.

Rosenthal, R., & Acobson, L. (1968). *Pygmalion in the Classroom*. New York: Holt, Rinehart and Winston.

Seligman, M. E. P., Ernst, R. M., Gillham, J., & Revich, K. (2009). Positive education: Positive psychology and classroom intervention. *Oxford Review of Education, 35*(3), 293-311.

Sharp, R., & Green, A. (1975). *Education and Social Control: A study in Progressive Primary Education*. London: Routledge & Kegan Paul.

Stevenson, H. W., & Sigler, J. (1994). *The Learning Gap*. LA: University of California Press.

Taylor, H. (1968). *The World and the American Teacher*. Washington, D. C: The American Association of Colleges for Teacher Education.

기타

강길석(1989). 학교 사회 체제 관련 요인과 학업성취와의 관계. 교원대학교 대학원 석사학위논문.

국정브리핑 특별기획팀(2007). 대한민국 교육 40년. 서울: 한스미디어.

배영사 편집실 편역(1977). 교실의 위기 I. 찰스 실버먼 저. 서울: 배영사.

배호순(2011). 평준화 넘어 선진화. 서울: 자유기업원.

이종재(2009). 한국교육 발전의 탐구. 서울: 교육과학사.

이주현(1981). 교육 기회균등 사상에 대한 연구. 고려대학교 대학원 석사학위논문.

정범모, 이성진(1982). 학업성취의 요인. 서울: 교육출판사.

최현숙(1981). 한국 교육기회의 불평등에 관한 연구. 중앙대학교 대학원 석사학위논문.

허병기(1989). 자유주의적 평등론에 의한 한국 교육정책의 공정성 평가. 서울대학교

대학원 석사학위논문.

통계청 웹사이트. kostat.go.kr
한국교육개발원 웹사이트. www.kedi.re.kr

찾아보기

인명

내용

저자 소개

이현청(Hyun Chung Lee)

한양대학교 사범대학 교육학과 졸업
미국 서던일리노이 대학교 대학원 교육과학석사(MSED)(교육행정)
미국 서던일리노이 대학교 대학원 철학박사(평생교육학, 교육사회학)
미국 인디애나 트라이스테이트 대학교 명예 인문과학박사
현 한양대학교 교육대학원 석좌교수
한국대학평가학회장

〈주요 경력〉
부산대학교 사범대학 교육학과 교수
미국 사우스캐롤라이나 대학교 사범대학 교수
미국 미시간 대학교 인간성장및발달연구소 협동연구원
미국 서던일리노이 대학교 기술대학(STC) 대우교수
미국 캘리포니아 버클리 대학교 고등교육연구소 객원연구원
UNESCO 학점교류 및 학력인정총회 세계의장(파리)
아 · 태지역고등교육협력기구(UMAP) 의장(동경)
미국고등교육평가기구(CHEA) 국제이사(워싱턴)
OECD 고등교육 집행이사(파리)
대만 교육부 자문교수
중국 후난 대학교 명예교수
호주 AUQA(대학평가기구) 평가위원(멜버른)
한국비교교육학회 회장
한국대학교육협의회 사무총장
호남대학교 총장

상명대학교 총장
한국대학총장협회 회장
세계 3대 인명사전 등재(2010~2012, 2017~2019)
세계 100대 교육자 선정(2011, 영국 IBC)
21세기 위대한 사상가 1000인 선정(영국 IBC)
21세기 탁월한 지성 2000인(미국 ABI)

〈주요 저서〉
4차 산업혁명과 대학의 미래(학지사, 2019)
왜 대학은 사라지는가(카모마일북스, 2015)
Virtual University: Education Environments of the Future (London) 등 국내외 36권

교육사회학의 이해

Understanding Sociology of Education

2019년 3월 20일 1판 1쇄 인쇄
2019년 3월 25일 1판 1쇄 발행

지은이 • 이현청
펴낸이 • 김진환
펴낸곳 • (주) 학지사
04031 서울특별시 마포구 양화로 15길 20 마인드월드빌딩
대표전화 • 02)330-5114 팩스 • 02)324-2345
등록번호 • 제313-2006-000265호

홈페이지 • http://www.hakjisa.co.kr
페이스북 • https://www.facebook.com/hakjisa

ISBN 978-89-997-1802-1 93370

정가 18,000원

이 도서의 국립중앙도서관 출판시도서목록(CIP)은 서지정보유통지원시스템 홈페이지(http://seoji.nl.go.kr)와 국가자료공동목록시스템(http://www.nl.go.kr/kolisnet)에서 이용하실 수 있습니다.
(CIP 제어번호: CIP2019008593)